汉译世界学术名著丛书

欧洲霸权之前

1250-1350年的世界体系

〔美〕珍妮特·L.阿布-卢格霍德 著

杜宪兵 何美兰 武逸天 译

商务印书馆
创于1897
The Commercial Press

Janet L. Abu-Lughod

BEFORE EUROPEAN HEGEMONY

The World System A. D. 1250—1350

Copyright © 1989 by Oxford University Press, Inc.

中译本根据牛津大学出版社 1989 年版译出

汉译世界学术名著丛书
出 版 说 明

我馆历来重视移译世界各国学术名著。从 20 世纪 50 年代起，更致力于翻译出版马克思主义诞生以前的古典学术著作，同时适当介绍当代具有定评的各派代表作品。我们确信只有用人类创造的全部知识财富来丰富自己的头脑，才能够建成现代化的社会主义社会。这些书籍所蕴藏的思想财富和学术价值，为学人所熟悉，毋需赘述。这些译本过去以单行本印行，难见系统，汇编为丛书，才能相得益彰，蔚为大观，既便于研读查考，又利于文化积累。为此，我们从 1981 年着手分辑刊行，至 2022 年已先后分二十辑印行名著 900 种。现继续编印第二十一辑，到 2023 年出版至 950 种。今后在积累单本著作的基础上仍将陆续以名著版印行。希望海内外读书界、著译界给我们批评、建议，帮助我们把这套丛书出得更好。

商务印书馆编辑部

2022 年 10 月

纪念我的父母

他们激励我不懈求知

目　　录

导　　论

第一部分　欧洲亚体系

第二部分　中东腹地

第三部分　亚洲

结　论

序　言

　　在《科学革命的结构》一书中，托马斯·库恩①认为，构建有关世界变化的理论范式的一个主要途径是经由反常现象的累积。这里的"反常现象"指的是无法"融入"现有理论和结论，或不能为现有范式所解释的观察结果和数据段。不管怎样，库恩的论点强调"现实世界"中的发现，它们促使人们反思自己的方法。这显现了他的假定之中基本的实证主义，如此论点只有相信存在某种柏拉图式的"事实真相"的人才会接受。

　　本书的立论前提则有些不同。反常现象的发现不仅取决于被观察的事物，也取决于观察者眼里有什么，在社会科学和文化科学中尤其如此。这种相对性较强的观点认为科学知识乃社会建构而成。如果知识不是某种与世界同构的脱离实体的产物，而是由集体界定而成，亦即，它暂时代表着人类"关于世界的共识"，由此就会得出如下结论：不只是新的信息，就连观察现有信息的有利位置，都会促成范式革命。

　　近来社会历史学领域的一些变革推动了先前知识的重组，有的重组源于新证据的出现，但更多的重组缘于理解者身份的变换或理解方式的变换。我挑选一些介绍如下。

---

① 托马斯·库恩（Thomas Kuhn，1922—1996），美国科学史家、科学哲学家。（以下脚注均为中译者注，不另注）

viii 　　首先是一些绝非史无前例但总能硕果累累的跨学科作品，它们融合了经济学、政治学、社会学和历史学等学科。各学科都具有各自的传统视角，这意味着来自不同学科的观察者会有所不同地审视同一个"现实世界"。当学者们大胆地跨越学科界线时，原创性的洞见往往成为可能。我们尤其会想到人类学家埃里克·沃尔夫和社会学家伊曼纽尔·沃勒斯坦及克里斯托弗·蔡斯-邓恩对历史学的介入，历史学家费尔南·布罗代尔和菲利普·柯廷对经济学的介入，抑或查尔斯·蒂利、佩里·安德森和埃里克·霍布斯鲍姆的著作中明显的跨学科的交融。尽管这样做很危险，但是，不入虎穴，焉得虎子。

　　我个人的研究跨越诸多学科，因为只要发现某个学科有意义，我就去了解它，这样就累积增多了。起初，我是一名美国城市社会学者、人口统计学者和规划师，研究经济和"发展"规划，从事后来被称为地理学的相关工作。在埃及生活和工作期间，我被迫学习中东历史和文化，之后又将兴趣扩展到第三世界的其余地区。美国社会学只是近来才延展边界，鼓励更宽广、更历史化和更具比较性的视野。尽管我逐渐被主流美国社会学边缘化了，但每转换一次学科或工作地域，都有助于增进我的领悟能力。

　　第二种新的审视方法来自西方世界之外的学者在历史和社会科学诸多领域里所作出的修正性工作。西方学界具有民族优越感，他们公认的观点在所谓的"第三世界"里无不遭到"庶民"①（如同印度史学中的称谓）的质疑。"庶民"们认为，在他们的历史中，

_____

① "庶民"（subaltern），也称作"下层"、"底层"等。致力于"庶民"研究的一批学者被称为庶民学派，是后殖民理论界的重要组成。

传统并非停滞不前,而是充满动态的变化;他们的历史并非像大多西方学术界断然认定的那样——相对于西方的倒退,而是欠发达地区在附属地位下的发展。当前,要对西方的定论和庶民的反驳作出调解殊非易事,然而,融合了胜利者和受害者的解读而生成的想法却可能带来一些新的"真相"。在本书中,我力图借助双方去呈现一个更加均衡的图景。　　　　　　　　　　　　　　　　ix

或许还有第三条知识重组的途径,即调整观察"真相"的距离并借此改变视野的大小。鲜有历史学家敢于从全球角度观察问题,阿诺德·汤因比和威廉·麦克尼尔是少数中的两个,他们的声誉经受住了专事狭隘时空研究者们的非难。历史学家的社会组织非同寻常。在历史学家的矩阵里,纵线由时间组成,横线由空间组成,第三维则由焦点组成,只有少数专家能涉猎成千上万个独特交汇点的每一处;大多专家在自己的研究领域挖得又远又深。为了工作,他们需要毕其一生去培养语言技能,积淀文脉。他们的工作是所有通才们仰赖的基础,然而如此专注的代价往往是外围视野的缺失。

相比之下,本书面临着相反的难题。不管怎样,我都希望通过审视通常由专家们分别加以研究的众多地理实体之间的关联所获得的洞见,会对采用如此全球性的观点这一狂妄之举带来足够的补偿。在写作此书的过程中,我时常感觉自己好似一个蹩脚的走钢丝者,摇摇晃晃地穿越世界的罅隙。我唯一的保护网,就是我在历史矩阵中找到的那些各领域的行家里手所赐予的宽宏大量。

最后,某些观点上的变化缘于一个学者意念中多种难以调和的信息的独特积累。某种程度上讲,我目前的研究——甚至在意识到研究的必要性之前——萌生于我的不安。这种不安来自"定"论和反常信息的意外增加之间的鸿沟,至少在刚开始时如此。

　　我那本关于开罗历史的著述①让我确信,有关"黑暗时代"的以欧洲为中心的观点是错误的。如果说灯火已经在欧洲熄灭,那么它们依然在中东地区光彩熠熠。在游览和研究中东地区的其他大城市时,我更加坚信开罗不过是高度发达的城市文明体系内的某个顶峰。这让我对亨利·皮雷纳广受赞誉的关于欧洲复兴的著作《中世纪的城市》②和马克斯·韦伯同样备受推崇的文集《城市》③产生抵触,后者描绘了西方的中世纪城市(韦伯将其界定为真城)和东方假定中的伪城之间的显著区别。

　　之后不久,我开始筹备一个有关《第三世界城市化》的文集,文集主要将注意力放在当代的城市问题上。我试图用摘录的形式来论证:虽然第三世界现在不幸落后于西方,但情形不会总是如此。正是那时,我首次读到谢和耐(Gernet)关于 13 世纪的杭州——当时世界上最大、最先进的城市——的研究成果。

　　再往后,在巴黎居住期间,我有机会在布鲁日驻留并开始研读它的历史。布鲁日是世界上得到最为精心的保护和修缮的中世纪城市之一。那时,和许多人一样,我深感被威尼斯的传奇所欺骗。不久以后,我很偶然地邂逅了吉斯夫妇的精品之作——《一个中世

---

　　①　即 Janet Abu-Lughod, *Cairo: 1001 Years of the City Victorious*, Princeton: Princeton University Press, 1971。

　　②　即 Henri Pirenne, *Medieval Cities: Their Origins and the Revival of Trade*, Princeton: Princeton University Press, 1956。

　　③　即 Max Weber, *The City*, Glencoe: Free Press, 1966。此书乃马克斯·韦伯在 1911—1913 年间有关城市的研究成果的汇编,1921 年初版。

纪城市的生活》①,该书描述了 13 世纪的特鲁瓦城。的确,早在写作本书的想法摆脱随机利益的乌烟瘴气之前,我就下意识地从这段经历中构思好了框架。

我发现以上这些地点(还有其他地点)之间有很多关联,这诱使我去搜寻历史学家的著述,只为找到一本书能系统地从全球体系的角度阐释我已然看到的一切。尽管我对看到的大多文献愈加不满,我还是翻阅了两千张文献卡片,但仍旧一无所获。

那时,沃勒斯坦的《现代世界体系》的前两卷已经出版。我在兴致勃勃地拜读之余,又满怀"库恩的反常"似的苦恼,因为该书倾向于将整个 16 世纪内形成的欧洲居支配地位的世界体系看作是原本就存在的体系。这加重了我长久以来对德国伟大的历史社会学家马克斯·韦伯的著作,甚至包括马克思关于资本主义起源的说法的"不适"感。

所及之书都无法助我答疑解惑。绝望之余,我开始于 1984 年构思研究计划。我本想着了解相关研究,而非将它写出来。本书就是这一研究的成果,尽管它有很多瑕疵,尽管疑问多过答案,但我仍希冀它将催生出另一些"反常",从而激励那些对研究所需语言造诣更高、史学素养更全面、对特定区域的洞察更深刻的人们,去修正我已竭力描绘的画卷。

很多人和机构对本书作出了贡献,遗憾的是我不能一一枚举。威廉·麦克尼尔在早期对我的鼓励最为重要,他欣然同意了我的

xi

---

① 即 Joseph Gies and Frances Gies, *Life in a Medieval City*, New York: Apollo Editions, 1973。

初步想法,并在项目毫无头绪的时候就主动写信给我。在亲切的来信中,他认为我正在从事一番宏伟大业。当我偶尔遇到无法承受的困难时,这封信总是以充足的理由支撑着我。

　　在搜集文献的过程中,我发现,尽管很多学者勤勉有加,技艺超群,但他们都在研究问题的局部,鲜有人试图系统地整合各部分之间的关联。在广泛涉猎了不同地区的独特历史后,我开始评价某些专家的著作,并坚定了避免自己谬误百出的唯一出路就是仰赖那些毕生致力于深度研究的学者的宽容,因为与他们相比,我的研究还流于肤浅。很多与我有过书信往来或当面交流的专家结合他们自己的研究"区域",在资源利用和/或章节草拟方面提供了睿智的引导。因此,除了参考文献中列举的出版著作外,我还从很多人那里获益匪浅,他们是约翰·班顿、罗伯特·勒纳、戴维·尼古拉斯、莱维·帕拉特、保罗·惠特利、伊曼纽尔·沃勒斯坦、戴维·勒登、罗伯特·哈特韦尔、卡尔·佩特里和 K. N. 乔杜里。另外,安德烈·贡德·弗兰克和罗伯特·威克斯还推荐了其他资源。

　　两位令人尊敬的同事——西北大学的阿瑟·斯廷奇库姆和社会研究新学院的查尔斯·蒂利通读了全稿并加以评论,在提出苛刻问题的同时又尽力勉励了我。

　　我还要感激《国际发展比较研究》杂志的两位编辑——杰伊·温斯坦和南达·施雷斯塔(提前那么多天!)邀请我为他们的二十周年系列专刊提供一篇有关 13 世纪世界体系的论文,这促使我提炼出想法。他俩还约请威廉·麦克尼尔、阿拉斯泰尔·泰勒、安德烈·贡德·弗兰克、J. M. 布劳特和安东尼·德·索扎为拙文撰写评论,他们对研究课题的回应使得本书条理更清晰,内容更凝练。

　　社会研究新学院的研究生们在 1987 年秋选修了我的实验课程《全球语境下的变革》,作为"普通读者"的忠实替代者,他们对文稿提出了很多重要的修正。新学院的另外一个研究生理查德·甘尼斯完成了文稿的校对工作,还尽可能地核对了无数条参考文献目录。(剩下的错误在所难免,因为一些资料是我从国外图书馆搜查来的,无法在美国核实。)

　　对本书而言,时间和金钱缺一不可。大体说来,西北大学(我在那里教了 20 年的社会学),特别是它的城市事务和政策研究中心(我在那里待了 10 年)慷慨地资助了这一研究。在大部分书稿得以研讨和写成的那三年期间,它们减轻了我的教学负担。文字录入和无休止的修改由西北大学社会学系的两位秘书——蕾拉·贡古尔和芭芭拉·威廉姆森完成,读者可能会忽略她们的贡献,我却铭记在心。

　　差旅费也很关键。西北大学资助了一小部分,我得以在欧洲度过一个夏天,在比利时、法国和意大利搜集资料,查阅图书馆藏书。驻内罗毕的联合国人居署提供了小笔限额资金,同时适当降低出入限制,为我在东非的工作提供了便利,我甚至得以抵达遥远的巴基斯坦和中国。1986 年春,我受邀担任开罗美国大学社会研究中心的特聘访问教授,这为搜集研究课题所需的中东地区的资料大开方便之门。之前,我通过富布赖特短期项目到了印度,因此除得到了社会科学研究委员会的补助外,我还能到东南亚从事研究。丈夫冷静自如的旅行技能,极大地提高了我在欧洲、中国和东南亚的工作效率,我对他的大力帮助和贴心陪伴心怀感激。书中所及地区中,我唯一未能亲往的是中亚,对此我深表遗憾,但一个人总归是要有所期冀的。

　　牛津大学出版社的如下两人帮了大忙。感谢编辑瓦莱丽·奥布里，她是最热心的读者，也是最犀利的评论家。感谢安德鲁·穆德里克，他的博学多才让地图充分诠释了那句格言："一张图片胜过万语千言！"

　　我依依不舍地作别本书，一方面因为它仍然存有瑕疵，另一方面更因为我从未如此沉迷于某一课题。我将思恋这种情愫。

J. A. 卢格霍德

1988 年 8 月于纽约

"你喜欢一个城市,不在于它有七种或七十种奇景,只在于它对你的问题所提示的答案。"

"或者在于它强迫你回答的问题,就像斯芬克斯口中的底比斯人一样。"

伊塔洛·卡尔维诺(Italo Calvino)
《看不见的城市》(*Invisible Cities*)

导　论

第一章　形成中的体系研究

13 世纪下半叶是世界历史上一段异乎寻常的时期。此前的旧世界从未有如此多的地区相互接触，尽管这些交往很肤浅。公元纪年伊始，罗马帝国和中华帝国之间曾有过间接的交往，但这些交往随着两个帝国的崩溃而衰微。7—8 世纪，伊斯兰国家统一了欧洲和中国之间的多处中心地区，并向东西两个方向延伸，但这个复苏的世界经济体系的外围地区仍旧彼此隔绝。直到 11 世纪，乃至 12 世纪，旧世界的诸多地区才渐渐融入交流体系，所有参与者都从中获益匪浅。13 世纪末到 14 世纪前十年，这种交流达到鼎盛。那时，甚至欧洲和中国都建立了相互间的直接交往，尽管这种交往明显存有局限。

13 世纪的非同寻常还表现在另一方面。一个又一个的地区迎来了文化和艺术成就的顶峰，旧世界在此前从未有如此多的地区不约而同地进入文化成熟期。在中国，宋青瓷创造了陶瓷业的辉煌，唯有波斯艳丽的土耳其蓝釉钵堪与之媲美。在马穆鲁克王朝时期的埃及，工匠们在精心制作嵌有错综复杂的金银质阿拉伯图饰的家具。而在西欧，教堂建筑艺术臻于极致。13 世纪中期，就在圣路易的十字军启程东征之前，镶有彩色玻璃窗的巴黎圣礼拜堂建成了。与此同时，南印度伟大的印度教庙宇建筑群如日中天。有证据表明，世界各地几乎都在将盈余投入到装饰和象征性表达之上。这个时代在知识上同样硕果累累，这表明过剩的财富不仅用于生产物品，而且还用于资助学者。

13 世纪的这两种特质——经济一体化的增强和文化的繁荣——并非毫不相干。科技创新和社会改革导致了盈余的产生，然后，这些盈余又通过国际贸易进一步刺激了发展。航海技艺和国家治理能力的同步提高，便利了相距甚远的不同社会之间的交往，这又导致了盈余的进一步增加。各地的繁荣，至少是统治阶层的繁荣，带动了文化的兴盛。那时的欧洲还是最落后的地区，它或许从这个形成中的新网络获益最丰。

在本书中，我们探究了 13 世纪的"世界经济体系"如何帮助统治者们取得了这种普遍繁荣，并考察了该体系的形成过程。此外，本书还分析了这个良好的开端在 14 世纪中期衰落的原因。在 16 世纪之中，欧洲带头铸造了沃勒斯坦（Wallerstein，1974）所界定的"现代世界体系"，此时，13 世纪的"世界经济体系"还残存几分？在那个维持了大约五百年的 16 世纪世界体系中，西方世界明显居于支配地位。但是要想洞悉它的本源，我们有必要考察欧洲称霸之前的时段。这就是本书所要讲述的内容。

另外，本书还要分析下述问题。13 世纪的世界经济体系自身引人瞩目，而且还为生成于其中的世界体系提供了重要对照：13 世纪的世界经济体系内没有任何霸权，而"现代世界体系"乃欧洲根据自己的目的重塑而成，并由欧洲支配良久。这种反差表明，不同世界体系的特征并非恒久不变，没有一种独一的法则能把世界组织起来。而且，世界体系也不是一潭死水，它们不断演进，不断变幻。此时此刻，肇始于 16 世纪的那个世界体系就正在经受变革

之痛。理解 16 世纪之前的世界体系，或许有助于我们更好地理解
即将发生的事情，我们将在本书的末尾回到这些主题上来，但我们
首先需要对 13 世纪本身进行更多的了解。

13 世纪：一个世界体系？

　　公元 1250—1350 年，一个国际贸易经济体在蓬勃发展，它从
西北欧一路延展到中国，这个交流网络狭长但幅员辽阔（世界范围
的），将商人和生产者卷入其中。虽然初级产品（包括但并不仅限
于特定的农作物，主要是香料）在所有商品交易——尤其是短程贸
易——中占了很大比重，但出人意料的是，成品才是这个体系的中
心，离开它们，体系内的远程贸易可能就无法维系。这些物品的生
产必须充足，以满足国内和出口需求。这样一来，体系内的所有单
元都必须制造盈余，而要想做到这一点，就需要具备非常先进的调
动劳力和组织生产的方法，否则一切都将无从谈起。

　　此外，远程贸易还涉及世界上不同区域的众多商人团体。尽
管阿拉伯语、希腊语和拉丁方言都覆盖了广泛地区，中国官话是远
东地区众多国家的通用语言，但这些商人没有必要使用同一种语
言交谈或者书写。各地的货币也没有必要完全一致。白银在欧洲
价值颇高，黄金在中东地区得到重用，而铜币则是中国的首选。各
地之间的距离通常以时间加以衡量，多以周和月为准，遍历整个
体系需要数年时间。但即便如此，货物的调度、价格的调整、汇
率的商定、契约的缔结、贷款（给异地的资金或货物）的提供、合
作关系的建立，当然还有记录的备存和协定的履行，一切都井然有序。

　　嵌有象牙雕刻装饰的门。埃及马穆鲁克时期,13 世纪晚期至 14 世纪早期。收藏于大都会博物馆;爱德华·西摩遗赠,1891(91.1.2064)。

青瓷花瓶,中国,13世纪晚期至14世纪早期。收藏于大都会博物馆;无名氏所赠,1965(65.82.3)。

我意欲表明13世纪的这个体系是多么地发达,先不管它是不是"现代的资本主义",也不管它是否能称为"世界体系"。

　　在本书中,我无意陷于有关"真正"或"现代"资本主义"起源"[1]的无益争论之中,也不想与世界体系理论家就某个力量何时从世界帝国进入全球体系之中这个问题进行同样无聊的辩论,更不想

彩色玻璃窗,特鲁瓦教堂,法国,12世纪晚期。收藏于大都会博物馆;艾拉·布鲁默(Ella Brummer)所赠,缅怀其丈夫欧内斯特·布鲁默,1977(1977.346.1)。

嵌银铜钵,蒙古帝国时期的伊朗,14世纪中期。收藏于大都会博物馆,罗杰斯基金会,1935,(35.64.2)。

争执"传统的世界经济体"何时蜕变成现代世界体系。沃勒斯坦（1974）将那些复杂而又常见的"世界经济体"和帝国与 16 世纪诞生的那个"现代世界体系"区分开来。虽然承认世界帝国在 16 世纪前的存在，但他仍旧将现代世界体系看作是新生事物。[2] 然而，近来参与到这一争论中的并非仅他一人（另见 Ekholm，1980；Mann，1986；Schneider，1977；Chase-Dunn，1989）。

历史学家在对资本主义（相对于古典的）世界经济体系的年代的确定上一直存有分歧。即便是马克思有时也会自相矛盾，他曾将资本主义的历史追溯至 13 世纪，但后来又转念改为了 16 世纪。研究 13 世纪佛兰德斯地区纺织业的学者（见 Espinas，1923，第三章；Laurent，1935）据理力争，他们以生产模式以及业主和工人之间与日俱增的对立关系（这种阶级斗争在 13 世纪后半期达到高潮）为依据，认为这一地区早已出现工业化，而且这种工业体系与已经确立的"世界市场"[3] 有着千丝万缕的联系。布罗代尔（Braudel，1984）认为，13 世纪的商业革命明确地创立了欧洲的"世界经济"，虽然该体系或许在 14 世纪中期的低谷阶段暂告终结，但它预示了新体系的到来。埃里克·沃尔夫（Eric Wolf，1982）的著作从 1400 年开始写起，书中也强调其后形成的以欧洲为中心的世界体系乃是以此前的体系为基础形成的，而那时的欧洲并不占支配地位。归根结底，以上这些争论主要围绕定义上的细节，而非真实存在展开的。考察现实层面的不间断的历史网络，似乎远比因历史时期的精确划分问题而争吵显得更有意义。

当不同社会组织市场性生产时，将他们分为两种，即资本所有权与劳动所有权没有分离的和已经分离的，是划定"传统"和"现

10　代"分期的一个实证基础。但当我们进一步观察时,这种区别就未
必能站得住脚,因为自由劳力和交易的货币化在"现代工业生产"[4]
之前就早已存在,而奴隶劳工和物物交易也存续到了现代。此外,
有哪个城市中的"有产者"是辛苦劳作的呢?

　　另一组时常需要区分的概念是"商业革命"和"工业革命",但
是为它们划清界限通常显得过于武断,而且也为时已晚。工业主
义出现于不同时间,不同地点。12 世纪时,中国的冶金水平高超,
欧洲直到 16 世纪时才达到同一水准(Hartwell,1966,1967),中国
的造纸术和印刷术也是西方在数个世纪内无法具备的(Carter,
1955;Needham,1954—85,1981)。虽然我们对中东和亚洲地区的
生产过程的了解程度远不如对欧洲相关情况的了解,但大量布匹
的出产(阿拉伯地区的棉布和亚麻布,印度的棉布和丝绸,中国的
丝绸)这一事实表明,它们的生产技术必定不亚于那些我们有据可
循的地区(比如佛兰德斯)。

　　我们也很难在规模上把 13 世纪和 16 世纪区分开来。必须承
认,尽管 13 世纪时的生产和贸易规模高于 15 世纪时的水平,但却
逊于 16 世纪时的规模。不过,这样比较是不公平的。和当今的国
际贸易规模相比,16 世纪时的交流是微不足道的。重要的不是和
未来对照,而是和过去对照。13 世纪里有没有贸易额的显著增
长? 它有没有联结了众多正在发展的地区? 多数中世纪史专家认
为答案是肯定的。对此,洛佩斯①(Lopez,1976:93—94)的评论十
分中肯:

────────────

　　①　罗伯特·洛佩斯(Robert S. Lopez,1910—1986),出生于意大利,长期在美国
执教。历史学家,专事中世纪欧洲经济史的研究。

如果我们将商业革命和工业革命时期的贸易格局加以比较,乍一看时,很多差异就会扑面而来……几乎所有的贸易规模都小得令人难以置信。奢侈品……扮演着比供大众消费的日用品更为重要的角色。很多……商人对扩大利润额表现出更为浓厚的兴趣……而不是扩大销售额。即便如此……[13世纪时的]交易额还是非常令人震惊的……热那亚在 1293 年的海上贸易额是同年度法兰西王国总收入的三倍……

11

宋朝时期的中国同样也出现了国际贸易额的激增。伊懋可①(Elvin,1973:171—172)描述了 13 世纪时中国的国际贸易的扩展,指出其时的中国正在出口

铜铁制品、瓷器、丝绸、亚麻布、化学制品、糖、大米和书籍,并交易到香料和其他舶来品。中国的部分乡村经济开始直接与海外市场需求相挂钩。

相对而言,中世纪的经济规模和“现代资本主义”早期的规模差异并不大,当我们意识到生产技术直到 16 世纪仍未有重大改进时,尤其会发觉这一点。如果我们声称自然力代替畜力象征着“工业”时代的到来[5],却无法从技术角度得出关于这个问题的确切答案,那么我们最好放弃之前对世界体系、现代性还有资本主义等概念的定义,除非我们将这些概念运用到——恰当区分并结合实

———————

①　伊懋可(Mark Elvin,1938—　),英国历史学家,长于中国经济史、文化史和环境史的研究。

证——对具体的一时一地的历史的分析上。

　　在我读过的评论中,费尔南·布罗代尔的评论似乎最合乎情理。[6]他认为,在 13 世纪之前世界上很多地方就存有世界经济体,欧洲的世界经济体无疑也在 16 世纪——沃勒斯坦和马克思的某些作品[7]都特意强调了 16 世纪的重要性——之前就渐趋成形了。他认为 13 世纪的意大利已经具备了资本主义的所有机制,甚至包括工业生产和自由劳力的雇用,因此应该将其划归为资本主义世界经济体之一(Braudel,1984:79,91)。

　　然而,即便是睿智的布罗代尔也会无意识地陷入欧洲中心论。虽然他乐于承认“欧洲的首个世界经济体[诞生于]11—13 世纪之间”(1984:92),“几个世界经济体前后相继……它们在地理上都归属于欧洲,”更确切地说,“自 13 世纪以来,欧洲的世界经济体多次变换形状”(1984:70),但他并未告诉我最关键的问题。12—13 世纪,在欧洲成为世界经济体之一,即加入那个从地中海延伸至红海和波斯湾,而后进入印度洋,穿越马六甲海峡抵达中国的远程贸易体系之前,世界上就已经存有无数个世界经济体了。没有那些世界经济体,欧洲在逐渐“扩张”的过程中获得的将是毫无意义的空间,而非财富。我打算从整体上考察这个世界体系,还欧洲以本来面目,那时它就像暴发户一样,处于体系的边缘。

　　本书无意辨别历史中的发端,而是致力于考察历史上的某个关键时段。从时间方面来说,公元 1250—1350 年这一个世纪的时间构成了世界历史上的支点或关键性的“转折点”;从空间方面来说,将地中海东部与印度洋联结起来的中东腹地构成了地理上的支点,东西方借此实现了大致的均衡。本书的论点是,没有内在的历史必然性在调整世界体系，让它青睐西方，疏远东方；也没有内在的历史必然性妨碍东方文明成为现代世界体系的缔造者。这个论点起码和它的对立观点一样有说服力。通常的研究方法是进行事后分析，即先考察现代西方的经济霸权和政治霸权，然后回溯推理，将霸权的既成事实合理化。我想另辟蹊径。

我并不是没有意识到结果决定叙事的建构方式"必然会导致"上述研究方法，其实这是历史编纂中的确存在的方法论问题。在某个特殊的语境下，热尔梅娜·蒂利翁①对此作出的尖刻评论，给我留下了深刻印象：

> 众所周知，事件在成为历史之前必须遵循其自身的发展过程，因此，所有真实的历史都因其结果而存在，相关的历史研究也都由此开始。[8]

如果确实如此的话，那么，从不同时刻的不同结果开始研究，将产生不同的叙述顺序和解释对象。我并不赞同那种认为工业革命的成果理所当然，并据此解释其"成因"的做法。我找到了一个更早的切入点。虽然我的描述不见得比常规叙事更合理（也不会更荒谬），但它确实阐明了欧洲称霸的故事情节中所遮蔽的内容和论题。

我考察了公元1300年前后的世界贸易体系，以探究世界是怎样以及在多大程度上联结成一个共同的、生产和交易的商业网络。

①　热尔梅娜·蒂利翁（Germaine Tillion, 1907—2008），法国人类学家、民族学家、社会活动家、女权运动领袖。

因为这种生产和交易对所有参与地区的自给经济来说都无足轻重，所以这个论题并不是要为一个不切实际的幻觉——一个相互依存、互通有无的不可或缺的国际体系——进行辩解。然而，16世纪也是这般境况。这样一来，如果世界体系肇始于16世纪这一说法成立的话，那么世界体系早就存在这一说法同样合理。

　　某种程度上，问题的关键在于选用体系的哪一部分去确定何时才足以"算作"这个体系的一部分。平心而论，13世纪中期的欧洲仍是边缘地区的重要一部分，远程贸易对这一地区的内部经济影响甚小，这里还主要是农业区，致力于解决温饱问题。然而，即便是在欧洲，意大利的"城市国家"、佛兰德斯与更边缘的亚区域——如德国和英国——之间也存在着较大差异。洛佩斯（1976：93）指出"意大利台伯河北部地区与欧洲发展最迟缓的地区在商业革命时期的差异，如同工业革命时期英国或美国与印度或中国之间的差异一样悬殊。"一旦一个人离开与外界保持联系的城市中心，他一定会为温饱问题困扰。里夏尔·哈普克（Richard Haëpke）曾提出"城镇列岛"（archipelago of towns）的说法，布罗代尔（1984：30）采用这一贴切短语去描述城市发展中的斑驳陆离。这个词组似乎很敏锐地捕捉到这样一个事实，即在同一个大致区域内，共同生存着多个社会群体。这些群体既有货币化的贸易中心，也有闭塞之地。前者早已从对外交易中获益，其外缘地区已经开始生产输出品；而后者处于萧条的山脊和山谷地带，丝毫不受外界影响。为14 此，我将研究焦点放在了城市而非国家之上，因为我想追踪"城镇列岛"内部最为突出的那些城市之间的联系。[9] 但需要强调的是，当时的那些城市周围全是一望无垠的乡村地区，其情形比现今有过之而无不及。

除了欧洲外围地区差异悬殊外,旧世界核心区——中东、印度和中国(那时最具竞争力的霸权争夺者)——之间也存在着许多差异。尽管中东地区总体上比欧洲更发达,但它囊括的很多地区无法与掌控着帝国命脉的中心地点结合起来。虽然开罗和巴格达脱颖而出,成为两个帝国中心,但它们与陆路和海路的联系将它们与特定的外缘地区的"城镇列岛"捆绑在一起。安条克、阿勒颇和阿克里将巴格达和地中海联结起来,而巴士拉则将巴格达与印度洋和东方贸易联结起来。在东北部,巴格达穿越沙漠与东方建立了陆路联系,这与蒙古人在 13 世纪后半期入侵巴格达的路线不谋而合。开罗通过亚历山大港和地中海世界建立了联系,而尼罗河则将开罗与苏丹和穿越北非的沙漠之路联结起来。沿红海进行的海上贸易在吉达或上埃及告一段落,而后再经过亚丁前往东方。

中国也并非一成不变的庞然大物。她的辽阔疆域至少可以有三种不同的划分方法:北部和南部,沿海和内陆,以及河域或远离河流区域。总的来说,中国的繁荣时期与自北向南、由内陆到沿海,以及由河域到外围地区的人口流动息息相关(见 Hartwell 的精细研究,1982)。

印度次大陆同样复杂多变,该地区分成许多处境不同的亚区域。当与穆斯林世界关系牢固,向北前往俄罗斯以及向东前往中国的陆上通道畅通的时候,印度北部便会繁荣起来。而印度南部主要仰赖经由印度洋所进行的海上贸易,其沿海地区和内陆地区往往差异悬殊。

15　　**共性**

本研究的一个重大发现是：13世纪贸易伙伴之间的共性远远大于差异；但凡有差异出现，西方总是处于下风。这似乎有悖于常理。此外，不管研究"西方的兴起"的西方学者[10]如何强调西方资本主义独一无二的特质，我们对经济机制的比较考察都会揭示出亚洲、阿拉伯世界与西方资本主义体制之间众多的共性和相似性。这一发现很有趣，因为我们都知道共性不能解释差异。这些地区的主要共性有如下几点：

货币和借贷制度的发明

这三个文化区都把货币看作国际贸易的必要条件，另外，如果我们的观点没错，那么西欧的货币不但出现得较晚，而且还是模仿来的（意大利商人从他们在中东地区的穆斯林同行那里借鉴了已经沿用数个世纪的货币机制）。[11]在三个地区中，政府都在铸造货币、印刷纸币和/或保障货币流通方面发挥了重要作用。的确，在13世纪之前，欧洲、中东乃至印度地区的国际交易中的首选硬币是金币，这些金币最初由拜占庭铸造，后来由埃及铸造。直到13世纪中期之后，某些意大利的城市（佛罗伦萨和热那亚）才开始铸造自己的金币，但它们往往只是起到辅助作用，而非取代流通中的中东硬币。

在中国，货币的发展轨迹略有不同。由于政府的强大（和对铜币而非金币的偏好），财富和象征财富的货币之间的人为联系对我们而言似乎一目了然。因为货币得到了政府的支持（随后是控制），所以它拥有价值。这种清晰的关联使得中国早在唐朝时期（9世纪）就出现了纸币，在宋元时期，纸币进一步推广。而欧洲直到数个世纪以后才出现了纸币。

当然，作为合法的支付途径，信贷是"硬"（即金属）币和纸币之间的过渡手段。早在借据（实质上就是后期异地还款的承诺）频繁地使用于西欧集市的商业交易之前，它们就在中东和中国得到了长足发展，认识到这一点很重要。 16

与此相似，东方出现了"庄家"这种社会角色，同样远远早于意大利商人安置在香槟贸易集市上的"长凳"（bench）和"长桌"（banco）。偶尔会有西方学者指出，在其他地区，借据通常是在"有产者"和他们在国外的代理商或代理人之间使用；另外，至少在中东和印度的大部分商人，包括犹太商人之间，通过家族关系进行信贷。然而，我们必须记住，欧洲地区的交易在最初和其后很长的一段时间里，也是通过家族关系进行的。家族商行是信贷机制的最初形式，在中世纪及其后的时间里，信贷商行（随后的佛罗伦萨的美第奇家族是最有名的范例）都是"家族"商行。这一机制延续至19世纪，罗思柴尔德"家族"乃至洛克菲勒"家族"都把持着多家国际金融银行。

资金筹集和风险分担机制

远程贸易尤其需要大笔启动资金用于购买货物，以备随后销售。在长途航行中，这笔"资金"完全"捆绑"于货物之上，而这些货物或许无法抵达目的地。运输时限往往长达六个月，那些满载贵重物资的船只，有的沉没了，有的遭到劫掠，所载财产要么分文不剩,要么因交付赎金而缺斤少两。[12]

　　中东地区发明了合伙筹资或者按比例分红的良策,预付货物
的商人(或提供钱财购买货物的融资人)、照料货物以及负责处置
销售点货物的股东都可以获得一定份额的利润分成(Udovitch,
1970a)。这里的合伙人通常同样也都是家族成员,犹太人(以及后
来的印度人,乃至海外华人)的合伙人通常归属同一教派或同一民
族。欧洲的情况也是如此。伯恩(Byrne,1930)描述了12—13世
纪时热那亚的精巧的远程运输体制,该体制与阿拉伯人采用的航
运业机制非常相似。此外,马可·波罗的父亲和叔叔——先于大
名鼎鼎的马可·波罗抵达了东方的元大都——就组建了类似的家
族式商行。

　　由于更为强势,13世纪的中国政府(就像是商人们看不见的
股东)在贸易中扮演了更加重要的角色,掌握着贸易上的监管大
权。此外,在王室/政府的生产中心,奴隶对制造外贸商品所需要
的劳动力的补充可能更为重要,而且大商人还用奴隶来充当代理
人。马穆鲁克王朝治下的埃及同样如此。不过,两个地方的独立
商人都组建了强有力的行会(关于中国,参见 Kato,1936;关于埃
及,参见 Fischel,1958,和其他人的研究)。这导出了第三个共性。

　　商人的财富

传统研究都赞美西方资本主义的"自由放任",将欧洲经济体
系与东方强调政府强力干预的"亚洲"模式区分开来。其指导思想
是欧洲商人不受政府控制,而亚洲和阿拉伯地区的商人则要依附
于政府,受到另有他图的统治者的掌控。这些陈词滥调并不完全

正确。

在这三个文化区内,独立于政府的商人财富都是一个重要因素。虽然商人归根结底要受统治集团的摆布,统治者时常"借用"他们的资金而无须偿还,或当政府面临经济困难时强制性地征收大量"贡赋",以充盈国库,但商人在筹资方面还是相当自由的。这三个地区的大商人都能顺利融资。

另外,虽然在理论上讲,欧洲的城市国家里有"市民"治下的政府,但这并不等于自治。在香槟集市,伯爵——城市之上的权威——发挥着重要的统治作用;佛兰德斯的纺织中心或意大利的城市国家相对较小,而且由大土地所有者和资本家构成的专断的"贵族"基于自身利益制定的"国家"政策,并不必然就代表其他居民的利益(Lestocquoy,1952a;van Werveke,1944,1946)。

为了阐明欧洲在随后称霸的原因,我们有必要将目光超越其内部的独创性和她"独有的"创业精神。13世纪时,世界上其他势力和直到13世纪才加入他们的世界体系的欧洲人有着同样大有前途的商业敏锐度,甚至他们还拥有比欧洲人更为完善的经济机制。

差异

那么,又是什么将欧洲与东方这两大区域区别开来呢?二者的区别在于——尽管欧洲在13世纪落后于东方,但她到16世纪时却遥遥领先。问题是何以至此,尤其是当有人拒绝接受诸如欧洲的特质使然这类无稽之谈时,疑问就更为强烈。我的观点是:发展环境——地理的、政治的和人口的——远比任何内部的心理或

18

制度因素更重要,更具决定性影响。正因为"东方"暂时处于混乱之中,欧洲才处于领先地位。

虽然本书接下来将要对这个问题给出全面答复,但我还是要在此先将一些发现扼要地介绍一下。首先,陆路贸易区曾一度处于破碎状态。成吉思汗于13世纪上半期将这些地区统一起来,但他的后代在13世纪末期又肢解了它们。忽必烈(在他的安全护送下,马可·波罗家族得以遍游整个中亚地区)统治时期之后,各派别之间的混战打破了相对的宁静。阿拉伯人统治的亚洲地区经历十字军东征和蒙古大军对巴格达的占领(1258)而幸存下来,但它似乎未能经受得住帖木儿帝国在1400年前后的劫掠。埃及的繁荣及其在世界贸易中的地位比巴格达更持久;而开罗的繁荣则在14世纪30年代达到顶峰(Abu-Lughod,1971)。

其次,在1348—1351年这个"灾难性的"时段里,黑死病从中国一路传播到欧洲,毁灭了世界海上贸易路线上的大多数城市,扰乱了正常秩序,交易条件也因不同的人口损失程度而改变。此外,黑死病还增强了世界范围内的流动性,推动了重大变革的出现,有些地区因此受益,有些地区则受到损害(Gottfried,1983;McNeill,1976)。

在欧洲就可以看到上述现象。黑死病之前,英格兰是边缘地区的一部分,此后,她开始在欧洲发挥中坚作用,这缘于其人口死亡率低于欧洲大陆和意大利半岛。因为意大利半岛与中东地区有着密切的贸易往来,所以遭受的打击最为惨重。意大利在文艺复兴时期恢复了活力,16世纪初,意大利的城镇一片繁荣,生机勃勃,甚至其后还继续控制着地中海贸易。然而尽管如此,地中海已

不再是首要的贸易路线，这在某种程度上缘于地中海东部已不再
是通往东方的必经之地。

很有意思的是，正是意大利城市国家的舰船在 13 世纪末开辟
了通往北大西洋的航线。这给存续了数个世纪的世界体系以致命
打击。15 世纪末，葡萄牙人战略性地占据了大西洋，"发现"了通
往印度的海路，即沿大西洋的非洲海岸南下，而后沿东部海岸驶入
通往至关重要的印度洋的关口，那时这一关口还处于阿拉伯和印
度舰队的控制之下（但好景不长）。其实，这根本就不是"发现"，因
为阿拉伯人的航海手册早就记录了这片水域（Tibbetts，1981），尽
管海岸线是按照从东到西的相反顺序进行描绘的（!），但手册上的
详细描述足以让我们相信阿拉伯/波斯水手很早就完成了环绕非
洲的航行。

然而事实证明，阿拉伯和印度舰船无法抗衡在 16 世纪早期出
现在他们家门口的葡萄牙"战舰"。到 1510 年代末，葡萄牙控制了
非洲重要的停靠港，挫败了守护红海和波斯湾入口的埃及舰队，继
而在印度西海岸建立了滩头堡，之后又掌控了如针眼一般的马六
甲海峡的关键地点，这里是所有前往中国的船只的必经之地。请
注意，这一系列事件都远远早于威尼斯人挫败奥斯曼土耳其人的
勒班多海战（Battle of Lepanto，1571）——布罗代尔（1972）认为此
次战争保证了欧洲力量的壮大——也早于被沃勒斯坦看作转折点
的 1559 年。

因此，由于没有给这段历史一个足够早的开端，在对西方兴起
的原因进行解释时掐头去尾，歪曲事实的情况便出现了。我希望
从一个尚未形成定论的更早的时间点着手研究，借此来纠正那些

错误观点。13—16 世纪是过渡时期,其间,世界体系里的非欧洲
地缘政治因素创造了一个发展机遇,没有这个机遇,欧洲将不可能
兴起。这些内容将在随后的章节里加以探究。

　　不过,在进入正题之前,我们需要穿插两个问题。第一个就是
要将 13 世纪和 16 世纪的欧洲进行对比,以表明她是多么戏剧性
地走到了舞台中央。第二个就是要讨论一下资料、方法论,以及在
着手这样一个雄心勃勃的研究时必然会遇到的问题。

13 世纪和 16 世纪的欧洲范例

　　想要阐明 13—16 世纪欧洲与东方关系的轨迹,我们可以比较
以下两位出类拔萃的学者/政治家在各自时代的生活以及他们的
关注点(与命运):生活在 13 世纪的罗杰·培根和生活在 16 世纪
的弗朗西斯·培根。他们在生活上的差异清晰地印证了两个主要
变化:东方和西方在地位上的互换;欧洲教会与国家关系的变更。

21　　罗杰·培根,英国哲学家、科学家和教育改革家,生于约公元
1220 年①,卒于约 1292 年,其创作高峰期是 1247—1257 年,其间
他探究了众多新学科——数学、光学、天文学,有意思的是居然还
有炼金术。罗杰·培根对语言尤其感兴趣,他提倡对东方学术语
言的研究,特别是借此从西班牙和中东的穆斯林那里获取知识。
他希望通过吸收这些"高级"文明中可资利用的知识来改革欧洲
教育。

---

①　很多资料将其出生年份定为 1214 年。

理查德·威廉·萨瑟恩爵士(Sir Richard W. Southern,1962,1980 年第三次印刷)①把欧洲对中东的认知划分成三个阶段。第一阶段称为"无知时代",大约从公元 700—1100 年,欧洲人的认识主要基于宗教神话和对宗教经典的演绎。第二阶段始于第一次十字军东征(1099),十字军带来了关于穆斯林世界的更为详尽的情节。12 世纪上半期,关于"撒拉逊人"②、穆罕默德以及在十字军东征中遇到的富有修养、英勇无畏的对手的作品汗牛充栋。萨瑟恩将这一阶段称为"理性和希望的世纪"。到 12 世纪中期,尤其是在1143 年古兰经最终被译为西方语言之后,越来越多的知识开始取代神话。[13]"有了这个译本,西方首次掌握了认真研究伊斯兰世界的工具"(Southern,1980:37)。

13 世纪时,欧洲人期望十字军东征所到之处都能皈依基督教,并期望基督教文化能够通过伊斯兰文化掌握的或是经由伊斯兰文化传播的知识而得以变强。在这样一种背景下,罗杰·培根必定会对"东方学术语言"产生兴趣,而圣托马斯·阿奎那(约1225—1274)也必定会通过阿拉伯语作品来了解亚里士多德的伦理学思想。恰好在 13 世纪中期之前,亚里士多德有关自然、形而上学,随后还有伦理和政治等方面的哲学理论逐渐得以重现。阿奎那完美地调和了基督教神学和亚里士多德哲学,直到 16 世纪的宗教改革之前,二者都相安无事。

---

①　理查德·威廉·萨瑟恩爵士(Sir Richard W. Southern,1912—2001),英国中世纪史专家。

②　"撒拉逊人"(Saracens),原指从今天的叙利亚到沙特阿拉伯之间的沙漠牧民,广义上指中古时期所有的阿拉伯人。

　　然而,到了 1250 年,尤其是欧洲"发现"了蒙古人之后,欧洲人
22　对非基督教世界的面积和人口有了更深的认识,他们让整个世界
都皈依基督教的良好期望破灭了。正如萨瑟恩所言(1980:42—
43):

　　　　[欧洲与蒙古人的遭遇]对西方基督教世界的看法的影响
　　是全面的,多方位的……蒙古人极大地扩展了欧洲人的地理
　　视野,让他们认识到的世界人口规模增加了数倍……可敬的
　　彼得[估计]伊斯兰教徒占世界总人口的 1/3,甚或 1/2……到
　　13 世纪中期……人们的认识……显然过于乐观。异教徒可
　　能十倍,或者百倍于基督徒。无人知晓确切数字,只是随着认
　　识的加深,这个估计也越来越高。

　　　　这种情况带来的一个后果就是使十字军东征看起来要么
　　是毫无希望了,要么就得彻底重估东征的目的和方式。在中
　　世纪的剩余时间里,西方世界需要从以下两者中选择一个:要
　　么不再征召十字军,要么就组织更多、更有力的十字军。

罗杰·培根就生活在西方对世界上其他地区的认知和态度发生转
变的高潮期。

　　1257 年是那个时代的典型年份,罗杰·培根于这一年加入一
个宗教团体,告别了牛津大学的"世俗"生活。他写信给教皇克雷
芒四世,恳求他能资助一个浩大的工程——编写一部关于自然科
学领域的新知识的百科全书。阿拉伯语译著对他的思想的影响不
容忽视。就像萨瑟恩指出的那样(1980:53),西方哲学的变化

　　主要是一小批工作在托莱多的译员在 12 世纪 60—80 年代专心翻译的结果。这些人将伟大的穆斯林哲学家金迪（Kindi）、法拉比（Al-Farabi）和阿维森纳（Avicenna）等人的作品引介到西方，在很大程度上让西方首次掌握了希腊的哲学和科学思想……12 世纪末期涌现出大批这种类型的拉丁文作品，但是直到大约 1230 年——罗杰·培根当年刚刚开始他的大学生涯［原文如此］——这些作品中的理念和术语才融入拉丁神学……当老一辈的神学家看到除奥古斯丁外，阿维森纳的名字也被引用的时候，他们肯定会大吃一惊；但是这种变化的速度是惊人的，现代学者在 13 世纪神学中发现了越来越多的受穆斯林作家影响的痕迹。

罗杰·培根充分意识到这些文献的重要性，在写给教皇的信中，他强调了以教育和布道取代战争和东征的必要。为此，那些即将接受布道的人需要掌握更多的语言和神学方面的知识。即便教皇死后，培根还在继续宣扬他的理念。1268—1278 年，他完成了大量著作，并为此遭到同时代神学家定罪和监禁。

　　13 世纪的罗杰·培根注重宗教，而 16 世纪的弗朗西斯·培根注重政治，这是欧洲专制主义国家取代宗教秩序的明证（参见 Anderson，1974a）。弗朗西斯·培根是英国哲学家、文学家，曾任英国大法官，生于 1561 年，卒于 1626 年。他的生命跨越了伊斯兰势力的衰落以及欧洲在 16 世纪攀升到演进中的世界体系顶峰的漫长时期。

　　罗杰·培根满腔热血而教皇毫无回报的情形，与弗朗西斯·培根与君主之间更为世俗的情形类似。1584 年,弗朗西斯·培根成为议员,同时还是伊丽莎白女王的政治顾问。1597 年,他出版了第一部文集和其他一些著作,但因与于 1600 年获罪的埃塞克斯伯爵结为一党而失去了女王的宠爱。1603 年,国王詹姆斯一世继任后,培根又渐渐得宠。1605 年,他将新作《学术的进展》(*Advancement of Learning*)献给了新国王。该书试图整顿对自然科学的研究,而那时英国的这些科学都是土生土长的。1618 年,他被任命为大法官,并于 1620 年出版了《新工具》(*Novum Organum*)。1621 年,培根因被指控收受贿赂而关进伦敦塔,虽然国王随后减轻了对他的处罚,但他再也没有回到议会,而是在平静的学术活动中度过了余生。

　　我们来关注一下两个人的相似点和不同点。最主要的相似点就是二人都献身于自然科学,并呼吁当权者支持他们的计划,但均遭拒绝并蒙羞。两人的差异表现在许多更有意思的地方。罗杰·培根与教会有着密切接触,而弗朗西斯·培根生活在更为世俗的世界。罗杰希望说服教皇,而弗朗西斯向君主呼吁。然而,最显著的区别在于他们对待学问的态度。对罗杰而言,知识源于东方,因此他关注东方语言和伊斯兰教。而弗朗西斯认为他人身上没有什么可学的,并断言随时可以在本土习得知识。或许没有什么能比这更为清晰地揭示东方和西方的相对地位在这三个世纪里是怎样转换的了。

一些史学方法论问题

　　尽管使用隐喻——比如培根式隐喻——或许可以说明一些大范围的变化,但这很难让细节更清晰,更具可比性。因此,我们需要评估那些彼此迥然不同的信息来源，并按照13世纪晚期至14世纪早期的样子，组装一个可信的世界体系拼图。要对事实作出判断，难免要追溯各种杂乱的历史资料，也难免要期望一些有待证明的假说。事实判断必然是由支离破碎的材料建构而成，其中有些材料比较可信，有些则不那么可信。事实证明，在写作本书的过程中，这个问题带来的麻烦超乎我的预料。以下两个难题尤为棘手：

首先，13—14世纪诸文明在下列方面差异悬殊：哪些事是值得记载的重大事件；应该保存在什么地方（以及用什么记载，因为泥板比棕榈叶更耐用）；应该记载多少内容以及应该多么精确。在这样的比较研究中，我们会理想化地希望拥有相同类型的、同样可信的资料。一方发现了有价值的资料而另一方的资料却寥寥无几的情形着实令人沮丧，更糟糕的是另一方根本就没有留存下来的资料（就像马来西亚一样）。我将这种情况称为"资料问题"。

其次，即便拥有资料，我们在使用它们时也必须小心翼翼。在我们手头那些用于建构过去世界的最诱人的原始材料中，有些是由生活在那个时代的个人撰写而成。我将这些资料和"真实世界"（相当于调查研究中的资料）之间的不一致称为"证据问题"。最大的方法论挑战就是，一旦让证据讲真话这一希望破灭时，如何运用那些已经失真的只言片语，以另一种方式去"解读"过去的历史。我称之为"观点问题"。我的策略就是变换视角，留意每个社会怎样看待自己，同时通过比较围绕同一事实的不同观点，尽力取得更加"客观的"观点。

资料问题

任何比较性分析最先遇到的都是搜集可比性资料的难题。不同文化有着不同的优势，但或许正是这些优势反而让人更加沮丧。有些社会专注于事件、人物和交易的列举、计算和记载，而其他社会并未有类似的文字记载，尽管它们或许拥有细致的列举条目，但后来的社会历史学家对其毫无兴趣，或者这些记载几乎消失殆尽。

在本研究中，我无法获得 13 世纪关系愈发密切的几个社会的所有可比性资料。热那亚和中国是一种极端，它们拥有详尽的资料，让人欲罢不能。热那亚商人在国内外贸易中心留下了成千上万张公文，它们让那些对商业交易感兴趣的研究者颇为尴尬，因为他们永远无法整合如此充裕的资料。（与佛兰德斯一个地区有关的研究资料汇编于杜哈特的三卷本著作中，1941 年及其后。）同样，在以文字记载保存下来的中文资料中，不但有世界上最早的人口统计，还有官方的原始文档。这些资料或许没有披露交易额和交易物，但它们起码记载了对外贸易时的官方程序。[14]

13 世纪贸易的另外三个关键参与者——中亚的蒙古、马六甲海峡沿岸诸君主国，以及参与性稍弱的伊斯兰地区，是另一种极端。蒙古人只留下很少一部分文档，它们主要记载了战役、王位继承以及征服活动。只有马可·波罗和其他旅行者的间接描述可供我们研究之用。

据保罗·惠特利①研究，区域环境（热带雨林），良港的缺失

---

①　保罗·惠特利（Paul Wheatley，1921—1999），英国城市学专家，著有大量有关东亚和东南亚的学术著作。

（致使只有流动性商业城市，而缺乏稳固持久、档案完备的城市），或许还有其他因素，共同导致马六甲海峡沿岸各国除碑铭外，没有留下任何资料。

最后，在穆斯林世界里，有文化的神学家"乌里玛"依然"凌驾于"低级的商业活动之上，这意味着为后嗣记载的内容（主要是宗教小册子、法律学、法律裁决以及国王和贵族们的编年史）与当代经济史学家意欲查找的资料相去甚远。下面这段引述表明，某些资料几乎让本研究寸步难行了。

> 我杰出的、亲爱的朋友：你向我询问的事情我很难做到，也没有价值。尽管一直居住于此，但我从未清点过房屋数量，没有调查过居民人数，至于哪个人的骡子驮了什么，哪个人的船底堆放了什么，这些都与我毫不相干。但最重要的是，关于这个城市的历史，真主只知道在伊斯兰利剑到来之前不信教者吞下了多少污垢和噩运。我们调查这些事情是徒劳无益的。哦，我的灵魂！哦，我的羔羊！不要探究那些与你毫不相干的事情。[15]

这种对待世俗文化的态度，为当代学者设置了一道几乎不可逾越的屏障。幸运的是，关于哪个人的骡子驮了什么，哪个人的船底堆放了什么等世俗事务的记载还是零零散散地流传到我们手中，尽管这些取样已经严重失真。开罗旧城是中世纪时期埃及犹太人团体的聚集地，这里有个藏经库，犹太人将所有写着字的纸堆放其中，他们唯恐这些纸张被毁后，上帝的名字也将随之消失。这个藏经库即"基尼萨"①,它储藏了许多有关日常事务的记载,这些记载是官方编年史刻意回避的内容,也是上述作者不屑一顾的。

27 通过刻苦研究这些零碎文件,戈伊泰因②(Goitein,见第七章)细致地重建了 11—12 世纪开罗城的犹太人的生活,获得了犹太人同西班牙、北非、黎凡特甚至印度进行贸易的信息。他还能将研究范围扩展到穆斯林居民身上。因为那时的纸张非常稀缺,所以只能在上面多次重复书写。如此一来,一张纸的正面可能是穆斯林的销售账单或租赁协议,而其背面可能列有犹太人的婚礼/嫁妆清单。

　　研究中东的学者也能借助完全是为了用作他途而拟定的文献,重建中东的经济生活。比如,关于瓦克夫③的文献记载了将财产托管给一个家庭或一个宗教机构,如学校或清真寺的契约,这些文献也可以用于编制关于富裕家庭和公共设施场所的清单,拉皮德斯(Lapidus)就用这种方法研究了 14 世纪的阿勒颇和大马士革(1967)。编年史和死亡统计可以用于了解那些重要的大商人家族,如同维特④对埃及的"喀里米"(karimi)大商人的研究(1955)那样。或者像佩特里研究 15 世纪的大人物那样,探寻"乌里玛"之间的相互影响,以及他们的由来和行踪(1981)。即便是货币的推广、贬值或接纳也能间接地反映出兴衰的迹象。另外,私人居所规模和面积的大致变化也能反映出人口数量的增减。(见第十一章表

---

　　① "基尼萨"(Geniza),在希伯来语里是"存放处"的意思。

　　② 谢洛莫・多夫・戈伊泰因(Shelomo Dov Goitein,1900—1985),犹太学者,人种志专家,历史学家,长于对中世纪时期伊斯兰世界的研究。

　　③ "瓦克夫"(Waqf),又译作"吾克夫",教法中指用于宗教或慈善事业的实产或资金。

　　④ 加斯顿・维特(Gaston Wiet,1887—1971),法国东方学家,1957 年入选法国金石与美文学科学院院士。

15。)

总之,可比性资料的缺失,使得我们很难探究被研究地区的生活水平以及各地区之间的关系。个人判断通常取代社会科学家所说的"硬数据"。然而,仅仅因为数据看似"科学"就盲目采纳的鲁莽做法或许不亚于此。我们需要明智地谨记乔赛亚·斯坦普爵士[①]——1896—1919 年在英国税务局担任统计员——作出的反省:

> 政府非常热衷于积累统计数字。他们收集它们,计算它们,求出它们的 n 次方,算出立方根,画出精妙的图表。但你千万不要忘记,其中的每个数据起初都来自乡村值班员,而他只记下他最喜欢的东西。 28

我认为,在解读文献中的数据时需要作出一些判断,对于不存在数据的文献也有必要加以判断。就像我们即将看到的那样,资料和证据都不是世界的真实反映。

证据问题和观点问题

关于 13 世纪欧洲商业革命的叙述主要通过欧洲的(主要是意大利的)文献得以建构起来,这些文献包括贸易账目、遗嘱和康孟达契约[②],或者差旅账单。南欧的资料清楚地表明了该地区与地

---

① 乔赛亚·斯坦普爵士(Sir Josiah Stamp,1880—1941),英国实业家、经济学家和统计学家。

② 康孟达(commenda)契约,是有限合伙制度的起源,于 11 世纪晚期出现于意大利、英格兰和欧洲的其他地区,到 15 世纪逐渐发展成为康孟达组织。

中海地区的直接关系,但未能表明该地区与地中海之外的地区——即印度、中国和两国间的地区——的关系。中东港口和贸易中心的代理商被欧洲人认为是远东物资(香料、瓷器等)的转运者,但他们进货的货源地对欧洲人而言直到相当晚近的时代仍是未知的世界。因而,我们不能指望用欧洲的文献去描述穆斯林中间商和与之贸易的印度和中国的城市中心之间的重要商业联系,这一方面是因为对欧洲人而言印度与中国相当陌生,另一方面,即便欧洲人发现了印度与中国,他们也会对此视而不见。

从很多方面来看,"马可·波罗的故事"都是欧洲人眼中的一粒沙子,这粒沙子使得我们对 13 世纪世界体系的想象发生了重大偏差。艾琳·鲍尔①(Eileen Power,1963 再版:43)为马可·波罗起身前往中国时,威尼斯参与世界体系的情况设置了一个欧洲中心论的场景。

　　　　对于那些在公元 1268 年世袭继承[原文如此]着绚丽的东方的巨商来说,生活是灿烂辉煌的。是年,商人在宽敞的石砌账房里工作,河水轻轻拍打着账房。他们手握账簿,忙着清点成包的来自印度群岛的丁香、肉豆蔻干皮和核仁、肉桂和生姜,印度支那的黑檀木棋子,马达加斯加的龙涎香以及西藏的麝香。是年,珠宝商忙着给戈尔康达的钻石,巴达赫尚的红宝石和蓝宝石,以及锡兰渔场的珍珠厘定价格。丝绸商忙着堆放成捆的来自巴格达、亚兹德、马拉巴尔和中国的丝绸、棉布

29

---

　　① 艾琳·鲍尔(Eileen Power,1889—1940),英国经济史学家、中世纪研究学者,被誉为"第一位女性经济史学家"。

和锦缎。是年，威尼斯大运河的大理石桥上……时髦的小伙子们和来自各个［原文如此］国家的人们互相交流，倾听旅客在各个地域的故事，黎明时分，他们乘贡都拉穿行于运河之上……数个世纪后的提香热衷于描绘的威尼斯的红衣女子踱步于宫殿的大理石石阶之上，波斯锦缎轻轻拂背，阿拉伯香水温润着纤纤玉手。

1260 年，马可·波罗的父亲和叔叔离开威尼斯，九年后，他们重归故里，带来了他们在忽必烈大汗朝廷里的传奇故事。忽必烈是蒙古东方帝国的首领，该帝国以中国为主要根基。返回意大利时，他们带去了大汗写给教皇的信。两年后，他们再次前往东方，这次他们带去了小马可。在东方旅居了数十年后，马可被热那亚人监禁。为了消磨时光，他将旅行经历连同"地理学"知识都告诉了狱友，并由狱友记载下来。马可·波罗的"首个"东方世界发现者的名头是荒谬的。如同我们将要看到的那样，他并非首个与东方建立联系的欧洲人（关于更早的旅行者，见 de Rachewiltz，1971 和 Dawson，1980），只是机缘巧合，他的回忆录被记载下来而已。

但是，关于欧洲人对东方的了解，最重要的资料来源是什么呢？马可·波罗的故事杂乱无序，它不是按时序，而是以地理图集的形式进行叙述的。它描述了马可·波罗的不同行程，从一个城镇到另一个城镇，从一处沙漠到另一处沙漠。其中既有他的个人经历，也有他刻意"关注"的东西。行纪是马可·波罗基于个人好恶和偶然所得文献进行的有所选择的描述，而非提供"真实情景"的"原始文献"，这种解读给历史研究者提供了与传统历史叙事截然不同的诠释方式。

　　就拿马可·波罗对纺织品的强烈关注来说吧。他一遍遍地提及远东的城市,认为它们从事着多种贸易和商业活动,但他详细描述的唯一制成品就是纺织品。这是因为他的家族从事布料贸易,威尼斯主要专注于布料进口?还是因为他认为其他所有产业都想当然也是如此呢?其次还有他对香料及其生长地的关注。香料一直是欧洲从远东进口的主要物品,知道这一点后,就比较容易理解他的想法了。他似乎对香料在东方俯拾皆是,而在欧洲却价值昂贵,供不应求这种现象感到愤慨。宝石是马可·波罗的第三个兴趣所在。在他对宝石、珍珠等物品的论述中,有个一再出现的话题是,东方统治者通常以王室垄断的方式限制宝石的开采和流通,长期"管制宝石贸易"。他的叙述中也提到了黄金。由此可知,马可·波罗只描述那些与欧洲商人息息相关的远东地区的部分农业和工业,并意识到了这些物资在他家乡的"价值"。

　　与马可·波罗特意留心某些物品一样有趣的,是他对其他物品的刻意漠视。他对中国、马来西亚、印度尼西亚和印度的港口大书特书,但对在这些城市中建有社区的国外商人(他们的身份是"穆罕默德崇拜者"、"撒拉逊人"和"偶像崇拜者"等)只是顺便提及而已。至于他们是谁?他们经营什么?他们长期驻留还是来回奔波?他们与所在国有什么样的关系?他们有何来头?马可·波罗对此毫无兴致,他没有打听过这些商人,从不与他们沟通,因此,他的陈述无法为近东和远东之间频繁的贸易提供任何佐证。

　　我之所以指出这一点旨在表明,包括马可·波罗在内的欧洲人的记述是将13世纪曲解成商业革命时代[对谁而言?]的罪魁祸

30

首,而中世纪欧洲史学家对西方文献的情有独钟使得这些陈述得以长久地保存下来。

　　因此,和证据问题密切相关的是观点问题。历史难免被历史学家的见解所"扭曲",一方面因为问题的提出源自那些历史学家所处文明的境遇,另一方面因为本地资料记载的不是别处发生了什么或者那儿有什么,而是人为挑选出的叙述内容和无论实际如何都有人认为"正确"的内容。

　　我们可以通过两个例子阐释一下,一个与评价有关,另一个与"事实真相"有关。首先,由于中世纪的原始资料出现了一些关于"他者"的看法,所以我们有对之进行审视的可能。东方和西方隔着十字军东征这道鸿沟进行的互相审视就是一个例证。就此,可以将克雷①编辑的《第一次十字军东征——目击者和参与者的叙述》(*The First Crusade*, *the Accounts of Eye-Witnesses and Partici-pants*,1921,1958 年再版)一书与近期翻译过来的马卢夫②的《阿拉伯人眼中的十字军东征》(*The Crusades through Arab Eyes*,1984)加以对比。或者将马可·波罗对东方的艳羡与中国的市舶司官员赵汝括③在 13 世纪撰写的《诸蕃志》进行对比,由于那时他还没有接触到任何欧洲人,所以该书描述的"蛮夷"人主要是阿拉伯人(英译本1911)。要么阅读一下翻译过来的贝勒④的两卷本著作《基于东亚资

31

　　① 奥古斯特·克雷(August Krey,1887—1961),美国历史学家。
　　② 阿敏·马卢夫(Amin Maalouf,1949—　),原籍黎巴嫩的阿拉伯作家,中东问题专家。
　　③ 赵汝括(Chau Ju-Kua,1170—1231),有时也作赵汝适,宋太宗八世孙,曾任卿、监、郎官等。嘉定至宝庆年间任福建路市舶司提举,期间撰成《诸蕃志》,该书是宋代海外地理名著,分上、下两卷,分别记载了海外诸国的风土人情和物产资源。
　　④ 贝勒(Emil Bretschneider,1833—1901),俄罗斯汉学家,曾出任俄罗斯公使馆驻清朝北京医生。

料的中世纪研究》(*Mediaeval Researches from Eastern Asian Sources*, 1875—1876)中对中国、蒙古的旅行者和历史学家的论述,了解一下东方的"世界观"。

说到事实问题,事例就更加清晰了,但依然充满偏见。赵汝括提到的某些货物从某个地点输入中国的信息显然有误。局外人都很清楚,他接见的那些外国商人唯恐中国人会绕过中间商,直接同货物产地进行交易,所以他们往往不愿透露供货源。在今天看来,找到原产地不过是小事一桩,因为在今天的各种香料和货物跨区域交易中,人们并不隐瞒货源地所在。

信息缺失本身就已经很灵敏地反映了观察者对世界的看法,当观察者真心实意地观察世界时尤其如此。比如,运用中世纪阿拉伯地理学家或欧洲旅行者明显有误的描述,或许也能画出一幅比较精确的世界地图,而那个世界可能是他们亲眼看见的世界,也可能是从亲身经历者那里了解到的世界。犬面人(比如安达曼群岛上的伊德里斯)和神话人物骙骙(全身长满毛发,没有膝盖。据方济各会修士威廉·鲁布鲁克①所说,它的血液可以用作渲染中国织物的红色染料)的传奇故事表明当代人未曾亲身去过那些地区。同样,中国人对只长棉花不长毛的水羊的描述,以及西方对一种罕见的、叶片为丝绸覆盖的中国树种的描述,表明虽然各国因为进口别国产品而对其有所了解,但谁都没有见过产品的原料。

因此,我们打算把能够反映观点的一些素材用作附加资料。

① 方济各会修士威廉·鲁布鲁克(Friar William of Rubruck,约1215—1270),又译鲁不鲁乞,法国方济各会教士,1252年曾受法国国王路易九世派遣,出使蒙古帝国,抵达首都哈拉和林。著有《鲁不鲁乞东游记》。

然而这些素材也许是反映了"世界"，也许是反映了对世界的认识中的曲解，只有在对这些材料的意义作出评估之后，我们才能利用它们。

本书计划

世界体系的各部分，无论扮演主角抑或配角，都在体系中平等地发挥着各自的作用，从这个意义上讲，没有全球的世界体系。虽然今天的世界比历史上任何一个时期都更具全球性，但它同样被分成几个重要的分区或亚体系，比如北大西洋体系（西欧、美国和加拿大）、环太平洋地区（日本、中国台湾、韩国、印度尼西亚和马来西亚等）、社会主义"集团"（中国依然是其中的一员），以及西亚北非的阿拉伯世界。也许每个亚体系都有自己的核心，即一个占支配地位的国家，该国为其"卫星国"设定贸易规则。这些核心区里存在着弗里德曼[1]和沃尔夫[2]所说的"世界城市"（1980[3]），有些"世界城市"本身就是核心区，香港和新加坡就是如此。这些大都市从它们的腹地汲取营养，从乡村地区乃至卫星国的中心城市吸纳盈余。

但是，这些区域性亚体系之上还有一个总体的世界体系，它通过世界城市之间日益频繁的"交易"运转着。值得注目的是，弗里

---

[1]　约翰·弗里德曼（John Friedmann, 1926—　　），美国著名城市规划学者。

[2]　戈茨·沃尔夫（Goetz Wolff），美国城市规划学者。

[3]　应为 1982 年，详见 Friedmann J., Wolff G., "World City Formation: An Agenda for Research and Action," *International Journal of Urban and Regional Research*, vol. 6, no. 3 (1982), pp. 309—344。

德曼和沃尔夫借助日本航空公司提供的底图绘制了"世界城市"
图。球极投影①消除了墨卡托投影②中常见的东方或西方的偏见，
而航线则精确地展示出某些世界城市是多么"重要"。

33　　　同样，13世纪也存有一些亚体系（由语言、宗教和帝国界定而
成），它们由首都或核心城市掌控着，通过各地区之间的贸易建立联
系。尽管它们的互动远不如今天这么密切，但它勾勒了大体系的轮
廓。海道、河道和众多的陆路——有些从古代就开始沿用——而非
航空线，将城市联系起来。港口和绿洲如同空港一样，把远方的货
物和人汇集在一起。

　　然而，由于早期的运输技术较为落后，体系两端的世界城市很
少进行直接的生意往来。由于行程为地理所阻隔，所以在把货物
运往更远的市场的过程中，两个侧翼之间的中枢就充当了货物"集
散"地和交易场所。那时的世界也不是如今的"地球村"，无法在国
际性劳动力大分工的背景下共享消费目标和流水线作业。那时很
少出现一个地方制造产品，另一个地方加工、组装产品的情况，尽
管也不是从未出现过。13世纪的亚体系比今天的亚体系更加自
给自足，因此它们不会为了共存而紧密地相互依赖。尤为引人注

---

　　①　球极投影（polar projection），发端于古希腊天文学研究的一种数学方法，后用
于地图投影。其原理是：假设球体是透明的，而光线也是沿直线前进的。然后在球的
南极（或北极）放置一个投影点，在赤道放置一个平面，让光源向平面发光，进而在平面
上看到除南极点之外球面上所有点的投影。该投影方式的重要特性是保圆性和保角
性，可以帮助人们很好地测量天体和研究天文学。
　　②　墨卡托投影（Mercator projection），由荷兰地图学家墨卡托（Gerhardus Merca-
tor，1512—1594）于1569年创拟的正轴等角圆柱投影。其原理是：假想一个与地轴方
向一致的圆柱体面切于地球，将经纬网投影到圆柱面上，将圆柱面展开为平面所得到
的一种等角投影。在地图上保持方向和角度的正确是该投影的优点，因此墨卡托投影
地图常用作航海图和航空图。

目的是，尽管困难重重，那时仍有很多远程贸易。

当时大约有八个互相联结的亚体系，我们进而可以将它们划分为三大中心地区——西欧、中东和远东。（见图 1* 中这些亚体系及各体系中心城市位置的大体"轮廓"）我按这种顺序编排了正文内容：从第一部分的欧洲亚体系开始，继而东移，虽然这种顺序在概念层面上站不住脚。然而，由于我试图驳斥欧洲生来优越这种想象，所以，在行文伊始证实欧洲在中世纪时期相对落后就非常重要了。

13 世纪中期时，欧洲的三个中心点组成了独特的交易区：法兰西中东部地区的四个城镇主宰着香槟集市——特鲁瓦和普罗万是交易和生产中心，奥布河畔巴尔和拉尼是两个较小的交易中心（将在第二章论述）；佛兰德斯的纺织品生产区，其中布鲁日是最重要的商业和金融中心，根特是最重要的工业城市（将在第三章涉及）；以及意大利半岛两侧的国际性贸易港口——朝西的热那亚和朝东的威尼斯（将在第四章探讨）。

诚然，以上三个中心点绝不是正在演进中的欧洲"世界经济体"仅有的参与者，因为众多经常光顾这里的"外国"商人就足以清楚地证明这一点。我之所以选择这些共同体，不仅因为它们都是四面八方的商人的交汇点，还因为它们内部都循环运行着非地方性贸易，为它们的繁荣打下基础。我们可以将那时该体系的其余部分看作是卫星国或支脉，它们必定与核心区保持着联系，但这种联系更淡薄，更粗疏。如果将贸易区设想为一个网络的话，那么香槟集市城镇、佛兰德斯诸城市以及意大利的港口则是其中的内核，

35

---

　　* 本书插图均系原文插附地图。——编者

因为它们的链接是稠密的,多线的,而且辐射更广阔。

正因为这种广阔的辐射,才使得我们无法将欧洲(第一个)亚体系与跨地中海地区(第二个)亚体系孤立开来单独探讨,因为后者联结着意大利港口与西亚。我们在第二部分讨论中东贸易时也不能撇开意大利人不管,因为他们在中东建立了三个至关重要的滩头堡。

其中的一个滩头堡建在黑海之上,第三个亚体系借此在君士坦丁堡和中国之间建立了联系。13世纪的这个横跨大陆的联系网的建立,应该归功于蒙古人统一了中亚地区,其实还有他们对中国的征服。相关内容将在第五章探讨。

第二个滩头堡坐落在巴勒斯坦海岸上,建在这里的短暂的十字军王国将欧洲与第四个亚体系联系起来。该体系在陆上延伸至巴格达,其后一分为二,一支沿东北方向加入了中亚的商队区域,另一支南下经波斯湾抵达印度洋。后面这支商业区还包括位于波斯湾侧面(如霍尔木兹和西拉夫),或阿拉伯半岛南部海滨沿岸(如亚丁)的多个港口。第六章将描述这个亚体系。

欧洲人曾努力争取在北非海岸的埃及建立第三个滩头堡。然而,在经历了1250年圣路易十字军东征的灾难性失败后,他们被迫满足于充当受埃及统治者严格控制的贸易伙伴。这给意大利人提供了有限的而且是唯一的进入第五个亚体系的间接通道,该体系经过红海将埃及和印度洋联系起来。

我在第一部分忽略了西班牙、德国、波罗的海的俄罗斯地区、达尔马提亚以及撒哈拉沙漠以南的非洲地区,虽然它们也为中心区提供了重要资源。基于同样原因,我很不情愿地在第二部分忽略了东非。毋庸置疑,今天的埃塞俄比亚、肯尼亚和坦桑尼亚的沿

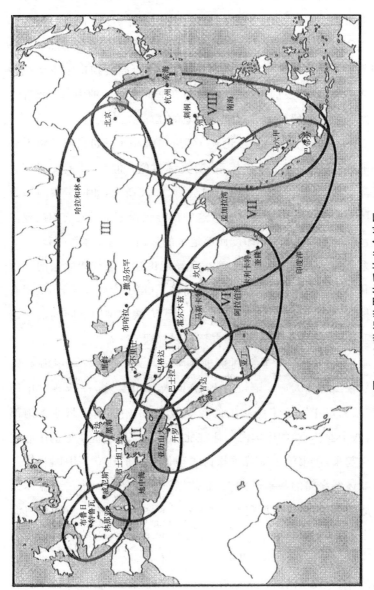

图 1　13 世纪世界体系的八个地区

海地带以及岛国马达加斯加,都与埃及、亚丁、巴士拉、霍尔木兹,乃至印度次大陆上的古吉拉特有着密切的贸易关系。但非洲的影响范围十分有限。非洲商人多是本地人,非洲货物也很少运往中国或欧洲。(相反的例证表明,散布在非洲东海岸的中国陶器碎片主要是阿拉伯船只和古吉拉特船上的压舱物。)

本书的第三部分重点论述了亚洲中心区(正如我们即将看到的那样,其实是整个世界体系)的关键角色。但是,我们在考察印度洋地区的贸易时不能撇开阿拉伯人和波斯人,如同考察地中海地区不能撇开意大利人一样。这一部分包含三个相互交织的亚体系:联结阿拉伯世界和印度西部地区的最西部的亚体系(第六个亚体系,第六、七章简单提及,第八章详细论述);联结印度东南部地区和马六甲海峡侧翼地区的中部亚体系(第七个亚体系,第八章有所提及,第九章全面论述);以及马六甲海峡和中国之间的最东端的亚体系(第八个亚体系,第九章加以描述)。

中国商人出现于室利佛逝国(Srivijaya)(在马六甲海峡附近),穆斯林商人——阿拉伯人、波斯人和印度人——出现在中国的"条约口岸"(后来的术语的较早版本)。中国商人将通往南部(第八个亚体系)的中国海与通往北部和东部的亚洲草原的中心区联结起来,本书第十章着重探讨了他们。他们建立了中国与第三个亚体系之间的联系,为整套亚体系画上了句号。第三个亚体系沿原路返回,经俄罗斯(撒马尔罕)、波斯和小亚细亚,重归黑海海岸上的前哨热那亚。

可以看出,虽然 13 世纪世界体系不是一个全球性的或世界范围的体系(波罗的海地区稍有涉入,非洲只有东海岸涉入,新世界依旧与世隔绝，日本是体系外的边缘地带，包括澳大利亚在内的太平洋诸岛都置身体系之外)，但它覆盖了欧亚大陆的绝大部分地区，囊括了那个时期的绝大多数人口(因为边远地区的人口非常稀疏)。

通过对一系列实际个案的研究，本书探究了13世纪国际交往的开启、扩展和巩固的过程，描述了持续的商业交易中各参与者之间的关系——合作，冲突，或者共生。各参与者都从体系中有所收益，但都无损他人。当该体系在14世纪初臻于顶峰时，没有任何力量能称为霸权，整个体系的运转仰赖于大家的共同参与。

尽管开端良好，但该体系还是在14世纪中期瓦解了，它的很多部分也同时衰落。到14世纪末，此前有着众多路线的流通体系沦落到路断人稀，千疮百孔的境地。14世纪后半期普遍的经济困难成为该体系瓦解的征兆。16世纪初，当新参与者葡萄牙进入印度洋，进行下一个阶段的世界整合的时候，13世纪世界体系的许多部分已经了无痕迹。

本书力图回答的一个主要问题是，13世纪世界体系为何会解体呢？答案绝不仅仅只有一个。没有任何决定性因素——譬如某种天外煞星——导致亚体系之间的复杂关系网的崩溃，或以世界霸权西移的方式促使它们形成新的均衡。相反，亚体系内和亚体系之间的细微变化累积的影响确实给整个体系带来了巨大压力。如果说支点转移使得整个局势失衡的话，那么体系的崩溃就缘于众多亚体系在同一时间向同一方向上的渐增式转移。[16]

注释

1　即韦伯对现代资本主义的定义(最早于1904—1905年提出)与随之产生的"心理上"的看法(以及韦伯为了把产生于新教伦理的现代资本主义，和

早期其他资本家的旧有贪婪区别开来而必须极力作出的争辩），与托尼
（Tawney,1926）基于信贷和理性簿记等"现代"机制对现代资本主义的定
义,之间那场收益甚小的争论。韦伯（1981 年重印本）也并非与他自己的
定义完全一致,因为他在《世界经济简史》（*General Economic History*）一
书中对资本主义的定义明显更多地立足于制度和文化。至少有两个参考
要素可以用于界定资本主义："财产私有权和基于市场的社会关系"的存
在,以及"基于与生产方式的不同关系而形成的某类"阶级的存在。第一
个意义上的资本主义在古罗马时期（Runciman,1983:157）和 13 世纪世
界的绝大部分地区都可以找得到。第二个意义上的资本主义只是偶尔出
现,在时间上更晚。沃勒斯坦（1983）和后来的马克思,以及马克思主义历
史学家莫里斯·多布（Maurice Dobb,1947,1984 年再版）都认为只有第二
种形式才能称为"真正的资本主义"。

2　在第一卷（1974）中,沃勒斯坦仅仅回溯了"现代世界体系"的第一阶段（约
1450—1640 年）,他认为这一阶段"仍然只有一个欧洲世界体系"（Waller-
stein,1974:10）。然而,他对世界体系的界定依然很不精确,这着实让人
苦恼。他将其定义为一个"大于任何具有法律意义的政治单位"的体系
（Wallerstein,1974:15）,仅将其与中央集权的民族国家或帝国区分开。
我们在后面就会看到,13 世纪世界体系经济体和 16 世纪世界体系一样
广阔（"新世界"的内容除外）,都有自由劳动力、半自由劳动力和奴隶劳
工。然而,它们的组织原则截然不同。"世界体系"这一术语——如同当
今的用法一样——不幸和 16 世纪以来形成的特有的等级制组织结构混
为一谈,这使得关于世界体系的争论收效甚微。一个体系不过是"由按某
种规则有序地排列起来的各部分组成的整体"（Oxford Dictionary）,记住
这一点很重要。规则本身不是特定的。我们将在本书中探讨一个截然不
同的体系,一个没有任何霸权支配的体系。

3　例如,研究中世纪佛兰德斯地区纺织业的专家亨利·洛朗（Henri Laurent,
39　1935:206）明确认为,中世纪的城市纺织业经济"通过扩张将其名声传遍
当时的世界,在很大程度上它应被视为世界经济体（*world-economy*）的一
个参与者"。

4　比如,13 世纪的布鲁日或建有第一家银行的意大利的城市国家。

5　伊德翁·舍贝里(Gideon Sjoberg,1960)持有这一观点,但这一区别忽略了"蒸汽"之前的整个时期,那时在使用水力。

6　尤其参见布罗代尔在《十五至十八世纪的物质文明、经济和资本主义》(*Civilization & Capitalism*, *15—18th Century*)第三卷《世界的时间》*The Perspective of the World*,1984)第一章中的讨论。

7　布罗代尔让我们注意到马克思在这个问题上的矛盾做法。作为对沃勒斯坦的答复,布罗代尔写道:"从根本上而言,困扰他[沃勒斯坦]的问题[即资本主义世界经济体系肇始于何时],与马克思提出的问题,不是同一个问题吗?我再次想到那句名言'资本的生命史开始于 16 世纪'。对沃勒斯坦而言,欧洲的世界经济体就是资本主义的发源地……因此我同意马克思所说的(虽然后来他又背弃了这一说法)欧洲的资本主义——实际上他甚至说过资本主义生产——发端于 13 世纪的意大利。这个争论根本不具有学术意义"(Braudel,1984:57)。

8　Germaine Tillion(1983:20)。西德尼·帕卡德(1962)以一种更为学术的方式论述了这个问题,荷兰学者 J.C.范勒尔(1955)作出了更为中肯的论述。参见范勒尔早期作品的选编和翻译(1955),尤其是第一章中他对欧洲历史如何被曲解并如何丑化其他地区历史的强调。类似观点见 Charles Tilly,*As Sociology Meets History* (1981)。

9　我将城市视为大体系内的研究结点,因为在囊括了城市国家、松散联盟以及大帝国所有这些形态的体系里,城市是唯一具有可比性的单位。然而,这么做是要付出代价的。在这个框架内,最容易做的就是对城市国家——主要存在于欧洲、波斯湾-阿拉伯海地区和马六甲海峡地带——的研究。但在研究帝国的广阔疆域时,这个框架就没有那么好用了。为了更好地描述城市生活,阐明个别地点的"崛起"和"衰落"是如何影响帝国变迁的,我对一些帝国中心进行了讨论。但我对马穆鲁克王朝时期的埃及和叙利亚,中亚的蒙古联盟,尤其是对中国的阐述,必然超出了这个城市框架。考虑到一个共同体系下参与者的多样性,我认为这个困境是不可避免的。假如把"帝国"当作我的分析单位的话,我会遇到更大的麻烦,即如何把城市国家置入那个框架之中。

10　那个术语深得美国学者的厚爱,被麦克尼尔早期的那本名著(1963)和奇洛特最近的一篇文章(1985)当作标题。奇洛特步马克斯·韦伯后尘,也认为西方的特质在很大程度上导致了它的"兴起"。但他是在西方二手资料的基础上得出这一结论的,并没有意识我们提到的历史学方法论问题带来的影响。琼斯(Jones,1981)也犯了同样的错误。另一方面,麦克尼尔认识到了13世纪的穆斯林世界、蒙古和远东世界的强大力量(尤其参见 McNeill,1963:479,485,525—526),并意识到很多外因最终导致了它们的衰落。Philip Curtin,*Cross-Cultural Trade in World History*(1884)和 Eric Wolf,*Europe and the People without History*(1982)也抨击了西方种族中心主义。沃尔夫的假定和我很接近,他大胆地认为以西方人的视角写成的历史,让世界上绝大部分人民"没有了历史",如同"人类学家笔下的'原始的当代人'";东方在建立帝国过程中取得的成就和远程贸易"塑造了一个世界,不久之后,欧洲便会重组这个世界,以满足自身的需要"(引自 Wolf,1982:25)。这给那些以自我为中心的文献带来了一缕新鲜空气。

11 大量的幸存文献表明,意大利人沿用的借贷机制实乃从东方借鉴而来。比如可参见 Lopez and Raymond,*Medieval Trade in the Mediterranean World*(1967)中收集的文献,阿多维奇(Udovitch)的著作(1967,1970a)以及罗丁逊(Rodinson)的著作(英文版 1974)。

12 因此船员经常抱怨公海上的劫掠行为,那些"海盗"通常来自竞争对手的城市或国家,他们或许将商业活动视为一种战争形式。

13 见萨瑟恩(Southern,1980:37),他进而提到了 Mlle. M. T. d'Alverny,"Deux traductions latines du Coran au Moyen Age," *Archives d'Histaire Doctrinale et Litteraire du Moyen Age* XVI,1948,69—131 进行的"划时代研究"。他还提到了 James Kritzeck,"Robert of Ketton's Translation of the Qur'an," *Islamic Quarterly* II,1955,pp.309—312 的研究成果。

14 Chau Ju-Kua, *Chu-Fan-Chi*(英译本 1911);P'u Shou-keng(参见 Kuwabara,1928 和 1935)。

15 出现于 Austen H. Layard's *Discoveries among the Ruins of Nineveh and Babylon*(London,1853:663),在 Jacques Barzun and Henry Graff(1957:3)中被引用。

16 这和新生的"混沌"科学一样有趣。见 James Gleick,*Chaos:Making a New Science*(1987)。

第 一 部 分

欧洲亚体系

从古老帝国中浮现

公元 2 世纪时,罗马帝国控制着广袤的区域,其中包括毗邻地中海的所有地区。帝国向北囊括了英国和除德国之外的所有西欧地区,向东涵盖了希腊、安纳托利亚和新月沃地①,向南横跨整个北非的海岸地带。罗马南部和东部的边缘地区通过陆路和水路,与"旧世界"的其余很多地区保持着联系,其中甚至包括遥远的印度和中国。那时,第一个新生的世界体系已经建成,虽然该体系没有挺过"罗马的衰亡"这一关。

然而,需要提及的是,"罗马的衰亡"是一个长达数个世纪的复杂过程,其间边缘地区日渐混乱,最终中心地带亦然。而且,"衰亡"对先前帝国的各个部分产生了不同影响。它对西北欧的影响更具毁灭性,远远超过对地中海沿岸和地中海盆地东部地区的影响。那时,"黑暗时代"这一术语特别针对西北欧地区。

最终,罗马帝国内部的衰弱为日耳曼部落突破帝国防线提供了机会。日耳曼部落占据着意大利北部和东部的核心区,此前一直被阻挡在帝国边界之外,但它们在过去一直是罗马帝国农业大

---

① 新月沃地(Fertile Crescent),西亚的古文化发祥地,包括西北—东南走向的美索不达米亚,以及略作东北—西南走向的西亚裂谷带中、北段。两区相会于幼发拉底河中游以西地方,在地理分布上合成一新月形地带,又因灌溉水源丰富,降水较多,有利于农、牧业的发展,故名。

庄园所需奴隶的丰富来源。日耳曼部落于 3 世纪发起了第一轮入侵,但很快就无果而终。其后的入侵势头更加凶猛。它们在公元5 世纪期间发动了一系列更为成功的入侵,并于该世纪末到达顶峰,终结了统一的罗马帝国,西罗马帝国陷于灭亡,分裂成高卢王国、汪达尔王国、西哥特王国以及后来的伦巴第王国。

在欧洲大陆上,接二连三的征服活动"导致了后续国家精密程度与效率水平的退化"(Anderson,1974b,1978 年再版:125—126),在帝国缺失和贸易中断的情况下,它们试图找到一个维生之计,这种尝试极其混乱,罗马法和日耳曼习俗被融合成一个不伦不类的东西。8 世纪时,查理曼大帝试图整顿他所控制的这个不完善的体制。他于 800 年接受"西方的皇帝"这个头衔,并利用教会这个唯一还能保持某种统一性的机构将其权力合法化。此后,西欧渐渐从罗马帝国崩溃后那种分散而孤立的境地中挣脱出来。

然而,西欧的发展过程是缓慢的。查理曼大帝死后,摇摇欲坠的帝国再次陷于瓦解,并遭到马扎尔人和维京人的攻击。9 世纪末,西北欧建立了原始封建制度(protofeudalism)的防御体系,该体系以罗马传统和日耳曼传统的混合为基础。[1]一个世纪之后,一种叫封建制度的社会形态事实上已经确立下来,尤其是在法兰西和低地国家。用佩里·安德森的话说(1974b,1978 年再版:142;但是也可参见 Pirenne,1925:50—51),到那时,

> 尤其是在法国的乡村,私人城堡和筑垒纵横交错,它们在未经任何皇权的许可下由乡村的封建领主建造而成,用于抵抗新来的野蛮人的攻击,巩固他们的地方权威。对乡村居民

而言,这种陌生的城堡景观既是保护伞,也是枷锁。在查理曼大帝统治时代的……晚期就已经不断遭到镇压的农民,如今最终沦落为广义上的农奴……在随后的两个世纪里,封建制度……慢慢地在[西北]欧洲站稳了脚跟。

封建制度在远离海岸的地区确定下来。在军事城堡周围或修道院的保护范围内,小的贸易中心成长起来,或渐渐复苏,商人可在此进行商品交易。作为对他们的商业服务的回报,他们得到了地方领主的特许和保护。很多此类定居点,尤其是那些重要的陆路或海路附近的定居点,最终都成为周期性集市的落脚地点,或者少量延伸至内陆的“国际贸易”的交易场所。

45

然而,10 世纪末时,维京人要么已经被赶回老家,要么已经被同化(比如在英国)。于是,城镇得以跨越那些壁垒森严的狭小区域。11 世纪时,尽管西北欧依然分成几个相对自给自足的封建地区,但它们正渐渐整合,开始有能力创造更多用于交易的剩余财富。城镇数量激增,有些甚至建在了靠近海岸线的地方。在其后的两个世纪里,欧洲大陆的城市化进程突飞猛进(详见 Hohenberg 和 Lees,1985)。

欧洲内部人口的激增和城市化的推进,与其外部扩张不无关系,这种扩张彻底打破了罗马衰亡带给欧洲大陆的孤立状态。11 世纪末期,西北欧的诸侯们对伊斯兰“圣地”发起了第一次十字军东征,跨过大陆进军君士坦丁堡,随后南下巴勒斯坦。他们避开了经地中海至黎凡特的海路,这非常清楚地表明了欧洲大陆内部,北欧与地中海沿岸地区之间依然存在的分歧。而在其后的每次十字军东征中,北欧都借助意大利船只将部队运送过去,这非常明确地表明欧洲这两个地区之间的关系已经改变了。

在本书的第一部分,我们追溯了欧洲体系的创建过程——先是"后黑暗时代"里西北欧与从未分裂过的繁荣的南欧的联合,而后再次与世界连为一体。黑暗时代的西北欧灯火已然熄灭,但意大利依然灯火闪烁,虽然这火光时而摇曳,时而暗淡。

当伦巴第人在 6 世纪占领意大利半岛时,东北海岸地区的一些居民在近海的潟湖里寻求避难并建起了威尼斯城。因为几乎别无选择,所以他们依然与残余的罗马帝国的东部地区,即由首都君士坦丁堡统治的少量拜占庭基督教国家,保持着联系。这样,即便密切的跨地中海互动衰弱后,作为其中关键环节的威尼斯依然与外界保持着频繁的接触。

7 世纪时,穆斯林帝国不断扩张,将小亚细亚之外的大部分东部地区纳入版图。在其发展过程的第一个世纪里,伊斯兰势力穿过北非,抵达摩洛哥,随后又渡过直布罗陀海峡进入西班牙南部。伊斯兰势力(Umma①)向东扩展到波斯和阿富汗,并最终进入印度北部和中国西部,建立了新的世界经济体。一旦欧洲加入进来,该经济体将成为更大体系的核心,威尼斯、热那亚和意大利其他沿海城市国家都将最终成为联结西北欧和中东体系的纽带。

就基督教世界而言,伊斯兰势力扩张过程中最让人不安的事态就是新月沃地的人们对伊斯兰教的皈依,这意味着圣地控制权流落到了"不信教的阿拉伯人"手中。拜占庭帝国被迫退出统治舞

---

① Umma,《古兰经》中对不同地域、不同时期、不同文化的人群的称谓。此处指"穆斯林社团"或"穆斯林公社"。

台,唯有卷土重来的夙愿还在,十字军战士就为这个夙愿而来。一旦欧洲经济在 11 世纪得到充分复苏,军事封建制的战斗力将大大提升,进而"夺回"巴勒斯坦。

欧洲历史学家所谓的 1291 年阿克里的"陷落",即阿拉伯人从十字军手中夺回巴勒斯坦这件事,为 12 世纪初至 13 世纪末这个时期打上了标签。其间,西欧与毗邻地中海东海岸和南海岸的诸多国家有着密切的联系,尽管大多是以暴力形式进行的。十字军东征一场接着一场,巩固了北欧和南欧之间竞争性的联盟关系。对我们的论题而言最重要的就是,十字军东征建立了固定的贸易渠道,通过意大利中间商将北欧和先前包括中东、印度和中国在内的贸易区联结起来。

因此,虽然十字军东征以失败告终,但它们带来了一个重要的后果,即催生了将"罗马衰亡"后就远离世界体系的西北欧再次整合进世界体系的机制。毫无疑问,欧洲大陆应该在 13 世纪进入全盛期,她的眼界日渐开阔,资源愈益丰富。

通过与东方的接触,欧洲有了很多新"嗜好",这些嗜好产生了诸多影响。十字军战士获得了丰厚的奖赏,包括香料、丝绸和锦缎、镶金刀具、瓷器以及过去做梦都想不到的琳琅满目的奢侈品。十字军东征最初或许是为了救赎灵魂而发起,但它们的维持却在某种程度上缘于对战利品的掠夺。当征服活动失败时,十字军战士就只能购买所需物品。起初,欧洲人只能用奴隶、贵金属(主要是银)、木料和皮毛(木料是沙漠地区的稀有资源;皮毛资源匮乏,但热带地区不太"需要"这种资源)进行交易。但是,似乎正是对用于东方市场上的销售物的需求,刺激了欧洲的生产活动,尤其是优质呢绒——由平原和高原上放养的绵羊的绒毛制成——的生产。

　　12—13世纪,西北欧的农业、采矿业,而后是制造业的复苏,至少在某种程度上必须归功于十字军东征引发的眼界的开阔和贸易机会的增多。这一时期,整个欧洲大陆的城市化进程非常迅猛,从佛兰德斯和法兰西到莱茵河流经的欧洲中部地区,均是如此。佛兰德斯和法兰西能通过马赛、艾格莫尔特、蒙彼利埃,尤其是地中海的主要海港热那亚,进入地中海沿岸西部。而莱茵河则建立了从北海直到它在地中海的主要出口威尼斯之间的联系(Ganshof,1943)。最初的贸易主要在"集市"上进行,起初,这些集市在城镇定期举办,后来则是连续举办,以接纳四面八方的商人。然而,人口数量的攀升和不断增长的对东方贸易的需求,推动了工业化水平的提高,这最终导致了位于出海口的真正的商业中心的发展,布鲁日就是其中一个很好的例证。

48　　　欧洲经君士坦丁堡与东方建立的联系贯穿了整个中世纪时期,但这仅仅提供了通往中国北方的陆路,这条路线危险重重(在历史上,这里是半游牧部落互相厮杀的战场),代价高昂,因为陆路
49　总比海路耗资更多。在"世界征服者"成吉思汗统治的蒙古帝国的早期,该地区才得以"统一",直到这时,欧洲人方能平安地穿越这条漫长而又凶险的路线。

　　在本书的第一部分,我们考察了16世纪"世界体系"之下的欧洲亚体系的三个主要参与者:香槟集市城镇(特鲁瓦、普罗万、拉尼和奥尔河畔巴尔),欧洲内部、欧洲和东方在此进行了很多新的互动,尤其是在12—13世纪早期;佛兰德斯工业/商业城镇(布鲁日和根特),它们在13世纪末至14世纪初接替了香槟集市城镇的重

要角色；意大利主要海港（热那亚和威尼斯），它们将西北欧与中东港口联结起来。（见图2）

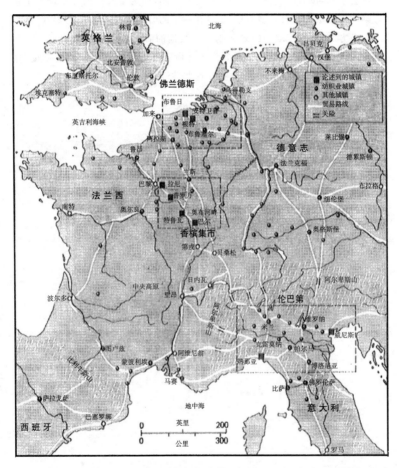

图2　欧洲亚体系：四个香槟集市城镇、布鲁日和根特的佛兰德斯人城市、意大利的热那亚港和威尼斯港的位置

注释

1　从这些话语中可以得知,我们将西北欧产生的封建制度看作一种特殊的社会形态,没有人能找到一模一样的复制品,因为没有任何环境继承了精确的罗马法律和日耳曼习俗,二者在特定的时间和地点才能汇聚在一起。另一方面,中世纪欧洲的封建制度在其他的时间和地点表现出另外一些特征。只要明白并非各个部分都要有所注解,那么我们用"封建制度"这个术语去暗指其他的形态,并指明这些共性,是没有什么害处的。

第二章　举办香槟集市的城市

作为经济交易中心的集市

在一些人口相对稀少，发展水平低下，运输系统落后的社会里，我们往往会发现举办定期集市的现象。实质上，在定期集市上，商人定期将消费品带给顾客（当地集市通常每周举办一次），在某些情况下商人们的贸易线路推动了关于贸易中心的术语的出现。

如今，在北非仍然有些这样的定期集市，有些城镇就叫作星期四集市（Suq al-Khamis）、星期三集市（Suq al-Arba）和星期二集市（Suq al-Talata）。米克塞尔对定期集市制度进行了充分研究（Mikesell, 1961），[1] 其运行方式是这样的：商人多以相邻城市为据点，经营手工制品和/或进口货物；他们沿着固定的线路活动，比如 说携带货物来到星期一集市，在完成当天的交易后，他们将剩余的存货打包，然后前往星期二集市，如此等等。

每个集市城镇都会有一个大的开阔地，以供行商搭建帐篷和摊点，一些重要的区域中心甚至在一个又一个集市日中建起了固定的摊篷。很多农民一大早就步行或骑驴朝山下（通常如此）每周一次的集市走去，随身带着要出售的农产品或牲畜，以及用于购置货物的钱财。

集市日往往充满兴奋和喜庆的气氛(让人想起德彪西[①]的音诗《节日》),往常那些足不出户的人们大量聚集到集市上。专门有摊点提供食物和茶水。理发师放好凳子,等着生意开张。抄写员席地而坐,为顾客誊写书信或填写单据。铁匠和修理工安置好行头和工具,准备做活。从事相近行当(如帐篷和地毯编织女工、制陶工和其他技工)的手艺人利用便利招徕潜在顾客。坐商和行商都摆好了货摊,准备经营。即便是在没有固定设施的地方,集市也有其一定的形貌,人们每次搭建集市时都会将之复原。牲畜的出售、屠杀都在集市外围进行。饭摊和"外来"商家的货物都靠近集市中心。"外来"货物大多价值不菲,它们由城市商人从远方带到这里,这些商人把布料、手工制品以及银质首饰(就像现在的手表和半导体收音机)都摆放在非常精美的马车上,而不是像当地人那样将货物放在地上的床单上。当正午刚过,艳阳高照,分外炎热,人们不宜久留时,在一杯茶水提神后,他们开始踏上回家的路,商人则收拾好剩余货物,准备动身前往下一个地方。

最初的集市多是物物交换,少有货币流通,但等更大的行商开始频繁光顾这些集市时,人们对通货的需求变得越发迫切,与此相关也产生了对钱商的需求。或许这就是银行家和信贷机制的肇始。假如一个富有的农场主想要购买城市商人平常没有储备的东西(可能是为将要到来的婚礼而准备的重要消费品,抑或用于清理更多土地的工具),他就需要订购货物,由商家许诺将在下次把货

---

① 德彪西(Achille-Claude Debussy,1862—1918),法国作曲家,音乐评论家,印象派音乐的代表。

带给他。农场主要么"给予"商人信任而预付货款,要么"得到"商人信任货到付款,或者预交定金达成妥协。如果买家没有凑够必需钱款,那么他可以从钱商那里"借入"一些资金,也可以向钱商或商家"借出"(抵押)他的预期收成的一部分。这样一来,一个复杂的经济制度就生成了,每周一次的集市得以从邻里间的物物交易扩展到远程贸易所需要的货币化机制。

任何一个集市中心应该都会吸引四面八方的城市商人,这有可能催生出"一个更高级的贸易区"。虽然商人最初来到集市是为了向当地顾客销售物品,但他们很可能时常在同一个集市碰面,这样他们就会在下次相遇时带去某些物品并彼此交易,这些物品不见得为当地农民需要,但它们在商人所在的家乡的集市上有销路。在这种情况下,信贷和交易活动会变得更加复杂,尤其是当来源于各个城镇的货币不统一的时候。由于货币种类繁多,钱商变得越来越重要。而且,为下一笔交易积累信用或许比随身携带硬币更可取,这意味着那些借贷记录必须保存下来。于是,就像当地的农户会预订物品一样,来自各地的商人来来往往,他们家乡的城镇消费者可能也会下订单,这些消费者订购的不是在当地集市上就可以买到的洋葱,而是由远方城镇编织的布料。城镇居民的交易商会从星期一集市上遇到的同行那里预订,而在这个集市他并没有其他利益可图。一个四通八达的交汇点就这样成为远程贸易中心,尽管它自身产出的利益微乎其微。

一旦交汇点确定下来,并能吸引其他地点的商人,那么当地产品总会有机会被推广到远程商人开拓的市场上。于是,当地的制陶工或因手艺而声名远扬,他的产品能够卖给来到此地的远程商人；商人或许会委托他们制作一些盆盆罐罐，因为商人知道它们能在别处售出。商人甚至向当地工匠预支一笔资金，使他们有可能购买更多的原料或雇用帮手，借此来帮他推广产品。织造业是个更好的事例。当地的羊毛、棉花或亚麻产量或许足够满足当地织工需要，生产出供本地人使用的产品，但产量的扩大可能需要原材料的输入。那些流动商人或许会供应原材料，并签约收购，以供出口。从私人生产到雇佣劳动仅仅是简短而又危险的一步，在雇佣劳动中，商人给生产体系提供原料，并向制造成品的工人支付报酬。事实证明，这种做法比在商人的家乡完成整个织造过程更实惠，因为在他们的家乡，织工可能会受到行会的保护。

远程贸易的扩展需要具备一些基本的前提条件。其中一个无疑就是安全。随着远程运输的货物价值的增加，商人对保护措施的需求日渐凸显。如果只是农场主携带着洋葱和番茄在当地销售的话，偷窃倒不会产生很大影响。但当富商运载贵重物资通过贫困地区时，他们则往往成为偷窃对象。那些"杀富济贫"的罗宾汉，用不大光彩的话说其实就是贫穷山民，他们偷盗前往集市的流动富商的货物。哪里贫富不均，哪里的安全措施就必须得到保障；否则，商人就会带着卫队，乘"篷车"出行，以确保人身和货物的安全。在充满异国情调的东方和13世纪的欧洲，人们都能看到这种篷车。

第二个前提就是当货币不统一时达成的兑换协议，更为重要的还有确保偿还债务和履行契约的一些手段。没有这些必要条件，贸易很快就会夭折。正如前面提到的那样，还需要构建一些信贷机制，以确保直接买卖之外的那些交易。

　　至于集市的选址问题,有几个因素是至关重要的。贸易地点最起码要连接着两个或两个以上的独立区域,各区域的产品应该互补,而不是相同,这样才有交易的必要。其次,贸易地点必须是商人容易到达的地方,鉴于当时的运输条件,运输费用必须做到最小化。这就是为何运输方式发生重大变化时贸易地点也会时常变换的原因了。在其他条件都相同的情况下,水路运输远比陆路运输便宜,在运输大宗货物时尤其如此。当然,小而贵重的物品在承担了每单元的高额运费后依然有着可观的盈利,而那些低廉的笨重货物则不值得运往远处。其实这也是13世纪——和今天一样——的远程贸易钟情于奢侈品、贵重物品和武器的原因。

香槟集市及其所在城镇

　　上述景象是根据当时的城镇和一个异域国度的情景描绘出来的,结合这一事例,我们探讨了定期集市的某些运行逻辑。我们现在前往法国东北部,回溯数个世纪,去考察13世纪世界经济体中一个重要的贸易中心——香槟集市,分析它是怎样实践那些相同的运作方式的。为此,我们首先必须按照香槟集市从地方走向世界市场的过程,重建西欧的情境。

　　罗马帝国瓦解后,那些曾经是帝国军事和商业网络重镇的定居点便陷于废弃。后来,当经济开始复苏,这些定居点常常立刻成为集市中心,并发展成城镇。比如特鲁瓦曾经是罗马帝国的兵营(*castrum*)(要塞)所在地,有证据显示这里早在5世纪甚或更早的时候就举办过定期集市。8世纪时,查理曼大帝力图重新完成统一,当时的特鲁瓦和普罗万都被选作行政中心。特鲁瓦成为香槟地区的行政中心,而查理曼设在布里地区的行政中心则是普罗万的一个不怎么知名的城镇,该城镇的主要价值在于它易于防御的地理位置,它处在峭壁的顶端,俯视着入侵者必经的平原(Mesqui,1979:7—8;Bourquelot, *Histoire de Provins*,1839—1840 年初版,1976 年重印版,Ⅰ:407)。后来,又有两个城镇加入集市商业中心的行列中来,一个是坐落在罗马道路交叉点的奥布河畔巴尔,那里的集市场地紧挨着伯爵的城堡的周边(Chapin,1937:111);另一个是拉尼,这里的集市建在本笃会修道院的空地上(Chapin,1937:24)。上述每个城镇都坐落在罗马公路的交汇点上,且都靠近河流,这些河流能够提供水源——水力资源将是后来工业发展中的重要组成[2]——和水上运输,尽管只有拉尼位于适合航行的小河上。10 世纪时,这些城镇的经济兴旺起来。11 世纪,尤其是12—13 世纪时,它们在北欧的经济复兴中发挥了重要作用,它们既是交易场所,又是纺织品生产中心——特鲁瓦如此,普罗万更是如此。

　　虽然自然环境和行政管理上的有利条件使得这些城镇发展为城市,但在法国各地,其他一些中等大小的村堡[①]无疑也有着适于发展的特征。当北欧于 12—13 世纪进入世界经济体时,这些城镇没有任何特质能确保它们将成为北欧的中心区。而且当佛兰德斯商人在这些地方通过意大利远程商人转手用优质纺织品与东方交易香料与丝绸时,当它们一度成为知名的商业中心时,人们也很难

---

　　①　原文为 bourgs,城堡四周的村落,设防的村子。是英语 burgs 的法语词根。

想到,这些商业中心将在仅仅一个世纪之后就被打回原形,变回死气沉沉的城镇,并被新兴的世界贸易潮流所抛弃。

　　然而,尽管这些城市都未曾变成大都会,但当这些城市"处在舞台中央"的时候,它们在世界生产贸易体系向欧洲扩展的过程中扮演了至关重要的角色(Russell,1972:154)。它们的重要性源于何处呢? 为什么是它们,而不是别的地方,吸引了发展中的贸易呢? 这是两个相互关联而又彼此独立的问题。我们先来处理第一个问题。

　　费尔南·布罗代尔(1984:111)作出了一个概述。彼时,意大利港口城市正在发展商业,它们与东方建立了联系;而佛兰德斯地区正在发展纺织业。那么,两个地区之间的某个地点就很可能成为共同的汇合场地:

> 　　[12—13 世纪的]两大经济区——低地国家和意大利——缓慢而又不约而同地形成了。就在这两个标杆,这两个潜在的"核心区"之间,香槟集市正如日中天。在早期的欧洲世界经济体中……北欧和南欧均未取得优势。欧洲经济体的经济中心在南欧和北欧两地之间停留多年……好像是为了让双方满意一样,六届集市均在香槟和布里[的四个城镇]举办……这些集市是整个欧洲的集会……那些商用篷车满载货物,由卫队护航,齐聚香槟和布里,与那些由骆驼拉着穿越伊斯兰地区的茫茫大漠,前往地中海地区的篷车没什么两样。[3]

但是,这些篷车为何会汇聚香槟,而不是其他更为重要的罗马公路附近的聚集地呢？就拿里昂来说吧，它位于两条重要的可供航行的河流的交汇处，很有战略地位，在古典时期，意大利商人曾蜂拥而至。香槟一带何以在12世纪成为西欧"固定的全年性商品集市和货币兑换地"（Gies and Gies,1969:12）呢？为了厘清这个问题，我们有必要找寻一个更为复杂，更具政治性的解释。

我们回到对摩洛哥定期集市及其成功条件的分析上。首先，必须确保安全交易。其次，必须有交易和信贷机制，以及在时间上和空间上都能确保便捷而又安全地实施交易的制度。最后，既然很多地区在相互竞争，力图扮演那个角色，那么肯定会有某个地区特别卖力地展现自身的吸引力。这个地点必须有足够的实力为商
58　人提供必需的摊位。12—13世纪的香槟地区和布里地区具备了以上所有的三个必要条件，其中第三个条件或许最为重要。因为正如我们将要看到的那样，当那种特别的动力在1285年消失后，香槟集市就失去了优势。

对那时的香槟来说，最为重要的因素是伯爵的独立和干劲。他们不时地与法兰西国王（虽然在不同时期也有过通婚和联姻）和教皇发生争执，教皇时常将一两个人逐出教会，甚至把整个特鲁瓦城除主教以外的所有人都开除了教籍。这种统治阶层内部的紧张关系在"民族国家"得到巩固之前非常典型，它使得伯爵摆脱了王室对贸易的管制，为他们向商人提供更好的条件提供了可能。伯爵的激励措施不但表现在政治上，还更清楚地表现在财政上，因为集市带给他们丰厚的利润。领主向过往货物征收通行费（ton-lieux），他们将宿舍、马厩和房屋租给流动商人并收取高额租金。此外，他们还向各种经济单位敛取许可费，通过批准合同图章，登

记拖欠债务,以及开具罚单来征收费用(Boutiot,1870,Ⅰ:372)。

作为回报,"香槟伯爵会非常主动地保护参加集市的商人、帮工和货物的安全,这种保护自他们动身前往集市的那一天就开始了"(Boutiot,1870,Ⅰ:363),并伴随着他们通过他人的领地,哪怕是黎凡特。早在 11 世纪末期,当时的香槟伯爵就向商人提供类似的担保(Laurent,1935:258)。蒂博二世与法兰西国王达成了一项"非同寻常的协议",国王"许诺会让所有前往香槟集市或从集市返回的商人,在他们的保护下顺利通过王室领土"(Gies and Gies,1969:14)。后来,当摄政权落入纳瓦拉的布朗什手中时,腓力·奥古斯都(在 1209 年)护送来自意大利和其他地方的商人抵达了香槟集市。他还答应,当需要撤回安保措施时,他会给出三个月的警告期,以方便商人带着货物返程(Boutiot,1870,Ⅰ:357;Baldwin,1986:348)。这样,在面对沿途的抢劫时,商人的安全就得到了保障。与相邻地区的贵族达成的协议,确保了流动商人在途经某个　59
贵族的辖区时免遭损失。

此外,或许更为重要的是,香槟和布里的伯爵们在集市内部建立了一个地方司法系统,该系统能向来自不同国籍的商人发布命令。所谓的"集市守护者"都是伯爵任命的官员,他们监督集市上摩肩接踵的人群,听取控告,确保契约的执行,并靠征收罚金来惩治欺诈行为。这些官员有时多达数百人,但都处在两名要人的管辖之下,这两人组成一个法庭,审理案件,裁判争执,并施加处罚(Bourquelot,1865,Ⅱ:211—256;Boutiot,1870,Ⅰ:369)。

13 世纪中期时,"集市守护者"成为一股独立于伯爵的力量。他们的图章和伯爵的图章有所不同,他们将集市登记簿上的合同概要记录下来,对协议进行公证,并对之进行强制执行(Bautier,1942—43:158—162)。然而,他们的杀手锏却是将任何因未能偿还债务或未能履行承诺而获罪的商人阻挡在未来的集市之外(Bautier,1953:123)。这显然是非常严厉的惩罚,以至于很少有人愿意冒险一试而失去未来的赢利机会。不过,即便缺少上述手段,这些守护者也能扣押拖欠债务者的货物,并将其卖掉以弥补债权人的利益(Bautier,1942—43:163)。

香槟和布里的伯爵们提供的这些特殊机制,确保这些地区比其他一些条件不那么吸引人的地方更受欢迎,并促成了它们对集市的非自然垄断。在某种程度上,一旦这些到此为止还处于自主统治下的区域在 1285 年成为法兰西国王的辖区,这种垄断地位的丧失是不可避免的。随着吞并的发生,这些集市城镇丢掉了特殊地位,很多集市活动转移到了其他地方,并最终在里昂扎根。里昂的中心区处于意大利和佛兰德斯的中途,这使其成为一个自然的交汇地点。导致香槟集市衰落的第二个因素是香槟地区与佛兰德斯地区的政治冲突,这发生在佛兰德斯商人被阻止参加集市的那段时期。最后一个因素是,大西洋海路的开通使得意大利人无须穿越法兰西即可抵达佛兰德斯。然而,由于我们尚不清楚香槟集市的运作情况,所以我们稍后再来论述它的衰落。

香槟集市的组织

虽然我们无法通过文献资料重建香槟集市的最初组织形式,但在 13 世纪中期时,这里就运行着非常精巧的贸易机制,该体制脱离了 12 世纪中期的模式并不断演进。一系列描述被编辑成册,其中,费利克斯·布尔克洛(Félix Bourquelot,普罗万的一名当地人,于 1865 年出版了两卷本的有关集市的具有重大意义的研究成果)和布提奥特(Th. Boutiot,19 世纪的一名档案保管员,整理了特鲁瓦的档案,并将相关信息编制成四卷本的编年史和一本索引。见 Boutiot,1870—1880)的记载无疑是非常重要的参照。[4]

　　虽然早在高卢罗马时期特鲁瓦集市就为人所知(Bourquelot,1865,I:67),但此后的境况我们尚且不清楚,因为我们所掌握的下一个有据可查的资料仅仅起始于 1114 年,那一年,香槟伯爵雨果在前往巴勒斯坦之前,将奥布河畔巴尔集市上的牲畜销售税都转让给了当地的蒙蒂塞洛修道院(Boutiot,1870,I:190—191)。由上述背景,以及 12 世纪 40 年代以来有关特鲁瓦、拉尼和普罗万的集市的资料可知,这些集市在那时显然是常年举办的。

　　在香槟和布里的伯爵们的保护和赞助下,六个集市每年都会根据宗教节日(每年的日期不固定),沿着固定的可预知的线路举办,每个差不多持续两个月。新年后的第一天[5],一年的集市就在最靠近巴黎的拉尼拉开了序幕,一直持续到狂欢日之前的星期一,[6]有时是二月中旬。两天之后,即星期三,该集市又在香槟和布里最东端的奥布河畔巴尔开张了,一直持续到耶稣升天节那周的星期一。(埃迪特·沙潘[Edith Chapin]认为奥布河畔巴尔集市开始于 2 月 24 日到 3 月 30 日之间,结束于 4 月 13 日到 5 月 17 日之间。)次日,集市就转到了普罗万的更大的城镇,这里的五月集市一直持续到"圣让节两周后的星期二,但如果圣让节赶上了星期二,那么就再延续八天"(Boutiot,1870,I:354)。(沙潘再次给出了较为灵活的日期和一个短暂的延续。)普罗万的集市结束后,立即移至特鲁瓦,在这里,圣让"热市"(Hot Fair)会延续到 9 月上旬。光荣十字架节那天,商人会返回普罗万去参加圣阿伊武集市(St. Ayoul fair),直到 11 月初的万圣节。特鲁瓦的"冷市"(Cold Fair)始于万圣节那天,直到 12 月底或新年那天结束。然后,这个循环再重复下去。[7]

每个贸易集市都有自身的召集和疏散系统,集合了本地贸易、地区贸易和远程贸易,并对货物作出了有条不紊的安排,这允许商人能够以尽可能快的速度移动,以便及时到达集市销售商品。这解释了在那个运输缓慢的时代里,携带大宗货物的商人如何在那些其实相当短的距离内运输他们的商品。此外,这也是不同资料所记载的集市日期不能吻合的一个原因。

每个集市都是缓缓开张,因为商人需要大约八到十天的时间来运送货物,专门安排住宿和货栈。(我再次以 Boutiot,1870,I:368 的描述为依据。)不管怎样,集市最为精彩的时刻就是城镇传令员高呼"野兔"的时候,这是布料集市就要开张的信号。此前禁止销售布料,正式的为期十天的布料集市也禁止其他交易。这里显然是集市的经济中心,来自佛兰德斯的远程商人带着输往意大利和黎凡特地区的手工制品来到这里;意大利的商业银行家也不辞辛劳地跨过阿尔卑斯山来到这里,伺机出价买下这些手工制品,他们同时还带来了用于交易的东方产品。集市开张十一天之后才允许销售皮革制品和衣物,之后,香料和笨重的土产品——按重量(avoir du poids)出售的物品——交易就开始了。由于布料是国外商人的主要交易品,银行家和货币兑换人的存在就显得尤为必要,在布料销售结束后,他们的工作还会持续一个月,因为他们还得兑换货币,把国外商人在本地集市的账单登记在册,并清偿债务或把债务转给第三方,如此等等。在经过了一个差不多长达 52 天的周期后,集市趋于尾声,参与者要么回家,要么前往下一个集市。

香槟集市的参与者

香槟集市上的商人都是何许人也？他们是怎样经营生意的？尽管集市和参加集市的那些人随时在变。精确地考证它们是不可能的,就我们的目的而言也没有必要。仅仅为了方便起见,我们将商人们划分为以下几类:(1)来自集市所在城镇的本地商人,以及为国外商人提供服务的本地人;(2)来自法国和佛兰德斯其他城镇的商人,他们被编入一个叫作"十七城市工会"(Hanse of Seventeen Cities)的商人工会(城市商人同盟)中;[8](3)来自法国其他城市的商人,包括香槟地区的西部和南部;(4)来自意大利北部城市国家的商人,包括热那亚和威尼斯——稍微少一些——港口城市,以及托斯卡纳地区的内陆城市;[9](5)来自比较偏远的欧洲地区,如西班牙、葡萄牙、德意志、英格兰和苏格兰等地的相对缺乏组织的商人;甚至还有(6)东方(希腊、克里特岛、塞浦路斯和叙利亚)的商人,虽然相关证据尚不够明确。尽管很多参与者都是"银行家"和商人,但远程贸易的高层几乎全部被意大利人垄断。

上述各类商人都携带不同的物品来到集市,在交易过程中扮演不同的角色,同时对参与的集市承担不同的义务。当然,那四个城镇的当地商人、旅舍管理人和集市官员对集市承担最多的义务,因为他们完全仰赖集市带来的繁荣。毫无疑问,当地居民,如给外国人提供食宿者,维护商人财物安全者,以及公证员、本地代理、抄写员、集市护卫,甚或搬运工,都从商业中心的延续中获得一份既得利益(Chapin,1937:125—128)。

其他一些当地人的富裕至少在某种程度上也取决于集市带来的需求。让我们回到那个假定的定期集市上来。在这个集市上,国外远程商人的存在刺激了出口产品的增加。这种情况无疑存在于特鲁瓦,而普罗万发展了以出口为导向的极先进的纺织业,那里的情况更是如此。纺织业不仅吸收了众多的闲置劳力——这些劳力只在举办集市期间得到利用——,还吸引了更多的人来到这些城市,这些城市在壁垒森严的城镇和集市场地附近渐渐发展起来。正如沙潘(1937:53)描述的那样:

> 普罗万的地理条件非常有利于纺织业的发展……香槟……[和]布里高原地区饲养的绵羊提供羊毛。事实上,饲养绵羊和出售羊毛成为宗教机构最主要的收入来源。

普罗万山谷的河流提供了制作布料所需水源,而集市的存在又为布料的销售提供了便利。

尽管我们对于 12 世纪的纺织业知之甚少,但到 13 世纪时,有证据显示,为了保护纺织业,伯爵和当地的中产阶级建立了牢固的联盟。那时,布料商人组成了强有力的行会,从伯爵那里获得了在城镇里制作布料的专有权。[10] 就像沙潘指出的那样(1937:54,着重号乃后来所加),"1223 年,在普罗万的中产阶级的请求下,蒂博四世命令,除伯爵手下的人[即受他监护的农奴]或普罗万的居民[自由中产阶级]外,任何来此的人都不能制作布料。"由于这里有很多为摆脱封建束缚而来到城市寻求庇护的移民，所以这个规定显然是想保护中产阶级的封建权利和商业垄断。

纺织业在普罗万地区的扩展逐渐催生出甚至可以称为产业阶级结构的东西。那时，在其他纺织业城镇里，由地主和资本家组成的城市贵族阶级[11]统治着那些逐渐被排除在视线之外的工人；工人们被聚集到外围令人生厌的产业区。

特鲁瓦的情况有些不同。虽然纺织业在经济结构上扮演了重要角色，但该城镇之所以为人所知，更多的是因为它的商业和金融功能，而非它的产业。另外，由于特鲁瓦是伯爵政府的"所在地"，所以封建领主、产业家和金融家之间的界限并不分明。尽管很多资料都极力主张中世纪的欧洲城镇是"独立自主"的，但我们必须强调，在 13 世纪时，城镇紧密地与乡村封建制度缠绕在一起（Evergates，1975）。

这些城市里的伯爵发挥了积极的作用。即便伯爵蒂博四世在 1230 年给予特鲁瓦特许权之后，他仍继续垄断着城镇中的面粉厂和其他产业，并在城市中占有许多资产（Gies and Gies，1969：19—20）。那条著名的法令（文本见 Chapin，1937：147）或许将城市人口从农奴制下解放出来，但是在取代了臭名昭著的租税（人头税）后，它又强加了和原来一样繁重的个人财产税和不动产税。根据后来的 1242 年法令，特鲁瓦应该一直处于十二人委员会的管理之下，但我们没有找到委员会在 1317 年之前行使职责的任何证据（Boutiot，1870，I：383）。蒂博五世直到 1270 年还依然自视为香槟和布里（Boutiot，1870，I：384），或许还有该地区的诸多城市的"国王"。

　　布商和银行家这两个最赚钱的行当并未完全分离。"两个角色通常[由]同一个企业家扮演"(Gies and Gies, 1969:98)。另一方面,商人-银行家与工人之间的差距变得越来越大。几乎每个工匠最初都也是商人(Gies and Gies, 1969:77),但到13世纪时,这一制度发生了深刻转变。

> 　　特鲁瓦的商人将他们的钱……首先投入到羊毛上来……[但是,商人以低价大量买进]转而再提供给织工,并明确提出他想要的编织样式。理论上讲,他将原毛卖给了个别织工,并买回了羊毛成品,但是,由于他通常从同一群织工那里购买羊毛成品,所以羊毛商实际上控制着散布在城镇里的工厂[原文如此]。(Gies and Gies, 1969:100)

这样,工人就开始无产阶级化了。

　　这种日益凸显的阶级结构反映在各阶级的地域分布上。工匠主要集中在圣约翰教堂附近;皮革工、皮货商和布料制造商分布在靠近运河的地区,纺纱工紧挨着它们。与圣尼古拉教堂毗邻的谷物市场是另外一个聚集点,这里有很多面包店,位于圣尼古拉教堂和圣约翰教堂之间的街道上有很多出售面包的摊位。稍远一些是羊毛销售商、烧炭者和马匹商人所在地。屠宰场和制革厂在最不受欢迎的低地区,这里先前是块沼泽地(Chapin, 1937:82—85)。所有这些产业活动的繁荣至少都应该归功于集市的举行及由此带来的其他需求。

　　特鲁瓦,尤其是普罗万的纺织业显然主要面向出口。尽管当

地商人并不远行，

> 但他们通过集市中间商将布料发送到欧洲各地和黎凡特地区。自 1230 年始，普罗万的纺织品就出现在意大利……1248 年，普罗万的布料从马赛运往墨西拿和阿克里……1277 年 4 月，在巴黎没收的两个佛罗伦萨商人的财产中，发现了……［来自普罗万的布料］。(Chapin,1937:74)

马赛(1271)、巴黎(1296)和巴塞罗那(1309)的文献都提到了普罗万的布料，"在 15 世纪的佛罗伦萨和比萨的关税账目中，也列有普罗万的布料"(Chapin,1937:74)。

普罗万布料甚至名扬黎凡特。14 世纪的彼加洛梯①所著的《通商指南》(La Pratica della Mercatura)是一份珍贵资料，该书提到，君士坦丁堡在出售香槟地区的亚麻布，阿克里、亚历山大、塞浦路斯和突尼斯在使用，或至少是在转用特鲁瓦度量衡(仍在沿用)。对我们而言，这应该不足为奇。香槟地区与中东地区的联系由来已久，且从未间断。香槟伯爵"自由者"亨利一生中大多时间都忙于十字军东征，他迎娶了耶路撒冷女王，甚至在 12 世纪末成为耶路撒冷国王。

相比之下，拉尼和奥布河畔巴尔较小的市镇就很少受到集市的影响。拉尼生产一些布料，这里的一些居民成为钱商，[12] 但它依旧主要是农业生产和农业集市所在地。奥布河畔巴尔自始至终都

---

① 彼加洛梯(Francesco Balducci Pegolotti,1310—1347)，意大利佛罗伦萨商人和政治家。

保持着田园牧歌似的氛围,田地和牧场比产业和贸易给城镇居民提供了更多的就业机会。

正如我们所表明的那样,集市所在城镇的布料生产更多的是集市带来的后果,而非这些城镇自发生成的。离开从邻近的法国和佛兰德斯城镇带到集市的纺织品和其他物品,这些集市就不可能吸引那些非常重要的意大利商人,正是他们充当了该地区与中东,乃至远东贸易的中间人。

在香槟地区销售布料的法国商人来自鲁昂、卢维埃、伯奈、卡昂、那沙泰尔、蒙蒂维利埃、阿拉斯、亚眠、博韦、鲁瓦、皮隆尼、蒙科尔内、蒙特雷乌尔、巴黎、圣丹尼斯、沙特尔、图卢兹、蒙彼利埃、奥里亚克和里摩日等城市。佛兰德斯和布拉班特地区的商人来自梅赫伦、伊普尔、圣奥美尔、迪斯特、根特、瓦朗谢讷、于伊、里尔、布鲁日、那慕尔、杜埃、迪克斯迈德、埃丹、康布雷、鲁汶和布鲁塞尔的城镇(Bourquelot,1865,I:249)。这些城镇出现在十七城市商人工会(到 1206 年时有 60 个会员)的多个名册中,但有些也属于伦敦商人工会会员。[13] 法国商人也将其他物品带到集市上,主要是声名远扬的勃艮第红葡萄酒,但也有其他的当地农产品。从朗格多克远道而来的商人一路北上,去集市销售他们的物品。

为了增强实力,来自各城镇的商人似乎结成了团体。首先,他们结伴而行,抵达集市,这有助于确保安全。其次,作为(跨国的)行业联合,他们能从伯爵那里获得同样有利的贸易条件。用一个过时的术语说就是,他们享有"最惠国民待遇"。再次,虽然来自大城镇(杜埃、伊普尔和阿拉斯)的商人保有独立的宿舍、仓库和营业大厅,但是那些来自小城镇的商人也时常分享这些设施,共用抄写

员、搬运工和其他人员。这个商人联合会明显不同于生产者联合
会（伦敦商人工会），更确切地说，后者的目的是为了能够更便捷地
从英格兰进口高质量的原羊毛。

其他城市的产品对香槟集市的主要参与者——意大利商人和
银行家构成了无法抗拒的诱惑。意大利商人和银行家的存在造就
了香槟集市，而他们最终于 1350 年退出集市则标志着香槟集市的
倒闭。意大利人是最大的主顾；他们创制了银行、信贷和簿记等方
法，没有这些方法，一系列复杂的交易就根本不可能达成；最后，他
们还是关键的中间商，将需求和供给扩展到欧洲之外，并让香槟集
市真正实现了国际化。

意大利人的作用

为了理解意大利人的关键性作用，阐释他们的精明世故，我们
必须想到在欧洲所谓的黑暗时代，意大利港口的发展从未中断过，
并一直与东方保持着联系。隶属于拜占庭帝国的威尼斯尤其如
此。罗马帝国崩溃后，虽然威尼斯受到削弱，但它在地中海东部地
区依然是穆斯林势力当之无愧的重要竞争对手。正如将在第四章
看到的那样，意大利港口城镇热那亚和威尼斯与安纳托利亚、新月
沃地、埃及和北非保持着密切的贸易往来。在此过程中，他们从东
方的同行——无论是基督徒还是穆斯林——那里学到很多经营机
制，这促进了远程贸易和跨区域贸易的发展。

除了著名的洛佩斯和阿什多①之外，很少有欧洲历史学家对

---

① 阿什多（Eliyahu Ashtor, 1914—1984），以色列历史学家，长于中世纪地中海
地区经济史的研究。

东方的这些先例给予足够的关注;历史学家和社会科学家(甚至包括马克斯·韦伯)通常认为意大利人有着独特的商业创造力。尽管意大利人确实巧妙地运用了习得的经验,但他们无法完全配得上这个声望。他们附属于中东地区,直到 13 世纪后半期,威尼斯和热那亚商人还没有自己的货币,他们使用的是君士坦丁堡和埃及的金币。这大致反映了他们在世界贸易中的半边缘地位。

68　　　我们从热那亚的公证文书中得知,早在 12 世纪末期,意大利商人的篷车就到达过六个集市中的每一个,虽然对热那亚人来说,拉尼的集市才是最为重要的。阿斯蒂人提供定期的运输服务,用骡子和马车载着货物缓慢地越过阿尔卑斯山(Reynolds,引自 Laurent,1935:265),每次行程大约需要五周的时间(Chapin,1937:105)。据那时的一份手稿(在随后的叙述中将要用到,见 Bourquelot,1865,I:209—212)记载,到 13 世纪时,除那些港口城市,伦巴第和托斯卡纳地区越来越多的城市也开始与北欧进行贸易往来。比萨和米兰地区的城市将高质量的布料带到集市上,佛罗伦萨人则将买到的佛兰德斯人的毛织品带回佛罗伦萨,以便进一步加工成精美的"卡里玛丽"布(Bourquelot,1865,I:211—213)。参与贸易的意大利城镇应该还有罗马、克雷蒙纳、皮斯托亚、锡耶纳、卢卡、帕尔玛、皮亚琴察和乌比诺(Bourquelot,1865,I:164)。

意大利人携带的主要物品是从东方输入的香料和丝绸,这些物品要么直接来自北非和中东,要么由穆斯林中间商从远东带入,它们使得意大利商人的存在不可或缺。据当代文献里的清单记载(Bourquelot,1865,I:206—208 转载),北非主要通过热那亚中间商向意大利人提供明矾、石蜡、皮革和毛皮、孜然以及海枣,而穆斯林统治的西班牙向他们提供蜂蜜、橄榄油、杏仁、葡萄干、无花果,甚至还有丝绸。中东的输出品有胡椒、苏木、羽饰、锦缎布料(因大马士革而得名),以及精美绝伦的刻有浮雕的镶嵌金属制品。鞑靼(其实是中国)输出金色的丝绸布料。[14] 但是,意大利商人运送的最贵重的货物是国外的香料[15],他们主要经阿拉伯中间商,从印度及周边地区获得,这些香料包括藏红花、桂皮、肉豆蔻种子和干皮、香橼、甘草、丁香、生姜、小豆蔻、孜然,当然还有各种黑胡椒和白胡椒(Bourquelot,1865,I:285—294)。他们还给纺织品贸易带去最为重要的东西:明矾(布料漂洗所需)、靛蓝、玫瑰红茜草根,以及其他天然染料。上述物品,加上少量来自印度和锡兰的青金石以及更珍贵的宝石,都是远程贸易的典型物资——小巧,轻便,但价值昂贵。

如上所述,意大利人受欢迎并不仅仅因为他们携带着稀缺而又贵重的物品,还因为他们在贸易和银行业务中的专长。虽然有些意大利人,比如臭名昭著的伦巴第人,专门从事货币兑换和借贷,但这些早期银行家大多数还是商人。作为交易的一部分,他们控制着最为重要的货币兑换,借此,集市交易中积累的贷款可以为后期所用,或"通过文件"转到商人的家乡的办事处,因为携带硬币既笨重又冒险。虽然第三章(涉及布鲁日)和第四章(直接关注意大利城市国家威尼斯和热那亚)还要详细论述这一话题,但这里有必要简要介绍一下。

布罗代尔宣称,香槟集市的真正独创性不在于集市上的交易货物,而"在于那里出现的货币市场和早熟的信贷制度"(Braudel,

1984:112),这些都掌握在意大利人手中。他们的设备很简单:一把长椅(或者 *branco*,英文单词 bench 直接源于该词)或一张桌子,上面盖着一块布,两台天平,以及几袋硬币。"香槟集市所有的国际性和最现代性的业务,都被往往握有大商行的意大利商人在当地或远程控制着"(Braudel,1984:112)。布尔克洛甚至认为"通过香槟和布里的集市,意大利人才得以将他们的商业习俗和银行知识传到法国,他们毫无疑问是最早[原文如此]掌握这个秘密的人"(Bourquelot,1865,I:164)。

虽然上述理解的独创性还有待考证,但意大利人确实是控制了国外贸易,将少量国际性放债份额留给了伦巴第人和卡奥尔人(Cahorsins),将典当业留给了犹太人。在特鲁瓦,犹太人不得不从伯爵那里购买"桌子",即获得特许,进而从事贸易。而且,由于他们积聚了当地的资金,当地的领主时常为了借款而接近他们(Gies and Gies,1969:105),某些借款其实就是没收,因为他们根本无意偿还。但是毫无疑问,典当业、货币兑换,以及银行的存在是香槟集市及其所在城镇仰赖的财政基础。

香槟集市的衰落

13 世纪中期时,香槟集市成为欧洲贸易最重要的商业中心,这里不仅聚集了法兰西、低地国家和意大利的"大"商人,还有来自小地方(英格兰、苏格兰、斯堪的纳维亚、德国和伊比利亚半岛)的商人。但是,一个世纪以后,所有这些商人都消失殆尽。

很多学者试图解释个中缘由,他们都着重强调了某个方面的原因。其中经常被提及的因素是(1)政治上的变动妨碍了商人的行程；(2)法兰西的统一削弱了香槟地区的竞争优势；(3)适于在大西洋航行的新式大型意大利船只，直接沟通了意大利的热那亚和威尼斯港口，与布鲁日到香槟地区北部纺织业城镇之间的海上联系；(4)黑死病使意大利和法国南部的人口数量锐减，导致欧洲在短期内发展缓慢；(5)意大利自身的产业化降低了它对佛兰德斯的依赖性；以及(6)贸易管理方式的变化导致意大利商人放弃出行，转而留在国内，通过信函、侨居"代理商"和支付证件经营生意。显然，任何单方面的解释都不充分，因为香槟集市的衰落是一个渐进的过程。尽管集市衰落产生的负面影响并非突如其来，但它们确实具有极大的破坏性。

正如我们看到的那样，伯爵提供的安全通道和特别许可给集市带来了竞争优势，因此政治上的混乱的确可能会阻碍集市的发展。1274 年，亨利三世去世，其伯爵领地的统治大权落入一个摄政(阿图瓦的布朗歇)手中。她有其他的关注对象，其实她已经与法兰西国王达成了联盟(何况还通过她的第二任丈夫兰开斯特公爵，与英格兰王室达成了同盟)，而法兰西国王的利益与香槟和布里的利益在本质上是格格不入的(Chapin, 1937: 215)。法兰西国王与佛兰德斯之间连年的战争严重破坏了安全经营的规范。 71

早在 1262 年，佛兰德斯商人就曾因受巴波姆城边境收费者虐待而一度拒绝参加集市(Bourquelot, 1865, I: 195)。然而，重要的转折点出现在 1285 年，那一年，香槟和布里最终被法国国王吞并。1274 年，王位继承人勇敢者腓力(Philip the Bold)将纳瓦拉王国置于他的"保护"之下，并以亨利三世继承人——他尚未成年的女儿让娜的名义占据了香槟和布里。1284 年,让娜最终嫁给腓力,一年后腓力成为法兰西国王,香槟地区永远失去了自主性(Bouti-ot,1870,I:390—391)。佛兰德斯商人因此就更难进入集市了,1302—1304 年,他们不断受到侵扰;1315 年,他们甚至被禁止参加集市(Bautier,1953:140)。当再次获准进入时,他们需要缴纳日益繁重的进口税(Bourquelot,1865,I:190),对法兰西国王来说,这个办法更实惠。而且,一经国王吞并了香槟和布里,法国政府就对参加集市的意大利商人施以准入限制。这似乎增强了意大利人开拓通往布鲁日之路的动力。

1277 年时,意大利人成功打通了前往布鲁日的道路(Braudel,1984:114)。借助热那亚那时建造的更适于海运的大型船只(Byrne,1930:多处),他们最终在 1297 年与布鲁日建立了固定的海上联系(Braudel,1973:313)。威尼斯也很快步热那亚的后尘,与布鲁日建立了联系。一如我们所见,威尼斯并不是香槟集市的主要参与者。另外,大约在同一时期,威尼斯人开辟出一条更便捷的越过阿尔卑斯山抵达德国的路线,这进一步降低了法兰西的重要性(Braudel,1984:114)。无论如何,一旦意大利人“这些曾经最为重要的顾客,开始用他们的船只直接到达北海海岸,并在佛兰德斯建立永久性的办事机构,香槟集市就消逝了”(Lopez,1976:90)。毋庸置疑的是,1350 年之后,意大利商人再也没有光顾集市,其他人也是如此。

72　　　通往布鲁日的海路仅仅是意大利商人撤离香槟集市的其中一个因素。显而易见,意大利商人最后光顾集市时正值黑死病高发期,威尼斯丧失了半数人口,热那亚和地中海其他港口也横遭劫难,或许 1350 年之后就鲜有商人出行了。黑死病确实打乱了一些日常制度,或许还最终打破了这些集市的习惯。

德·罗弗①明确持有后一种立场。他驳斥了上述通常性的解释,并断定"[集市衰落的]决定性因素似乎是国际贸易新方式的引入,尤其是日渐明显的通过信函经营生意的趋势,以及佛兰德斯生产中心附近出现的意大利人团体"。[16]

> 相对于在某一次商业冒险中结成贸易伙伴……一种[新型的]终端合作关系出现了……这种意在持续数年的关系……可能首先出现在……来自内陆城市锡耶纳和佛罗伦萨的商人与香槟集市的交往中……为了迎合新出现的坐商的需要,一种新的文书——"支付函"或汇票应运而生。这使得购买力得以在不同地点流转且无需……运送……硬币。海事保险的发展将海上风险转移到了保险公司那里……更重要的是账目管理方面的进步……意大利人最先掌握了这个新式贸易技术……西欧的国外贸易直接为意大利人垄断……直到 16 世纪……远远晚于[由于]贸易路线的转变造成的,意大利自身贸易的衰退。(de Roover,1948:12—13)

我们只能推测人口数量锐减和新式贸易实践之间的可能性联系。德·罗弗列举的很多进步在 1350 年之前就出现了,那时意大利人依然时常光顾集市。真正的变化似乎是 1350 年之后流动商人的

---

① 德·罗弗(Raymond Adrien de Roover,1904—1972),美籍比利时裔历史学家,专攻欧洲中世纪经济史,曾于 1949 年获得古根海姆奖。

消失,那时,由于人手短缺,意大利商人无法担负旅途中耗费的时间和遇到的凶险,而且他们发现了这样一个事实,即通过长期设在他们的主要贸易伙伴所在城镇里的代理商经营生意更高效。我们将在布鲁日看到这一体系的运作情况。

对香槟集市衰落原因的最后一套解释由博捷[①]提出,他认为意大利的产业化和贵金属市场革命是香槟集市终止的根本原因(1953:142—144)。不过,这些因素好像都是对上述因素的修修补补。

对香槟集市及其所在城镇来说,更为重要的不是其衰落的原因,而是衰落造成的后果。这些城镇显然再也没有复苏过。虽然特鲁瓦采取重大措施防止黑死病蔓延(Boutiot,1872,II:88),但其人口数量还是急剧减少。这里曾引进新式的纺织品生产方法,以节省因数量锐减而更加昂贵的劳力(Boutiot,1872,II:90—91)。其他城镇遭受了同样的打击,1352 年,普罗万商人甚至因为没有生意可做而放弃了在特鲁瓦的经商点(Boutiot,1872,II:92)。

特鲁瓦丧失了其商业中心的地位,但由于拥有其他的都市生活基础,所以它在 14 世纪后半期仍能进行着商业和产业活动,尽管规模小了很多。普罗万也因有着其他支撑手段而没有从视野中消失。但是,正如埃迪特·沙潘在她有关香槟集市的书中敏锐地指出的那样,"集市所在地并不必然发展成城市"(1937:xii),香槟集市消失后,奥布河畔巴尔和拉尼的衰落就完全印证了这一点。[17]

---

① 博捷(Robert-Henri Bautier,1922—2010),法国中世纪史专家。

由香槟集市得出的经验

我们从香槟集市中汲取的第一个经验是,外部地理因素是决定一个地点能否在世界贸易中具有"战略意义"的绝对重要的条件。香槟集市的终结并非由于本土商业能手的缺失,而在于那时的世界体系已经发展到不再需要法国中东部的定期集市的地步。

第二,商业中心建立在对相邻地区发展水平的高度依赖之上。正如摩洛哥的定期集市在当今经济纷繁复杂的新时代逐渐消失一样,不管运行多么良好,也不管在行政上和金融上曾经多么先进,这些集市所能提供的东西都已经远远无法满足 13 世纪的贸易世界了。

第三,某种程度上,新的需求水平推动并回应着运输技术的提高以及关于比较成本的经济效用曲线的变动。香槟集市之所以被抛弃,某种程度上是因为河道运输在西欧中部日益增长的重要性,进一步讲,是因为热那亚的船只具备了在大西洋远海航行的能力,从而可以绕过已经缺乏吸引力的路线,这其中既有经济上的原因,也因为政治上的动荡乃至敌视。

其实,香槟集市所在城镇很难避免对它们不利的自然因素或地理因素。纵观历史,世界经济核心区曾不断变更。[18] 中心成为边缘,边缘被推到中心,这通常和它们自身的优劣无关。如果它们无法承受责备,那么它们也不"配"成功。

在第一章里,我们批评了西方历史学家在西方发展过程中独有的优点里寻找西方成功的正当性的做法。然而,在这第一个事例中,我们已经看到有优点未必就有回报。香槟地区的失败并非罪有应得,布鲁日地区——下一章的话题——的成功也非理所应当,尽管只是在自然环境发生巨变——淤泥堵塞了布鲁日通往海洋的入口,使它真正滞留在壅水之中——之前短暂的成功。如果欧洲这两个事例是因疏忽而造成失败的话,我们对其他更有前途的地区,如阿拉伯世界或中国的失败又有什么好怀疑的呢?在解释世界体系的其余部分时,我们应该看到其内部优劣之外的情况,对此,香槟集市为我们打下了铺垫。

尽管由于篇幅所限,我们无法详尽探究特鲁瓦的城市现代化和产业现代化问题,但我们还是可以从这个事例中汲取其他经验。传统观点强调中世纪城市的独立或市政自治,并将其经济进步归因于此。[19] 但仔细观察特鲁瓦地区封建机制和市政机制之间的关系,我们就会发现一个更加复杂,更加模糊的景象。这里的集市城镇并不独立于宗教机构或香槟和布里伯爵们的统治。虽然特鲁瓦最终在 1242 年获得了由伯爵颁发的地方自治法令,但法令的条款从未得到履行。尽管伯爵在普罗万没有什么特权,但他直接"统治着"特鲁瓦地区,这稍稍超出了他的职权范围。爵士的骑士和家仆在城市里起到了更具统治性的作用,远胜于社会学知识所揭示的表象。其实,市民(中产阶级)通过特免或赎买已不再缴纳领主人头税(the *taille*),他们不必经伯爵同意就可以与外地的自由人结婚,但他们仍需缴纳税款,并受制于伯爵征收的特殊税款和许可费,这时的伯爵依然操纵着众多关键部门。拥有大量地产的贵族阶层也猛烈地向集市征收苛捐杂税,参与地产投资和卑鄙的牟利活动。[20]

这种资本主义不能称之为自由放任。就像我们将在佛兰德斯（在第三章探讨）和意大利城市国家（在第四章涉及）这些事例中看到的那样，"国家"在管理贸易和商业方面发挥着重要作用，它们制定法律，提高本国商人在外国商人和工人面前的地位，确保封建统治阶层能获得可观收益。商人的财产并非从未被没收过，商业活动也没有西方学者们有时宣称的那么安全。那些控制了意大利贸易港口和东方之间的贸易的中东商人，与香槟地区的贫穷商人一样，也要听凭他们的封建领主（马穆鲁克）的摆布。

正如第一章表明的那样，我们的事例之间的共性通常多过差异。这一点在佛兰德斯地区体现得淋漓尽致，那里的集市、纺织业和城市化也是齐头并进。下面我们就转到第三章的这一事例。

注释

1　虽然我在接下来的描述中用了过去时态，但需要注意的是，在当今的摩洛哥的乡村地区还存有定期集市。

2　有关特鲁瓦的十一个水磨坊的描述，参见吉斯夫妇（Gies and Gies, 1969：76 12)，这些磨坊建于 12 世纪后半期，由此产生的动力不仅用于加工粮食，还用于榨油和锻造铁胚。

3　此前，Postan, "The Trade of Medieval Europe: The North" (1952：181) 几乎表达了完全相同的观点。

4　后来的学者，比如博捷（Bautier）和本顿（Benton），在这些资料中纠正了错误，我修正了他们的解释。

5　这里我引用了布提奥特（Boutiot, 1870, I：354)，他认为这些集市并不总是在同一日期举行，除非另有说明，本书一直坚持这一观点。

6　沙潘（Chapin, 1937：107）将其界定为 2 月 19 日。

7　这些定期集市与本章初始描述的摩洛哥的定期集市大为不同，因为每个集市都持续数月，而非一天。

8　在 *Etudee surr les foires* I（1865）中，布尔克洛（Bourquelot）似乎将这一工会与迥然不同的伦敦商人工会混为一谈，后者是为了确保佛兰德斯地区有足够的英国羊毛供应而组建的。正如博捷（Bautier,1953:126）指明的那样，在 Henri Pirenne, *La Hanse flamande de Londres*（1899, Pirenne, 1939 年再版,Vol. II:157—184）中，布尔克洛的观点完全站不住脚，该书认为伦敦商人工会是一个完全不同的联盟。

9　12 世纪中期之前，威尼斯人一直没有参与过香槟集市（Desportes,1979: 97），因为他们向北进入欧洲大陆的路线很可能要通过现在归属奥地利和德国的地区，直至北海的吕贝克。

10　沙潘（Chapin,1937:54—55）；但是可以将这与尼古拉斯（Nicholas,1971）描述的佛兰德斯地区纺织业城镇——布鲁日、伊普尔和根特的城市布料商人所享有的类似的垄断特权相比较。参见下一章。

11　沙潘（Chapin,1937:227—228），莱斯托夸（Lestocquoy,1952a）也描述了同一时期佛兰德斯地区和意大利城镇的相同联合。参见下一章。

12　据沙潘（Chapin,1937:102）研究，早在 12 世纪，拉尼就有了货币兑换机构。

13　在布尔克洛的著作里，这两个团体被完全混淆，因此布提奥特（Boutiot）也是以讹传讹，博捷曾吁请注意这一过失。幸运的是，就研究需要而言，我们没必要理清其中的头绪。

14　因为古代的丝绸已经为中国人、希腊人和罗马人所知晓。这个新产业在查理曼大帝时期扩展到阿拉伯世界、希腊，甚至摩尔人统治的西班牙，但没有渗透到法兰西。在整个 13 世纪里，意大利出现了小规模的丝绸产业，但它依赖从印度、格鲁吉亚、中国和小亚细亚进口的丝线（Bourquelot, 1865,I:258—259）。"……十字军东征传播了对金银色布匹的喜好，这种布料多半产自黎凡特、叙利亚、波斯和埃及，亚历山大和大马士革……"（Bourquelot,1865,I:269）。

15　在冷冻技术出现之前的时代，香料是长期保存的肉食的重要调味品。

16　参见德·罗弗（de Roover,1948:12），他推荐在 Pirenne, *Economic and Social History* 一书中查看更多的细节。

17　前者现在是一个舒适的小镇，而后者在被纳入巴黎大都市圈后开始步入全新的生活。

77　18　参见埃克霍尔姆（Ekholm,1980:155—166）那篇观点敏锐的论文。不过其中的事例取自古代而非中世纪。

19　马克思·韦伯(Max Weber)在他的《城市》(*The City*)文集(选编自 *E-conomy and Society*, Martindale 译, 1958a)中对此论述颇多, 他一直认为除中世纪欧洲之外, 任何地方都没有"真正的"城市, 并主张那里的市政自主机制催生了自由放任的资本主义。

20　参见西奥多·艾夫尔盖特(Theodore Evergates, 1975)对香槟地区的乡村和城市封建主义的生动描述。他的研究驳斥了学龄儿童们所接受的关于中世纪封建主义的传统理论。

第三章　布鲁日和根特:佛兰德斯的商业城市和产业城市

法兰西并非唯一一个在 10—13 世纪得到复苏的经济体,也并非唯一拥有集市的地区。在维京人的入侵最终缓解之后,佛兰德斯低地地区(今比利时西部)迎来了城市发展的高峰期,早期从海岸地区逃离的人口扩散开来,更加安全的陆路和海路使得商人们得以重新四处经商。

不过,佛兰德斯城镇在形成模式上比法国中部城镇更加复杂。在香槟,地理位置和政治独立提供了特殊环境,尽管这只是暂时的,但它有利于商业中心的确立。而商业中心的存在又促进了那些从未成为主要经济基础的产业的发展,但香槟集市倒闭后,这些产业也很快衰落了。佛兰德斯的情况正好相反。工业化自低起点的乡村发展起来,引起了城市化的加强,并进一步直接导致了城市商业功能的发展。

13 世纪佛兰德斯的两个大城镇为城市化进程提供了出色样本。根特(法语写法是 Gand)是其中较大的那个,[1] 它与巴黎都是欧洲北部人口最为稠密的城市。[2] 根特自始就以高级布料的生产为经济基础,尽管她也转运过谷物,举办过定期集市。而且,她的发展与日渐扩大的对纺织品的需求息息相关,13 世纪至 14 世纪早期,纺织品生产臻于顶峰,给三分之一到一半的劳动力提供了就业机会。[3]

另一个城市是布鲁日,正如哈普克将它称为世界市场一样,它注定要最终成为国际商业和金融舞台上的主角,尽管这与它较小的规模(4 万居民)极不相称。[4]布鲁日拥有通往北海,进而到达英国和德国的港口,她是北海和波罗的海地区海上贸易的分段运输点,这也是她最为重要的作用。早在 10 世纪时,佛兰德斯商人就冒险外出,购买原料(主要是从英格兰购买羊毛),销售铁器和铜器。11 世纪时,他们将加工好的布料(产自布鲁日,但更多产自伊普尔和根特这两个典型的制造业城市)销售给远及诺夫哥罗德和法国西部的购买者(Doehaerd,1946:38—40)。香槟集市衰落后,意大利人就很少有机会接触佛兰德斯商人,并购买佛兰德斯布料了。13 世纪晚期,意大利人与布鲁日建立了直接的海上联系,布鲁日的商业和金融功能渐渐增强,这成为该城发展的驱动力。直到布鲁日的几个海港陆续被淤泥充塞后,其商业和金融功能才渐渐衰微,并最终由安特卫普(Antwerp,佛兰德斯语写法是 Antwerpen,法语写法是 Anvers)取代。

根特与布鲁日的由来

由于 5 世纪时"国家的消失",该地区(后来的比利时)早期罗马城镇的人口数量大幅度缩减。6 世纪时,幸存下来的少量定居点都与宗教机构有关(Doehaerd,1983a:33)。[5]虽然布鲁日和根特附近很可能有罗马帝国的定居点(Verhulst,1977:178),但如今似乎无迹可寻。这两个地方在 9 世纪时"重新开始发展",或者至少被人关注。那时它们被看作港口（*porti*），居民乘船即可到达这些定居点，并有权在此经商。[6] 此外，它们还是查理曼帝国的行政单位地区（*pagi*，单数是 *pagus*）①的首府。[7]

9 世纪末，查理曼帝国瓦解，掌管各个分区的伯爵们获得了真正的自治权。佛兰德斯伯爵鲍德温一世及其继任者鲍德温二世增强了居民对抗维京人的防御能力，在击退入侵者之后，他们就致力于佛兰德斯城市的复兴。在接下来的几个世纪里，欧洲时来运转，这些城市的扩展势头更加迅猛。正是在这一时期，根特得到重建（Van Werveke, 1946：16—17），布鲁日修建了营地（*castrum*）（Doehaerd, 1983a：40；Verhulst, 1960；van Houtte, 1967：11），营地的四周发展出了城镇。9 世纪后期由布鲁日营地铸造的硬币（详见 Duclos, 1910：14）表明了布鲁日在行政和商业上的重要地位；这种迹象在一个世纪之后完全成为现实，那时的布鲁日已经成为佛兰德斯的行政中心（Dusauchoit, 1978：27）。

在 11 世纪，尤其是 12 世纪，这些依然受伯爵的城堡保护的小城镇发生了巨大变化。大约 1100 年时，包括伊普尔、托尔豪特、里尔和梅森在内的区域举办了定期集市，古老的布鲁日集市（自 958年始就开始举办）于 1200 年正式加入进来。它们非常类似于香槟集市，为期仅仅一个月，买家和卖家都来自相对集中的内陆地区。[8]这些集市已同纺织品贸易联系起来，因为有证据显示，11 世纪时，佛兰德斯商人就在伦敦购买羊毛，英国的羊毛也在该地集市上出

---

①　pagi，中文有时译为郡，或音译为"帕吉"，罗马帝国戴克里先改革后设置的一种较行省更小的行政单位，如前一章所提到的香槟、布里都是那时的 *pagi*。这个地方制度沿用到查理曼帝国时期。

售。[9] 而且，作为销售布料的代理商，佛兰德斯商人会去更远的地方销售他们的商品。这些都是纺织业发展的结果，否则，佛兰德斯 81 人将无物可卖，也将无力购买。

佛兰德斯北部地区的纺织城镇逐渐获得了某些自主权。1002年，围墙环绕的列日（Liège）成为首个纺织城镇（Ganshof,1943：37）。到 11 世纪末，一些主要的纺织城镇都筑起围墙和/或挖好护城河，圈占地盘。[10] 她们将一次次地扩建自己的防御工事，在 13 世纪，一个"上层阶级"（由穷困贵族和富裕商人/实业家联合而成）特意将住在城镇郊区的无产阶级化的纺织工与伊普尔，有可能还有根特"用墙隔开"，以免他们"制造麻烦"。

这样一来，佛兰德斯的城市的壮大，阶级结构的萌生，以及国际贸易和金融的发展，就都与日益扩大的纺织业息息相关了。

佛兰德斯纺织业的发端

9 世纪甚或更早的时候，佛兰德斯修道院和乡村地区就生产出了优等布料（Espinas,1923,I,见 Livre II）。这一情况的出现得益于诸多条件，尽管这些条件绝非佛兰德斯独有。然而，埃斯皮纳斯认为（1923,I：25—26）是特殊的力量联合使然，它们包括：适于养羊的地带和土壤；古老的技术传统（佛兰德斯布料在罗马帝国时期就很知名）；地处大陆和海洋交界处的有利位置；以及较高的人口密度，这"迫使"居民生产其他物品来贴补农业，这是最重要的条件。[11] 早在 10 世纪时，佛兰德斯商人就时常去伦敦购买羊毛，并将他们的布料输往英国和爱尔兰市场（Doehaerd,1946：38），[12] 11 世纪中期,乡村地区的编织工、纺纱工和漂洗工涌入纺织城市,纺织品生产正式开始了。11世纪中期的编织技术经历了一场"革命",传统的水平式织机为新型垂直式织机所取代,工人的生产率因此提高了3至5倍(Cipolla,1976:164)。

那时的贸易依然相当地方化。佛兰德斯的主要贸易伙伴分布在北海和波罗的海周围,因为凭借它们自己的船只就能轻易到达。比如,11世纪末时,伊普尔就定期将布料向东输往诺夫哥罗德;她还向法国输出布料,并购得法国的葡萄酒;此外,她的布料还输往德国的城镇,如科隆(Doehaerd,1946:39)。1100年时,伊普尔的生产规模异常巨大。根据冯·威夫克[①]的描述,该城已经呈现出工业城市的特征。

我们目前尚不清楚,是因为某些城镇是集市所在地,所以它们开始从事纺织品生产,还是因为有些地方生产布料,所以它们成为理想的市场所在地。但是不管情况如何,二者之间至少有潜在的合力。这里的集市与法国的集市一样完善,完全能够滋生出额外需求,满足国际和当地顾客的需求。另外,正如范豪特[②]指出的那样(1953:206),

> 比利时集市是金融交易中心。佛兰德斯市场出现了重要的债务信函,也就是所谓的集市账单。14世纪时,由于第一波商业活动的意大利化浪潮的到来,以及此后的汇票的出现,这种债务信函[才]消失。

---

①　冯·威夫克(Hans van Werveke,1898—1974),比利时历史学家。
②　范豪特(Jan van Houtte,1913—2002),比利时历史学家。

但是这些集市还没有真正足够国际化，因为从地中海至北海这条海路尚未开通。要想在它们与南欧之间建立联系，还必须有一个中介点。

12 世纪早期，佛兰德斯的商人/实业家开始时常光顾香槟集市。到 12 世纪中期时，来自佛兰德斯纺织业城镇的商人开始在特鲁瓦和普罗万设立"营业厅"，尽管主角是阿拉斯和杜埃的商人，而非根特或伊普尔的商人。参与十字军东征的佛兰德斯伯爵和骑士接触到许多诱人的商品，只要他们将布料向东输出，而不向落后的北部地区输出，他们就能交易到那些商品。事实证明，通过香槟集市上的意大利商人，佛兰德斯纺织品得以进入更广阔的市场。12 世纪中期，佛兰德斯的大批布料运抵热那亚（Laurent，1935：54—56，64），并输往黎凡特，在这里，它们的价值有助于弥补欧洲先前在运送金银时留下的收支逆差（Dochaerd，1946：43）。

这种秩序大约一直维持到 13 世纪最后几十年，其后明显受到政治因素和"劳动力市场动荡"的干扰，并深受新增船运能力的影响。这种秩序的改变产生了多方面的影响。首先，生产商所在城镇（如根特）与商业/金融中心（如布鲁日）之间的差距日渐扩大。其次，政治内讧冲击了由伯爵和市民（*poorter*）阶层构成的上层集团的权力，无序的党争时常取代有序的统治。外部的政治冲突也逐渐恶化，法国、英国与寻求自治的本土"爱国者"形成三足鼎立之势。13 世纪末，刚刚吞并了香槟和布里伯爵领的法国国王与佛兰德斯伯爵之间发生冲突，使得佛兰德斯伯爵拒绝通过香槟集市将佛兰德斯布料销售给意大利人，而这坚定了意大利商人拓展直接通往布鲁日的海路的决心。之后，意大利人凭借一种新式大型帆船掌握了实现这种可能的能力。

　　尽管布鲁日凭借意大利的运载能力攀升为一流国际港口,但这种刚刚赢得的地位却蕴含着一些颇具讽刺意味的转折。首先,一旦意大利商人/银行家抵达布鲁日并永久定居下来,他们就会逐渐排挤当地商人,当地商人被迫成为不可或缺的"陪侍"(如同后来的买办这一概念那样不言而喻),至少在国际贸易中如此。其次,正当港口在布鲁日经济中的地位变得愈益重要的时候,港湾状况却无可挽回地恶化了。海港淤塞使得船只很难进入布鲁日,起初,它们需要借助建于 1180 年的邻近的达默港。但到了 13 世纪末,甚至达默港也无法接纳深吃水船只,于是又不得不于 1290 年在斯勒伊斯开辟了更远的海港(详见 van Houtte,1966:251—252,263—264)。颇具讽刺意味的是,当大型船只能够从地中海行至北海,这条航线也成了重要航线的时候,沙子却渐渐封塞了布鲁日城的入口。港口最终迁到了安特卫普(van Werveke,1944),尽管个中还有其他原因。现在,我们稍作停留,以便更加详细地考察这些变化。

纺织业的巅峰(根特)与
向商业的转移(布鲁日)

　　12 世纪 70 年代,佛兰德斯与意大利城市,尤其是热那亚,建立了很好的贸易关系(Doehaerd,1941:第一章),这些贸易还推动了佛兰德斯城市的内部变化,直至 13 世纪 30 年代。但是,直到 1250 年至约 1320 年,佛兰德斯的重要性才在前现代世界体系中臻于顶峰。随着欧洲以及地中海世界周边地区对纺织品的需求，纺织品生产加强了。1234 年，佛兰德斯纺织品已输往叙利亚，"1248 年 4 月 1 日，在圣路易[从马赛]起身前往叙利亚的那个让人癫狂的前夕，数百个涉及来自杜埃、阿拉斯和伊普尔的纺织品的合同签订下来"(Laurent,1935:66)。那时，热那亚和意大利的其他一些城市都忙着将这些贵重的布料运往东方。[13] 佛兰德斯工厂的生产规模非常庞大，所以洛朗极力主张这些工厂实质上造成了一场"工业革命，仅仅稍逊于 18 世纪末和 19 世纪初那场工业革命"(Laurent,1935:xiii)。

在某些方面，它确实是一场工业革命(尽管佛兰德斯工厂依然使用原始的手工技艺，如今，这种工艺在闻名遐迩的布鲁塞尔蕾丝上还能看到)，而且是一场资本主义性质的工业革命。这一时期的新生阶级体系愈益明晰，我们更多地将它与近现代时期，而非封建主义的多重束缚，联系起来。一个极端是"贵族阶级"的成员;[14] 另一个极端是只能出售劳动的纺织工人——编织工、漂洗工和纺纱工。(有趣的是，那时记述的劳工冲突从未提及由女性构成的纺纱工。)

如同在 19 世纪的曼彻斯特一样，上述两个群体在现实中和法律上都被最大限度地隔离开来。市民阶级住在老城(old bourgs，最初有城墙包围的定居点)如同城堡一样的豪华寓所里，而工人则被转移到城镇周边，因为那里是"工厂"所在地。据冯·威夫克(1955:559)研究，根特的工人住在远离城墙的外围地区;尽管布鲁日的工人设法购买了老城周围的很多土地，"远远超出了旧城边界"，但这里的城墙也一再扩展，以便将新增土地圈占起来。只有市民阶层有权永久持有城市土地,也只有他们享有在城市治安法庭受审的特权;工人既不能持有土地,又无法得到"城市审判",而这两个问题在中世纪时期是至关重要的。

而且,城市精英能根据他们的喜好来制定法律和规章。"他们强加给纺织业的条例通常有利于布商。统治阶层极力反对自主贸易的出现"(van Werveke,1955:562)。根特的寡头政治集团由 39 人构成,他们轮流担任每三年一届的 13 个市议员职位(Lestoc-quoy,1952a,*passim*),这就是马克斯·韦伯大加赞赏的"自治"。即使是在 1297 年,居伊·德·当皮埃尔①与法国国王决裂并罢免了根特在任的 39 名市议员时,取而代之的另外 39 名市议员仍旧来自贵族阶级(van Werveke,1946:35)。如同 19 世纪的英国一样,这里也有很多没有地产的贵族子嗣与富裕的大资产阶级家庭通婚的现象(van Werveke,1946:57;Blockmans,1983:67),这进一步强化了封建主义与城市资本主义之间的联合。

不过,穷人也并非毫无办法。1225 年的瓦朗谢讷,1245 年的杜埃,1252 和 1274 年的根特都发生了穷人参与的劳工暴动(Blockmans,1983:67—68),最大限度地保护了他们的权利。1282 年,佛兰德斯(包括根特和布鲁日)几乎所有纺织城镇的工人都走上街头,要求改善生存状况,[15] 这一运动甚至在 1302 年被拖入了英法之间的权力之争,两国都试图控制佛兰德斯。那时,佛兰德斯贵族通过联姻与法国君主和本地资产阶级结成了牢固联盟,所以工人们只能联合英国入侵者来推翻他们。成群的工人民兵加

---

① 居伊·德·当皮埃尔(Guy De Dampierre,1225—1305),佛兰德斯伯爵。

入了英国一方,并在他们的帮助下在著名的科特赖克战役中打败了法军。这一战不仅改变了佛兰德斯各城市的内部统治,也影响了国际政治的运行。

但是,直到雅格布·冯·阿特维尔德①时代(1338—1345 年),佛兰德斯诸城市才进行了彻底的社会变革,削弱了贵族阶级势力(van Werveke,1943;但是 Nicholas,1988,持有不同观点)。然而为时已晚。在其他生产商,尤其是英国生产商打破了佛兰德斯的纺织品垄断后,这里的纺织业渐渐衰退。在接下来的整顿期中,工人运动不再为自由而战,相反,它们大多出于阻止乡村"非行会"编织工和漂洗工分享日渐萎缩的市场的目的。[16]

佛兰德斯纺织业在经济上遇到的困难,某种程度上缘于它们对英国优质羊毛的依赖。佛兰德斯纺织业的扩大需要越来越多的羊毛,没有它们,就无法生产出有名的优质布料。这种依赖性早在12 世纪初就已出现,到 13 世纪时变得愈益明显。其实,这也是商人能完全操纵工人的原因,因为商人保证了最为重要的羊毛的稳定供应。从中世纪早期开始,佛兰德斯商人就前往伦敦和苏格兰购买英国优质羊毛。13 世纪时,这些商人组成了伦敦商业公会,这是一个买方的联合组织,商人们联合起来,以便从英国统治者那里获得特权,并借此厘定价格(Pirenne,1899)。

然而,法国和英国之间的政治斗争不时对佛兰德斯的经济造成影响,禁止往佛兰德斯输入羊毛成为英国的惯用武器。居伊·

———————————

① 雅格布·冯·阿特维尔德(Jacques van Artevelde,1290—1345),佛兰德斯政治领导人,在英法战争期间坚持佛兰德斯的中立,鼓励爱德华三世占有法国王位,后遇刺身亡。

德·当皮埃尔,然后是纺织工人,最后是雅格布·冯·阿特维尔德,与英国的联合,在某种程度上都源于经济上的推动。与英国站在一条战线的佛兰德斯城市每次都能在羊毛市场上受到优待。后来,英国在欧洲大陆建立了"市场"(有羊毛销售专营权利的贸易中心),借此垄断了英国的羊毛销售,布鲁日向英国提供的支持至少确保了她能时常主办这些"市场"。

然而,任何事情都无法阻止英国羊毛从佛兰德斯的纺锤和织机上消失。最主要的原因就是,英国纺织业的发展最终打破了佛兰德斯的垄断地位。随着国内羊毛需求的增加,英国出口的羊毛越来越少。当佛兰德斯无法得到优质羊毛时,它的产品的吸引力也大大下降。后来,佛兰德斯进口了西班牙的劣质羊毛,但生产出的布料很粗糙。

因此,我们很容易理解,为何在这个衰落时期,佛兰德斯纺织工人会积极地"避免"乡村地区的竞争了。城市工资较高,而劣质布售价低廉,资本家被迫将工厂迁入工人工资较低的乡村地区,以削减产品成本。工人行会通过敦促"限定行业"(closed shop)的办法作出回应,[17] 但这均徒劳无益。为找到工作,一些熟练工人迁移到英国,甚至是意大利(Doehaerd,1946:99—105),但大多工人还是留下来等待转机。这种情况主要出现于 14 世纪晚期,那时,黑死病严重削弱了工人数量。随之而来的劳工短缺提高了他们在市场中的地位,工作条件也因此大为改善。但佛兰德斯纺织业的黄金时段已一去不返了。

不过在此之前,布鲁日也曾一度成为世界城市。布鲁日从未像佛兰德斯其他城市,如伊普尔和根特那么直接地依赖纺织业。

除纺织品生产外，她还一直从事商业活动和港口运营，成为联结邻近生产中心与外部市场的纽带。13世纪晚期时，布鲁日的这种作用更为凸显。那时，来自意大利城市国家的商人不再经由香槟集市中间商从事交易，而是直接与销售布料的布鲁日建立了联系。 88

　　1277年，热那亚人最早驾驶着新式重型船只离开直布罗陀海峡，向北驶抵葡萄牙和法国的海岸，然后进入北海，停泊在达默，这里有一条通往布鲁日的短运河，还有一条通往根特的长运河。这时，布鲁日港和根特港之间还没有定期服务。然而，香槟的状况越恶化，这条可供选择的海路就越具有吸引力。1290年，斯勒伊斯修建了新港口，热那亚和布鲁日之间的常规性船运设施建立起来，这使得两地有可能绕开香槟集市，至少在有所需要时可以如此。威尼斯跟进缓慢，但到1314年时，她也不得不在她惯常的贸易路线（跨过阿尔卑斯山，经德国抵达低地国家）之外增加了通往布鲁日的船运。她无法再耽搁下去，因为那时的布鲁日已是阿尔卑斯山以北最为重要的欧洲市场（van Houtte，1966：253；1967：51）。1294年，英国在欧洲大陆建起"羊毛市场"时，布鲁日也成为商人购买羊毛的地点。

布鲁日与外国金融家

　　布鲁日向世界市场城市的转变，改变了她原来的经济基础。布鲁日商人以前都是走出国门进行交易，但他们这时主要是待在国内，等着顾客上门。德国人在组成联盟后，[18] 开始大量涌入布鲁日。尽管西班牙人，尤其是卡斯蒂利亚人早在13世纪初就出现在布鲁日,但人数一直不多。如今,除德国人和西班牙人之外,意大利人也来了,他们完全改变了布鲁日的经济角色,使其从一个进出口和生产城市转变成真正的贸易中心——包括商品和货币。因此,即便是纺织业倒闭的时候,布鲁日依然能作为欧洲的外币市场而维持下去。[19]

在那些集市城镇上,意大利人仅仅是定期访客。但在布鲁日,他们则是常住居民。他们很快就接管了国际交易事务以及更具地方性的佛兰德斯布料的销售。正如德·罗弗所言,"14—15 世纪,布鲁日本地的上层阶级不是商人——少数除外——,而是经纪人、客栈老板、布商(*drapier*)和代理商"(1948:13)。这些人并非"服务于"自己的经济事务,而是意大利人(有人试图监督他们)的经济事务。幸亏布鲁日禁止外国人从事零售贸易,禁止他们囤积当地商品后再重新销售(de Roover,1948:16),至少在 15 世纪之前,禁止他们直接与当地的买方或卖方进行交易(van Werveke,1944:32—33),这才使得意大利人没能接管布鲁日所有的商业活动。

布料仍然是那时的主要交易品,在布料贸易上,意大利商人的权利受到严格限制。据埃斯皮纳斯研究,输往外地的所有佛兰德斯布料都必须由当地的"经纪人"或代理商经手。他们都是当地半官方性质的代理人,"代表"外国商人经营生意,确保大致的公正。这些人有点类似于"集市看守人",他们雇用自己的抄写员对交易详情作出官方记录,还雇用自己的搬运工、测量员和核秤员,因为他们有义务做到诚实交易。由于受命于城市当局,所以这些中间人都是"官方的"(Espinas,1923,I:305—321)。不过,也有当地人在贸易中扮演着比较非正式的角色。

先前提及的经营旅馆的范德 · 布尔斯家族(vander Beurse)——股票交易所(Place de la Bourse)一词即源于这个家族的姓——是布鲁日唯一为人熟知的家族。抵达布鲁日的外国商人必须寻找住处及货栈。就像穆斯林世界里分布在绿洲和城市的商队旅馆一样,布鲁日为外国商人提供了便利的设施,商人可以在此食宿,存储货物,拴养马匹(van Werveke,1944:33),后来甚至可以贮存资金,兑换货币(参见 de Roover,1948)。旅馆主人及其雇工会给布鲁日的陌生人作出引导并帮助他们建立商业联系,或许这是自然而然的事情。德国人似乎经常利用这些便利。

但是,新来布鲁日的意大利人人数过多,致使无处容身;另外,他们大多长居于此,所以他们更乐于建造属于自己的居所。如德 · 罗弗所言:

> 意大利人在佛兰德斯常住以后,便立即开始组建"同乡会"或侨民区,它们由来自同一城市的商人组成……热那亚人、威尼斯人、卢切斯家族、佛罗伦萨人……米兰人……这些新建立的同乡会的第一要事就是获得官方的认可,并从地方当局那里谋得商业特权。(de Roover,1948:13)

这些特权能保护他们的财产安全,核定应缴纳的港口费和关税,并免遭领主法令的侵犯。由此可知,那些形单影只的商人明显被排除在特权之外。的确,"给予意大利商人的特权,就是……商业协议",它们由诸多城市国家达成,并以"外交文件"的实际形式体现出来(de Roover,1948:16)。

这些"同乡会"或外国侨民区并不仅仅是友好的同胞们组成的非正式群体,它们就像行会一样严密地组织起来,有自己的领导(称为领事)以及必须遵守的规章制度(de Roover,1948:17;van Houtte,1967:55—56)。[20] 如同劳埃德(Lloyd,1982)详细描绘过的中世纪英国的情况,或是很久之后在投降书的要求下在奥斯曼帝国盛行过的那种情况一样,外国侨民区在布鲁日建立了一种不受当地政府管辖的权力机构,它们免于东道国的诸多关税,并要求保留自身的规章制度(de Roover,1948:28)。中世纪末期,布鲁日大约有 16 个"同乡会":德国人(称为"东方人")、威尼斯人、卢切斯人、热那亚人、佛罗伦萨人、米兰–科摩人、皮亚琴察人、比萨人、加泰罗尼亚人、阿拉贡人、卡斯蒂利亚人(称为"西班牙人")、比斯开人、纳瓦拉人、葡萄牙人、英国人和苏格兰人。一般来说,各个"同乡会"的商人倾向于居住在同一条街道或同一个地区,由此形成了他们自己的居住区,这里保留着本民族的房屋或领事馆(Maréchal,n.d.:153—155)。单身男性们一起聚餐,互相交往,并在居住区拥有事务所。

　　布鲁日各"同乡会"居所里的设施,以及其中的成员都是固定不变的,这与香槟集市城镇里的那些居所正相反。虽然多数意大利人与当地居民保持着距离,但还是有一些与当地人走得很近,并互相通婚,当今布鲁日一些家族的名字透露出个中渊源。贸易用语深受意大利语侵浸,当地很多贵族聘用意大利人担当财政助理和顾问。这些很普通的事实微妙地反映了定期集市与城市之间的真正区别。那么,从定期集市到城市都发生了哪些变化呢?

　　首先,意大利的贸易组织方式在 13 世纪经历了重大变化。公

司主要股东不再走出国门,而是留在国内,将国外分支机构交给
"代理商"。代理商由没有入股的经理和助理担任,他们从股东那
里收取薪金(de Roover,1948:32)。[21] 贸易方式的演变非常急剧,以
至于德·罗弗认为这是一场真正的商业革命,它的"长期后果……
就是为商业资本主义的到来铺平了道路。直到 19 世纪中期,欧洲
多数国家的商业资本主义才为工业资本主义所取代"(1948:11)。

意大利人的公司并不大。14 世纪初,佛罗伦萨的第三大公司
"除总公司外仅有 15 个分支,41 名代理商"(de Roover,1948:39),
但即便如此,公司也需合理经营,悉心维护。这些公司足以积聚大
笔资金,并像当今的跨国公司一样,将它们从无利可图变成有利可
图,从毫无希望之地转移到有着丰厚回报的地方。然而,资金的流
动需要完善的货币市场。

第二个变化就是货币兑换和信贷的地位得到提高,它们已经
与货物贸易同等重要(van Werveke,1944:43)。货币交易让布鲁
日成为真正的世界市场。在这个转变中发挥主要作用还是意大利 92
人。在他们到来之前,布鲁日已经设有典当业和货币兑换业,但国
际性的货币和银行业务还没有发展起来。为了国外的资金业务,
佛兰德斯贵族和商人不得不远行到香槟。但到 13 世纪末时,他们
就不必如此了。

犹太人,以及后来的伦巴第人和卡奥尔人,[22] 都是必不可少的
典当商,他们以极高的利息(每年 30%—40%)将钱借给贵族和资
本家。由于宗教禁令抵制私利,所以他们偶尔会受到迫害,但多数
情况下都能免予制裁,因为他们的服务是必不可少的。宗教机构
往往通过颁发执照将他们"控制起来",借此征收高额的费用。

相比之下,货币兑换商都是"体面的"当地市民;其实也只有布鲁日市民有权担当这一角色,在 14 世纪布鲁日的货币兑换商名单上,佛兰德斯人的名字明显占据优势(de Roover,1948:171—172)。很有意思的是,女性也可以成为其中一员。

> 在中世纪,货币兑换业显然是少数几个没有性别歧视的职业之一。在这方面,根特以及西欧的其他地方都采取了布鲁日的做法。1368 年,在美因河畔的法兰克福……11 个货币兑换商中,至少有 6 名女性。(de Roover,1948:174)

货币兑换商人数受到严格的限制;他们的营业执照是承袭的,这或许是女性,包括很多寡妇,能够从事这一职业的原因。在布鲁日,只有四个从佛兰德斯伯爵那里受赐了封地的货币兑换商才被允许从事垄断性的货币兑换。1300 年之后,贸易的扩展推动了货币兑换商人数的增加,但他们的活动仍然受到密切监管,所有摊位仍归布鲁日所有(de Roover,1948:174—175)。货币兑换商起到了储蓄货币的作用,他们铸造并兑换货币;接受储蓄,从中获利;安排储户之间的资金周转;用掌管的钱财直接投资,或通过放贷进行再投资(de Roover,1948:215)。尽管如此,他们的经营范围并未延伸至国际贸易之中(de Roover,1948:238)。

这留待意大利商人—银行家来完成,他们垄断了国际性的货币和信贷交易。虽然比格伍德(Bigwood,1921)认为低地国家的银行业产生自当地的放债业,与意大利的银行业有着不同的起源,但德·罗弗对此给予了猛烈的驳斥。真正的银行业由意大利商人—银行家以更高级的方式引入布鲁日,他们的银行体系或许比佛兰德斯的银行体系领先两个世纪。意大利人很快就凭借优势控制了布鲁日的上层资金,这是必然的。他们最大的贡献就是发明了"汇票",本质上就是能保证异地付款的合同。汇票源于更早的契约形式,即交易合同。

与布鲁日有关的交易合同最早始于 1306 年,它是一份经过确认的交易合同,上面标明已收到"虚构的"资金,并同意在将要开始的普罗万五月集市上如数偿还。不过它并非真正的汇票,因为它只包含两方,缺少第三方(de Roover,1948:49,但他以 Doehaerd,1941 年的研究为基础)。这一时期有两种外汇合同,一种是汇兑(*cambium*),也称为普通合同,另一种是海运汇兑(*cambium nauticum*),它是货物安全运达后再付款的海运合同,两种合同都需要签订双方的公证。但是一旦意大利商人开始留守国内,就需要有更加复杂的交易形式了。第三方,亦即需要向他人支付一定钱款的代理商,参与到交易中来。汇票的出现也就成为必然了。14 世纪早期,汇票逐渐取代了普通汇兑方式。而 14 世纪后期海上保险业的出现则取代了海运汇兑。

汇票其实是买卖双方达成的契约,在一个地方付款,而在另一个地方接货,(通常)以卖方所在国的货币进行支付。它在本质上是一种定期汇票,牵涉到远方某个地点和货币的转换(de Roover,1948:53),其灵活性极大地便利了国外贸易。(不过,这种支付方式早在意大利人与中东地区的贸易中就出现了,我们将在第二部分看到这一点。)尽管那时的汇票"既不能贴现也无法流通"(de Roover,1948:53),[23] 但它确保了资金的流动,而欧洲贸易到这时还尚未做到这一点。

然而,对布鲁日来说,资金流动是一个喜忧参半的事情,因为这使其命运逐渐掌握在外来的"同乡会"手中,这些人只管自己赚钱,却对布鲁日的清偿能力不怎么负责。意大利商人—银行家将资金以定期贷款或股份的形式借给当地生产商,在中世纪时期,意大利或许是唯一拥有"境外投资"的欧洲国家(de Roover,1948:42)。然而,一旦佛兰德斯纺织业开始衰落,意大利人就将资金转移到其他更能赢利的投资中。而且,联结斯勒伊斯的运河的淤塞,一度使港口设施变得很不便利,[24] 迫使他们将目的地以及代理商的办事处转移到了东部的安特卫普,因为这里更适于停靠深吃水船舶,更具战略价值,更利于支配这时穿过德国而非法国的陆上贸易路线(Brulez and Craeybeckx,1974)。

黑死病

某种程度上讲,上述第二个变化是在黑死病之后发生的。黑死病的杀伤力极强,致使所有常规交流途径均遭破坏。其他自然灾害也阻止了 14 世纪佛兰德斯人口数量的增长,其中影响较大的是 1316—1317 年的大饥荒,但它们的影响都不如 14 世纪中期从小亚细亚经热那亚传到佛兰德斯的黑死病那么惨重。

事实证明,黑死病对世界历史进程产生了极其深远的影响。[25] 1330—1340 年左右,欧洲约有 8000 万人口,他们之中的大约 2500 万人死于黑死病发作后的前两年(Cipolla,1976:146),它的反复发作使得人口数量降到最低点。1400 年后,欧洲总人口仅是黑死病爆发之前的 50%—60%(Russell,1972:23)。波斯坦(1952:204—215)仔细考察了欧洲在 14 世纪后期陷于萧条的各种原因,并断定主要因素在于黑死病引发的人口数量的急剧下降。

尽管依然处于世界贸易体系边缘的地区(如英国和德国)似乎没有遭受黑死病的冲击,但中心区域,尤其是意大利、法国和佛兰德斯却未能幸免。黑死病的死亡率非常高,以至于布鲁日不得不在 1349 年新增两处墓地;1350—1352 年,伊普尔的街道上尸骨如山;根特的孤儿数量急速攀升(Blockmans,1983:74—75)。1340 年时,布鲁日的人口曾多达 35000 至 40000 人,[26] 但到 14 世纪中期时,这里的人口锐减,自然增长的人口又被黑死病在 1360—1362 年,1368—1384 年,1400—1401 年,1438—1439 年和 1456—1459 年的反复发作消灭殆尽(Blockmans,1983:75)。15 世纪中期时,布鲁日的规模仅相当于黑死病之前的水平。布鲁日、根特和佛兰德斯其他城市的人口增长期结束了。当复苏开始的时候,却与这些地方无缘。其实,在进入近代的人口增长期之前,根特与布鲁日根本没必要扩张到其中世纪时期的边界之外。

由佛兰德斯事例得出的经验

布鲁日和根特的衰落原因包括自然、疫病、政治与经济等多个因素,"政策"的施行难以避免它们的发生。一些自然因素对布鲁日在 13 世纪和 14 世纪早期的卓越地位造成了致命打击,比如布鲁日出海口的淤塞,以及黑死病引发的人口数量的缩减。但是,如果布鲁日仅仅面对这些困难的话,那么这两个原因也不至于那么致命。15世纪的时候,布鲁日通过一条深吃水的运河与更远的海域联结起来,但此时那里所有的海上交通已经陷于停顿。在 1348—1349年瘟疫大流行的时期,其他地方,尤其是意大利港口的死亡率高于佛兰德斯,但它们却能够再次崛起,并继续在国际贸易中发挥积极作用长达数个世纪之久。对她们自身而言,这些因素都不具有决定性。

政治和经济上的因素似乎更具决定性。这可以用当今的"依附"这个概念进行概括,依附渐渐侵蚀了佛兰德斯赖以繁荣的纺织业,以及长期以来的商业性货币市场。纺织业仰赖国外原料,尤其是羊毛,而这控制在一支独立的政治力量手中。英国能任意地控制羊毛供给,并最终达到可以完全在国内利用这些优势的地步,这就削弱了她此前的供货对象。另外,纺织城镇逐渐丧失了对产品市场的控制。起初在经营体系集中于布鲁日的时候还只是部分丧失,但是,当意大利人在佛兰德斯纺织品的出口和销售方面取代了布鲁日商人-银行家之后,这些城镇就完全丧失了控制权。(见图3,该图表明佛兰德斯布料的销售范围大于佛兰德斯商人的活动范围。)

为了预订纺织品,意大利的公司将积聚的货币资金借给布鲁日的纺织产业。但当纺织业遭遇困境时,它们却置之不理。布鲁日商人成为"被动的"代理人,徒劳地试图监督意大利"跨国公司"的举动,因为这些公司逐渐占据了主动并操纵了交易结果。众所周知,跨国公司是不受约束的,就像当今的国际分工那样,它们会自由地将投资转移到劳动和运输成本较低,而利润更丰厚的地方。

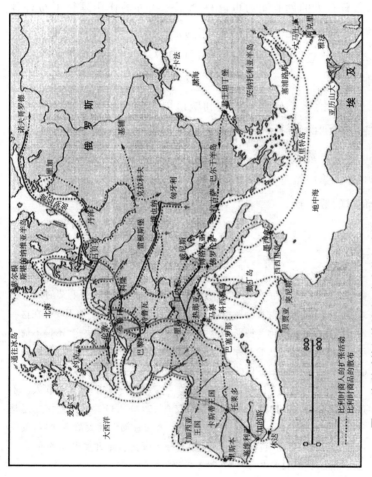

图 3　比利时的经济扩张：商人旅行路线和产品传播路线（基于 Dochaerd）

因此,依附"扼杀"了曾在13世纪至14世纪早期佛兰德斯大有前途的高度发展的产业资本主义。即便布鲁日的港口没有枯竭,布鲁日人的创业能力也已枯竭了。买办的作用延长了布鲁日的繁荣,但他们无法单独存在,因为他们依附于真正的决策者——意大利人。意大利人不仅经营着外国贸易,而且还决定着在何时何地投资。

98　　接下来,我们转向对意大利城市国家的论述。这些城市国家缔造了欧洲的贸易中心,并将它们与以地中海东部和周边地区为中心的世界贸易体系联结起来,但这些城市国家也摧毁了这些贸易中心。第四章考察了两个城市国家:意大利西海岸的热那亚和东海岸的威尼斯。

注释

1　现代的比利时建于19世纪,由南部说法语的人口以及东部和北部说佛兰德斯语的人口组成的不稳定的同盟发展而来,这里对民族主义的语言标志以及国内的经济和社会竞争依然保持着高度敏感。我惴惴不安地在这些城市的法语名称和佛兰德斯名称之间作出选择,最终,我决定"不偏不倚",尽量采用为国际公认的名称,因此就有了佛兰德斯语的根特(Ghent),而非Gand,以及法语的布鲁日(Bruges),而非Brugge。

2　13世纪中期,根特和巴黎均约有80000人,布鲁日或许不足40000人。不过,将这些"真正的"城市与同一时期仅有15000人口的特鲁瓦相比还是很有意义的(Russell,1972)。在黑死病以及接踵而至的大萧条之后,仅仅拥有60000人口的根特远远小于巴黎,她也仅比布鲁日多出50%的人口(Nicholas,1985:1)。

3　弗里(Fris,1913:67)认为这个比例是1/3,而冯·威夫克(van Werveke)则认为是1/2。不过,这些数据似乎反映了纺织业衰落后的某个时段的情况。尼古拉斯(Nicholas)的数据更为精确一些,他认为大约在1356—1358

年这个时期,约有 2/5 的人口参与到纺织品生产中来,这一比例在 14 世纪末时大约下降到仅仅 1/4(私人通信)。不过也可参见尼古拉斯(Nicholas,1985:1),他估计 14 世纪时的根特有 1/2 到 2/3 劳动力从事纺织业生产。

我们不应该想当然地认为从事纺织业的劳力都是清一色的成年男性。没有妇女和儿童的大量参与,纺织品产量就不会如此之高。13 世纪建有很多女修道院(Beguinages)。它们安置了没有皈依宗教但作为世俗之人居住在一起的单身女性。很多女性靠纺织业养活自己。英语里的未婚女人(spinster)就直接来源于她们所从事的纺织业。法语里的纺纱工(fileuse,英文中的 spinner)则与线(fil,英文中的 thread)或者与姑娘(fille)——未婚女性——有关。在中世纪欧洲的经济中,女性显然发挥了至关重要的作用。

4 参见哈普克(Haëpke,1908)。这一问题曾在研究中世纪的历史学家中引发过争论,焦点集中在对布鲁日的定位上。支持者主要是比利时历史学家,但他们或许太过于强调布鲁日的作用了。亨利·皮朗认为,在中世纪的国际贸易中,布鲁日的作用甚至比威尼斯更重要。布罗代尔(1984:101)认为这种说法有些夸张,我与他不谋而合。

5 布鲁日和根特似乎都不符合这种描述,因为布鲁日显然不是宗教机构所在地,而在根特发现的两处修道院仅仅可以追溯到 7 世纪。参见皮朗(Pirenne,n. d. xix)。 99

6 尤其参见冯·威夫克(van Werveke,1955:551)。尽管根特早在 9 世纪时显然就是港口(portus),但布鲁日或许没那么早。根据皮朗(Pirenne,Vol. I. 1929:188—189)的研究,港口是船只登陆的地方,也是海湾或河流上的货物集散地,外国商人和工匠汇聚于此,它们通常处于主教机构或兵营的保护之下。根特和布鲁日作为"外国人"或陌生的"都市人"的形象最初由皮朗树立起来,并为其他历史学家所接受(尤其参见 Ganshof,1949:69—70,他认为"都市人"是指那些勇于冒险的篷车商人),近来这种说法受到指责,因为它以多余的方式将这一过程异域化了。港口(portus)这一术语催生了佛兰德斯语里的中产阶级(最初意思是指城镇或村镇里的自由居民)poorter。

7 布鲁日好像再次逊色于根特。直到 9 世纪 60 年代,作为商业中心(和地区[pagus])的根特才首次在文字中出现。但早在 811 年时,就有文字记载查理曼曾前往根特查看为了抵御诺曼（北方人或维京人）袭击者而建造的舰船（van Werveke,1946:15）。之后布鲁日港口的修建（或再建）很可能出于同样的防御目的。

8　详情参见卡莉尔（J. J. Carlier,1861—1872:127—139）。范豪特（Van Houtte,1953:尤其见第 183 页）给出了 13 世纪（可知的最早的年代）集市的循环周期:2 月 28 日—3 月 29 日在伊普尔;4 月 23 日—5 月 22 日在布鲁日;6 月 24 日—7 月 24 日在杜豪特;8 月 15 日—9 月 14 日在里尔;10 月 1 日—11 月 1 日在梅森。

9　冯·威夫克（Van Werveke,1946:18）引用的一份文献提到了由内河船只运送到根特集市的羊毛。

10　虽然早期城墙的主要功能是保护定居点免遭外部威胁,但中世纪后期的城墙具有不同的功用。它划清了自治（自由）城镇与乡村的界限,因为后者依然处于封建主和君主的控制之下。

11　我不大同意埃斯皮纳斯（Espinas）的这个因果分析,因为即便有什么因果关系的话,也应该按照相反的方向发生作用。在 11 世纪经济复苏期间,农业技术突飞猛进,佛兰德斯最大的进步就是具备了开凿运河和排水造田的能力,这大幅度地增加了可供耕种的肥沃土地。或许从中东引入的风车和水车在 12 世纪推动了这一进程（Braudel,1973:261—268;Cipolla,1976:162—168）。较高的农业生产率养活了一大批人,甚至使得剩余劳力从封建领主的义务中脱离出来。这些脱逃的农奴迁移到城镇定居点,尽管那里并没有完全自主。

12　关于对这些英国商人——尽管在稍后一段时间里他们就很普通了——的深刻理解,参见 T. H. Lloyd(1982)。关于英国集市,参见 Moore (1985)。

13　不应过度强调意大利城市—国家在促成比利时人与东方的联系中所发挥的作用,因为佛兰德斯同东方有着直接联系。1190 年,弗里斯兰人伯爵罗伯特（Count Robert the Frisian）从热那亚开始了第三次十字军东征;1204 年,佛兰德斯伯爵鲍德温九世参与了第四次十字军东征,目标改为征服君士坦丁堡。为此,佛兰德斯伯爵成为君士坦丁堡首位说拉丁语的皇帝;他的继承人继续在他们的名字之后加上"君士坦丁堡的"这一短语,虽然鲍德温九世在随后的一场战役中已经战死。

14　那时肯定尚未使用"贵族阶级"这一词汇。更确切地说,该词汇是现代历史学家对罗马先人和富裕的中产阶级/企业家(ver Werveke,1946:30—31)的类比,其中,中产阶级统治着法国的佛兰德斯城市,并控制着日益无产阶级化的劳力。当然,古罗马时期和今天有着显著的区别。大卫·尼古拉斯(David Nicholas)仔细评论了本章草稿,对此我心怀感激,他极力反对我将阶级分类强加于 14 世纪的根特,他在 1985 年出版的书中也持反对态度。尽管他依旧是该领域的泰斗,而且我的确从他的研究中受益颇多,但是,我认为很多研究中世纪的学者盲目抵制阶级这个非常敏感的概念的做法不利于发现现代资本主义早期的先例。归根结底,这是一个值得进一步研究的议题。

15　"骚乱"导致了意想不到的后果,布鲁日市政厅的钟塔被烧,1241 年的布鲁日宪章和一些文献付之一炬,档案保管员不得不重建 1282 年之前的布鲁日的历史。

16　迄今为止,研究这一复杂而又引人入胜的问题的最好书籍是 David Nicholas, *Town and Countryside;Social,Economic,and Political Tensions in Fourteenth-Century Flanders*(1971),对早期工人运动史感兴趣的读者可以直接参照本书。

17　它们与 20 世纪美国的许多共性令我震惊,那时新英格兰的制鞋业和纺织业都向南迁移,以降低劳动成本。

18　误称为汉萨同盟(Hanseatic League),字面意思翻译为"联合会似的"同盟,这种来自德国各城市的商人行会组织在 14 世纪之前是非正式的(Lopez,1976:114—115;Braudel,1984:102;Rorig,1967:37—39)。它如同十七城市同盟和伦敦商业公会的联合体,前者(在香槟集市发挥作用,由根特的商人行会领袖来统领)是一个集体,保护着它们的商人,商议常见的商业条款,而后者(由布鲁日统领)的目标则是从国外输入商品,主要是羊毛。参见多林格的经典著作(1964,英文版 1970)。

19　参见 de Roover(1968)。"交易所"(bourse)这一术语或许与布鲁日有渊源。正如我们将要看到的那样,外国商人通常住在专门的旅馆内。作为意大利商人和佛兰德斯东道主之间的中介机构,这些旅馆还具有更多的功用。自 13 世纪中期以来,布鲁日的中心地带就有这么一个旅馆,它由范德·布尔斯家族把持着,并以此来给旅馆周围的空地取名(在法语中被定名为布尔斯的地方)。意大利商人聚集在这一区域,后来,热那亚、佛罗伦萨以及威尼斯商人的宿舍也创建于此(它们依然坐落在那里)。这些商人—银行家的金融交易如此频繁,以至于这个地区因"交易",进而是"Bourse"而闻名。相关情况参见 Frans Beyers,"De familie 'vander Beurse' in de oorsprong van de handelsbeurzzen",这是我在布鲁日看到的单行本,但遗憾的是它不能用作资料;也可参见 van Werveke(1944:47)。不过,"Bourse"在词源学里的顺序完全有可能相反,因为古英语里的 purs 或许就是上述家族名字的起源。A. 斯丁奇科姆(A. Stinchcombe)给我指出了这一点,对此我心怀感激。

20 将这个群体与参与香槟集市的意大利商人组成的组织加以对比是很有意思的一件事。意大利商人或许模仿十七城市同盟(Laurent,1935:93)组建了一个相似的组织——伦巴第和托斯卡纳大学,这一标题在 1288 年得以扩展,以囊括其他意大利人(Laurent,1935:119)。但是,暂住商人的需求和那些常住商人的需求迥然不同。

21 其中最有名的代理商是裴哥罗梯(Francesco de Balducci Pegolotti),他给佛罗伦萨的巴尔迪(Bardi)公司服务,在 14 世纪早期被派驻弗兰德斯,后来又到了英国(de Roover,1948:33)。我们在下一章考察欧洲与黎凡特的贸易时还会提到他,他撰写的商人行会手册是研究中世纪贸易的珍贵文献。

22 根据德·罗弗(de Roover,1948:99—104)的研究,13 世纪末期时,伦巴第人和卡奥尔人连同其他意大利人最早来到了佛兰德斯。1281 年,伦巴第人首次获得许可,他们为经营生意付出了高昂的代价。

23 在安特卫普,某人(也就是能买卖支票的人)签署这种"支票"的权利一直延续到 17 世纪早期(de Roover,1948:35)。

24 14 世纪末,斯勒伊斯港口的条件非常恶劣,以至于大型船只不得不在近海的岛屿抛锚,然后将货物由驳船运往斯勒伊斯(van Houtte,1966:40)。

25 关于其原因和后果,可参见戈特弗里德(Gottfried,1983)最近的描述,以及麦克尼尔(McNeill,1976)较为宏观的探究。

26 关于布鲁日的多数资料都作出这种估计,它源于那时参加民兵组织的人员名单,然后再与民兵和非民兵人口的大体比例相乘。因此,这一数据很不准确。参见 de Smet(1933:636)。

第四章　热那亚和威尼斯的海上商人

威廉·麦克尼尔(1974)给他那本关于威尼斯的著述①添加了"欧洲的铰链"这一副标题,这种表述的精确弥补了它的不足。不过,或许会有人指责他犯有亲威尼斯倾向(这种偏见在有关意大利城市的文献中并不罕见),因为热那亚同样也是重要的联结欧洲与东方的枢纽。[1]

威尼斯和热那亚都积极地推动了欧洲融入发展中的东方世界经济体。二者都是强大的海上力量和商业力量,都在争夺地中海——到此为止处在阿拉伯人控制之下——霸权,争夺在黑海地区、巴勒斯坦海岸以及埃及的独有的和/或特惠的贸易经营权,因为这些地方控制着通往印度及其周边地区的门户。从 11 世纪始,二者一直纠缠于保护己方海道,破坏对方海道的惨烈战斗中,直至热那亚在 14 世纪末最终败下阵来。

威尼斯和热那亚都是意大利的急先锋。在地理上,二者都力图到达亚洲的更远处。在制度上,二者都试图策划出更好的经商 方案,积累更多的低风险资金,管理公司,并垄断货物市场和货币市场。在技术上,二者都具备了集航海、造船以及战备于一体的强大实力。她们都能完成联结 13 世纪世界体系各文化岛(cultural

---

① 即《威尼斯:欧洲的铰链(1081—1797 年)》(*Venice:the Hinge of Europe,1081—1797*)一书。

islands)的重任。但非常不幸的是，一山不容二虎，它们在尽力征服东方的同时，彼此间也在拼命厮杀。命中注定它们要与大海为伴，政治因素、水域，或者高地将她们与强大的内陆地区隔绝开来。

热那亚和威尼斯的由来

热那亚是一流的海港城市，险峻的悬崖峭壁将其与身后的内陆地区分离开来。这里自远古以来就是避风港，也是数次入侵的受害者。热那亚建于公元前5世纪，在第二次布匿战争时几乎被迦太基人毁坏殆尽。公元4世纪时，罗马人重建该城，并以围墙环绕，之后又落入东哥特人以及随后的伦巴第人之手，直至588年拜占庭人重新占领了这里（Renouard，1969，I：228）。6—10世纪，该城始终处在君士坦丁堡有名无实的统治之下，但它仅仅是默默无闻的渔业和农业城市，居民生活水平低下（Renouard，1969，I：228）；贸易也刚刚起步。

十字军东征实质上始于10世纪，因为那时的热那亚已经与地中海西部的穆斯林国家"处于交战状态"了。934—935年，法蒂玛王朝（Fatimids）的舰队袭击并洗劫了热那亚。之后很久，热那亚人才在比萨人的帮助下进行了反击。1061年，他们向撒丁岛和科西嘉岛派出一支抗击穆斯林势力的远征军，后来，他们甚至远征了法蒂玛王朝先前在北非的首都马赫迪耶（Mahdiya）。1087年，他们暂时占据了马赫迪耶，并向该城的穆斯林统治者索取贡品，要求获得免费通行的贸易特许权，这是他们获得的第一个贸易特许权，但并非最后一个。

　　到 11 世纪末,热那亚人已经从东罗马帝国的统治下获得了实质上的自主,建立了自治的"康帕尼亚"(*compagna*),这是由选举产生的执政官统领的市民社团,执政官通常有六到十人,任期三年(Renouard,1969,I:232—233)。热那亚人的欲望迸发出来,先前的海战也检验了他们的能力。他们力图将统治范围从地中海沿岸西部扩展到东部,因此他们积极地响应教皇的号召,参与到征服巴勒斯坦的冒险中来,这一过程充满血腥,但他们最终铩羽而归。十字军东征始于 1095 年,直至 1291 年马穆鲁克王朝攻陷了十字军的最后一个据点阿克里。十字军东征使得西方和东方相互敌视,并无休止地纠缠下去。

　　不过,威尼斯并未像热那亚那样急于卷入争斗,因为她与东方的联系迥然不同而且更早,所以她不愿去打扰它们。埃迪特·恩嫩①认为意大利与欧洲北部地区不同,在所谓的"中世纪"时期,意大利的城市发展从未中断。大致说来,这种观点没什么错误。²但是,威尼斯稍有不同,尽管她有城市的根基,但她仍是一座"新城",这与让人景仰的热那亚不同。约 568 年时,威尼斯建成(于此前的一个渔村),那时,一些内陆移民为了躲避入侵的伦巴第人而来到近海处的潟湖寻求避难(Lane,1973:4)。威尼斯一直牢牢地依附于拜占庭帝国,即便是伦巴第人征服了包括拉文纳——一直是拜占庭帝国在意大利的首府——在内的意大利所有的内陆地区。即使伦巴第人被纳入查理曼帝国的统治之下,威尼斯人依然能够在拜占庭舰队的帮助下抵御查理曼在 810 年对她的侵犯。在拜占庭

104

———————————————

①　埃迪特·恩嫩(Edith Ennen,1907—1999),德国历史学家。

帝国与查理曼帝国最后缔结的和约上,威尼斯受到了明确保护(Lane,1973:5),这"为威尼斯在西方贸易中取得相对于意大利各港口和拜占庭帝国其他海港的绝对优势打下了基础"(Lopez,1952:277)。

　　虽然威尼斯从对拜占庭帝国的效忠中收益颇丰,在拜占庭港口获得了某些贸易特权,但她还不能充分利用这些港口带来的商业机会。公元 1000 年前,虽然"许多威尼斯人都是海员中的佼佼者,足以穿越地中海,⋯⋯但是希腊人、叙利亚人和其他东方人控制了威尼斯与黎凡特之间的绝大多数贸易"(Lane,1973:5),如同他们控制了欧洲其他港口的贸易一样。[3] 那时,威尼斯仅能向市场提供本地的盐、鱼、木材,以及主要从亚得里亚海地区尚未成为基督徒的邻居中捕获的奴隶(Lane,1973:7—8;Renouard,1969,I:131)。正如布罗代尔所强调的那样,直到十字军东征以前,"意大利依然是落后的'边缘'地区,作为木材、谷物、亚麻布、盐和奴隶的供应者,尽力让欧洲内陆的其他国家接受其供应品"(1984:107)。

　　但是,威尼斯在十字军东征之前就在商业中发挥更加积极的作用了。1080 年,威尼斯最终突破了控制着亚得里亚海浅水水域的诺曼王国的封锁。她协助拜占庭舰队打通了那条至关重要的航道,为此,拜占庭皇帝阿历克塞一世(Alexius I)于 1082 年制定了一项特殊的法令(《金玺诏书》[the Golden Bull]),授予威尼斯在帝国全境,尤其是在君士坦丁堡——基督教世界最大,最繁华的城市,也是通往中亚的门户——几乎所有的贸易特权,并免除通行费(Lane,1973:27—29;Braunstein 与 Delort,1971:44—47)。[4] 这样,威尼斯就能将贸易扩展至黎凡特了，她也就不愿意冒着船只毁损、名声扫地的风险去追随第一次十字军东征了，这是可以理解的。

此时此刻，热那亚和威尼斯还依旧各据一方。意大利西海岸的热那亚掌控着地中海沿岸西部，享受着穆斯林控制的西班牙、海岸附近的岛屿，以及北非海岸地区带来的可观的区域特权或贸易特权。与之相似，威尼斯人加强了他们与地中海沿岸东部地区的联系，得以进入整个爱琴海及其某些岛屿、君士坦丁堡和黑海的停泊港。她安于现状，而热那亚则急于"闯入"东方更加富裕的市场。

十字军东征对威尼斯与热那亚的影响

于是，热那亚和比萨的船只援助了法国、佛兰德斯和欧洲其他地区的骑士[5]。这些骑士热烈地响应了教皇乌尔班于 1095 年发起的第二次号召，教皇号召他们从穆斯林人手中"夺回"圣地。自 7 世纪后半期以来穆斯林就使得圣地的绝大多数常住人口都皈依了伊斯兰教，所以对十字军来说，穆斯林不是什么新的威胁。国王和伯爵召集侍从朝着某个更多地出现在传说中，而非实际认识中的地点进发，如今，我们已经很难理解这种热忱。许多愤世嫉俗者认为，香槟、布里和佛兰德斯的伯爵们，尤其是法国国王和英国国王参与如此险恶的征程，主要缘于对战利品的渴望，而非神圣的救赎使命。然而，那时的文献比这种理解更朴素，也更脱俗。

不过，从欧洲和黎凡特的文明水平就可看出，相比之下十字军战士更像野蛮人，他们经常掠夺高级文化群体的固定财产，而不是

充当文化使命（*mission civilisatrice*）的传承者。正如奇波拉①
(Cipolla,1976:206)所言,"毫无疑问,从罗马帝国衰亡至 13 世纪
初,相对于那时的主要文明中心来说,欧洲是欠发达地区……更确
切地讲是蛮夷之地。"阿奇博尔德·刘易斯(Archibald Lewis,
1970:vii)利用这种差异来解释东西方彼此表现出的非对称的兴
趣。尽管欧洲人急欲找到穆斯林的土地和财产,并"在很多方面模
仿了穆斯林文化",但他们没有收到任何成效。不仅"普通的上层
穆斯林[感觉]优于绝大多数西欧人",而且阿拉伯人广博的地理知
识从未涉及西欧,因为他们认为那里毫无价值(Cipolla,1976:
206)。即便是十字军东征危及到他们的心脏地带之后,穆斯林的
态度依然如此,他们顶多俯就屈尊,最坏也就是受到惊吓,而他们
的入侵者却五味杂陈,既满怀憎恨,又带有极富感情的(尽管不情
愿)敬畏和艳羡。

双方在 12—13 世纪的文献资料反映了这种不对称。西尔维
亚·斯拉普(Sylvia Thrupp)贴切地概括了欧洲人的看法[6],她指出:

> 那些描述了主人翁与穆斯林之间的交往的史诗和冒险故
> 事是我们理解 12—13 世纪法国贵族和上层中产阶级对穆斯
> 林群体普遍看法的最好线索……其中要素有伊斯兰世界的大
> 同主义,其势力与财富,富丽堂皇的城市,聪明的人民……穆
> 斯林广受艳羡,因为他们甚至比法国人还要懂得生活。
> (Thrupp,1977:74,82)

---

① 奇波拉(Carlo M. Cipolla,1922—2000),意大利经济史学家。

然而,十字军战士对穆斯林的所作所为与他们对敌人的崇高看法完全不符,这激起了穆斯林受害者的强烈反感。穆斯林将"法兰克人"(阿拉伯文献对西方人的一贯称谓)视为"野兽,除了勇气可嘉,善于战斗外,他们一无是处,如同凶猛好斗的动物一样"。[7]

上述描述并非毫无根据。1098 年,十字军战士毁坏了叙利亚的马拉城,其中就出现了法兰克人吃人的劣迹。卡昂的拉道夫(Radulph of Caen)在编年史中生动地描述了那些行径(他承认"在马拉城,十字军战士在饭锅里烹煮了成年异教徒,他们将婴儿串在烤叉上烧烤,并狼吞虎咽地吃掉"),后来,在基督教指挥官写给教皇的一封信中,十字军战士得到"辩护",指挥官将那种现象归咎于极度饥饿。这一借口无疑会遭到阿拉伯史学家的批驳,他们继而将那些嗜血成性的敌人描绘成不仅吃人,而且还吃狗的人(他们认为狗是最肮脏的动物)(Maalouf,1984:39—40)。

不过,野蛮的十字军战士在首次东征中偶尔也获得了一些胜利。热那亚人和比萨人积极地支持十字军战士对巴勒斯坦的进攻,并获得了他们许诺的报偿。他们得到了巴勒斯坦城的 1/3 以及阿克里的近郊区,并在由他们协助征服的其他城市中获得了同样的回报。十字军国家建立之后,他们也相应地分得 1/4 的耶路撒冷和雅法(Heyd,1885,I:138)。

在十字军东征看似能够取胜之前,威尼斯一直保持观望姿态。直到"1099 年,法兰克军队打通了通往耶路撒冷的道路,杀光了该城的穆斯林,并烧死了犹太教教堂里的所有犹太人……由 200 条战船组成的威尼斯舰队才［驶离］利多港"(Norwich,1982:76)。舰队最终于 1100 年夏天抵达,并及时援助十字军战士夺回了雅法

和其他城市。作为回报,威尼斯人也分得城镇和近郊土地的 1/3,
并在新的十字军统治区获得了贸易特权(Heyd,1885,I:137)。后
来,在协助攻占了提尔港(Tyre)和阿什凯隆(Ascalon)港之后,威
尼斯也得到了相应的 1/3(Heyd,1885,I:143—144)。威尼斯人获
准建造他们的居住区并能扩充贸易以增加商业机会。

　　与东方财富的直接接触改变了意大利海上商人所在城市的角
色,使得它们从被动变为主动。十字军东征引发了对东方物品的
需求的增加;另外,意大利人在黎凡特这块沿海飞地的存在极具战
略意义,他们现在能更多地满足这些需求。这两个很有说服力的
原因也解释了香槟集市在 12 世纪的振兴。

　　热那亚人开启了撬动世界体系的支点的长期过程,威尼斯人
也参与其中,但影响较小。13 世纪时,“[至少是欧洲的]经济重心
已明显转移到意大利北部和中部‘四强’(威尼斯、米兰、热那亚和
佛罗伦萨),强大的商人势力牢牢地控制着通往富饶而又勤劳的欧
洲腹地的商路,并力图跨越日渐衰落的伊斯兰地区,到达亚洲和非
洲的深处”(Lopez,1976:99)。但是,世界体系的支点的转移花去
了整个 12 世纪和 13 世纪的多数时间,直到 16 世纪初才最终完
成。其间,来自东方的“另一支野蛮人”——蒙古大军对近东核心
地区带来极大冲击,但并未对世界体系造成任何影响。16 世纪
初,收获成果的有推动世界体系转变的意大利人,也有捷足先登
(尽管得到了热那亚人的资金支持和水手的帮助)的葡萄牙人。

海外殖民扩张

　　12 世纪时,意大利人扩展并巩固了疆域,建造了大型船只并

将其武装起来,[8] 他们抢劫弱小舰船——既有穆斯林的也有基督教徒的——的物品,为更加有利的贸易条件互相竞争,并占据了地中海沿岸或地中海诸岛所有易于进入的港口。十字军在黎凡特的几块飞地是他们的目的地之一,这几块飞地通过单纯的陆路,或是——更经常地——通过与波斯湾相连的商路接收来自东方的货物;君士坦丁堡是另一个相比之下不那么经常的目的地,在这里,热那亚人和威尼斯人已经享有了同样的贸易特许。

109

　　然而,在 12 世纪的最后三十年里,北部出口因军事冲突再次成为焦点。在努尔丁(Nur al-Din)及其继承人(Salah al-Din al-Ayyubi,即欧洲文献中记载的萨拉丁)的率领下,塞尔柱土耳其人的穆斯林力量从东北方向攻入这一地区,十字军节节败退。1187年,萨拉丁击溃了十字军部队,穆斯林重新占据了太巴列、雅法、阿什凯隆、加沙,最后是耶路撒冷。至此,阿尤布王朝(Ayyubids)统辖了整个埃及、新月沃地的大部以及安纳托利亚东部。在黎凡特,只有西部的几块聚居区没有被占领。

　　随着基督教势力局势的恶化,教皇更加严格地执行禁止同“异教徒”进行贸易往来的指令(一项形同虚设的禁令),这相应地提高了驻在君士坦丁堡以及克里特岛、塞浦路斯岛和罗德岛上的基督教徒商人的地位。1182 年,君士坦丁堡发生了“拉丁大屠杀”,他们[更确切地说就是意大利人]的居住区被付之一炬,意大利人与拜占庭的“希腊人”之间的冲突达到了白热化(Runciman,1952:100)。虽然五年之后的局势归于平静,商人们重新建造了聚居区(威尼斯人在市区,热那亚人在佩拉的金角湾的对面),但双方的潜在竞争还是延续了数十年,直到威尼斯以卑劣但非常高明的策略成功地将君士坦丁堡纳入日益壮大的帝国之中,戏剧性地取代了希腊人和热那亚人对东北部贸易的争夺。

1204 年的第四次十字军东征:君士坦丁堡的拉丁帝国

杰弗里·德·维尔阿杜安(Geoffrey de Villehardouin)撰写的《征服君士坦丁堡》(*The Conquest of Constantinple*)详细描述了第四次十字军东征的肮脏表现。[9] 维尔阿杜安是一名来自香槟的骑士,在距特鲁瓦不远处拥有地产。他在书中写道,1202 年夏,来自全欧洲的十字军战士集结于威尼斯的利多岛,并乘坐租来的船只前往埃及,而后再抵达圣地。伯爵鲍德温九世的军队乘坐由佛兰德斯组建的另外一支舰队前去会合。但并非所有加入军队的人都能前往圣地,也不是所有能筹集到威尼斯人索要的高额费用的人都能前往。十字军战士与威尼斯人之间达成了妥协,十字军战士获得了低廉的租金,并同意首先到达扎拉(Zara),从匈牙利人手中夺回该城(Villehardouin,1985:40—46)。是年冬天,十字军联合部队抵达并攻克了扎拉,威尼斯人和十字军战士平分了战利品。

然而,威尼斯人在复活节之前拒绝再次出航,即便再次启航时,他们也并未按计划向南朝开罗进发,而是向东驶往君士坦丁堡。当威尼斯舰队驶入君士坦丁堡时,维尔阿杜安不由惊呼(1985:58—59),"从未想到世上还有如此华美的地方……高墙环绕,塔楼林立,这里豪华的宫殿和高耸的教堂……如此之多,以至于没人相信这是真的"。让人难以置信的是,一番盛赞之后的下一步行动竟是对该城发动袭击。从 1203 年 7 月至 1204 年 4 月,起身前去征讨异教徒的"拉丁人"转而将他们的基督教徒同胞们围困起来。在最终攻克了君士坦丁堡之后,他们将其付之一炬,洗劫一空,[10] 而后又虔诚地庆祝圣枝主日和复活节,"为上帝和基督赐予他们的福祉而欢欣"(Villehardouin,1985:93)。

鲍德温九世当选为拉丁势力在君士坦丁堡的国王,同时依然是佛兰德斯和埃诺伯爵,几周后他在宏伟的圣索菲亚大教堂举行了加冕礼。[11] 而威尼斯人并不想成为什么达官显贵,他们只想扩展商业帝国,为此,他们"侵吞了王国里最好的那部分疆域"(Norwich,1982:141),获得了君士坦丁堡城和王国 3/8 的区域,包括整个克里特岛。由此威尼斯将她的香料贸易延续至 14 世纪和 15 世纪,并将热那亚和比萨这两个主要对手从她的势力范围内排挤出去。如今,她的范围囊括了从北部的里海和黑海延伸至黎凡特,穿越地中海东部及其诸岛,沿亚得里亚海向上,经陆地跨过阿尔卑斯山后进入德国和北海的广阔地区。这些条件,加上之后与埃及建立的联系,都使威尼斯成为控制欧洲获取亚洲的香料和丝绸权利 [111] 的独领风骚者。

在上述条件的作用下,13 世纪时的威尼斯在文化、政治、工业(尤其是造船业和运输业)以及商业上都欣欣向荣。而热那亚也毫不逊色,她在北非和西北欧还没有遇到真正的对手,在她统治的这个范围内,香槟的贸易要远胜于吕贝克的贸易。正如我们在第三章看到的那样,到 13 世纪末时,热那亚向西进入大西洋,而后抵达布鲁日,进一步巩固了对贸易的控制。

海上新技术

十字军东征促使各海洋国家的海上力量突飞猛进。运送十字军战士,搭载迅猛增多的前往圣地的香客,以及比萨、热那亚和威尼斯获得新的贸易特许权给货物交易带来的便利,都使得对船只的需求与日俱增,各国掀起了一股造船狂潮。尽管那时的大多船只还由富裕家族建造和占有,但 1104 年最早建成的威尼斯工厂(当地政府的造船厂)显现出造船业在海洋城市的经济基础中的重要作用。造船业不仅需要个体企业的参与,还需要整个国家乃至全体国民的参与,随后我们就会看到这一点。虽然热那亚的造船业得到了私人合资的资助,但国家仍从中发挥着监管和推动作用。

12—13 世纪,意大利人使用三种船进行长途运输:帆船(称为 *navis* 或 *bucius*),这种船有两层甲板,到 13 世纪时增加到三层,由四到六个斜挂帆驱动,这些帆均衡地分布在船头和船尾;桨船(称为 *galea*,*galeotis* 或 *sagitta*),是靠众多桨手驱动的战船,不过也备有一些轻帆,以作辅助之用;还有"泰里达"(*tarida*),它结合了上述两种船的特点,既有船桨,又有一整套双桅船帆,相对桨船而言,这种船笨重而迟缓,但载重量较大(Byrne,1930:5)。桨船最初用于十字军东征,但 13 世纪末时这一需求告一段落。那时的帆船(有时称作圆船或小船)和大型桨船都用于贸易。

112　　随着时间的推移,船体变得越来越大。伯恩(1930:9)就船只容积作出了一些估计。1248 年,圣路易筹备十字军东征时,他不但从热那亚和威尼斯租借了数百条船只,还订购了很多新的大型船只。其中最大的要数热那亚人建造的天堂号(Paradisius)了,该船约 83 英尺长,能运载 100 名十字军战士,还有他们的马匹、装备以及随从,后来该船能承载 1000 名经商或朝圣的乘客。虽然今天看来这种船微不足道,但在 13 世纪时,一条热那亚大船运载的

600吨货物大抵相当于14世纪(Unger,1980:169)甚至16世纪舰船的载重量(Byrne,1930:10—11),足以与哥伦布用于"发现"新大陆的船只等量齐观了。[12] 桨船能够灵敏地改变方向;"柯克"船(cog)和"霍尔克"船(hulk)上添加的特殊船舵提高了船的机动性。

　　除了船体更大、更具机动性之外,航海技术也大为增进。尽管"磁针"很早就用作中国船上的罗盘针,[13] 阿拉伯水手也用它来辅助靠恒星定位的星盘(遗憾的是,在星光黯淡的风雨之夜它就没有用武之地了),但意大利人在12世纪下半期(以指南针的形式)对它的采用却意味着真正的进步。尤其是结合"[后来]空前精准的航海图的创制,以及航行表的编写(在已被证实的一份1290年的珍贵手稿中有所提及),指南针使得全年航行成为可能"(Lane,"指南针发明的经济意义",1966年第二版:332)。此前只能在夏季出航,而如今冬天也可以出航了,尽管莱恩①认为只有到14世纪时全年出航才常见起来(Lane,1966:334)。

　　然而,这一时期的进步并不仅仅局限于海上物质技术的改善。社会和经济技能的同步发展也同样重要地促进了运输能力的提高。其中最为重要的是共同筹集船只以降低风险这一方法的发明,此外可能还有多人筹资以分摊风险的方法。前者包括护航舰队与勇于战斗的海上商人;而后者则有赖于新式的资本制度。

　　公海里发生战争时,如果"国家"不全力组织战船进行护航,任何商船都不会安然无恙。行程安全对定期集市的发展一直都至关重要。香槟集市的安全措施由封建军阀提供,但水上的行程安全

----

① F.C.莱恩(Frederic Chapin Lane,1900—1984),美国历史学家,专攻中世纪史,曾任美国历史学会主席。

就不尽然了。如同后来英国海军的炮舰确保了其霸权一样,意大利商船的成功归根结底也仰赖于它们在互相残杀的海战——有时也称为海盗行为,但仅用于称呼对手——中能否全身而退。在没有人提供海上安全措施的情况下,意大利人不得不进行自助。[14]

意大利港口国家的政府比法国或佛兰德斯的此类政府"更民主",也更直接地参与到经济活动中,对"民兵组织"的需求或许是个中原因之一。[15] 正如莱恩所言,"海上商人和海军船员都是同一批人"(Lane,1973:48)。所有的水手也都是战士,每年环绕地中海两次的船队都是结伴而行,其中有十到二十只小船,"有一到两艘巨大的轮船[柯克船]或桨船相随,以确保安全"(Lane,1973:69)。船员在某些时候要紧握宝剑、匕首和投枪,以应对突如其来的短兵相接,因为当时的甲板上尚未装备大炮,当然也没有枪支(Lane,1973:48—49)。因此,人数上的优势变得至关重要,毫无疑问,这也是市镇政府为何要确定船队出航日期,也就是 muda——这一术语原先专指舰队,后来指代船队出航的日期——的根本原因(Lane,1957,1966 年再版:128—141)。

国家资本与私人资本的联合

我们已经提及私人企业资本或投机资本与对这种资本进行保护和扶持的城市国家政府之间的特殊关系。不过,热那亚和威尼斯形成了截然不同的发展模式。威尼斯的个体企业严重依附于国际资本,而热那亚正好相反,私人比国家更多地参与到直接投资活动中来。

这种差异或许源于两个城市起点的不同。威尼斯是一座"新城"，她没有从内陆输入上层统治力量而是由自己培养，因此很少出现殃及包括热那亚在内的意大利多数城市国家的家族纷争（Heers，英译版 1977：多处）。而热那亚的贵族至少有一部分由内陆的地主阶级构成，他们往往把过去的纷争带到这里——从乡村的军事冲突转入现代城市的贸易领域和政府里的拼命厮杀。

热那亚和威尼斯都用公债制度取代了税收，并以此对国内和公海的基础设施和防卫进行投资。甚至在 1200 年之前，意大利的城市国家就推行了"公债"制度，由国民自愿借贷给国家。作为回报，国民获得"股份"，即便利息变化时他们也能得到固定的收入，国库资金充裕时他们可以随时赎回这些股份。然而，在 13 世纪，威尼斯和佛罗伦萨普遍实行义务公债制，特别是在大型的商业-军事活动中。相比之下，"公债制度比其他地方实行得更早，持续时间更长久"的热那亚则按照更加个人主义的方式，以某种购买营利性股份的形式向国家贷款（Luzzatto，英译版 1961：123—124）。这种制度后来推动了"包税制"的生成，不过"包税制"这一概念更多地和穆斯林的封建制度而非欧洲行政区相挂钩。

无论是自愿认购，还是根据家庭财产比例进行强索，[16] 公债制度都体现出城市政府与商业资本之间的特殊关系。作为那时另一种有利可图的资本投资出路，商人们自然会急切地参与（也就是操纵）国家决策。的确如此，在描述威尼斯和热那亚的政治势力与商业资本之间的关系时，勒高夫（Le Goff）指出，在 14—15 世纪的热那亚和威尼斯，对公债股份的真实"价值"的投机"成为……大商人的事务中越来越大的那一部分"（1956：24）。政府如同股份公司一

115

样,其运作与商业资本主义融为一体。

商业资本主义

在有关资本主义起源的"大争论"中,焦点更多地聚集在 13 世纪的意大利城市国家之上。意大利中世纪研究者的众矢之的(*bête noire*)是维尔纳·桑巴特①,他认为 13 世纪城市(即便是当时最先进的意大利)的经济发展水平和富足程度都低得可怜,不能将其视为"资本主义"。争论的另一方学者大多研究中世纪时期的意大利,他们将意大利经济称为资本主义,并大加褒扬。[17] 还有一些人认为 13—14 世纪的意大利城镇也存有马克斯·韦伯所说的含糊的现代资本主义"精神",尽管其证据主要来自对经济制度的研究。[18] 这似乎是一场毫无结果的争论。我认为,我们都相信任何特定的"理想模式"体制都会逐渐地从起点转向全面发展,也相信新生体制会存在于与之冲突的社会结构之中,尤其是在它发展的早期阶段。很多问题都取决于对沿用的"资本主义"一词的界定。

莱恩(1964,1966 年再版:57)采纳了奥利弗·考克斯②(Oliver Cox,1959)的定义,他认为考克斯的定义是"合理的"。莱恩认为"威尼斯的统治阶层利用商业资本——现金、船只和商品——谋求生计,并借助他们对政府的控制增加收益,从这个意义上来讲,它是第一个进入资本主义的[欧洲城市]。"然而,这一观点似乎太

---

① 维尔纳·桑巴特(Werner Sombart,1863—1941),德国社会学家、思想家、经济学家。

② 奥利弗·考克斯(Oliver Cromwell Cox,1901—1974),美国马克思主义社会学家、社会学芝加哥学派成员。

片面,太肤浅。

我倾向于勒高夫(1956:39—40)的主张,他认为,按照马克思的观点,最好将中世纪的意大利商人看作"准资本家",因为"封建主义"依然是占支配地位的社会组织形态。不过,其间有一股力图推翻旧秩序的新型骨干力量——(佛兰德斯的)实业家和(意大利的)商人,他们都在为资本主义做准备。他鲜明地将城市里的商人-工匠与人数更多的商人-银行家区分开来,认为前者尚未资本主义化,而后者无疑是那时正在诞生中的资本主义制度的先驱。[19] 我们现在就转入对后一群体的研究,考察意大利海上商业国家在步入资本主义的道路上到底有多么先进。

与帝国经济相比,"自由经营"的资本主义的主要特征就在于其通过"超国家"手段动员国民共同投资的能力,所获资金多于任何个人所能提供的资金,无论这个人多么富有。在集体融资方面,国家社会主义制度与企业家资本主义之间的通常区别在于,后者的出资人出于营利目的而自愿地投资。为了获取更多利润,所得收益——至少是部分收益——可能会用于再投资。投资者不仅极力使获益机会最大化,还会将投资多样化,以降低全盘皆输的风险。如果我们沿用这一界定,热那亚和威尼斯的城市国家(更不用说意大利的佛罗伦萨和其他山地商业城市了)在 13 世纪时无疑几乎就是资本主义国家了,尽管方式稍有不同。[20]

"兄弟"家族公司最早进行了筹资,它们的资金源于家族后嗣(兄弟)合而为一的财产。热那亚废弃这种筹资方法时,威尼斯仍在沿用。这种家族公司的通常安排是:合伙兄弟进行分工,一个留在家里管理家族利益(购买出口货物并在本地销售进口货物),另一个携出口货物到达国外商埠,将其卖掉并采购返程货物。这种筹划并非什么新事物,然而,其好处是合伙人大抵可以相互信任,进而终生合作。因此,正如黑斯(Heers,1977:221—222)极力宣称的那样,即便在 14 世纪之后,家族依然是经济组织的基本单位。

不过,并非所有继承财产的商人都有兄弟,也并非所有敢作敢为的创业者都生来就握有所需资金。因此,早在进入 13 世纪之前,一种称为"康孟达"(*commenda*)或者在威尼斯称为"伙会"(*colleganza*)的模式就出现了。这种合作类型最初仅用于单次海外投机活动中,其中,第一合伙人凑集所需资金的 2/3,第二合伙人提供剩余的 1/3,并陪同货物前往国外。与投入相关,一旦投机活动成功,在扣除第二合伙人的差旅费后,他们就平分收益。[21]

后来,考虑到一些刚刚起家的"积极参与的合伙人"尚未拥有足够的资金,意大利商人又采取了一种替代形式,即由"不参与管理的"合伙人(所谓的出资者)提供所有资金,而"积极参与的"合伙人在扣除了他的相关费用之后,仅能获得收益的 1/4。不过,这种方式不太适合小商人,他们的输出额无法保证专职合伙人的全力参与。因此,外出代理商也会从多个不参与管理的合伙人那里接受其他委托,从中收取佣金。他们往往一年中的多个季节都待在国外,接收并销售货物,并时常在相当大的程度上自主决定返程时运载的货物。

最终,大公司都雇用不收取佣金而是按时领取薪水的代理商,他们依然留在国外的主要办事机构中,接二连三地处理交易事务。不过,这种情况在欧洲已经相当普遍,因为欧洲快捷的邮递条件能够将详细的订单传送给代理商。在地中海的岛屿上,在叙利亚,以及黑海周边的港口城镇里，永久安置在那里的佣金代理商获得了更大的自主权。他们中的很多人从代理商做起，然后随着资本的增多而最终成为独立商人，他们并非仅仅经营当地某个港口与热那亚和或威尼斯之间的贸易往来，而是经营着遍及当地各港口的非常复杂的贸易路线。在东方，代理商甚至开始承担"投资银行"业务。

　　　在与身处热那亚的债主签订了合同后，前往叙利亚的拥
　　有较高声望的代理商代为领取身在叙利亚的人所亏欠的热那
　　亚居民的债务。债主会委托某个代理商代为领取欠款，并指
　　示他在妥当的情况下用从所在地领取到的债款从事贸易活
　　动。（Byrne，1916：166）

　　随着贸易形式和参与形式的日趋复杂，以及它们更多地从家庭中脱离出来，更好的记录方式成为必要，这既是为了方便提交给投资者的结算，也因为记忆或约定已无法承载复杂的协议条款。[118] 尽管我们熟知的复式簿记直到 14 世纪晚期才正式出现，但是在此之前，一些记录就得以完善地保存下来，这使当代学者不必花费太大气力就能将它们转变成当今的账目。威尼斯最早的记录来源是"贸易公司"（*rogadia* by prayer）[22] 的合同，这种合同很快被记载下来，并由公证人员宣告其正式生效。在热那亚，这种对合同的公证近于痴迷，每年都要在国内外各聚居地记录数千份合同。

　　史学家曾兢兢业业地研究会计账簿和公证文书，以探究中世纪的欧洲是怎样进行贸易往来的。但是，正如萨波里（Sapori，

1952,1970 年译本)所嘲讽的那样,像意大利人那么精明的商人很可能会像下述情况一样,利用正式文书进行欺骗。这样一来,似乎就需要保存两套文书,一套递交"投资人"或者税务评估员,另一套才记载了真实的账目。此外,教会严格禁止高利贷,为了隐瞒所获收益,意大利人会将某个交易划分成多个(并被分别记录的)交易,这往往导致公证文书的大量涌现。然而,记载下来的完整交易清单表明,意大利港口城市里的贸易投资并非仅限于一小部分上层企业家,而是渗透到整个经济体系之中。

在马可·波罗所在的威尼斯,几乎每个"纨绔子弟"都投资于海上船运(Power,1963:43),这意味着资本来源并不局限于顶级精英。热那亚的参与面更加广泛,这里发明了一种独特的制度,不但收拢了船主和商人的大笔资金,还筹集了水手、工匠,乃至"下层民众"的小额资金。水手携带着受委托的货物出航,工匠和家庭主妇将用于销售的少量产品传送到其他港口。而且,船舶所有者与船舶运送货物的绝对分离,使得即便是贫穷工人也能进行小额投资——就像摸彩票一样——期望该船能有所斩获。[23]

119   热那亚的这种制度非常类似于联合股份公司(很久之后才出现),所以我们有必要对此多说几句。伯恩(1930:12)告诉我们,13世纪之前的船只相对较小,它们为私人所拥有或以简单的合伙形式共有,并由其中的船主来经营。然而,随着 13 世纪商业的扩展与大型船只的修建,船舶的所有权划分为众多股份,称为位置(loca)。这一制度在热那亚与黎凡特的海上贸易中尤为盛行。任何船只上"位置的数量……与驾驭船舶所需船员人数相同"(Byrne,1930:15),所以,位置的所有者显然要对每个船员的开支负责;他其实是

一名特定的船员，因为位置所有者甚至能将"他们的"船员转让给
另一条船（Byrne，1930：16）。位置所有者在行程中有权享用商船
居住区，并拥有一个储物空间。尽管最初的时候大商人买断或租
借了所有份额，以满足他们的需要，但是这些空间后来被一分再
分，直至个人能拥有位置的 1/24，乃至更小的份额。在这一过程
中，位置成为一种可以在市场上买卖的"商品"，"可用作抵押来取
得贷款……以支付船员的薪水，购买输出的货物"（Byrne，1930：
17—18），或者以"船位"（*accommodatio*）的形式进行转让，或者当
作抵押物。总之，这种"股份"被视为某种商品或个人财产。正如
伯恩所言（1930：14）：

> 　　来自社会各阶层的人都握有股份；家族成员都倾其所
> 有……购买股份，个人也往往拥有少量位置。位置被当作非
> 常合适的抵押品，用于广受欢迎的海上投资活动。只要船只
> 一帆风顺，就能很快实现……海上贷款。

在我们所接触到的现代资本主义制度中，我们很难找到比 13 世纪
上半期的热那亚如此盛行的更为先进的制度。

　　然而，这种制度似乎仅仅是权宜之计。尽管"到大约 13 世纪
中期时，整个热那亚的船运业都是以位置的所有权为特征……但
是，家族和个人对大笔财富的积聚，以及海外贸易安全性的增加，
［最终］使得这种制度"作为一种规避风险和筹集资金的方式"不再
那么重要"（Byrne，1930：12）。到 13 世纪末，在国外贸易中积累了
丰富的财富和经验的商业特权阶级取代了船主拥有的小船和位置

120

的小额持有者(Byrne,1930:65)。[24] 这些特权阶层通过对完全自由放任的自治政府的操纵取得了重要成就,如同他们的同行在威尼斯非常社会化的船运投资制度下所获得的成就那样。

贸易体制的变化,1260—1350年

在13世纪末不断变化的政治和地理环境中,热那亚和威尼斯这两个海上和商业霸权的竞争者的相对地位发生了变动。热那亚的复苏使得两大"强国"之间战火重燃,直至1380年才暂告结束。1380年,热那亚人兵陷威尼斯的基奥贾岛,束手待毙,最终败下阵来。威尼斯通过都灵和约(1381年)垄断了地中海贸易,尤其是东方贸易。为何会出现这种情况呢?

13世纪后半期,意大利的东部联系经历了一系列重组,"中心"发生转移,其余部分分成南方路线和北方路线。在更东、更北的地方,这次发生在欧洲向中东核心地区扩张之路上的分流开始于1258年,当时蒙古人摧毁了巴格达,并在大不里士(Tabriz)建立了他们可与之相媲美的首都。这使原来的陆路的吸引力大为下降,那条路线要跨越大陆,从十字军统治区到达巴格达,再沿着底格里斯河前往巴士拉,然后经海路驶抵波斯湾、阿拉伯海和印度洋更远的地方。13世纪末,十字军在巴勒斯坦的据点的丧失进一步削弱了这条路线的影响。其后的很多交易要么从北方经中亚,要么从南方经埃及到达红海,而后到达亚丁,最后前往印度洋。

121　　在北部,拉丁势力统治下的君士坦丁堡于1261年陷落,从根本上摧毁了威尼斯人对黑海地区贸易的垄断,这标志着新时代的

开启。不足为奇的是,热那亚协助拜占庭战士夺回了君士坦丁堡,作为回报,她再次成为在那个地区占支配地位的欧洲国家。热那亚的首要地位依然受到她原来的盟友——比萨的挑战,但她在1284年给予比萨舰队致命一击,最终平息了挑战。热那亚人在佩拉、金角湾、卡法以及黑海与里海之间的区域自由地与东方进行着日渐增多的陆路贸易,蒙古治下的和平为其提供了便利(见第五章)。这种和平非常重要,因为马可·波罗的父亲和叔叔于1261年首次从威尼斯前往可汗的领地时,他们或许就经过了君士坦丁堡。然而,他们于1268年返程时经过了依然控制在十字军军队手中的阿克里。1273年,当他们再次启程时,17岁的马可·波罗一同前往,他们完全避开了君士坦丁堡,经波斯进入阿拉伯湾。[25]

在从北部地区转移后,威尼斯人将注意力再次对准正在发生巨变的南方。在经历了10年的过渡期(1250—1260年)之后,埃及的马穆鲁克王朝最终取代了萨拉丁的继任者阿尤布建立的王朝。面对热那亚的竞争,威尼斯强化了她与这个新的军事集团——由奴隶和曾经是奴隶的士兵组成——之间的关系。这一策略在1291年发挥了重要作用,是年,马穆鲁克王朝夺回了阿克里,完成了萨拉丁的事业。阿克里是十字军势力的"首都",也是其统治范围内残存的最后一个欧洲据点。

"大冒险"的终结,需要更加剧烈的贸易路线和贸易伙伴的重组。马穆鲁克王朝统治下的埃及成为海上东方贸易的关键交通枢纽。威尼斯商人极力想垄断香料贸易,而同样具有垄断性的马穆鲁克王朝也想通过通行税和关税获得有利条件,这样一来,二者之间形成了不可思议的矛盾关系。

　　热那亚并未将其与东方的海上贸易拱手让给威尼斯,她的对策是向西穿过大西洋。1291 年,热那亚首次尝试着绕过非洲航行至印度群岛,这并非毫无意义。(如果维瓦尔第[Vivaldi]兄弟的船只成功的话,热那亚人或许就在世界体系中扮演了两个世纪之后葡萄牙人所扮演的角色。)同样是在 13 世纪晚期,热那亚首次与北海附近的国家——英格兰和佛兰德斯建立了海上商业联系。虽然直到那时,穆斯林势力几乎还控制着穿越直布罗陀海峡的通道,但是少量的热那亚船只还是总能成功通过。不过,穆斯林的海上力量在 1293 年被卡斯蒂利亚和热那亚的联合舰队彻底击溃后,热那亚与布鲁日的直接贸易就完全建立起来。

　　由上述描述可知,在 13 世纪后半期乃至 14 世纪前半期,热那亚与威尼斯的港口城市几乎将它们的触角伸向发展中的欧洲世界经济体的各个角落。虽然她们都在该体系内几处不同的位置建立了霸权(热那亚在布鲁日,威尼斯在安特卫普和吕贝克;热那亚在黑海,威尼斯在埃及),但谁都未能成功地将另一方排挤掉。二者都参与到整个体系中来,她们不但在西欧的各个角落进行贸易,而且在中亚和中东—北非世界经济体——该经济体继续主导着远东贸易——中也取得显著进展。(见图 4)

　　不过,在这个发展中的世界体系中,意大利人仍然仅仅是将贸易依托于其中的参与者之一。如果想维持交易的话,他们还需要依赖其他地区的同行。是什么货物让他们在中东港口如此受欢迎呢?或许勒高夫的话回答了这个问题,并阐明了 14 世纪早期的贸易模式的复杂性(1956:16)。他邀请我们去跟随一群正在热那亚装载货物,前往东方的商人。

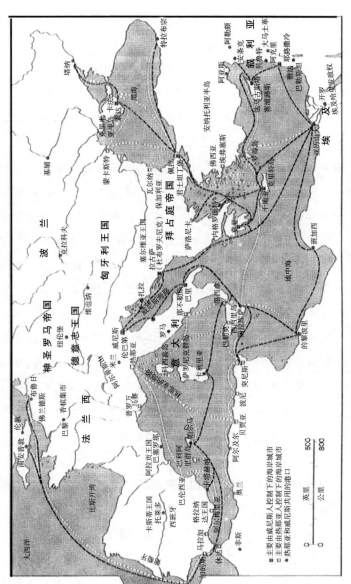

图 4　中世纪时期热那亚和威尼斯在地中海地区的贸易路线

货物主要包括布料、武器和金属。到达的……第一个港口……是突尼斯，其后是的黎波里。在亚历山大港增添了多种货物——当地工场的产品，尤其是东方的输入品。如果在叙利亚的港口——……阿克里、提尔和安条克停留的话，那是为了搭载游客、朝圣者，或[那些]乘篷车从东方而来的人。但塞浦路斯岛上的法马古斯塔（Famagusta）才是最大的香料贸易中心……在拉塔奇亚（Lataqiyah），接近波斯和亚美尼亚的航线时，人们也会发现马可·波罗所说的"天下所有的香料、丝绸和金线布"。菲西（Phocea）有最优质的明矾，而希俄斯岛（Chios）是装载葡萄酒和树胶的港口……在前往黎凡特的路线上，拜占庭是另外一个必须停靠的关键港。接着，在穿越黑海之后，船只在克里米亚半岛上的卡法接受经蒙古路线而来的俄罗斯和亚洲的物产：小麦、毛皮、石蜡、咸鱼、丝绸，以及或许最为重要的奴隶。他们并不把其中的很多物品从东方带回欧洲，而是在赛那颇（Senope）或特拉布宗（Trebizonde）就地卖掉。离开那里之后，最冒险的事就是在鞑靼军队的护送下抵达锡瓦斯（Sivas），前往大不里士和印度……前往中国……经陆路穿越中亚或经海路从巴士拉抵达锡兰。

如果我们跟随的不是热那亚商人，而是威尼斯商人的话，我们会看到一条相似的环形路线。在某个地方卸下货物，再在其他地方装载待售货物。在抵达埃及前可能要在高加索北部买进一批奴隶，因为意大利人有意去填补马穆鲁克军队的空缺，这在实质上给了他们同埃及统治者讨价还价的实力。为了获得奴隶，埃及统治者不得不持续地提供更多的香料，以及当地生产的棉布和亚麻布，在他们的实力下降后，就换成原棉了（Ashtor，其中的几章于1976年再版，将于第七章讨论）。

有足够的证据显示，到14世纪早期，各个世界经济体已日趋整合，虽然稍有难度，但它们在推动世界体系的形成，该体系的很大一部分是资本主义性质的。意大利海上商业国家将西欧与生机勃勃的东方贸易衔接起来。东方贸易的北方路线将小亚细亚与中国，埃及与印度和马来西亚都联系起来，而南部海路则将中国囊括其中。最终西欧也加入了东方贸易体系，虽然她尚未占据支配地位，但她至少正在成为一个更加平等的参与者。

世界各地的繁荣反映了世界的"统一"程度。尽管香槟集市城镇、巴格达和君士坦丁堡都已度过巅峰时期，但热那亚、布鲁日和开罗都处于发展的顶峰（我们将在第二部分看到）。中国的扩张进入新阶段，元朝的蒙古统治者正在推行咄咄逼人的贸易政策，它们 125 的商人积极地前往西方。一旦这种已经启动的趋势持续下去，亚体系的更加融合，以及将各个"文化孤岛"或者肖努①所说的"条块分割的世界"（*les univers cloisonnés*）（1969，1983年第二版：54—58）转变成真正相互依存的世界体系，似乎都将是时间问题。

本书的主要难题就是分析上述情况没有发生的原因。如同我们将要看到的那样，想当然地认为一切都在14世纪中期戛然而止的想法是错误的。威尼斯与东方贸易体系之间的联系一直延续至14世纪后半期与整个15世纪。不过，这一体系不是越来越网络

---

① 肖努（Pierre Chaunu，1923—2009），法国历史学家，专攻拉美史和16—18世纪的法国社会与宗教史，同时对经济史也很有研究，是法国计量史学的领军人物。

化,而是简化为有限的几条路线,由少数几个"参与者"逐渐控制起来。因此,在威尼斯和开罗继续扩大商业联系的时候,欧洲—中东亚体系却在萎缩,这种观点显然是自相矛盾的。整个市场暂时变小了,但威尼斯和开罗却扩大了她们的"市场份额"。

14世纪中期的萧条

以威尼斯和热那亚为例,我们能通过多个途径追踪14世纪上半期高度发展的贸易和14世纪中期黑死病带来的经济萧条。其中一个途径显然就是人口数量了。在帝国扩张前,威尼斯的人口在1200年达到8万人。到1300年时,威尼斯的总人口翻了一番,城市里有12万人,其余4万人住在潟湖区。威尼斯于1338年进行的逐户男性成年人口统计显示,这一时期是人口增长的高峰期,直至黑死病爆发(Lane,1973:18)。热那亚的人口增长高峰来得稍早一些,大约在13和14世纪之交时,其人口就约达10万人(Kedar,1976:5),即便如此,在14世纪的最初10年里,她的郊区仍然一再扩展(Hyde,1973:181)。

126   颇具讽刺意味的是,威尼斯和热那亚的巅峰预示了她们的毁灭。威尼斯和热那亚共用克里米亚半岛的卡法交易中心,黑死病由此传到意大利。而围困卡法的蒙古军队也正深受致命瘟疫之害。1347年秋,一艘威尼斯帆船返回本国港口,登上该船的老鼠将黑死病传播到欧洲。其后果是灾难性的。

在随后的18个月内,大约3/5的威尼斯居民死亡……

1348 年之后的三个世纪里，黑死病如影随形……［威尼斯］1500 年的人口大约相当于她在 200 年前的人口数量。（Lane，1973：19）

热那亚经历了同样的厄运。她在 1350 年的人口仅相当于 1341 年的 60％（Kedar，1976：5），此后再也没有完全恢复到当年的盛况。

凯达尔（Kedar，1976：16）创立了很多独特指标来追踪威尼斯和热那亚的繁荣期、困难期以及瘟疫过后的恢复期的不同命运，其中一个指标就是港口设施的外在变化。威尼斯的海边工程于 1324 年竣工，之后直到 1414 年之前再无任何进展。另外，国家兵工厂始建于 1103 年，到 1303 年时，其规模扩大了三倍，1325 年时规模再次扩大，其后直到 1473 年之前再也没有扩建。热那亚也是大同小异，然而她并未像威尼斯那样在 16 世纪出现港口设施的振兴，那时的热那亚已经放弃了海上统治地位。热那亚的海港——"尖塔"（Mole）在 1300 年和 1328 年得到了大幅度的增高，但其后直到 1461 年之前再无变化。"因此，威尼斯和热那亚的主要港口设施的扩建大约在 1325 年时停歇下来，在 15 世纪时才得以恢复。两个城市的海港建设的完全停滞表明了海上贸易的萧条"（Kedar，1976：16）。

凯达尔采用的第二个指标（Kedar，1976：17）是驶离威尼斯港口的商船船队规模的变化。"在 14 世纪 30 年代时，每年有 8 到 10 艘帆船驶往罗马尼亚和黑海；而从 1373 年到 1430 年，仅有 2 艘或 3 艘帆船……船队……规模的下降必定是海上贸易萎缩的典型象征。"尽管船队规模的下降幅度很剧烈——热那亚的状况甚至比威尼斯还要更剧烈——，然而，有意思的是，这种情况发生于黑死病到来之前，这说明流行病学上的解释仅是贸易萧条的部分原因。

海德极力主张黑死病"爆发前，欧洲已经发生了很多相对轻微的灾难，这些灾难表明欧洲经济体已经出现了严重问题"（Hyde，1973：179）。意大利的经济衰退起始于农村的谷物歉收，[26] 它给政府财政带来了极大负担。解决上述问题的公共支出和税款在14世纪30—40年代攀升至最高峰；意大利城市国家的公债越来越高，但无力兑现。这或许是导致意大利几家最为重要的银行——佩鲁齐（Peruzzi）银行于1342年，巴尔迪（Bardi，巴杜齐的雇主）银行于1346年——破产的部分因素，而这些都发生于黑死病到来之前（Hyde，1973：181—187）。但是需要指出的是，它们都是佛罗伦萨的商行，威尼斯和热那亚并未出现此类银行倒闭的现象。

另一个导致经济衰退的因素是政治上的党派之争。到14世纪40年代，政治纷争导致意大利很多城市国家几乎放弃了原来的商业寡头政府的公共统治，代之以单个领导——在热那亚是市长（*podesta*，最初是指民众的领导人），在热那亚之外的城镇是贵族（*signoria* 或者"lord"）——主掌的更加独裁的统治。[27] 其实，韦利在其著作的"共和国的瓦解"一章中谴责了这种趋势（Waley，1973：221—239）。然而，韦利那本引人入胜的书主要关注山地城镇；而威尼斯和热那亚显然不在研究范围之列。其他一些学者，尤其是那些对威尼斯情有独钟的学者对热那亚和威尼斯所作出的区分常常招致不满，他们将威尼斯的最终胜出归功于"完美的政府"，并将热那亚的最终衰落归罪于纷争不已的"大"家庭内部毫无约束的个人主义。[28] 然而，这些政治差异由来已久。因此，很难将热那亚后来的衰落归因于先前已经存在的条件，而且那时的热那亚在海外贸易上远胜于威尼斯，即便是在1340年时，热那亚也比威尼斯更繁荣。

虽然凯达尔（1976）接受了传统观点，但他提出了一个更加复杂的问题。在著述中，他甫一开篇就提出这样一个假定，即当经济萎缩时，在繁荣时期运转良好的行为模式或许会失去功效。他借此来考察热那亚商人和威尼斯商人在14世纪后半期"大萧条"时期的回应，以阐明威尼斯何以会渡过难关，继续垄断剩余的东方贸易，而热那亚却不能的原因。他的分析聚焦于各城市的商人所采用的不同企业模式，以及商人能够或者不能指望国家来援助商业冒险，规避风险的程度。他认为奉行个人主义的热那亚很难调动公共资产为商人打造安全网，而威尼斯则始终通过向商人供给公共物品——如港口、商船和防御武器等——来提供津贴和安全保障。因此，国家"社会主义"或"福利国家"帮助威尼斯度过了人口骤减和经济衰退的打击，而热那亚则未能幸免于难。

但是上述解释似乎忽略了我们试图在此探究的国际因素。热那亚的天然统治区一直是地中海西部，后来是大西洋附近的地区。她"占领"的统治区是小亚细亚北部地区，包括君士坦丁堡、黑海地区以及穿越中亚的陆路。14世纪后半期，这些有利因素并未给热那亚带来什么收益。葡萄牙人与西班牙的卡斯蒂利亚人原本就稳居大西洋沿岸，因此无须与西班牙南部的穆斯林残余发生正面的交锋。因此，他们有可能挑战热那亚在北海的霸权。我们将在本书第二部分看到，蒙古帝国曾于13世纪完成了大规模的统一，并因此乐于接受过境贸易,但是随着帝国的瓦解,穿越亚洲的北方路线渐渐中断了。帖木儿毕竟不是成吉思汗。

热那亚未能从黑死病中复苏,她的海军最初于 1378—1384 年被威尼斯海军击溃,1400 年之后就最终覆灭了,这必定是她的虚弱与威尼斯的强盛所导致的结果。热那亚渐渐丧失了商业帝国,既无力面对欧洲其他对手,也无法参与中亚事务。相比之下,威尼斯在南部海路所下的"赌注"给她带来了好运。我们将会看到,通过埃及和红海,她继续维持着东方贸易,一直延续到 16 世纪前期,就像在用一条细线支撑着旧有的 13 世纪世界体系,直至 16 世纪时这幅织锦才以不同的图案被重新编织。

由热那亚和威尼斯得出的经验

某个国家或地区有多种途径在国际体系中做到出类拔萃。贸易集市所在地的作用是其中一个,特鲁瓦和普罗万已很好地诠释了这一点。在一个受到特别保护的贸易中心里,来自四面八方的商人能共同处在优越的条件下进行买卖,免于管制或独裁制度的干扰,成本低廉。这种贸易中心总是具有潜在价值,尤其是在上述贸易自由不会受货币制度约束时。今天的新加坡和中国香港所处的位置,不啻 13 世纪的香槟集市。然而,一个贸易中心的存续,至少需要其他地方的持续的节余供给,需要低廉的运输成本和保护费而带来的持续的比较优势,以及当地或国外积极的中间商的存在并确保他们在此能获得比别处更多的收益。

第二条途径就是成为强大的工业生产者,产品炙手可热,来自世界各地的商人不惜任何代价购买当地产品。佛兰德斯的丝织业城镇，尤其是货物出口所经的布鲁日港表明了这一重要性。持续繁荣的必要条件包括生产独特产品的能力，当然这需要确保原材料和高素质工人的供应，以及充足的销售途径。用于再投资和生产技术革新的盈余资本对消费群体的存在也很重要，尽管其作用是次要的。

　　第三个途径是成为贸易承运商。其主要角色类似于中间人或批发商，他们将货物从生产地和富足之处运往有所需求的地方。尤其是当它们具备商业专长与集资、投资，以及交易货币和信贷的能力时，只要生产商继续生产，购买者继续购买，这种角色就万无一失。只要运输路线依然畅通，在不收取过高的保护成本的前提下能保证货物安全，那么承运商或批发商就能坚持做下去。热那亚和威尼斯这两个贸易国家的经济基础就仰赖于此，这诠释了第三条途径的作用。上述因素的最终变化改变了两国的市场形势，并削弱了热那亚的地位。

　　虽然黑死病的直接影响就是使热那亚和威尼斯的很大一部分人口因此殒命，但它的长时段的间接影响或许更为深刻。在核心城市里，一旦黑死病的最初影响消失，那些为了寻求安全和生计而流浪到农村的流失人口很快就被农村移民填补上了，尽管并不是完全如初。然而比较偏远地区的人口数量的缺失就没有那么容易填补。反过来，从事农业生产的人口数量的减少，以及伴随而来的工业生产的萎缩使得可供交易的盈余受到削弱。同时，尽管工资水平提高了，但人口数量的减少意味着总需求的下降。这样一来，贸易总量就下降了，扮演中间商的城市明显受到最大的影响。

130

　　这些城市的第一反应就是尽力在这个小市场中获得更大的份额。热那亚与威尼斯的殊死搏斗逐步升级,伴随而来的或许就是"保护费"的消耗(McNeill,1974)。船上越来越多的储物空间被迫留给武器和战士,这提高了运输成本。同样,船只和货物被截获或毁坏的风险更大了,这也使得运抵港口的货物的最终价格大幅上涨。直到威尼斯建立了对地中海航线的实际垄断之后,贸易往来

131 才重又变得安全起来。这种垄断之所以越发重要,是因为另一条通往东方的路线正处于阻塞之中。

　　尽管那些变化将要在第二部分进行详细考察,但是在此指出这样一点还是非常重要的,即正是意大利海上国家未能测定出远离其控制之外的地区将要发生什么,才使得她们称霸于已经形成但又瓦解的世界体系的企图最终夭折了。马穆鲁克王朝妨碍了意大利经红海向印度洋的直接扩展,因此,威尼斯从未能够取代中东的中间商,与东方建立直接的商业联系。她能达到这一目的的唯一途径就是深化穿越中亚陆地的路途。但是,这样做不但代价高昂(陆路运输要比海路运输多花费 20 倍的代价),而且从根本上来说就是不可能的。尤其是"蒙古治下的和平"的瓦解阻止了世界体系的全面网络化,所以,在诞生不久之后,该体系就夭折了。我们现在就转向这部分内容。

注释

1　这两个城市在 13 世纪都至关重要,而且那时实力相当,但很多文献区别对待她们,这让我很吃惊。对威尼斯的研究大有人在,本书参考书目中引用了很多;与其形成鲜明对比的是,仅有屈指可数的几位非意大利学者对热那亚抱有兴趣,研究主题也是仅有的城市发展史。即便那些着手比较

二者的著作(比如,Kedar,1976)也对热那亚冷眼相看,对威尼斯情有独钟,而不是理性地判断。好像是威尼斯当今的优点使得时常遭遇劫难的热那亚低人一等,如同"后娘养的"一样,尽管热那亚的经济地位更高一些。我个人的解释是,学者们在想要置身其中的虚拟场所里找寻意义,并因此而研究。唯有这样才能解释,譬如,为何图卢兹这么一个美轮美奂但缺乏重要历史意义的城市,其受研究程度要高过除巴黎之外的法国的任何城市!

2 参见 Ennen "Les differents types de formation des villes europeennes", *Le Moyen Age* (1956) 和 *The Medieval Town* (1979:多处)。

3 在一篇很有意思的文章里,亨利·皮朗(1933—4:677—687)详细说明了叙利亚人在始于古代的香料贸易和其他贸易中的作用。在海上贸易于9世纪复苏之后,叙利亚人也时常向康布雷市(有一份珍贵的文献记载)提供"纸莎草、胡椒、桂皮、丁香、生姜、树胶⋯⋯以及其他东方物品" (Pirenne,1933—4:679—680)。9世纪时,他们继续频繁出入法国,但其后就不见了(Pirenne,1933—4:686—687)。 132

4 关于君士坦丁堡及其与十字军队伍和意大利海上商业城市,尤其是热那亚和威尼斯的关系的详细描述,请主要参见《剑桥欧洲经济史》(第二卷, *The Cambridge Economic History of Europe*, II,1952)中史蒂文·朗西曼(Steven Runciman)的文章。

5 在首次十字军东征中,海路的作用是次要的,绝大多数十字军战士经君士坦丁堡跨越了大陆,此后他们再也没有走过这条路。

6 参见 Thrupp"Comparisons of Culture in the Middle Ages:Western Standards as Applied to Muslim Civilization in the Twelfth and Thirteenth Century"(1977年再版:67—88)。

7 这是马卢夫(Maalouf,1984:39)引用的当代编年史学家乌萨马·伊本·蒙基德(Usamah Ibn Munqidh)的话。

8 关于运货小帆船或圆船以及后来日渐成熟的配有武器的带桨货船的技术改进信息,参见 Byrne(1930)和 Unger(1980)。

9 在接下来的描述中,我大量地参考了这一文献,英文版本参见 *Joinville & Villehardouin:Chronicles of the Crusades* (1963,1985年再版)。在这段描述中,维尔阿杜安(Villehardouin)并未掩盖他对威尼斯人的蔑视,称他们腐败、野蛮而又胆小怕事。文献认为意大利人惹是生非、言行不一。然而，这份描述完全为十字军军队开脱，认为他们对所发生的一切不负任何责任，这使得其可信性大大下降。我们很难接受这样一个事实，即在没有征得对方同意与顺从的前提下，威尼斯人操纵着一支全副武装的军队去做错事，而且还带着维尔阿杜安后来描绘的极大热情。我们列举的引文证实了这一点。

10   或许诺维奇（Norwich,1982:141）最后的评判有些过火了：

> 第四次十字军东征——如果它确实可以这么称呼的话——表现出的背信弃义、口是心非以及暴虐贪婪要胜过前几次十字军东征。12世纪的君士坦丁堡并非仅仅是世界上最伟大、最富有的都市，它还是最文明的……对它的洗劫使得西方文明遭受了比5世纪时异族人对罗马的洗劫更大的损失……[这]或许是人类历史上最大的劫难。

11   如同在第三章看到的那样，鲍德温九世很快就为刚刚赢得的荣誉搭上了身家性命。之后不到一年的时间，他就被埋葬在曾经加冕过的教堂里。

12   很难找到比这种常见的描述方式更好的具有欧洲中心特征的历史作品。黑人作家 Jan Carew,"The Origins of Racism in the Americas"[载 Ibrahim Abu-Lughod, ed. , *African Themes* (Evanston: Program of African Studies,1975), pp. 3—23]刚一开篇就让我们大吃一惊，他写道："令人惊奇的是，自从圣萨尔瓦多的阿拉瓦克部族的卢卡约人（Arawakian Lucayos）在他们的海滩上发现哥伦布和他的水手之后的482年里，关于'新世界'的种族主义的起源的研究竟是如此微乎其微"。我们以新的视角重读这句话。至今卡鲁（Carew）仍提及"新世界"，仿佛它刚刚被发现，而不是重新将其放入欧洲人的视野之内。

13   尽管很多学者显然对此有所质疑，但中国科学方面的研究权威约瑟夫·李约瑟（Joseph Needham）在1960年名为"中国在航海指南针发展中的贡献"（"The Chinese Contribution to the Development of the Mariner's Compass"）的讲座上坚信如此（1970年再版:239—249）。他提到大约公元900年的一份中文航海手册中明确提及磁针（p. 243），并认为11—12世纪时，罗盘针肯定已经用于中国船只的导航了。关于指南针（*busol-*

la),参见 Commune di Genova Servizio beni Culturali, *Navigazione e Carte Nautiche nei secolo XIII—XVI*, the catalogue for the Naval Museum in Pegli(Genoa:Sagep Editrice,1983),p. 6,图示参见 p. 25。

14 麦克尼尔(McNeill,1974:22)将威尼斯人在海上的成功归功于他们"过度热衷于诉诸暴力",这或许过于偏颇。不过,威尼斯人显然正在进行"原始积累"。

15 显然,另一个原因在于热那亚——威尼斯有过之而无不及——缺乏一块以陆地为基础的腹地,在此之上,相互竞争的宗派力量能通过挪用农业资产获得发展。"贵族"和平民的命运都仰赖海上贸易的成功以及维持海上贸易所需的军事能力。

16 这种针对富人的"税收"与文艺复兴时期意大利大家族对美术作品的投资热有着密切的联系。强行的公债索取以财产为基础,不包括室内陈设和家庭消费。因此,财产就被以绘画作品、墙上挂饰以及金银物品等形式遮蔽开来。关于这在 15 世纪的佛罗伦萨的运作情况,参见 David Herlihy,"Family and Property in Renaissance Florence",in Miskimin,Herlihy,and Udovitch (1977:3—24,尤其是 4—5)。

17 最容易想到的作者就是阿曼多·萨·波里(Armando Sapori,1952)。尤其参见他在《中世纪的意大利商人》(*Italian Merchant in the Middle Ages*,英译本,1970)一文中对桑巴特(Sombart)的讥讽。

18 譬如令人肃然起敬的阿明托雷·范范尼(A. Fanfani),著有《资本主义的起源》(*Le Origini dello Spirito Capitalistico in Italia*,1933)。

19 作为一个次要点,勒高夫强调,在中世纪大规模的资本主义工业中,工人阶级正在形成,这种工业仅仅存在于佛兰德斯的丝织业和意大利港口的船舶工业(1956:49)。

20 在接下来的部分,我利用了如下资源:Lane(1966,1973),McNeill (1974),Lopez (1976),Lopez and Raymond (1967),Postan(1952),Byrne (1916,1930),Heers (1977),和 Sapori (1952,1970 年译本)。

21 这种制度与阿拉伯商人很早就普遍采用的合作合同制——在 A. Udovitch,*Partnership and Profit in Medieval Islam* (1970a)中有所描述——非常相似,以至于难免会得出这样的结论,即前者是直接从后者借鉴而来的。尽管洛佩斯(Lopez,1976:76)提醒我们"不能排除相似的

合同"在拜占庭伊斯兰文化区和欧洲文化区"分别出现的可能性",但这
种可能性似乎不大可能出现,因为佰恩(Byrne,1916:135)将热那亚人的
"公司"(*societas*)的来源追溯至刚开始与叙利亚进行贸易往来之后的时
期。我们在第二部分探讨中东体系时再回到这一问题上来。

22　这种合同曾经在穆斯林商人中普遍使用,现在依然如此。中世纪时期,
它在北非的犹太商人中也广为流行,尽管它早就被威尼斯所弃用(Lop-
ez,1976:73—74)。

23　威尼斯似乎也曾使用过类似的制度,然而由于政府对造船业的直接干
预,使其未能像在热那亚那样得到推广。比如参见 McNeill (1974:16—
17)。

24　就像资本主义的其他体制的通常模式一样,随着额度的增加,银行最终
成为地方的主要持有者,其管理被委托给经纪人(Byrne,1930:19)。

25　很明显,他们只在 1295 年——在十字军势力崩溃之后——途经君士坦
丁堡返回意大利。

26　我认为这些事后分析非常值得怀疑。谷物歉收,财政紧缩等都是非常短
暂的周期性现象,当长期趋势出现大回升时,历史学家很少关注它们。
然而,当出现大衰退时,这些周期性事件都受到密切审视。

27　这种党派之争在中世纪意大利的城市景观上刻下了烙印,私人防御塔楼
高高林立,在时常演变成一个家族对抗所有家族的战争中,每个大家族
借此自保。其实,热那亚或许比其他商业城市更少受到内讧的削弱,由
于派系之争"非常不利于商业的发展",所以她似乎能够跨越或改变内讧
的恶劣影响。

28　尽管勒努阿尔(Renouard,1969:I)或许是非常武断地提出了这一观点,但
是研究意大利中世纪时期经济史的学者(有可能的例外就是 Queller,
1986)几乎无不认同。然而,正如在本章开头看到的那样,威尼斯存在着
复杂的党派纷争,这给学者们所作出的一些判断蒙上了阴影。对威尼斯
政府的最为尖刻的批评应该来自佛罗伦萨的鼓吹者,这似乎并非偶然。
因此,J.卢卡斯-杜布里顿(J. Lucas-Dubreton)在他的《佛罗伦萨的日常
生活》(*Daily Life in Florence*,英译本,1961)中认为威尼斯的统治阶级
是"一群阴谋家,远离民众。而民众则在'神秘而又无形的'极权主义国家
面前瑟瑟发抖",相反,佛罗伦萨则是"优秀文化的家园"。

第 二 部 分

中东腹地

通往东方的三条路线

由于十字军东征的军事冒险和殖民活动,以及随后的贸易往来的加强,欧洲最终于 12—13 世纪与运行中的世界体系更加紧密地联系起来。不过,我们需要先来考察一下这个先前存在的复杂贸易体系。该贸易体系至少从 9 世纪以来就途经地中海东部的大陆桥,这个大陆桥是该体系的地理中心,扼守着通往东方的三条路线的入口(见图 5):北线从君士坦丁堡穿越中亚大陆;中线经巴格达、巴士拉和波斯湾,与地中海和印度洋相连;南线将亚历山大—开罗—红海一线与阿拉伯海联系起来,并延展至印度洋。12—13世纪,战争与和平二者以一种颇具讽刺意味的合作关系将遥远的贸易伙伴彼此联系起来,三条贸易线路因此更加网络化了。13 世纪下半期,所有这些线路都在正常运转,自罗马控制了通往东方的门户以来,这尚属首次。[1]

这一开端似乎前途无量。分散的世界经济体看起来正在聚合,并演变为独立的世界体系。然而,至 14 世纪后半期时,该体系的绝大部分却都陷于崩溃,各部分的衰落环环相扣。其实,一个世界体系的整合情况,通过某个部分的紊乱对其他部分的影响程度就能最敏感地反映出来。

第二部分考察上述联系形成的过程,并探讨那些导致这些联系最终破裂的事件,或许后者更为重要。尽管这出戏剧主要上演

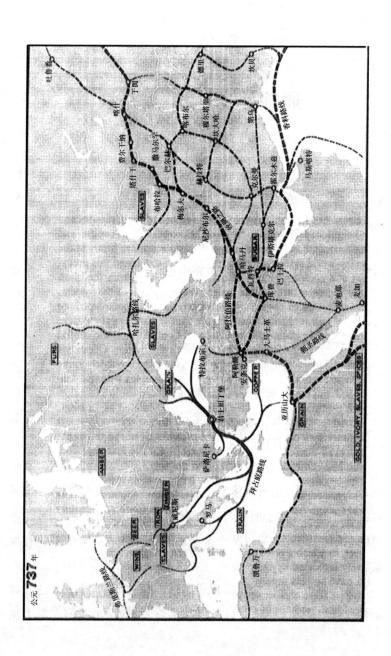

公元 **737** 年

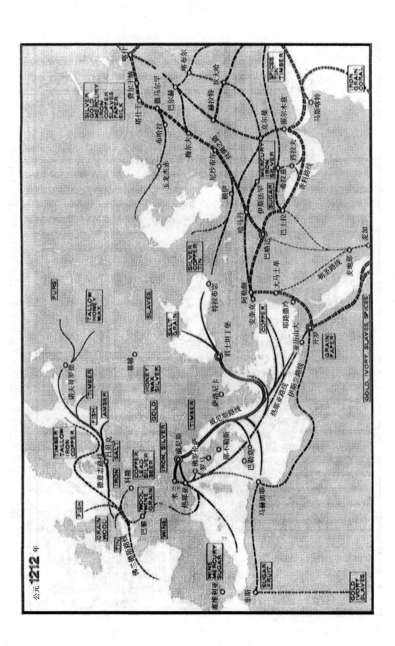

公元 **1212** 年

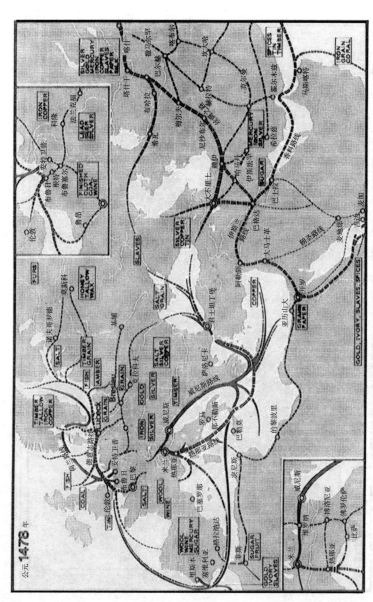

图 5　从地中海经中亚前往印度洋的贸易路线的逐渐网络化（基于 McEvedy）

图 5 中贸易物品译名对照表

amber 琥珀	beer 啤酒	copper 铜器	coral 珊瑚	fish 鱼	fur 皮毛
gold 黄金	grain 谷物	honey 蜂蜜	iron 铁器	ivory 象牙	lead 铅
mercury 水银	paper 纸张	silk 丝绸	silver 银器	slaves 奴隶	spices 香料
sugar 糖	tallow 牛油	timber 木材	tin 锡	wax 石蜡	wine 葡萄酒

于我们称之为"中心地带"的区域,但它的剧情却与远在中国所发生的事件息息相关,中国是整个体系的枢纽,我们将在后面看到这一点。

北线

13 世纪时,中心地带不仅遭到西方十字军的入侵,还遭到东方游牧部落的新一轮进犯。西方入侵者从海上而来,意大利城市国家日益增长的航海力量为他们提供了便利,而东方人则一如传统,骑马穿越了中亚大草原,将他们的快骑融入战略之中,以至于很多学者将其描绘成现代运动战的先驱。

在 13 世纪,自诩"世界征服者"的成吉思汗领导下的蒙古人并非第一支西征的游牧部落。[2] 在罗马帝国灭亡之际,阿提拉率领的匈奴人就曾打到了远至德国的地区(Grousset,1939,1948 年再版)。后来,另一支塞尔柱土耳其人也向西扩进,并于 12 世纪完全控制了伊拉克、新月沃地和埃及。而另一支花剌子模(Khwarizm)土耳其人占据了河中地区(Transoxiana)。如今,一个新的游牧部落联盟正沿着同一路线奔来,信誓旦旦地要取得更大的成功。1225 年,在打败了花剌子模后,蒙古大军的先头部队抵达匈牙利,稳步挺进欧洲。

　　然而,欧洲并非蒙古人唯一的,甚或主要的征服目标,更加丰饶的中国才是他们的垂涎之物。因此,成吉思汗杀了个回马枪,从欧洲直接东进。但是,两年后的1227年,这位世界征服者在征战中国的途中染疾而终。[3] 在确立继任者之前,蒙古人的远征被迫中断。成吉思汗构建的新生帝国根基未稳,便由子嗣分而治之了,每个儿子负责征服不同的地区。术赤(很快身亡,将地盘留给其子拔都)负责俄国和东欧地区;察合台负责征服波斯和伊拉克,其实就是整个穆斯林世界。按照蒙古风俗,成吉思汗把统治蒙古本土这项最容易的任务交给了幼子拖雷;而窝阔台成了真正的大汗——蒙古帝国的最高统治者的继承人。

143

　　继位问题解决后,蒙古人即刻恢复了征战活动。到1241年,拔都的军队(所谓的金帐汗国,Golden Horde)[4] 完成了对俄国南部、波兰和匈牙利的征服,所经之处,一片狼藉。欧洲有着各种各样的传言,说是令人生畏的蒙古军队蓄势待发,即将征服更远的地方。拔都的远征军已经进入奥地利,做好了全面进攻的准备。到1242年,他们距离维也纳仅有几英里(de Rachewiltz, 1971: 77—81)。再往南,白帐汗国的首领察合台同样侵入了穆斯林世界。成吉思汗的后代似乎至少将在西部地区最终实现他的抱负了。

　　然而,穆斯林世界和基督教世界都再次"奇迹般地获救了"。当厮杀疆场的将军们得知窝阔台死亡(有人说他死于过量饮用发酵的马奶这种蒙古人的含酒精饮品)的消息时,他们仅留下部分军队,便匆忙赶回了蒙古在喀喇昆仑的首都,参与下一届大汗的选举。然而,选举迟迟没有结果。直到1251年蒙哥当选第四任大汗之后,帝国先祖打下的基业才最终重又开启。

尽管西欧再也没有遭遇迫在眉睫的威胁,但整个中亚和部分中东地区却在十年内掌控在蒙古人手中。蒙哥的弟弟旭烈兀于1258 年攻下巴格达,在波斯和伊拉克建立了伊尔汗国。一年以后,马穆鲁克王朝费了九牛二虎之力才将他们逐出大马士革。蒙哥的弟弟,未来的大汗继承人忽必烈汗在中国北方建立了他的霸权。二十年后的 1280 年,连南宋政权也归于蒙古人麾下,此乃人们熟知的元朝。

在 13 世纪下半期,西欧才首次直接接触到远东世界。这要得益于蒙古人这个媒介,正是他们把原本支离破碎、险象环生的地区整合在单一体系之下。(把精美的亚洲织物带到罗马的古代丝绸之路早已成为一条狭窄小道,偶有穆斯林和犹太商人的商旅穿行其上)。起初,欧洲人妄想与令他们备感神秘的蒙古人结盟。早期的欧洲人仅仅知道蒙古人不是穆斯林。鉴于十字军正在固守日渐缩小的圣地领域(萨拉丁于 1169 年夺回了叙利亚/巴勒斯坦的大部分地区;后来,圣路易于 1250 年惨败给埃及),欧洲人似乎理所当然地——尽管日后我们认为有点难以置信——试图与东方结盟,共御东西方之间的穆斯林帝国。

因此,在 13 世纪下半期,教皇多次向蒙古帝国派出使节团。由威尼斯商人(尤以马可·波罗最为有名)和热那亚商人(鲜有记录,但实证颇多)组成的贸易使团,设法抵达中国这个当时人们所知的世界的东部“边缘”。这些商旅或许比使节团更有意义。在14 世纪之初,甚至有天主教使团来到汗八里(Khanbalik,北京),尽管随着幻想的破灭和联系的中断,该使团很快就消失了。

虽然在成吉思汗死后不久,他的世界帝国就被划分成不同的行政区,但整个帝国并未肢解。而且,即便在窝阔台和蒙哥相继死去之后,诸行政区被重新分配,但帝国仍然足够统一,所以各个地区的统治者都能保证各地的畅通无阻。金帐汗国的第三任可汗别儿哥控制了俄国南部和安纳托利亚东部地区;旭烈兀统治下的伊儿汗国控制了波斯、伊拉克,以及印度/巴基斯坦和阿富汗北部的部分地区;而1260年即位的第五任大汗忽必烈则迅速成为中国的主宰。这一切都促进了贸易和外交活动的开展。

　　然而,虽然上述地区的统一最初建立在基本的教化和效忠之上,但是随着各个辖区的同化,它们变得日益多样化,彼此间必然
145　会产生越来越多的争执。在某些地区(比如金帐汗国统治的地区,后来甚至还有伊儿汗国统治的地区),蒙古统治者皈依了伊斯兰教,这使十字军东征期间欧洲人试图与他们结盟的希望化为泡影。在另外一些地方,蒙古人被中国文化和佛教信仰所同化。随着统治者的一再更换,一度统一的帝国分裂成诸多有可能兵戎相见的派系。在派系冲突的影响之下,用横跨中亚的陆路来替代印度洋海路的希望破灭了。

　　14世纪40年代,瘟疫和叛乱削弱了曾经强大的蒙古帝国。这些因素加剧了帝国的瓦解,并最终毁掉了阿拉伯中心地带这条支路。相关证据清清楚楚。14世纪末,帖木儿试图统一整个中亚,再造先祖的辉煌。但是,他对中亚的迅疾征服,与其说证实了他自身的强大,不如说更多地表明了中亚诸国的内部虚弱。如果说1250年标志着中亚线路的开通的话,那么,帖木儿对大马士革这个入口的破坏则讽刺性地标志着该线路的终结。于是,蒙古人从最初13世纪世界体系扩张的大有作为的推动者,最终演变成摧

毁北方路线的剪径贼。

中线

中线同样受到西方十字军和蒙古军队的夹击。这条路线始于叙利亚/巴勒斯坦的地中海海岸,穿越小片沙漠和美索不达米亚平原,至巴格达,之后连接陆路或海路。陆路接下来穿越波斯,到大不里士,由此可以朝东南前往印度北部(13世纪中期,印度北部由德里苏丹穆斯林势力统治),或者朝正东前往撒马尔罕,而后穿越沙漠,抵达中国。

然而,海路一向是最重要的路线。货物沿底格里斯河下行运至波斯湾,经由阿拉伯人建立的重要港口巴士拉,并由此(依次)穿过阿曼、西拉夫、霍尔木兹或基什岛(Qais),以及保护着连接波斯湾和印度洋周边地区的重要城镇的贸易领地。虽然在前伊斯兰时代,这就是一条主要通道,但是,在伊斯兰教扩张之初的几个世纪中,巴格达成为主要的穆斯林贸易、文化和宗教中心,这条路线的地位因此愈益凸显。

巴格达建于公元750年,是阿巴斯王朝的首都,以及掌控着大部分穆斯林世界的哈里发(安拉在大地上的代理人)的住处,也是可与东方和西方城市相媲美的商业和文化中心,它在8—10世纪时成为真正的世界城市。穆斯林水手、地理学家和学者对巴格达和远东之间的海路进行了精心记载。阿拉伯人和波斯人关于东方的知识被汇编成经典书籍,在我们理解巴格达作为世界经济体繁荣的推动力以及波斯湾守卫者的作用时,它们依然是必须参考的资料。甚至在十字军于地中海沿岸建立了据点以后,上述贸易仍然继续着,而欧洲人仅仅通过占据了最西边的港口而得益。

　　然而,经由巴格达的贸易路线也将毁于十字军东征和蒙古人西征的蹂躏之中。1258 年,蒙哥最年幼的弟弟旭烈兀的军队围困并洗劫了巴格达,使得这座城市的显赫地位荡然无存,并将其最重要的伊斯兰教精神领袖、阿巴斯王朝的哈里发置于死地。巴格达遭到严重损坏,此后,伊拉克地区由波斯统治。如同 5 世纪时萨珊王朝统治下的波斯曾暂时脱离了世界体系,并由此割断了波斯湾与印度洋之间的联系一样,蒙古伊儿汗国的建立尽管没有中断中线上的贸易往来,但却开始成为贸易往来的障碍。

　　中线的最终崩溃缘于十字军丧失了对叙利亚海岸的占领。1291 年,埃及的马穆鲁克军事国家最终将最后一支十字军驱逐出去,他们几乎将叙利亚沿海的每个港口城镇都夷为平地,这实际上封闭了中线的最西端。[5] 欧洲商人转向北方的小亚美尼亚或地中海岛屿,继续他们的贸易。但是,在这个新的贸易路线中,巴勒斯坦显然处于次要地位。自此,巴勒斯坦和叙利亚都处于埃及统治之下,而埃及是不可能将竞争优势拱手让给一个依附地区的。尽管叙利亚/巴勒斯坦的农业复苏了,它的农作物——主要是棉花——继续在欧洲市场销售,但是从前盈利丰厚的工商业却再也没有恢复先前的辉煌。

　　随着通往东方的中线的衰落,波斯湾线路与红海线路之间的连绵纷争最终尘埃落定,红海线路将在未来的数个世纪里一骑绝尘。线路的向南转移重塑了一直延续至 14—15 世纪的世界体系,一俟葡萄牙人完成了环绕非洲的航行,这个体系将最终转变成一个以欧洲为中心的体系。

南线

马穆鲁克政权于 1250—1260 年建于埃及，也是十字军和蒙古人给中东腹地造成的双重威胁所带来的直接后果。尽管蒙古统治者傲慢地拒绝了教皇幼稚的结盟邀请，甚至还蛮横地要求后者归顺，但当时的实际形势时常使得阿拉伯-土耳其人与上述双方兵戎相见。面对蒙古人和十字军的双重威胁，曾经在伊斯兰教出现后的几百年中冒险东扩，试图在"希腊"海（地中海）和"绿"海（或中国海）之间建立联系的埃及的工商业阶层，这时也不得不愈益军事化。尽管向军事国家的转变使得埃及和叙利亚重新恢复并保持了它们的领土独立，但是它们却为此付出了经济停滞和商业萎缩的惨痛代价。

库尔德人于 12 世纪把早期的军事封建制度引入埃及，他们在萨拉丁的领导下曾成功地将十字军逐出埃及，并把他们赶出建在巴勒斯坦的领地。他们的阿尤布王朝取代了法蒂玛王朝。后者曾因其强大的海军力量、高度发达的工业以及与东方的贸易而闻名。然而，法蒂玛商业政权无力保卫其首都开罗-福斯塔特免遭基督入侵者的进攻。正是库尔德人解救了开罗，而后，他们建立了阿尤布王朝（以萨拉丁·阿尤布的名字命名），该王朝对埃及和叙利亚的统治一直延续到 13 世纪中叶。1250—1260 年，国家的防御越来越多地依赖奴隶-士兵，他们中的一员最终成功地成为政权首领，开创了所谓的马穆鲁克或奴隶苏丹统治时期，[6] 将其推上权力之巅的奴隶—士兵这股力量强化了其政治权力。

巴格达的衰落使开罗成为穆斯林世界最重要的都市，其标志就是哈里发政权在开罗的重新建立。拜巴尔（Baybars）成为埃及

148

马穆鲁克政权的首位"法定"苏丹。他于 1260 年在巴勒斯坦的艾因贾鲁(Ain Jalut)打败了蒙古军队,因而获得了苏丹之位,之后又通过击溃十字军巩固了这一头衔。至少在与蒙古人的交手中,拜巴尔还算走运。就像 1241 年窝阔台之死"拯救"了欧洲一样,1259年蒙哥的死挽救了穆斯林势力。当蒙哥死亡以及随之可能发生的汗位继承之争的消息传来的时候,旭烈兀已经成功地征服了叙利亚内地。他返回波斯,只留下部分军队,而这支军队在艾因加鲁特不堪一击。罗依果①(de Rachewiltz,1971:148)简述如下:

> 这场战役[1260 年的艾因贾鲁战役]的直接后果就是土耳其人重新占领了阿勒颇和大马士革,以及……马穆鲁克帝国真正的奠基人拜巴尔(1260—1277)的闪亮登场……一旦控制了埃及,拜巴尔便集中精力向叙利亚和巴勒斯坦扩张,同时置蒙古人于穷途末路……在不到 10 年的时间里,他把法兰克人逐出了恺撒利亚、安条克和骑士城堡(Krak des Chevaliers)……

然而,马穆鲁克和蒙古人的相互敌视并非毫无缓和余地。为了重新征服叙利亚,拜巴尔其实与金帐汗国的第三任统治者、第一位皈依伊斯兰教的蒙古统治者别儿哥结成了同盟。[7]

十字军国家被逐出叙利亚/巴勒斯坦沿海,迫使欧洲商人转到149　地中海的一些岛屿上,特别是克里特岛和塞浦路斯岛。实际上这意味着他们仅有两条可以前往亚洲的路线。一条从黑海横跨大

---

①　罗依果(Igor de Rachewiltz,1929—　　),意大利历史学家和文献学家,长于蒙古史的研究。

陆,另一条经埃及到印度洋,后者较长,但它是传统的首选之路。谁控制了通向亚洲的海路,谁就能为暂时处于下风的欧洲设定贸易条件。从 13 世纪末,实际上一直到 16 世纪初,埃及就是那个控制海路的霸主。

两片水域①构成了当时人们所知世界的中轴,经过红海的南线成为连接两片水域的唯一之路。于是,阿拉伯人著述中描写的那个"世界之母[城]"——开罗从反复发作的瘟疫劫难中复苏,幸免于军事等级制政权的蹂躏,在 13—14 世纪,甚至是 15 世纪早期繁荣起来。

众所周知,意大利海上国家在连接埃及与欧洲市场方面发挥了关键性作用。但是鲜为人知的是,意大利人还为马穆鲁克政权提供了另一项不可或缺的服务,所以即使在基督徒与穆斯林之间的敌对关系极度恶化之时,马穆鲁克王朝也能保障意大利人对埃及港口的使用。这个服务就是,意大利海上国家保证了埃及的奴隶统治者有稳定的新兵供应。马穆鲁克政权是个独特的制度,封建权力或政治地位都无法继承,而只能不断地重新缔造,意大利人提供了使这个制度永葆活力所需的人力资源。这是意大利人为获得在埃及的持续贸易权所付出的代价。颇具讽刺意味的是,正是意大利贸易国家援助的那个国家封锁了它们与东方的直接联系,并对过境货物漫天要价。

第二部分探析这些对 13 世纪世界体系的兴衰至关重要的变化。第五章详细论述蒙古帝国的统一和解体,及其对北方贸易线路的影响。第六章考察先前曾非常重要的巴格达—波斯湾亚体系

---

①　两片水域,指代地中海和印度洋。

的衰落。第七章追溯意大利—埃及—红海链条愈益凸显的重要性。在第三部分,我们探究世界体系的门户——印度洋体系。

注释 {150}

1　关于之前的体系的叙述,见 Loewe(1971:166—179),Charlesworth(1924)和 Warmington(1928)。Lombard(1975)和 Hodgson(1974:特别见330—335)以很有说服力的事例论证了中东是 13 世纪"世界体系"的中心这一观点,尽管两人都没有使用"世界体系"这个术语。

2　它们也不是东征的第一支游牧部落,尽管向东是惯常的方向。Barfield(1989)梳理了公元前 209 年到 20 世纪期间中国和亚洲内部大草原民族之间关系的三个周期。他假定强大的中国和强大草原帝国之间有着积极的相互关系。相当有趣的是,这个模式的唯一例外发生在 13 世纪,这是历史上唯一一次中亚游牧民族统治了中国。这个例外论有助于解释那个时期世界体系的形成,而元朝之后这种关系的倒退则在某种程度上解释了世界体系在 14 世纪后期的解体。

3　尽管在蒙古人的口述转录成维吾尔文字之前,他们没有文字,但我们还是有幸读到了自 13 世纪流传下来的不少基本文献。首先,有称为《蒙古秘史》(*The Secret History of the Mongols*)的"历史文本"集,尽管它可能在1241 年就已开始编纂,但它实际上涉及 1251—1252 年这个时段(Boyle,1962;1977 年再版:136—137)。没有人见过维吾尔文原本。然而,我们可以利用该文献早期汉译本的德文版(Haenisch,1941)。斯普勒(Spuler)的《蒙古秘史》(1972)的英译本涉及该文献中的许多摘录。最近,此文本的第一部分由 F. W. 克利夫斯(F. W. Cleaves)译成了英文(1982)。《蒙古秘史》涉及成吉思汗及其后人的生活,但是,它更像冰岛萨迦①,不像我们所谓的"历史"。从刚一开始对成吉思汗家世的描写就可以窥见该文本的风格:"一条蓝色的狼出生了,上苍注定了它的命数。他的配偶是一只黇鹿"。志费尼(Ala-ad-din Ata、Malik Juvaini)在编辑其《世界征服者史》

---

①　Icelandic Saga,冰岛及北欧地区特有的文学体裁,泛指与历史相关的世俗小说和文学作品。

(*The History of the World Conqueror*,Boyle 译,1958)时显然采用了这段文稿。此外,我们还有 13 世纪晚期编纂的波斯医生拉希德丁(Rashid al-Din)的普世史,博伊尔(Boyle)将其译成了英文,名为《成吉思汗的继承者》(*The Successors of Genghis Khan*,1971)。有关这些著述的评介见巴托尔德(Barthold,1928:37—58)。然而,这些多卷文本让对经济史感兴趣的人感到沮丧。尽管它们呈现了谱系,详述了战役,叙述了个人轶事,记录了王朝间的争执,但是,除了拉希德丁之外,其他人都彻底忽视了蒙古帝国的内政。

4 horde 一词最初没有贬义。蒙古语中的"ordu"指家庭的"帐篷",由此引申为效忠于帐篷主人的部落。因此,horde 一词指的是任何一个蒙古部落或部落联盟。

5 来自突尼斯马迪亚(Mahdiya)港口的法蒂玛人擅长远洋航行,而内陆的马穆鲁克人则惧怕海洋。其中那些来自中亚的土耳其系的人(拜巴尔本人是钦察人)擅长马上作战,他们通常把港口城市看作是欧洲敌人的潜在滩头堡,因此予以摧毁。基督教徒失去了巴勒斯坦海岸之后,欧洲人更多地使用了从黑海跨越蒙古领土的北方路线。

6 阿拉伯语中"马穆鲁克"指"被占有或拥有的人"。尽管在阿尤布王朝之前国家防卫就已经依靠那个"被占有的"军事种姓,但这个种姓一直是附属于统治者的禁卫军。然而,随着军事需求的增加,必须利用新手段来招募大批士兵。新兵多是被俘获的男孩(或者,越来越多的是那些由意大利商人通过黑海贩来的奴隶),他们皈依了伊斯兰教,绝对效忠于上层的和已获自由的马穆鲁克家庭,还接受战斗技术和统治艺术的训练。这种封建军事制度靠从所辖地区和省份那里勒索的农业剩余维持下去。作为回报,主要的马穆鲁克首领负责提供一定数量的士兵。不过,直到这种制度篡夺了苏丹政权之后,我们才可能称之为马穆鲁克政权。

7 别儿哥反对旭烈兀征战穆斯林,这导致了两个蒙古国之间的战争。这的确是个出人意料的因素,它迫使马可·波罗的父亲和叔父向东进入忽必烈汗的领土,因为战争封锁了他们从别儿哥的大本营回返君士坦丁堡的路线(Latham,1958:23)。进一步说,拜巴尔和别儿哥的联盟打破了历史的常规。拜巴尔死后,别儿哥连续三年(1277—1280)是埃及巴哈里(Bahri)马穆鲁克苏丹国的虚位"苏丹"。

151

第五章　蒙古人和东北通道

13 世纪的某些经济单位的重要性归因于它们作为货物集散地的功能，进一步说就是它们处在交汇地带中立地区所带来的竞争优势。来自远方的商人能在此进行交易，他们的人身安全能得到保障，不必担心货物被没收或拖欠货款。香槟集市城镇，还有我们后面将提到的亚丁港、马六甲海峡城镇，以及马拉巴尔海岸城镇，都属于这类安全场所。

其他一些经济单位，如布鲁日和根特，则在生产畅销的特色产品方面享有竞争优势。正是它们的工业品将它们卷入世界市场。这些经济单位在船运和金融业务方面落后于其他地区，但它们也时常靠这些行业来增补工业生产。尽管如此，它们的经济活力主要由产品来支撑。

商业、金融和船运是意大利海上城市国家的经济支柱。然而，假如这些国家没有强大的海上军事实力保护它们的通道安全，这些功能也不可能发挥应有的效益。封建贵族和中产阶级统治阶层分别担当了香槟集市和佛兰德斯集市的保护者，而重商主义政府支持下的意大利水手则由他们自己负责船只和货物维护。离开这个先决条件，贸易是无法进行的。

13 世纪的蒙古人既没有打造具有战略性的贸易枢纽，也没有为世界经济提供独特的工业生产力，更没有发挥转运功能。然而，他们却营造了一个风险很少,保护费用低廉的有利环境,进而便利了陆上交通。通过降低交易代价,蒙古人在他们的辖区内开辟了一条贸易通道,至少在短期内打破了南方贸易线路对贸易的垄断。尽管他们的社会组织和政治组织未能将荒凉的中亚自然地形打造成开放而又令人满意的通道,但这里的社会氛围的确得到了改变。

中亚大草原的自然条件和社会环境

贫瘠,空旷,游牧部落零落分布,旅行数周都遇不到一个能就地补给的地方,沙漠一望无垠,这就是中古人对令人生畏的中亚草原的描述。因此,马可·波罗从克尔曼(Kerman)向东经过绵延的荒凉之地才到达山巴南(Kuh-banan),而后用了 8 天的时间穿过另一片沙漠,之后又穿越了偶尔能遇见几个游牧人的广袤的不毛之地(Latham,1958)。

巴杜齐·彼加洛梯撰写的商人手册更加清晰地描述了这段旅程的艰难,尽管在他写作的时期(约 1340 年),这条路线沿途已经建立了舒适安全的驿站,通行情况已大有改善。彼加洛梯建议商人要蓄起胡须,找一名好翻译和数名仆人(还有女人,因为"她会让旅行更舒服"),启程前在塔纳(Tana)贮备充足的粮食(Yule,II,1924:291)。这一建议是可以理解的。因为他的旅行计划是这样的:从塔纳乘马车到阿斯塔剌罕(Astrakan)需要 25 天,再乘骆驼拉的车到玉龙杰赤(Organci)需要 20 天,之后骑骆驼到讹打剌(Otra)需要 35—40 天,由此骑驴到阿力麻里(Armalec)需要 45 天,驴子队到达中国边境的甘州(Camexu)需要 70 天,再用 45 天抵达通向"天堂之城"(金塞或杭州)的河流,最后用 30 天经陆路至北京(汗八里)(Yule,II,1924:287—290)。既然彼加洛梯写书的时候,这条路线最舒适,最安全,[1]那么我们可以想象,在这么"舒适安全"之前会是怎样的境况!

贫瘠地区孕育了一代又一代的抢劫族群,他们只能抢劫富庶之地。很早的时候,这些不毛之地就涌现出一些游牧群体,他们搜寻更丰盛的牧场和更宽阔的空间,或者谋求以"原始"积累方式霸占较为肥沃的绿洲和贸易城镇的盈余的机会。[2]

起初,蒙古人的做法与其先辈大同小异。游牧民掠夺定居农业人口是常有之事,比起游牧来,他们的经济发展更多地来源于对一种新的牧群——人类的压榨。被游牧民族征服的定居人口被迫用生产盈余纳"贡",以讨好他们的新主子。正如罗依果(1971:65)的解释那样,一旦游牧民完成了征服:

> 官廷有权将蒙古统治者们从臣属人口那里征得的税收分给王公贵戚。因此,成吉思汗的征服把游牧和半游牧的部落社会转变为某种封建社会,在这个社会中,军事首领……无须放弃他们传统的生活方式便能享受征服的硕果。

这不是旨在创造盈余的经济制度,也不会永久持续下去。罗依果(1971:66—67)认为:

> 持续的征战迫使普通的部落居民远离他们的牲畜和家园,此外,还导致了死亡率的提高,这严重削弱了蒙古的兵力。

因此，首领们在国外战争中被迫日益依赖本土奴隶和外来士兵。成吉思汗统治时期曾大量放逐平民，尤其是手工匠。这些不幸的人被迫离开波斯和中国北方的村庄和城镇，定居西伯利亚和蒙古。他们在那里不得不为苛刻的主人织布、挖矿、制造工具和武器……后来，[蒙古人]改变了政策，转而更加集中地剥削被征服领土上的居民……1229 年窝阔台当选大汗以后，他的首要任务就是制定一套更加有效的征税和强制劳役制度……在……哈拉和林……有担当抄书吏和观象者的中国人，有精通中亚语言和文化的克烈部基督徒和维吾尔人顾问，还有许多给蒙古人经营贸易的中亚和西亚穆斯林。在他们的帮助下，窝阔台于 1231 年设立了中书省，负责管理庞大的帝国。他还创制了一套比较固定的税收体制……以及一个比较复杂的驿站网络……

然而，靠贡品维系国家的其中一个难题是，只有对现有臣民增加税收，或扩展有利可图的领地，才能增加国家的税入。窝阔台采纳了宫廷中某些穆斯林商人的建议，努力增税以满足宫廷日益增长的财物需求（de Rachewiltz，1971：81）。但他也采取了另一个策略，于 1230 年重新发起了对中国的攻势。1234 年，蒙古人攻陷了中国北方的西夏和金，与统治南方半个中国的宋朝处于直接对峙状态。1235 年，窝阔台对南宋宣战（de Rachewiltz，1971：68）。

靠贡品维系国家的另一局限是，太苛刻的掠夺可能会"将牛杀死"。俄国的历史就证实了这一点。罗依果（1971：83）认为：

157 "鞑靼枷锁"维持了两个半世纪。在蒙古统治的首个百年中,俄国臣民不得不向金帐汗国支付沉重贡物……这种苛刻的经济剥削……使俄国进入文化黑暗时代。

不过,蒙古人并不仅仅依赖对外征服,他们也从穿越其疆域的贸易中榨取利润。尽管对欧洲人而言,在 13 世纪中叶首次派使团前来之前,这里仍是未知地带。但对从未完全终止贸易的中东人来说,情况并非如此。甚至在蒙古人统一中亚贸易线路之前,穆斯林商人和犹太商人的商队就经常穿越这片令人生畏的区域(Lombard,1957:204—211)。因此,伊本·霍尔达德别赫(Ibn khordadbeh)在 9 世纪下半期就记载了犹太商人在这些区域的活动。到 13 世纪时,这些区域更加整合。戈伊泰因(1964b:106)引用了这本早期记载中的相关资料:

这些(犹太)商人讲阿拉伯语、波斯语、罗马语(即希腊语……),也讲法兰克人……安达卢西亚人……和斯拉夫人的语言。他们的行程自西向东,自东向西,时而陆上、时而海上。他们从法兰克人居住区乘船自西海[地中海]驶往法拉玛[……今苏伊士运河附近]。由此驶入东海[印度洋],进而去往印度和中国……

伊本·霍尔达德别赫的其他描述清楚地表明这些犹太商人也穿行中亚的陆上通道,经由皈依了犹太教的哈札尔人的地盘,直奔中国。戈伊泰因(1964b:107)认为,早在伊斯兰时代之前这些商旅就已经穿行于类似线路上了。

随着伊斯兰势力在8—9世纪对河中地区的征服,中亚西端开始更加友好地对待来自穆斯林世界各地的商人。在和平时期,陆上商道的转口贸易遍地皆是,欣欣向荣。撒马尔罕自然成为陆上贸易通道的重要枢纽,那些由印度北上的商人、从黑海经高加索东行的商人,以及自中国西行的商人都相聚于此(见下文)。

然而,商人的通行受到多方面因素的干扰。该地区控制在数十个,甚或数百个互相敌对的部落之中,每个部落都从少数几个繁盛的绿洲中攫取利益,这里的战争不可避免,而且经常发生。商队贸易所依赖的通路的安全无法保证,也常常化为乌有。此外,在有限的几个地段里,有如此多的部落占山为王,使得保护费有时高得让人无法接受。 158

不过,尽管危险重重,代价高昂,穆斯林商人仍然在东西方之间运输着贵重货物。成吉思汗首次西征时的一件事清楚地表明了这些商人的重要性。当时,穆斯林花剌子模沙统治着河中地区,成吉思汗在面对他时小心谨慎。更加确切地说,成吉思汗是以礼相待。双方都试图安抚对方,或者至少是"试探"对方,他们都派出了由商人率领的大商队,都携带着"厚礼"。值得注意的是,据说每个商队都"配有"穆斯林商人(Barthold,1928:395—398,主要资料源于Juvaini)。然而,这种交易很短暂,不久,成吉思汗就发起进攻,击溃了西进中的花剌子模沙。

蒙古人对广阔地区的统一,减少了商道周边你争我夺的索贡者的数目,从而保障了行程的安全。对已经习惯了横越中亚的犹太商人和穆斯林商人是如此,对刚刚加入的无畏的意大利商人更是如此,他们争相从既慷慨又贪婪的蒙古统治者那里分取利益。[3]

　　然而,与穆斯林对这里了如指掌相比,欧洲人起初知之甚少。作为运行中的世界体系的新成员,欧洲人轻蔑地无视那里已经存在的商人,将他们自己看作"发现"新地区和新族群的伟大探险家。最早进入蒙古人辖区的欧洲教士的描述充满疑点(时常难以置信),但足不出户的欧洲人却如饥似渴地阅读它们。商人很快步天主教士后尘,加入其中。然而,需要铭记的是,当他们在13世纪的最后30年首次穿越通往中国的伟大的中亚路线,并带回关于富庶之地和繁荣贸易的故事的时候,欧洲人是在描述一个已经存在的国际交流体系。除了在黑海的货物集散地外,拉丁世界的商人之前一直处于该体系之外。我们现在就来看看欧洲是怎样加入该体系的。

159

欧洲对蒙古人的逐步了解

　　尽管1241年窝阔台的死亡使欧洲不再遭受蒙古人的直接入侵,但这个奇迹般的拯救丝毫没有增进欧洲人对这些"新野蛮人"或他们的家乡的了解。其实,欧洲起初将蒙古人与生活在亚洲未知世界里的其他异族都视为虚构的产物。基于对"鞑靼"(仅仅是后来加入蒙古联盟的其中一个部落的名字)一词的误解,欧洲就将蒙古人认定为鞑靼人,即来自《圣经》中的地狱的人。[4] 同时,让人费解的是,欧洲人怎会如此热切地把他们视为反击穆斯林的基督教世界的潜在盟友呢。欧洲人或许甚至还要动员那些来自歌革与玛各国度(Gog and Magog,这是欧洲判定蒙古人起源的另一种无力尝试)的人种加入他们对抗穆斯林的战争。

　　欧洲人对东方的极度无知,完全表明了她依然处于其力求加入的那个体系之外。这丝毫不足为奇。在公元纪年初期,虽然上古的罗马人从遥远的东方世界进口物品,与东方保持着贸易往来,但他们基本上对其终端贸易伙伴一无所知。既然如此,我们怎能希望与东方中断了数百年联系的中古欧洲对东方有更多的了解呢?

　　在古典时代,罗马人对东方知之甚少,越往东,他们就了解得越少。对这段历史的回顾大有裨益,同时又令人捧腹。尽管中国丝绸时常由中东的中间商运往罗马,但欧洲一直流传着"中国人从长在树叶上的茧绵抽取丝绸"的神话(de Rachewiltz,1971:21 & Yule,1913:I:xliv,引自 Virgil)。客观地讲,中国人对他们从中东进口的纺织品也鲜有知晓。中国的汉人以为棉花"是由某种'水羊'的毛制成的"(de Rachewiltz,1971:23)。在图拉真时代的罗马人心目中,印度不仅生产"珍珠、玉石、橡木和香料,还住有长着狗头……或只有一只脚……或脚后跟在前……的人。那里的人没有头,脸颊生于双肩之间;那里还住有没有嘴巴的野人……"(de Rachewiltz,1971:22)。相反,他们确定汉人是居住在地中海世界的高等生物。[5] 印度洋岛屿上赤身裸体的狗面人或无头人等千篇一律的故事干扰了9世纪及以后的穆斯林地理学家较为可信的地理记述和行纪的影响。随着远隔一方的人们建立了直接的联系,我们似乎可以合理地将这些古怪的想象看作欧洲人系统地对13世纪的世界进程进行补缺的标志。

　　既然蒙古人逼近的消息传到了欧洲,那么欧洲人肯定需要比

较确切和实用的信息。然而,那时这样的信息少之又少。图德拉
的拉比便雅悯在 1173 年返回西班牙时声称,他曾到远方的印度和
中国旅行过。尽管多数学者怀疑他是否到过远东,但总之,他主要
是通过海路前往东方的犹太人社区的。⁶同时代的基督徒更感兴
趣的是那些最后被证明很荒诞的谣言,这些谣言说印度存有所谓
的祭司王约翰统治下的基督教徒的定居地。十字军国家热切地寻
求天然的东方盟友,教皇早在 1177 年就派首位西方使节前去搜寻
祭司王约翰。然而,使者不但没有找到祭司王约翰,连他自己也踪
影全无(de Rachewiltz,1971:19)。不过,是印度基督徒,还是亚洲
蒙古人应征参加了反对阿尤布人的战争,就得另外召集使节团去
调查了。

161　　**教皇使节**

　　1245 年,教皇英诺森四世向蒙古政权派出第一个正式使团,
由多米尼加修士西蒙·圣昆丁(Simon of Saint Quentin)(见 Guz-
man,1968)和方济各会士约翰· 柏朗嘉宾(John of Pian di
Carpine)(见 de Rachewiltz,1971:84—89)组成。他们的记述是欧
洲人的首份中亚游记。教皇命令约翰不惜任何代价到达蒙古宫
廷,转交教皇的书信。约翰于 1245 年的复活节主日离开了里昂,
两年半之后从蒙古国返回。他给教皇的详细报告中的一部分(后
来题为《蒙古人的历史》),收集在博韦的樊尚 ①于 1253 年编纂的

---

　　① 博韦的樊尚(Vincent of Beauvais,1190—1264),中世纪时期法国的百科全书
编纂者,编著了中世纪时期最大的一部百科全书《大镜》,分为自然之镜、知识之镜、道
德之镜、历史之镜四个部分。

《历史之镜》(*Speculum Historiale*)中(de Rachewiltz,1971：88—89)。西蒙在1248年返回后,也写下了他的所见所闻,同样被博韦选录在书中(Guzman,1968：1—4,70—76)。尽管他们的记述充满了偏见和误差(这不足为奇,因为他俩在蒙古军营中更多地受到战俘般的待遇,而不是使节的礼遇),但它们是欧洲人对蒙古人的初次评判：蒙古人既非敌,亦非友。

威廉·鲁布鲁克提供了稍稍准确、但仍有失"真实"的叙述。他是方济各会修士,于1253—1255年间前往蒙古。[参见哈克鲁特丛书二(Hakluyt Series II)中柔克义①的译文(1900);现在又有了道森的译本(1955,1980年再版：89—220)。]威廉修士约于1215—1220年出生在法国的佛兰德斯,1248年参加了圣路易对埃及的十字军东征,并一起在巴勒斯坦滞留到1252年。威廉又从那里前往中国——这显然是他自己的要求——并大量记述了"当地人的风俗习惯和行为举止",尤其是他们的宗教活动。从蒙古回来以后,威廉去了巴黎,并在那里遇到了罗杰·培根,他的经历引起后者的强烈兴趣。培根在其《大著作》(*Opus Majus*)中详细谈及威廉,这部著作无疑是"我们所能找到的同时代关于威廉的唯一记述"(Dawson,1955,1980年再版：88—89)。

我们得知威廉于1253年春从黑海出发,沿陆路旅行,不久就首次遇到蒙古人。他不顾所受的虐待,坚持东行。威廉的报道反映了欧洲人对东方民族的第一印象(Dawson,1955,1980年再版：143—144)。

---

　　①　柔克义(William W. Rockhill,1854—1914),美国外交官、汉学家。

他们［蒙古人］身材矮小，皮肤黝黑，看上去像西班牙人；身着束腰外衣，类似天主教教士穿的短祭袍，袖口略窄；头戴主教冠一样的倒角帽……接下来是大中华（Grand Cathay）……的居民，他们通常称作赛里斯①。它们生产最好的丝织品……中国居民身材不高，讲话时鼻音很重……眼睛细小。他们个个是能工巧匠，医生懂得许多草药知识，号脉诊断……喀喇昆仑地区住着很多汉人……同住一地还有景教徒和撒拉逊人，甚至包括远及中国的外国人……

威廉·鲁布鲁克对使得中国丝绸闻名遐迩的红色染料的来源的如下描述，表明他很容易受骗，也清晰地表明了欧洲人对东方的极度无知。下文出自道森的译文（Dawson，1955，1980 年再版：171）：

有一次，我旁边坐了一位来自中国的牧师，他穿着精美的红色衣物。我问他从哪里买到这种颜色的衣料，他给我讲了一个故事：中国的东部地区悬崖林立，上面住着的物种除膝盖不打弯，跳着走路外，其他方面都跟人一样……它们只有腕尺那么高，矮小的身体布满毛发……为了捕获它们，猎人们在岩石间设下杯状陷阱，将随身携带的诱人蜜酒放入其中……［然后］这些物种会走出洞穴品尝蜜酒，并发出"秦秦"（Chinchin）的声音，它们由此被称为秦秦。之后，它们聚在一块，饮用蜜酒，当他们醉倒并昏睡时……猎人们会捆绑其手脚。接下来，

---

① 赛里斯（Seres），古代希腊和罗马对中国人的称呼，意为"丝绸制造者"。

打开它们的颈静脉……抽取三四滴血……据这位牧师讲,这些血液就是最珍贵的紫红色染料。

这就是欧洲人对中国的首次"再发现",或者是他们对中国居民的幽默感的"再认识"!

接下来的几十年里,这种无知渐渐消散。威尼斯商人步教皇使节后尘前往东方,而热那亚商人虽然不如著名的马可·波罗健谈,但他们在经商方面却似乎比威尼斯商人更成功。在君士坦丁堡的周边地区,意大利商人把持着黑海上的商栈,他们最早与蒙古入侵者达成了贸易协议,用他们的商品诱使其未来的征服者建立联系。但是,他们向蒙古领土的深入显然要等到忽必烈汗成为帝国的首脑之后。

马可·波罗的经历

毫无疑问,尼古拉·波罗和马菲奥·波罗兄弟两个是我们有据可查的最早跨越蒙古疆域,由陆路到达中国的欧洲商人冒险家。他们于 1260 年离开君士坦丁堡,直到 1269 年才返回威尼斯。作为精明的商人,他们没有慷慨地与别人分享发现的巨大商机。1271 年,他们再次起身,踏上了更长的旅途,并随身带上了尼古拉的幼子马可,1295 年才重返威尼斯(Petech,1962:553)。在热那亚和威尼斯的数次海战中,马可被俘。几年后,由热那亚监狱的狱友代写的回忆录给我们提供了马可一家的行程及蒙古人世界的大多知识。对回忆录的大肆吹嘘并不能减少人们对它的怀疑,至少它的某些内容哗众取宠。书写者意识到同时代人大多目不识丁,

因此请求

> 皇帝和国王、公爵和侯爵夫人、伯爵、骑士和城里人,以及
> 所有希望了解世界各地的种族和奇闻逸事的人,捡起这本书,
> 让人读给你们听吧。(Latham,1958:21)

《马可·波罗行纪》的开头写道,老马可兄弟经黑海向东航行到威尼斯人在修德(Suduk)的定居地,他们由此沿陆路最终抵达金帐汗国的朝廷。第三位可汗别儿哥款待了他们,接受了他们赠送的珠宝,并回赠他们"双倍价值的货物……他允许他们卖掉……这些价值不菲的货物"(Latham,1958:22)。一年后,别儿哥和旭烈兀之间出现纷争,最终旭烈兀取胜,马可兄弟不得不离开别儿哥的辖区。因返回君士坦丁堡的线路为战事封锁,他们只好向东出发,在经过 17 天的沙漠之旅后,到达布哈拉(Bukhara)。三年后,一位从旭烈兀汗国来的使者在去忽必烈汗国的途中驻留布哈拉时见到了马可兄弟,他感到非常吃惊,"因为那个国家从未出现过拉丁人"。在得知他们是商人后,使者邀请马可兄弟随他去见忽必烈大汗,因为"大汗从未见过拉丁人,且非常想见一见"(Latham,1958:23)。在使者的安全护送下,马可兄弟抵达了忽必烈大汗的宫廷,忽必烈对西方和基督教表现出浓厚的兴趣。[7] 忽必烈提议,由他们作为特使面见教皇,请求教皇派送 100 名牧师和耶路撒冷圣墓的一些灯油(Latham,1958:24)。(这些奇怪的要求令人惊讶。)

马可兄弟又一次踏上了回程,随身带着刻着忽必烈大汗印章的金牌,它能保证他们安全通过蒙古帝国疆土。他们沿陆路花了

三年时间到达阿克里。因为教皇已经去世，而且继承人尚未选定，他们便返回威尼斯看望家人。这时，尼古拉的妻子已去世，留下了年仅15岁的儿子马可，他将在数年后与他的父亲和叔父一起回到阿克里。新教皇选出后，马可一家带着教谕和礼物重返忽必烈大汗的宫廷，随行的还有两名牧师，远不及所要求的100名。尽管两名胆小的牧师很快就逃之夭夭，马可一家却用了将近三年的时间完成了行程。他们受到热烈欢迎。马可一家又在此生活了17年，其间小马可曾为大汗效力，并游历了众多地区。

因此，人们有理由相信，马可有扎实的东方地理知识和观察能力，他的行纪肯定比先前的记述更细致，更广泛。威廉·鲁布鲁克似乎主要编录了他所遇到的陌生民族的宗教活动，而马可·波罗绝非仅仅扮演了儿子的角色，他还观察了人们制造的产品、交易的货物以及具有商业价值的物品。在他的叙述中，蒙古帝国到处都是富足的农夫、熟练的工匠以及外国商人（对此，马可·波罗一笔带过，因为他们"全是穆斯林"）。

马可·波罗的行纪是按自西向东的路线展开的。在土耳其，他为"世界上最精美的地毯"惊叹不已（Latham，1958：33）；接下来的格鲁吉亚"盛产丝绸……这里编织的金锦……举世无双……物产一应俱全，工商业繁荣兴旺"（Latham，1958：35）。马可·波罗听说伊拉克的摩苏尔和巴格达遭受了旭烈兀的蹂躏，但他笔下的这两个城市依然欣欣向荣（Latham，1958：36—40）。不过，真正令他大为赞叹的是大不里士，这里不仅以其工匠们生产的丝绸金锦闻名，而且还是重要的贸易中心。"这座城市的位置如此优越，它的市场集结了来自印度、巴格达、摩苏尔、霍尔木兹……的商人；许多拉丁商人到此购买来自异国他乡的商品。它还是宝石市场……流动商人在这里赚得丰厚的利润"(Latham,1958:43)。马可·波罗也把波斯描写成贸易和工业兴盛之地。"他们制造各种各样的丝绸金锦。那里盛产棉花;除了酒类和水果类之外,也不乏小麦、大麦、谷子、稷等各种谷物"(Latham,1958:47)。克尔曼出产绿松石,还有"钢"(原文如此)和"翁答尼克"矿(ondanique)。"居民……制造……骑兵的装备,包括马鞍、马勒、马刺、剑、弓、箭筒和各种武器"(Latham,1958:47)。"女人在丝绸上绣出鸟、兽等图案"(Latham,1958:48)。跨越大平原,就是波斯湾的绝好港口霍尔木兹。"商人们从印度乘船来到这里,带来种类齐全的香料、玉石、珍珠、丝绸和金色布料、象牙和各种器皿……这里是重要的商业中心"(Latham,1958:51)。

马可·波罗接下来并没有描述通往印度的海路,而是将注意力转向北方。从克尔曼出发,花费数日穿过一片荒芜之地后,到达山巴南,"这里的人制作大尺寸和优质的钢镜"(Latham,1958:54)。过了山巴南,再花八天时间越过另一片沙漠。沿途居民全是穆斯林,他们生活在沙漠里零星散布的绿洲上。尽管他列举了许多村镇,但并未描述它们的产物,并将其居民视为半开化人。穿越了另一片沙漠后,马可·波罗抵达甘州(Kan-Chou)①和那时的"中国"(Latham,1958:84)。

马可·波罗对中国的描述最有趣。他奉承其庇护主忽必烈汗是"鞑靼历史上最聪慧的人,文武双全,是臣民和帝国最好的统治

---

① 甘州即今甘肃省张掖市。

者,品行高尚"(Latham,1958:102)。忽必烈在汗八里旧城址上修建了一座新城,作为其首都,称为大都(Taidu)。既然它就是当代的北京城,我详细援引了马可·波罗的描写,因为它与今天的城市和大型宫殿都非常相似。

> 大都四面等长,呈正方形,周长 24 英里。四周由土墙环绕……围墙全都刷成白色,其上设有城垛。全城有 12 个城门,每个门上方都建有华丽的大殿……街道又宽又直,在一个城门楼可以望尽通往对面城门的全段街道。每条主要街道两侧都店铺林立……城内的整个格局如同正方形的棋盘……(Latham,1958:106)

然而,马可·波罗对北京城的叙述中的最有意义的部分却是他没有表述出来的内容。他提到城郊和城内的居民一样多,每个城郊居住地都建有"许多高档旅馆,供来自各地的商人住宿;不同的旅馆指定给来自不同国家的人……[这缘于]商人和其他来这里办事的人很多,一方面因为这里是忽必烈汗的住所,另一方面因为这里的市场利润丰厚"(Latham,1958:106—107)。

但是,居住在指定的城郊旅馆里的"每个国家"的商人都是何许人呢? 他们肯定不是意大利商人,因为马可·波罗始终坚信他们一家是这里仅有的意大利人! 其他证据表明,这些外国商人是来自 13 世纪世界体系核心地区各部分的穆斯林。对他们而言,忽必烈汗的疆域并非什么新事物,它们不过是他们的世界中不可分割的自然部分。其实,马可·波罗接下来就讲述了艾哈迈德的故事,这位艾哈迈德是经皇帝授权在北京城任期长达约 22 年之久的一位官员。

上述摘录足以说明很重要的一个问题。欧洲商人在 13 世纪最后三四十年的时间里首次横越漫长的中亚路线,到达中国,带回了奇妙的故事,它们涉及富庶的土地,繁荣的贸易,还有拉丁商人依然被基本排除在外的运行中的国际交流体系。在接下来的几十年里,许多人步马可·波罗的后尘前往中国,意大利商人后来的活动范围也很广泛,但鲜有文字记录留存下来,也没有任何记述像《马可·波罗行纪》那么翔实。只有 14 世纪 40 年代出版的由弗朗西斯科·巴杜齐·彼加洛梯撰写的商人手册能确切地证明意大利商人曾在这条北方线路上广泛贸易。但那时这条商路已接近关闭。

蒙古帝国里的意大利商人

卢西亚诺·伯戴克(Luciano Petech)记述了那些只顾赚钱而无暇撰写回忆录的意大利商人的些许详情。[8] 根据伯戴克(1962:549—552)的研究,蒙古治下的和平和行程安全仅仅是地中海与蒙古帝国之间贸易繁荣的部分因素。贸易活动的加强还缘于商业革命,它促使意大利商人走向更宽广的地区,包括蒙古帝国在内(尽管那时多数欧洲商人仍然钟情于经由波斯湾的海路)。中国的丝织物是主要交易品,热那亚商人早在 1257 年时就在香槟集市上销售它们。相当有趣的是,因为这些丝织物即使在当时也比波斯和土耳其斯坦的丝织物便宜(尽管在质量上也稍逊一筹),所以欧洲对它的需求特别高。巴杜齐·彼加洛梯的商人手册使用热那亚的度量术语来描述与中国的陆路贸易,这清楚地表明了热那亚商人与中国的密切商业关系。

商业、宗教和"政治"的使命经常相互混杂。于是,鲁喀龙哥的彼得这名商人跟随修士约翰·孟高维诺(John of Monte Corvino)来到中国。这位意大利修士于 1291 年离开大不里士(波斯),在印度待了约 13 个月后遇到了陪他前往中国的商人(Lopez,1943:165;Dawson,1955,1980 年再版:224)。孟高维诺牧师的两封信得以保留下来。第二封信于 1305 年 1 月 8 日从汗八里发出,他在信中为他建立的天主教堂而骄傲(尽管其成绩值得怀疑)。

> 我在皇帝的主要驻地汗八里修建了一座教堂……并不断给人洗礼。我还逐渐购买了 40 名男孩,他们是异教徒的孩子,年龄 7 到 11 岁不等,都还没有信教。我在此给他们洗礼,并教给他们拉丁文和我们的礼仪……

孟高维诺的某些报道后来得到巴杜齐·彼加洛梯的确认。孟高维诺邀请别的牧师参与到他的工作中来,并声明保证他人的安全。

> 关于[穿越中亚]的线路:我认为前往中国的陆路……比较安全,所以,他们[牧师]跟随使节五六个月就可以到达。但是,另一条线路是最长和最危险的,因为它包括两段海路:第一段的距离大约从普罗旺斯……到阿克里那么远,第二段约相当于从阿克里到英格兰的距离……两年时间几乎都不能完成。但是,第一条路线曾长期因为战争很不安全(引自 Dawson,1955,1980 年再版:225—226)。

在写这封信时,约翰·孟高维诺已经 58 岁。他学会了鞑靼语,并将整部《新约书》和《诗篇集》翻译成了鞑靼语。

约翰·孟高维诺并非唯一在中国的意大利人。我们还有关于其他意大利人的记录:1303 年,伦巴第的一名医生到了汗八里(Petech,1962:553);在闻名的刺桐港[①]担任主教的佩鲁贾的安德鲁(Andrew of Perugia)在写于 1326 年的信中提到有很多热那亚人住在那里(详情和文稿参见 Dawson,1955,1980 年再版:235—237)。热那亚商人还在外交方面有所贡献。"定居中国的热那亚人中最杰出的……是安达洛·德·萨维尼翁(Andalo de Savignon)"。1336 年,元朝皇帝妥欢帖木儿(Toghon Temur)派他作为特使前去拜见教皇,这是他的名字首次被提及(Petech,1962:554)。但是,这时的直接联系行将结束。有资料显示,热那亚商人于 1344 年最后一次经陆路抵达中国,那一年的法庭卷宗记载了一名中途死亡的商人的遗产问题(Petech,1962:555)。外交往来也几近终结。

1339 年,教皇最后一次派特使经中亚前往中国,方济各会修士马黎诺里(Giovanni de' Marignolli)从那不勒斯启程到卡法,由陆路去往北京(Petech,1962:555)。然而,那时的蒙古帝国已在内乱和瘟疫的打击下摇摇欲坠。现在反而是蒙古人乞求联盟了,蒙古皇帝帖木儿委托马黎诺里进行和解。马黎诺里于 1345 年开始返乡,并有 200 名卫兵相随。然而,那时的陆路已因察合台汗国的内战而封锁,不再适合旅行。他们一行穿越中国,直奔刺桐港,马

---

① 刺桐(Zaytun)即今泉州。

黎诺里由此经海路去往印度和波斯湾，这标志着蒙古帝国正在土崩瓦解。马黎诺里其实是最后一位穿越中国和欧洲之间的陆路的欧洲人，直到16世纪环行非洲的航线重又开启了两地间的直接联系。

马黎诺里的返乡行程经过了杭州和刺桐，两个城市给他留下了深刻的印象。1345年12月他从刺桐启程，次年4月到达印度马拉巴尔海岸的奎隆。他由此上行到霍尔木兹，然后迂回陆路，经由巴格达、摩苏尔、阿勒坡、大马士革和耶路撒冷抵达地中海地区，之后再航行至塞浦路斯。他最终于1353年抵达阿维农，将大汗的信送呈教皇，帖木儿在信中请求教皇多派些基督教传教士过去（de Rachewiltz，1971：197—201）。

帖木儿的请求没有得到答复，其实，在之后的一段时间内，基督教徒已不再在中国传教。何以至此呢？这一方面缘于穿越中亚的陆路已经关闭，另一方面缘于此时的传教士少得可怜。那时，黑死病彻底"扫荡了欧洲的方济各修道院（一年内有2/3的修士染疾而终）"（de Rachewiltz，1971：197—202）。另外，当时的蒙古人也已不再特别重视传教士。内乱削弱了成吉思汗及其后人统治下的广大地区，人口数量因黑死病而锐减，而蒙古人也是黑死病的主要传播者（McNeill，1976）。

蒙古统一带来的意想不到的后果

蒙古人统一了欧亚大陆中心的大部分地区，使得大陆两端的欧洲和中国在近千年的时间里首次建立了直接联系。虽然统一开辟了中国和黑海、地中海之间的北方通道,促进了贸易扩张,但讽刺的是,正是这个成功导致了蒙古帝国的灭亡。蒙古统一带来的意想不到的后果就是瘟疫的爆发,这场瘟疫使得世界体系的发展大约倒退了 150 年。当该体系在 16 世纪复兴时,面貌已截然不同。

关于人类历史上疾病的成因和后果,威廉·麦克尼尔提出一套周密的假说,这些假说与我们的研究息息相关。他认为,公元纪年开始时"产生了四个不同的文明疾病圈"(McNeill 1976:97)——中国、印度、中东和地中海(包括欧洲),每个"疾病圈"都囊括大约五六千万人(McNeill 1976:93),并与各自的环境,包括地方病建立起相对平衡。各"疾病圈"的相对封闭阻止了各种"怪"病(对尚未生成自然免疫或尚未构建起规避和治疗文化模式的人们而言)在体系间的传播。

然而,在公元纪年的前两个世纪里,各"疾病圈"之间的联系加强了。一条联系途径是陆路,即罗马人所谓的丝绸之路;另一条是穿越印度洋的海路,这时的水手已经掌握了利用季风的技术。[9] 随着先前相互隔绝的群体发生了直接接触,没有采取保护措施的人们感染疾病的概率增加了,尤其是在中国和欧洲这两个"经历疾病最少的旧世界文明"(McNeill,1976:102)。手头有限的资料确切地表明麻疹、天花和后来的腺鼠疫在公元 200—800 年间出现在欧洲和中国,其症状经常如同"在没有采取保护措施的群体中爆发的传染病"(McNeill,1976:103—120;引文:119)。[10] 然而,欧洲和中国的人口好像都逐渐适应了疾病,从公元 1000 年起,这两个周边地带的人口开始增加(McNeill,1976:121)。在 13 世纪,随着双方联系的再次加强,这个平衡即将面对新的挑战。

麦克尼尔认为,蒙古的成功再次在这些相对封闭的地区间架起了桥梁,并因此促成了危及生命的传染病的传播,最终导致了14 世纪后半期的黑死病的世界性大流行。

> 在其繁盛时期(1279—1350),蒙古帝国囊括了中国······俄国······中亚,伊朗和伊拉克······它们[交织]成一个交流网络,信使能日行 100 英里,连续数周行走不停······除了······[沙漠上古老的丝绸之路],商队、士兵和驿站信差[现在]也穿行于宽阔的大草原上。他们创造了一个庞大的人类网络,把哈拉和林的蒙古大本营与伏尔加河上的喀山(Kazan)和阿斯特拉罕(Astrakan),克里米亚的卡法,中国的汗八里[北京],以及这个区域内的商队驿站连接起来。从流行病学角度来看,这个商队贸易网向北方的扩张导致了一个很重要的后果,即大草原上的啮齿动物与新病毒携带者相遇,这些病菌中很可能就有腺鼠疫(McNeil,1976:134,着重号为后来所加)。

麦克尼尔结合那个时期零星的参考资料与最近有关腺鼠疫的医学研究,重构了下述情境。

中国、印度和缅甸交界处的喜马拉雅山啮齿动物群体中或许 174 存有鼠疫杆菌流行病源。由于先前的接触以及预防文化模式的保护,当地人已多少适应了这种病菌。无人区、河流和其他自然屏障一直将这个病源区与其他地区隔开(McNeill,1976:140),直到1252 年以后蒙古人才作为输出途径将鼠疫杆菌带进云南和缅甸。

蒙古人对这种疾病几乎毫无抵抗力,他们的马匹也为感染了病菌的虱子向北方大草原上的啮齿动物地下洞穴的迅速传播提供了安全的港湾(McNeill,1976:142)。在那些洞穴里,鼠疫杆菌甚至能够在寒冬中存活下来。

　　麦克尼尔(1976:43)认为,黑死病并没有直接传到蒙古,而是于1331年开始在中国内陆爆发,然后从那里依次传到陆路和海路。对此,麦克尼尔很谨慎:

　　　　最可能的情况是……[鼠疫]在1331年侵入中国……[然后]在接下来的15年间传到亚洲的商旅线路上,并在1346年传到克里米亚。随之,鼠疫继续乘船传遍整个欧洲、近东,并沿着商道从海港向内地辐射……在1331—1346年间,随着鼠疫从遍布亚洲和东欧的一个商队驿站到另一个商队驿站的蔓延,它或许还同时传到大草原上的啮齿动物的地下"城"……鼠疫杆菌在此找到了安乐窝……所有这些条件都汇集于14世纪中期……1346年,黑死病……在一个蒙古王子率领的军队里爆发了,当时他们正在围困克里米亚的贸易城市卡法。蒙古王子被迫撤退,但病菌此前已经传入卡法,并由此通过穿行于地中海地区的船只向外传播……(McNeill,1976:145—147)

尽管没有足够的资料能证实(或推翻)麦克尼尔的推测,但他的分析令人信服,并且至少得到部分证据的确证。[11]

　　在本书的第一部分我们注意到一些反常现象:14世纪20年

代晚期，佛兰德斯的纺织业出现困境；14 世纪 30 年代晚期到 40 年代早期，意大利银行业已开始呈现经济萎缩（包括大银行的破产），而这些地方此时还没有出现鼠疫。在上面有关蒙古帝国境内的欧洲商人和传教士的叙述中，我们提及 14 世纪 30 年代晚期时有关他们的信息已开始减少，到该世纪中叶几乎完全消失。把这些干扰因素与两地间陆路贸易的衰落联系起来是合乎常理的。我们还记得，尽管在世纪之交时陆路仍然是人们的首选，但在 1345 年，我们记录的驻留中国的最后一位意大利人马黎诺里却迫于动荡的内陆局势，只得沿行程更远的海路返回家乡。

175

　　1331 年以后中国的瘟疫死亡记录与为日益增加的暴乱所困扰的蒙古统治者的日渐衰落之间有某种联系，这种假定似乎也不无道理。如果蒙古治下的和平确实是欧洲商人和中国的联系逐渐增加的一个重要因素，那么，发生在那个环境中的任何干扰因素，无论是军事上的还是健康上的原因，都可能成为减少贸易伙伴间贸易乃至繁荣的原因。探究这个假设的一种方法或许是研究这条商道上实际存在的城市。毫无疑问，撒马尔罕或许是其中最重要的城市。

撒马尔罕和其他商旅中心

　　陆路贸易情况复杂。大量资料表明，此类贸易涉及各类代理商的活动。有些只是小商贩，到处流动，投资较小，而且特别灵活，根据他们在一个地方便宜买进和另一个地方高价卖出的货物而定。有些是待在家里的大商人银行家，他们贷款给流动商人，与他们签订康孟达合同,或监督那些许多类似小商贩的半独立的"代理商"。另外还有一些人介于上述两者间,或许从小生意起步,渐渐在长途贸易中发展成"大企业"。

176 　　陆路贸易需要具备地理、政治和体制等几个方面的先决条件。人们最容易想到的是地理条件,但它们对贸易量的影响通常较小。道路必须畅通,必须有交通工具。然而,在全程大约 5000 英里的北方陆路上,这两者都并不一定能得到保证。荒凉地带的路况、人烟稀少地区固定的停靠点、为至少长达数月——如果在沿途进行贸易的话,可能需要数年——的行程提供水和补给品的能力,所有这些都是物质变量,很容易受到其他事件的影响。我们来分析其中的一些影响因素。

　　在干旱地带,水是最亟需的物质。骆驼是这种地区驯养的运输工具,因为它能够在植被稀少的沙漠地区生存,不用喝水就可以行走 3—4 天。骆驼可以驮着 500 磅左右的货物长途跋涉,但它每小时的固定行程仅有 3 英里(参见 Wellard,1977:11—37 的生动描述)。因此,假如骆驼在 3—4 天的蓄水间隙内每天大约走 30 英里,那么,两个定居点,或至少两口水井之间的最大距离就最好不要超过 100 英里。这个条件严格限制了穿越中亚的商路的选定。不过,水源并非任何现成路线的决定因素,因为通常还有其他路线可选。

　　这一区域内零星分布的山地需要一系列更加苛刻的条件。山间旅行需要载重的毛驴,它们的行程必须精心选择,以便找到最低的斜坡和关隘。"选择"一词并不是非常妥帖,因为山间道路都是通过不断摸索沿着最便捷的小路确立起来的,几乎完全由大关隘决定。这条路线需要更为常见的水源，但山间小溪通常提供了水源。

最后，在平原地区，旅行人数的多少决定了路基的平整度，因为旅行者越多，土路就变得越坚实，越好走。定居点多分布在大路经过的地方，它们转而使得道路更坚实。因此，上述自然条件塑造了主要的跨越亚洲的路线。

此外，这些路线也极易受到政治因素的影响。蒙古对中亚的统一显然给商贸活动提供了有利的物质条件和社会条件。尽管这些路线还不可能称为高速公路，但横向干路由于蒙古人持续的马上活动——军旅和邮政——而得到显著改善。最终形成了一个真正的道路网，其中分布着驿站和兴旺的商队旅馆。更重要的是，这个统一的和正规化的管理机构最终保障了行程的安全。

如今，我们已很难意识到降低风险或过境税、纳贡或直接的勒索等各类费用的多少对贸易的影响程度。遗憾的是，我们没有 13 世纪的任何数字可以用于估算受到保护的运输部分的费用比例。然而，基于 17 世纪至少有关这条商道的最西段的证据，尼尔斯·斯腾斯加德（Niels Steensgaard，1973：37—40）认为保护费用（包括关税）大大超过运输费用本身。如果不估算过境税、货物被没收或丧失的风险，以及所购货物的最终市场价等因素，人们可能会认为购买/运输费用和总售价之间的差额巨大。

蒙古人营造的相对稳定的秩序无疑减少了诸多上述费用，而他们对商人的慷慨接纳吸引了更多贸易在其境内进行。但是，一旦这些优越的条件消失，就像 14 世纪后半期的情况一样，此类贸易必然会另寻他路。

　　第三个变量与贸易机制安排有关。虽然第七章将详细阐述这个问题,但这里有必要讨论一下,因为如果商人之间以及商业站点之间没有获得信贷、债务转让和资金交易等手段的存在,那么,商旅路线上的无数小商人就不能那么高效地经营生意,甚至是无法经营。支票(或更像一张按预定的汇率,以不同的货币进行异地支付的即期票据)首先在波斯得以制度化,而且似乎与商旅贸易有关。然而,如同后来在埃及常见的那样,只有大商人可以利用支票这种正规工具。多数商人的支付方式都比较随意,他们利用同乡(或是我们所谓的"种族")关系网络进行结算,账单并不总是以现金支付,还有可能以商品交易的方式来进行。另外,阅读 17 世纪的一个亚美尼亚流动商人的记述,或者商人间的信件摘录(见 Steensgaard 的记述,1973),再将它们与 11—12 世纪福斯塔特的犹太商人的书信(见 Goitein 的详述,1967)加以对比,我们会不可思议地发现,两个时期的贸易方式几乎毫无变化。

　　商道两旁的多数地点都是小城堡,对于这些绿洲和农业定居点而言,一批批驼队的来访是激动人心的节日,但并非生活的必需。即便如此,位于熙来攘往的商道枢纽上的少数几座城市的规模还是逐渐增大,特别是那些拥有肥沃土地并具有政治或宗教功能的城市。这样一来,在地方需求的刺激,以及远程贸易的大力补充下,这些大城市可能会出现长期贸易和固定行业。南边的大不里士和北边的巴尔赫(Balkh)、梅尔夫(Merv)等城市都属于这样的地方。但如果提到最典型的绿洲贸易城市的话,人们肯定会想到撒马尔罕(少部分人可能会想到布哈拉)。

　　撒马尔罕位于东西横向商道和贯穿印度、俄罗斯的南北"高速公路"的交叉路口,坐落于一片沃土之中,流入该地区的一条河流提供了完备的灌溉系统。起初,它一直是一些王朝的地区性都市,后来成为帖木儿的政治都城。撒马尔罕或许是商道城市的典范。巴托尔德①(Barthold,1928:83)这样描述它:

> 从面积和人口来看,撒马尔罕在河中地区总是首屈一指,即使在布哈拉……成为王国首都时也是如此。其重要性主要缘于地理位置,它位于(经巴尔赫)通往印度、(经梅尔夫)通往 179
波斯和通往土耳其领土的主要贸易路线的交汇点上。城市周边格外肥沃的邻邦也使得大量的人有可能集结于此。[12]

撒马尔罕是中亚最古老的城市之一。它经久不衰的商业地位源自其贸易路线交叉口的地理位置,人们对这个位置垂涎三尺。公元前329年,亚历山大大帝占领了撒马尔罕。后来它相继被突厥人、阿拉伯人和波斯人统治。随着突厥人和蒙古部落向西部的扩张,他们必然会寻求这里的财富。11世纪,黑汗王朝(Karakhanids)和塞尔柱人先后占领了撒马尔罕。12世纪,它处于喀喇契丹(Kara Khitais)的统治之下。13世纪开始时,撒马尔罕被花剌子模沙王们控制。1220年,成吉思汗从花剌子模手中抢占了该地。

鉴于其战略位置,用防御工事来界定撒马尔罕是合情合理的。伊本·法基(Ibn al-Faqih)给我们提供了关于穆斯林占据的撒马尔罕的最早描述。他说,像巴尔赫、梅尔夫一样,撒马尔罕及其郊

---

① 巴托尔德(V. V. Barthold,1869—1930),俄国东方学家,长于中亚中世纪史的研究。

区"被城墙(长 12 法萨赫[13])包围,有 12 个城门;其内还有第二道城墙,这道墙包围着撒马尔罕城;再往里的第三道墙内是所谓的沙里斯坦[①],由大清真寺和统治者的宫殿组成"(Barthold,1928:84)。10 世纪的阿拉伯地理学家认为,沙里斯坦在前伊斯兰时代就已经筑起了城墙(Barthold,1928:85)。跟所有的绿洲城市一样,撒马尔罕地域广阔,住所和植被连成一片。据地理学家伊斯塔赫里(Istakhri)研究,"城市的相当一部分是花园,几乎每家都有花园;从城堡的最高处俯瞰该城时,看不到建筑物,因为它们被花园里的树木挡住了"(引文见 Barthold,1928:88)。

尽管成吉思汗征服撒马尔罕这座城市的传说骇人听闻,血流成河,大量工匠被放逐,但它还是尽可能地保存了下来。1221 年时一位目击者对撒马尔罕的描述掩饰了蒙古军队的大肆屠戮,反而让人感觉虽然这里不再生机勃勃,但生命仍在。1219 年,成吉思汗传唤道教隐士长春给他进行宗教指导,陪同真人前来的一位门徒作出了上述描写。1221—1224 年,师徒一行穿越了穆斯林的疆域。《长春真人西游记》(*Si Yu Ki*)成书于 1228 年,俄国人贝勒把它译成了英文(1875,I:35—108)。1221 年年底,成吉思汗的军队进驻运河边上的撒马尔罕城。"因为这里的夏、秋两季从不下雨,人们便将两条河流引入城中街道,以便保证每家的生活用水"(1875,I:77—78)。

巴托尔德引用上述故事旨在展示"尽管遭到了蒙古人的劫掠,撒马尔罕的生活依旧继续。在穆安津[②]的召唤下,男人和女人都

---

①　沙里斯坦(shahristan),意为城市自身的建筑。
②　穆安津(mu'adhdhin),意为宣礼员,是伊斯兰教清真寺内按时召唤信徒做礼拜的专职人员。

匆忙奔向清真寺……那些没有前来做礼拜的人受到了严厉惩处。斋月夜晚,盛宴照旧。市场上的货物琳琅满目"(1928:451,着重号为作者所加)。但《长春真人西游记》的观点并不这么乐观,它提到在蒙古征服之后,仅有 1/4 的人口留存下来。穆斯林居民的土地使用必须受喀喇契丹和汉人的监督,他们自己无权出售土地。"中国工匠遍布各地"(Bretschneider,1875,Ⅰ:78)。1222 年春,长春真人和弟子借道撒马尔罕返乡,但他们提供的只是另外一些民族志资料(其中有些非常怪诞)。

在接下来的 145 年里,撒马尔罕成为蒙古人统治下的一个省城,相关资料少得可怜。然而,可以确定的是,只要贸易繁荣,撒马尔罕就兴旺;它的姊妹城布哈拉也会兴盛。连接撒马尔罕和布哈拉的"王室大道"将两城间的距离缩短到 6—7 天的行程(Barthold,1928:96)。与撒马尔罕一样,布哈拉也是一个古代的商旅城市,这里的祆教僧侣商人在阿拉伯人征服时期被排挤出去(Barthold,1928:108)。在萨曼王朝统治时期,布哈拉也分成由城墙隔开的城堡、沙里斯坦和赖伯特①三部分(Barthold,1928:100)。河流支流和运河为该城提供了水源。穆卡达西(Al-Muqaddasi)这样描写阿拉伯时期的灌溉体系:"河流从卡拉巴德流入城市,这里建有宽宽的木质水闸,在洪水泛滥的夏季,会根据水位的高低将横木挪开……"(引自 Barthold,1928:103)。撒马尔罕和布哈拉的繁荣取决于国家,因为政府提供水源;更重要的是,它们的昌盛受更大的周边区域的政治和经济状况的影响。因为两个城市都是至关重

①　赖伯特(rabad),意为近郊或村落。

要的驻留地,所以它们与其他小商旅驿站的活力都取决于过往交通。不久之后,在这里驻留的商队就少之又少了。

　　然而,贸易萧条时,撒马尔罕会靠其他方式存活。它甚至一度获得了更为重要的地位。在 14 世纪中期的 30 年里,蒙古政权因内乱和疾病造成的人口萎缩而混乱不堪。帝国各处被压迫的人们揭竿而起。在中国,起义者推翻了元朝,并于 1368 年建立了明朝。撒马尔罕的命运不同。动荡的受益者是一位叫帖木儿(通常称跛子帖木儿)的蒙古人。他出生在撒马尔罕附近,据说是成吉思汗的远亲后裔。他在 1357 年的河中地区骚乱中首次崭露头角。起义使得天下大乱,但结果却最终明朗了,至少对撒马尔罕来说如此。1370 年,帖木儿在撒马尔罕宣称成为蒙古帝国的新君主(和未来的复国者),撒马尔罕因此成为他的首选都城。

　　于是,在中亚地区最混乱的 14 世纪晚期和 15 世纪初期,撒马尔罕的情势却比它的对手们相对好转。在帖木儿统治时期,撒马尔罕成为中亚最重要的经济和文化中心。帖木儿从广阔的地域聚集了大量工匠,他们不仅制造产品,满足奢华的宫廷生活需求,还装饰那些依然存在的杰出建筑。帖木儿的军队以撒马尔罕为中心,向四面进发,重新整合此前蒙古治下的四分五裂的帝国。成吉思汗及其后人缔造的统一,维护了帝国的相对和平,推动了旅行和贸易。而帖木儿依靠暴力赢得的帝国统一却适得其反,它切断了跨越亚洲的陆路,使得商业通道愈益狭窄,商人们只有通过少数几个陆上关口才能进入印度洋。

　　第六章和第七章考察了可供选择的通往东方的几条通道。但是在分别讨论从波斯湾和红海进入印度洋的线路之前,我们稍作停歇,思考一下蒙古人带来的经验教训。

由蒙古统治得出的经验

最明显的经验就是,如果一个地方的经济发展建立在对广阔地带的控制力之上,这样的经济通常不稳定,容易受到政治和人口波动的影响。就其自身而言,统一并不必然会减少总的运费,但它有潜力这么做,这取决于政策选择。基于"法律和秩序"的管理机构能减少无法预测的保护费。通过消除其他索贡者和规范过境费,地区统一使得运输成本的计算成为可能。此外,尽管统一无法消除自然灾害,比如,干旱使水眼干涸,但它可以通过铲除人为的掠夺,在总体上减少风险。只要能确保这些条件,贸易就将繁荣。而一旦道路变得不安全,商人们就要另寻他路。

第二个不稳定性源于作为国家财政基础的贡物的寄生性。由于蒙古人既不贸易,又不生产,所以他们过度依赖征服地居民的技术和劳力来维持生计,臣民们为他们提供了维持压迫的财力。这种有序的经济模式自身没有生成能力。明智的利己行为可能会鼓励工商业的发展,并适当抑制侵吞盈余。但防御需求有其自身条件,如果这种需求增加,就不得不寻找新的财源。

因此,第三个不稳定性来自持续不断的地理扩张。蒙古人像红色皇后一样永不停歇。增加盈余就要求征服越来越多的生产单位。一旦新族群拒绝接受征服,这个制度就很不稳定,并开始收缩。这种收缩标志着某个衰退周期的开始。如果缩减针对国民的控制支出,躁动不安的被压迫者就可能叛乱;而如果增强镇压措施,生产就可能受到影响,因为对盈余的榨取已经达到极限。鉴于这种内在的不稳定性,任何新的冲击都可能颠覆这个摇摇欲坠的体系。

随着黑死病的爆发,14 世纪 40 年代出现了大变动。黑死病在最具社会流动性的军队中显然传播得最快。人口的下降削弱了蒙古对其所辖领地的控制力,暴乱接连不断。这些叛乱扰乱了正常的生产活动以及统治者赖以生存的经费来源,进一步导致了镇压能力的减弱。这个过程几乎是一发不可收拾。

随着鼠疫向世界体系其他部分的扩散,经营长途贸易的动力也同样受到抑制,尽管并没有完全消失。但是,当贸易复兴时,许多小商人会寻求比较安全的通道。不过,这些贸易商道已经偏离令人生畏的中亚荒原,危险低和保护费少的中亚商道一去不返了。

注释

1　当然,巴杜齐·彼加洛梯(Balducci Pegolotti)从未声称亲自去过那里。但他坚定地向读者保证,"根据曾经穿越这条路线的商人的说法,不论昼夜,从塔纳到中国的旅程都绝对安全。"(Yule,II,1924,II:292)。

2　Barfield 持有异议。他认为成吉思汗之前的中亚部落更乐于"收买",而非直接征服,所以他们与中国政府达成了互不侵占的协议。然而,这种偏好只是推测。他们可能想征服中国,只是限于实力使然。

3　《成吉思汗的继承者》中记述的拉希德丁的短文引人入胜(Boyle,1971:多处)。逸事和箴言表现出的社会价值观和"好统治者"的形象驳斥了西方人和穆斯林将蒙古人看作野蛮人的偏见。公正、聪慧和慷慨是最受人敬慕的秉性。可汗们通常慷慨地接待外国商人,赐予他们远远高于贡品"价值"的回报。马可·波罗的父亲和叔父轻易地博得了别儿哥的欢心(Latham,1958:22),而可汗们却似乎将他们的慷慨看作高尚品德的表现。

4　英国史学家马修·帕里斯(Mattew Paris,1200—1259)在 1240 年的著述

中明确推翻了这两种看法(参见 Boyle, 1970; 1977 年再版: 6—7 的大段引文)。

5 例如,比较罗依果(de Rachewiltz, 1971)的插图与拉奇(Lach, 1965)中的插图。

6 参见 J. Voporsanger, "The Travels of Benjamin of Tudela in the Twelve Century," *Bulletin of Geographical Society of California* II (May 1894): 77—96。

7 这种亲切友好和慷慨大度的贸易态度显然与"地狱之人"的说法发生抵触,但这在马可·波罗的叙述中比比皆是。

8 "Les marchands italiens dans l'empire Mongol" (Petech, 1962: 549—574).

9 按照麦克尼尔的说法,罗马商人于公元 166 年首次来到中国(1976: 101)。

10 麦克尼尔(1976)甚至认为,伊斯兰教在 7 世纪的兴起得益于瘟疫对波斯和罗马军队的削弱。但在解释变化时,我们需要谨慎地把流行病状况当作扭转乾坤的力量。此外,麦克尼尔对社会兴衰进行的流行病学解读很难适用于印度和中东这两个重要地区,因为那里的联系从未中断过。

11 一位中国史学家给我提供了有关鼠疫爆发的时间和地点的资料,它们收集在麦克尼尔一书的附录中。就所讨论的这个时期而言,麦克尼尔的假设没有得到证实,因为鼠疫首次在内地爆发之后,好像立刻就转向了沿海地区。见图 7。

12 巴托尔德(Barthold, 1928: 88)认为,在成吉思汗入侵之前,撒马尔罕城约有 10 万户人家。"如果我们记得在这次征服的前几年,这座城市曾遭到花剌子模沙王们的蹂躏,黑汗帝国时期基本上是个文化和社会生活衰败的时代,那么,我们会毫不夸张地推测萨曼王朝时期的撒马尔罕居民会超过 50 万。"然而,鉴于这个城市的经济基础,我认为这确实是个夸张的数字。我们将会看到,开罗这个综合性大城市在其最兴旺的时候才大致达到这个数字。

13 法萨赫(farsakh)指的是一头驴子在一个小时内的行程,所以很难译为长度单位。不过,在平地上 1 法萨赫约等于 3 英里。

第六章　辛巴达之路:巴格达和波斯湾

在欧洲和远东之间的三条路线中,辛巴达经过波斯湾的"中线"是最便捷、最廉价的线路,无疑也是最古老和最持久的路线。正常情况下,经由黎凡特和巴格达的中线是所有路线中的最优路线。然而,当中线受阻时,其北方起自君士坦丁堡的陆路,或者其南部由陆上经过埃及,而后经过红海的水路,就变得更为重要。

在 13 世纪下半期时,中线受阻的一个起因是,蒙古人征服了美索不达米亚,巴格达随即从"伊斯兰之都"和世界贸易中心沦为遭受蒙古军事统治和财政剥削的省城。这件事本身没有切断欧洲人与波斯湾的联系,因为商人们最初直接转到了伊儿汗国这条首选路线,绕过巴格达和巴士拉,转而前往大不里士及其出口港霍尔木兹。

但是,两件事的发生使得这条可选之路变得不再那么诱人了。1295 年,伊儿汗皈依了伊斯兰教,这样一来他们变得与该地区其他地方一样,适用于教皇关于不准与"异教徒"贸易的禁令。另外,随着 1291 年阿克里的"陷落",十字军丧失了他们在黎凡特沿岸的最后出口港。许多欧洲商人进一步向北方(小亚美尼亚)转移,这使得北方陆路更具吸引力。这两件事鼓励欧洲人进入经过中亚的东北通道,相关情况已在第五章述及。其他欧洲商人转移到地中海岛屿上,从那里可以很便捷地由海路到达亚历山大港。他们的注意力转向马穆鲁克统治下的埃及，我们将在下一章讨论这个问题。在这个过程中，中线衰落了。

穆斯林/基督徒的贸易

　　无论是十字军的暴力行为，还是教皇禁止欧洲人与穆斯林进行贸易的诸多禁令都未能阻止 12—13 世纪中线上的贸易繁荣。十字军国家的基督教商人和从遥远的东方给他们带来货物的穆斯林商人之间形成了密切的共生关系。（见图6）

　　阿克里是十字军定居点的主要港口，它在 1191—1291 年间的繁荣就仰赖于穆斯林和基督徒之间的贸易。到 13 世纪中叶，威尼斯定居者牢牢地控制了阿克里，并逐渐设法将热那亚人和比萨人这些对手排挤出去（Jacoby，1977：225—228）。威尼斯人在此买卖土地、修建房屋、签订合同，并通过地方授权的法庭（例如，见 Prawer，1951：77—87 和 Richard，1976 年再版：325—340）处理自己的事务，但他们似乎并未意识到其优势行将结束。

　　即使在马穆鲁克政权于 1260 年控制了埃及和叙利亚以后，阿克里的意大利人仍然继续从毗邻的内陆地区（重税）接受大宗货物，并通过远程贸易（轻税）接受贵重货物，然后再出口到欧洲。他们的贸易伙伴是穆斯林。据希拉勒（Hilal，1983）研究，[1] 来自内陆的穆斯林

　　　　在与拉丁地区港口的生意中获利丰厚……阿勒坡、哈马（Hama）和霍姆斯（Hims）等叙利亚内地城市的繁荣在某种程

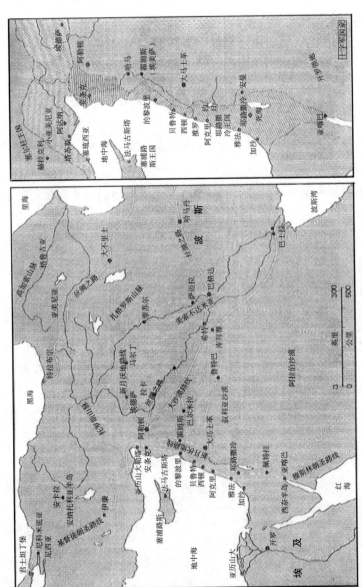

图 6　新月沃地、十字军王国和通往印度之路

度上依靠拉丁地区港口城市的贸易······马穆鲁克苏丹与拉丁
势力之间的条约保障了双方的商人、船只、钱财与商品的安全
及其在他们辖区的自由流动。

在马穆鲁克苏丹曼苏尔·盖拉温(al-Mansur Qalawun)在位的前
半期(约 1280—1285 年),他与叙利亚的拉丁国家在政治上保持
着表面上的和平关系(Hilal,1983:119)。到 1290 年时,由于需
要热那亚人用船从黑海地区运来的奴隶补充兵源,[2] 盖拉温还与
热那亚人签订了确保双方商人安全的协定(Hilal,1983:157)。
然而,那时内陆商道的整体贸易水平已经急剧下降。一旦马穆
鲁克政权和十字军形式上的联合出现破裂,贸易水平就将进一
步下跌。

　　两者间的休战期结束于 1291 年。是年,盖拉温的儿子和继承
人阿什拉夫·哈利勒(al Ashraf al-Khalil)最终将十字军从他们盘
踞在阿克里的最后据点驱逐出去。尽管教皇颁发的不准与"异教
徒"进行贸易的禁令在整个十字军东征期间都得以执行,但一直以
来人们大都以违背该禁令而引以为傲。不过,现在"面对基督的据
点的最终丧失,并且鉴于他们不可能立刻召集足够的军队卷土重
来,唯一可能的报复行动似乎只剩下有效实施禁运了"。[3]

　　威尼斯人和热那亚人该怎么办呢? 如果实在不能继续通过穆
斯林中间商获取远东的丝绸和香料,那他们就必须找寻绕过核心
地带的新路线。当然,其中一个选择就是北方的陆路。我们已经
讨论过,它的使用率已越来越高。另一个选择就是与波斯的伊儿
汗合作,当时的伊儿汗们尚未敌视横穿他们领土的欧洲商人。然

而,合赞①于 1295 年皈依了伊斯兰教,给这种便利画上了句号。

最冒险的选择就是经大西洋绕过非洲,再从海路进入印度洋。相

当有趣的是,1291 年就有人首次进行了尝试。[4] 尽管此事的具体细

节尚不明朗,但人们通常认为来自热那亚的乌果里诺·维瓦尔第

和瓦季诺·维瓦尔第(Ugolino and Vadino Vivaldi)兄弟两个沿非

洲西海岸南下,试图前往印度地区。他们从此杳无音讯。洛佩斯

推测,"如果维瓦尔第兄弟航行已经成功,他们肯定会给热那亚人

提供了一条通往印度的海路"(1943:170)。但类似尝试直到两个

世纪之后才成为现实。

　　同时,尽管教皇的禁令依然得以执行,但欧洲人为了继续贸

易,无论选择哪条线路,他们都不得不与穆斯林打交道。两条通往

印度洋的陆路都要经过穆斯林的疆域。埃及人坚决拒绝任何欧洲

商人穿越其国家,不论是他们携带欧洲货物去往印度和中国,还是

带着远东的货物返回欧洲。所以,在埃及,意大利商人只好与垄断

了香料贸易的强大的喀里米穆斯林商人做生意(见第七章)。在这

些合同里有着国家的积极参与。埃及政府不仅规范了与欧洲商人

的关系,而且马穆鲁克苏丹还逐渐垄断了与外国人的贸易。这样,

在当时理论上对欧洲商人开放的通往东方海域的唯一"自由"通道

就是经伊儿汗国前往波斯湾海岸的霍尔木兹,进而航行到印度。

　　为了理解从前经由波斯湾的线路是多么重要,我们有必要简

单回顾一下伊斯兰的"黄金时代"(8—9 世纪)。巴格达位于通往

远东的最繁忙的陆路和海路的重要交汇点上。即便在巴格达衰落

---

①　合赞(Mahmud Ghazan,1271—1304),伊儿汗国第七代君主。

以后,这些线路依然继续运行,只是不如从前那么繁忙而已。

巴格达

　　写于 10 世纪的一本地理书(*Hudud al'-Alam*,Minorsky 译本,1937:137)[5] 描绘伊拉克"位于世界中心附近",是"伊斯兰世界最繁荣的国家"、"商人的聚集地和巨大的财富中心……";巴格达 190 是"世界上最繁荣的城市"(*Hudud al'-Alam*,Minorsky 译本,1937:138)。尽管上述描绘天花乱坠,但巴格达自从哈伦·赖世德(Harun al-Rashid)统治以来就已经衰落了。到 10 世纪末白益王朝(Buyids)掌控巴格达时,巴格达就像穆卡达西的地理著作所详细描述的那样,已不再是一流城市。

　　穆卡达西对约 985—986 年的中东的描写[6] 在某种程度上基于他的亲身经历。带着从事研究和贸易的双重任务,穆卡达西游历了许多地方。他在书的引言中描述道(Ranking and Azoo 译本:3,14):

> 　　我通常……在每个城镇都进行买卖,与各阶层的人们交流,特别关注各地的……[地理]学。我测量了各省份的大小……游历了它们的边境,界定了它们的边界;参观了村镇……我还考查了税收,并对收入总额作出估算……我亲自在中东旅行了约 2000 里格①,从库尔祖姆(al-Qulzum)[红海]到阿巴丹

---

① 里格(league),旧时长度单位,每单位约相当于 3 英里或 4.8 公里。

（Abbadan）［波斯湾］环行整个半岛一周……我经常向［水手们］询问问题……我还在他们的藏品中看到了航海图和航海指南，他们一直在坚定地研究和使用它们。

穆卡达西非常明确地解释了在其他条件相同的情况下，波斯湾而非红海总是人们前往东方的首选路径的原因。与更适于航行的波斯湾相比，红海的风险更大，因为"海底布满了巨大的岩石……鉴于此，人们只能在白天在此航行……"（Al-Muqaddasi, Ranking and Azoo 译本：16）。此外，从红海中转去印度需要跨越远海，而波斯湾出发的船只却可以一直靠岸航行。

我们在描写这条通往东方的海路时，将再次提及穆卡达西，因为他的书提供了令人信服的证据，证明阿拉伯与波斯的水手和商人早在穆卡达西所处的时期之前就已经相当熟悉印度洋了。不过，现在我们要转向穆卡达西对 10 世纪末的巴格达的描写，虽然我们还不清楚他描写的主要是底格里斯河东岸的巴格达都市区，还是它的旧城（Madinat al-Salam），即位于底格里斯河西岸已经废弃的从前的王室之城。他说（Ranking and Azoo 译本：51）：

进一步了解到，巴格达曾经是一座辉煌的城市，但如今已破败不堪，光彩不再……今日的米斯里福斯塔特（Fustat of Misr）［旧开罗］就像昔日的巴格达；我知道在今天没有任何一座城市能超过它［福斯塔特］。

穆卡达西后来又提到(Ranking and Azoo 译本:187—189):

> 巴格达是伊斯兰世界最伟大的都市……[此前,Madinat al-Salam]是穆斯林世界最好的地方,也是最华丽的城市……但在哈里发衰落以后,巴格达便衰败下来,人口数量也下降了。这座和平之城[圆城,Madinat al-Salam]现在已破落不堪……城市每况愈下,我担心有一天它会像萨迈拉(Samarra)那样[被弃之不用]。

据维特(1971:106)研究,哈里发在白益王朝时期首次沦落到徒有虚名的地步。巴格达作为首都的地位在塞尔柱人统治时进一步滑落,他们甚至没有在此居住。不过,哈提卜·巴格达迪(Khatib Baghdadi,1071 年去世)仍然清晰地描述了 1060 年左右塞尔柱人统治时的巴格达(引自 Wiet,1971:118):

> 世界上没有哪一座城市能与巴格达相媲美,因为它最富足,商业地位最高,学者和要人的数量最多,面积最大,边界最长,宫殿、居民、街巷、道路、清真寺、公共浴池、码头和商旅驿站数不胜数……

但巴格达迪也承认与之前时代相比巴格达的衰落(引自 Wiet,1971:118—119):

> 巴格达在哈伦·赖世德时期拥有最多的建筑和人口……

その后，暴乱发生，一连串的灾难降临到巴格达居民头上，巴格达失去了昔日的繁荣。骚动和萎靡严重冲击了这座城市，以至于在我们这个时代，甚至是 10 世纪，巴格达已完全没有首都的样子，不适合人类居住。

维特笔下的巴格达历史记载了 11 世纪晚期和 12 世纪发生在这里的一连串灾难，它们导致了重大后果：1057 年的饥荒、1057 和 1059 年的大火（Wiet，1971：107）、1069—1075 年间毁灭性的洪水、1075 年开始的宗教冲突。1077 年发生了连续 5 个月的混乱，1088 年发生了街头激战。大火再次燃起。1092 年的一次大灾"毁坏了货币兑换市场和黄金商街"。此外，1102、1108、1114、1117、1134、1146 和 1154 年都有火灾发生。自然灾害加剧了问题的严重性。1106 年洪水泛滥，1117 年发生地震。1174 和 1179 年又有洪灾。1100、1104、1110 和 1118 年时"街道的混乱一如往昔"。1123 年，"希拉的贝都因人（Hillah's Bedouins）首领[甚至]袭击了巴格达城。[只是]在塞尔柱人的帮助下，哈里发才得以保全……"（Wiet，1971：122—127）。因此，维特（1971：135）认为，早在塞尔柱人冲击之前，"巴格达就已经仅仅是个地区性都市而已……当这些塞尔柱主子离去后，虽然哈里发自命为该城至高无上的君主……[但]巴格达已不过是徒具虚名的哈里发政权所在地而已。"

就连曾于 1184 年（恰好在塞尔柱人统治末期）在巴格达逗留了 5 天的西班牙朝圣者伊本·朱拜尔①也扼腕叹息，尽管巴格达

---

① 伊本·朱拜尔（Ibn Jubayr，1145—1217），安达卢西亚穆斯林旅行家、历史学家。

这座古城仍然是阿巴斯哈里发国家的首都,但"多数踪迹早已逝去,徒留虚名。与灾难和困境冲击之前的情势相比,巴格达就像被人遗忘了的废墟、被冲洗了的遗址,或者鬼魂的雕塑"(引自 Wiet,1971:137—138)。然而,客观地讲,伊本·朱拜尔提到的似乎只是王室圆城,因为他还在其他部分详细描述了底格里斯河东岸的城市(引自 Wiet,1971:141—142)。

> 东城部分拥有宏伟的市场,布局规模宏大,这里的人口只有上帝才能数清。它有 3 个聚礼清真寺……整个巴格达城共有 11 座清真寺可以用作周五祈祷……城中公共浴池数不胜数。

193

显然,上述这些资料都不够确切。在比较古今的巴格达时,它们留意的是衰落;但当把巴格达与其他一些地方对比时,它们留意的是无可置疑的活跃的经济,在某种程度上,出口贸易需求的提高推动了这种经济的发展。

产业始终处于发展中。在白益王朝时期,织布业依然非常重要。"渴望产出华丽布料的哈里发们从苏锡安那(Susiana)的吐斯特(Tuster)招来了大量织工"。巴格达城的作坊生产出"越来越多的顶级丝绸和锦缎"。中世纪的意大利有一种特别的绣金布料,就因"巴格达"一词而为人熟知;还有一种由丝和棉织成的布料叫阿塔比(attabi),以巴格达城的一个街区命名(Wiet,1971:101)。此外,甚至在塞尔柱人统治时期"巴格达还在生产棉布、丝绸、草席、有形水晶、玻璃、药膏、药水和药糖剂……[它们]是主要的出口物"(Wiet,1971:117)。

　　然而,随着旭烈兀在 13 世纪后半期对伊拉克的征服,上述产业急遽衰减。蒙古人不仅摧毁了巴格达的经济,而且把其劲敌大不里士设为首都。大不里士把欧洲商人从巴格达及其港口巴士拉转移到了蒙古人控制下的波斯湾的出口霍尔木兹。

巴格达的陷落

　　欧洲人对蒙古人闻所未闻,而巴格达人却强烈地意识到蒙古人对他们的潜在危险。其实,13 世纪初期时,惊慌失措的纳西尔(Nasir)哈里发就向白益王朝寻求支持,对抗蒙古人。幸运的是,那仅是一场虚惊,因为阿尤布王朝那时正忙于和十字军搏斗,而无法援助哈里发(Wiet,1971:151)。随后,蒙古人又在 1236、1238、1243 和 1252 年对巴格达发动袭击。巴格达每次都做了全民动员,只是蒙古军队要么改变了行军路线,要么在破坏一通之后就撤退了,巴格达才幸免于难(Wiet,1971:151—163)。蒙古人的虚张声势或许让巴格达麻痹大意。当 1257 年一直谣传旭烈兀的蒙古军队正接近巴格达时,哈里发依然麻木不仁,没能去组织适当的防卫。1258 年 1 月 11 日,蒙古人完全包围了巴格达。2 月 5 日,他们的旗帜已经插上城墙。5 天后,哈里发被处决(Wiet,1971:164—165)。

　　关于 1258 年巴格达的陷落,有许多生动的描述。其中一些基于道听途说(伊本·阿西尔的描述和一些中文资料)[7];有些根据当时或事后不久的证人的叙述为依据。多数描述带有悲观色彩,因为穆斯林世界把此事看作历史上的一大劫难。我最喜欢瓦萨夫的叙述(波斯语),施普勒(Spuler)将其译成了英文(1972:120—

121）：

> 清晨,橘黄色的太阳[祖莱哈 Zulaikha]尚未从地平线上升
> 起,霞光魔幻般从水银一样的星空投射出来,伊儿汗[旭烈兀]
> 命令军队高举火把冲进巴格达……他们先推倒城墙……填充
> 了哲人般深沉的护城河。然后,他们横扫巴格达城,像饥渴的
> 夜鹰捕杀羔羊那样,肆无忌惮、毫无羞耻地屠杀和恐吓……鲜
> 血像尼罗河水般流淌,像红色染料那么刺眼。《古兰经》的诗
> 句"种子和根茎都枯萎了"描述的就是巴格达的货物和财富的
> 消亡。蒙古人将巴格达后宫的财宝一扫而光,用愤怒的锤子
> 敲碎了城垛……从屋顶到城门,哀歌四起……他们用刀子把
> 珠宝装饰的金床和金垫割成碎片。那些藏匿在巨大的后宫帷
> 幕后面的人们被揪出来,被拖到大街小巷上,每个人都变成了
> 鞑靼魔鬼手中的玩物……

没有任何欧洲人对这些"地狱之人"的描述比得上这个恐怖故事。
然而,巴格达被完全摧毁了吗？ 它会像撒马尔罕那样再度崛起吗？

尽管阿什多在书中"蒙古和土库曼封建贵族统治下的伊拉克"
一章(1976:249—279)对大致背景进行了充分叙述,但迄今为止尚
未有学者就上述问题给出确切答案。凯斯·魏斯曼（Keith
Weissman,芝加哥大学:1986 年 1 月 23 日的讲座)对相关历史进
行了考察,以评估蒙古人统治下的巴格达的情势。他认为关于从
1258 年到约 600 年以后的奥斯曼人征服这个时段的资料缺失本
身就表明了巴格达地位的下降。伊斯兰学者不再讨论这座城市,

旅行者们对它鲜有提及,这个事实表明主要贸易通道已不再经过巴格达。[8]魏斯曼认为巴格达的衰落涉及政治、经济、人口和社会等诸方面原因。阿什多为发生的一切提供了大背景。拉施特(Rashid al-din)(他是后来推行穆斯林"改革主义"的伊儿汗国的元老)的基本记述是上述两位学者的主要资料来源。(参见 Spuler 的英译本中的相关文选,1972:115—164 中的相关部分)

巴格达的政治地位显然下降了。1258 年以后,它降格为大不里士统治下的一个省城。蒙古人的统治把这里变成了由埃米尔(amir)管制的一个卫戍区。在 13 世纪期间,伊儿汗仅到巴格达来过少数几次(Weissman,1986)。然而,这并不代表他已不把巴格达看作潜在的税收来源了。伊儿汗建立的封建政权尤其向城镇居民征收苛捐杂税,强卖、商业税以及税吏(所谓的信差!)的盘剥使居民蒙受了巨大损失。"对市民的课税是……一项无情的剥削。同时代的阿拉伯编年史家伊本·福瓦提(Ibn al-Fuwati)讲述了巴格达居民是多么频繁地受到盘剥"(Ashtor,1976:250)。这些赋税在节节攀高,但该地区繁华不再,诸业凋敝的景况却无人关心。

巴格达的经济显然也遭受重创。虽然巴格达依旧是区域性的商业中心,但远程贸易已不再经过这里。阿什多指出,在遭受蒙古人的征服之后,巴格达与叙利亚和埃及的正常贸易中断长达 50 年,直到 14 世纪初才恢复。更严重的是,巴格达与印度的贸易中断了(Ashtor,1976:264)。

196　　　　在蒙古人征服之前,大量香料和其他印度商品经水路运到巴士拉,再由此经巴格达和安条克运往地中海沿岸。蒙古人建立统治后,大不里士不仅成为伊儿汗国的首都,而且还是国际性贸易中心……巴格达被攻陷 10 年后,开罗的苏丹占领了安条克。安条克是陆路另一端的商业重镇,印度商品通过这条陆路从波斯湾运往地中海一带。大不里士和开罗的统治者之间的相互敌视,或者他们之间频繁的战事,是这条重要的贸易通道发生偏移的另一个原因。从那时起,抵达波斯湾沿岸的相当一部分的印度商品被运往大不里士,然后通过北方线路……运抵小亚美尼亚。

这些货物运输不仅绕过巴格达,而且还避开了悠久的地中海外港阿勒坡和安条克[9],这里的基督徒商人已经转移到塞浦路斯的法马古斯塔,或小亚美尼亚,以此来遵循教皇关于与穆斯林贸易的禁令,尽管只是做做姿态。

蒙古统治时期的农业生产力也下降了,巴格达经历了周期性的饥荒。拉施特(引自 Ashtor,1976:260)抱怨说,伊拉克仅有十分之一的土地得到耕种。魏斯曼认为伊拉克的税收在 1258—1335 年间减少了 90%。因为物品的短缺,通货膨胀和货币贬值持续不断。财力的减少与剥削性的征税体制相互作用酿成灾难,大大加重了相对较少的幸存人口的租税负担。

“哈里发帝国肢解不久,人口数量就开始减少;蒙古人的征服加速了这个过程”(Ashtor,1976:253)。在巴格达,部分城区逐渐被废弃。到 13 世纪后半期,巴格达的许多临近地区,特别是西岸地区都空无一人;新建筑少之又少。此外,从 1290 年到 14 世纪 30 年代,很多人甚至从巴格达迁移到开罗。纳西尔·穆罕默德

(al-Nasir Muhammad)统治时期,开罗建筑体现出的伊朗和伊拉克文化的痕迹就证明了这一点(Weissman,1986)。

　　巴格达的衰落与它的外港巴士拉的困境相伴而生,巴士拉一直推动着巴格达与印度的贸易。巴士拉是阿拉伯人在 7 世纪刚刚征服美索不达米亚时规划建立的两座城市之一(另一座是库法)。穆卡达西在 10 世纪末提到,巴士拉甚至比巴格达更胜一筹,"因为它资源充裕,有很多敬虔的人"(Al-Muqaddasi,Ranking and Azoo 译本:184)。[10] 巴士拉生产高质量的丝绸和亚麻布,出产珍珠和宝石,加工锑和铜绿。但最重要的是,巴士拉是必不可少的海港和商城,它转运来自印度的货物,并将枣、散沫花、绵绸、紫罗兰和玫瑰香水等货物出口到各国(Al-Muqaddasi,Ranking and Azoo 译本:184)。

然而,作为巴格达的港口,巴士拉的命运显然与巴格达密不可分。随着巴格达的衰落,巴士拉的繁荣自然也不会持续太久,在伊儿汗国的首都大不里士成为主要的商业中心以后更是如此。另一条直接通往波斯湾出口附近的霍尔木兹的路线使得商业活动偏离了巴士拉。

于是,在 13 世纪下半期,中线经历了一场决定性的重组。巴格达连同它的门户巴士拉以及整个波斯湾地区都在走向衰落。在地中海沿岸,倒卖东方货物给欧洲的意大利商人曾受到十字军国家的接待,但这些港口此时逐个消失了,到 1291 年时已无处可寻。波斯湾地区的商业不可避免地受到波及。这绝非小事一桩。因为这条通往印度的线路曾经是阿拉伯商业霸权的伟大时期里西方穆斯林世界与"天竺"(Hind,印度)和"秦"(Sin,中国)之间最为重要的纽带。这条线路就是所谓的辛巴达之路。

通往东方的波斯湾线路

伊斯兰教兴起于 7 世纪初,到 8 世纪末时已扩张成为一个广袤的帝国,从而创造了连后来的蒙古人西征时都比无法比拟的统一局面。[11] 伊斯兰帝国促进了陆上商旅贸易的繁荣,第五章已对这种贸易有所描述。然而,海上贸易通道的扩张最有力地表明了底格里斯河和幼发拉底河孕育的美索不达米亚文明与尼罗河孕育的埃及文明这两大古老的河域文明的统一。

在两大文明统一之前,5—6 世纪是萨珊政权的鼎盛时期,当时波斯人控制了与东方的所有海上贸易,这些贸易也都经过"他们的"海湾。随着罗马帝国的衰落,不太适合通航的红海上的贸易活动逐渐衰减(Toussaint,1966:45)。然而,这种状况将在伊斯兰世界称霸初期发生改变。

伊斯兰教兴起于阿拉伯半岛,然后分别经波斯湾和红海向东、西两个方向扩张。只要伊斯兰帝国的中心依然位于阿拉伯半岛上,这两条水路就发挥着同样重要的作用。埃及人、波斯人与阿拉伯人以新的方式整合到伊斯兰的共同统治和思想体系之下;波斯湾和红海两条线路不再互为对手(Hourani,1951:52),而是像在亚历山大时代那样成为同一片海域(厄里特里亚海①)的左膀右臂(Toussaint,1966:48)。[12]

------

① 厄里特里亚海(the Erythrean Sea),印度洋的古称,最早见于希罗多德所著《历史》。

　　然而,阿拉伯半岛上并未出现王朝统治。王朝统治先是出现在伍麦叶王朝的首都大马士革,阿巴斯王朝胜利后又迁至巴格达。这些迁徙对贸易线路产生了引力,商路逐渐集中到波斯湾一线,红海成为干线的辅助路线。

　　在波斯与阿拉伯世界统一之前,波斯水手已经控制了波斯湾与东方、甚至中国的远程贸易(Hourani,1951:47)。此时,阿拉伯人同样积极地参与其中。霍拉尼的研究(1951:61)表明了这一点:

　　　　阿拉伯人继承了这个贸易传统,他们排除万难,推动了贸易的繁荣。从波斯湾到广州的海路是 16 世纪欧洲扩张之前人类经常使用的最长线路……在这个历史时段[7—9 世纪],海路两端大帝国的同时存在使波斯湾和中国之间的海上贸易成为可能。从西班牙到信德(al-Sind)的整个穆斯林世界由伍麦叶王朝哈里发(公元 660—749 年)统一起来,其后就是阿巴斯王朝的一个世纪有余的统治(750—870 年)……在另一端的中国,唐朝(618—907 年)控制着一个统一的帝国,直到这条海路的中断……

有了这些合适的条件,即使是波斯人从一开始就一直控制着贸易,贸易的兴旺也是自然而然的事情。中文文献最早于 671 年提到了波斯人的船只,717、720、727 和 748 年的资料又数次提到它们,他们与印度人和马来西亚人一道被视为停靠在广州的商船的主人(Hourani,1951:62)。

　　中文资料第一次对阿拉伯人的特别关注是关于 758 年大食人

（Ta-shih,阿拉伯人）和波斯人（Po-sse）联合袭击广州的行动。这表明一个不容忽视的阿拉伯人定居点刚刚在远东建立起来（Hourani,1951:63;Toussaint,1966:51）。这个事实显然与750年阿巴斯王朝定都巴格达有关,它显然促使更多的船只驶往东方。受到袭击后,中国人关闭了广州港的"外国贸易"（Toussaint,1966:51）,但实践证明这仅仅是个暂时的中断。阿拉伯人和中国人的关系继续扩展,虽然时有冲突。792年,广州重新开放;从此,穆斯林船只和商人不断出没于此。

在巴格达成为伊斯兰帝国首都100年以后,一份引人注目的文献详细叙述了从波斯湾启航的阿拉伯水手和波斯水手,已达到对阿拉伯海、印度洋,甚至南中国海"熟门熟路"的程度。一位叫苏莱曼的商人[13]于851年对他的行程和所经港口进行了描述（阿布·扎伊德·阿西拉弗[①]在一个世纪后对他的记叙作了最后的润色）,这些描述明确表明那时波斯湾到中国的贸易路线已经相当畅通,阿拉伯商人对这条商道十分感兴趣。这条贸易线路经由印度的马拉巴尔海岸、锡兰和尼科巴群岛（Nicobar）,马来半岛上的卡拉赫（Kalah）,马六甲海峡,通过柬埔寨和越南前往广州。可以确定的是,在麦斯欧迪[②]去往印度的途中在巴士拉遇到阿布·扎伊德时,两人好像有过讨论,因为他们提到许多相同的事实（Shboul,1979:53—55）。第三部分将详细探讨这些文本。在此,我们只想说明它

---

① 阿布·扎伊德·阿西拉弗（Abu-Zayd al-Sirafi）,公元10世纪时的阿拉伯旅行家。

② 麦斯欧迪（Abu Hasan Al-Masudi,9世纪末—957）,阿拉伯历史学家、地理学家和旅行家。

们的存在表明中国和阿拉伯世界的贸易早在 9 世纪中叶以前就已经颇具规模了。

尽管图森特①(Toussaint,1966:51)认为 878 年发生在广州的"骇人听闻的屠杀阿拉伯人事件"摧毁了中国港口的"穆斯林定居点",之后"阿拉伯商人仅在马来半岛的卡拉赫与华人贸易",但事实并非完全如此。屠杀事件仅仅表明了中国起自 875 年的动荡局势[14]。一旦社会秩序恢复,海上贸易就会重新开启。

宋朝建立之后,波斯湾和中国沿海之间的直接海路得以恢复。来自中国的两份主要文献清楚地表明了西亚船只在那时定期出入中国港口的情况。我们拥有一份 13 世纪初的文献,它由中国官员赵汝括写成。赵汝括负责迎接并管理进入中国"通商口岸"的外国船只,包括大食(来自美索不达米亚的阿拉伯人)商船。另一份资料基于 13 世纪晚期的一位有着阿拉伯血统的中国官员的传记,他叫蒲寿庚(P'u Shou-keng),在宋末元初之际负责管理驻留福建的外国商人(详见第十章)。[15]

由美索不达米亚和波斯驶往中国的商船从波斯湾启航,然后沿信德(今巴基斯坦)和天竺(今印度)的西海岸航行,它们频繁停靠沿线港口,很少远离陆地。季风给它们提供了穿越远海从阿曼的马斯喀特到印度的可能,但那时的船只很小(关于 20 世纪的帆船及其初期原型,参见 Bowen,1949—1951),航海技术还很落后。10 世纪时,阿拉伯人只知道通过北极星定位,波斯人在他们之前就在使用这个方法了。然而,最迟到 13 世纪时,阿拉伯航海家用

---

① 图森特(Auguste Toussaint,1911—1987),毛里求斯历史学家。

指南针弥补了星盘的不足，而这时中国人已经使用指南针长达一个世纪之久了（Teixeira da Mota，1964：51—60）。

在印度次大陆西南角附近的马拉巴尔海岸，往往是在奎隆港，这些商船经常会遇到由红海辅线来到这里的阿拉伯水手。这些水手从埃及的古勒祖姆或阿拉伯半岛上的吉达港启程，在亚丁和哈德拉毛稍作停歇，而后穿越公海到达马拉巴尔。两条线路在此汇合，绕过印度次大陆最南端的锡兰，或在此稍作停留，然后可能继续沿印度东海岸上行到现在的马德拉斯。船只从印度的科罗曼德尔海岸驶向马六甲海峡，它们要么在那里与中国商人进行贸易（在中国对外国人关闭港口期间），要么继续上行到广州或刺桐（泉州）等通商口岸，有时也会继续远行到北边的杭州港。然而，不论什么情况，通过波斯湾的贸易都不得不穿越霍尔木兹海峡那条狭窄的水路进入阿拉伯海。（见图7）

保卫霍尔木兹海峡

波斯湾入口附近的诸多弹丸小国利用它们的战略位置，或控制部分中转贸易，或直接向想要过境的商船征收通行费。有些港口，比如阿曼东海岸的苏哈尔和西海岸的西拉夫都依靠自己的力量成为贸易中心。来自巴格达-巴士拉、中国和印度以及经亚丁来自红海地区的商人们可以在此与来自四面八方的商人交易货物。这些转口港类似于陆路商道两旁重要的商旅驿站。其他一些港口城市，如霍尔木兹等都位于帝国领土上，它们的优势地位不仅源于其天然位置，还源于它们的政治优越性，以及它们对帝国的影响力。最后，不客气地讲，像基什岛（Qais 或 Kish）这样的地方可能纯粹就

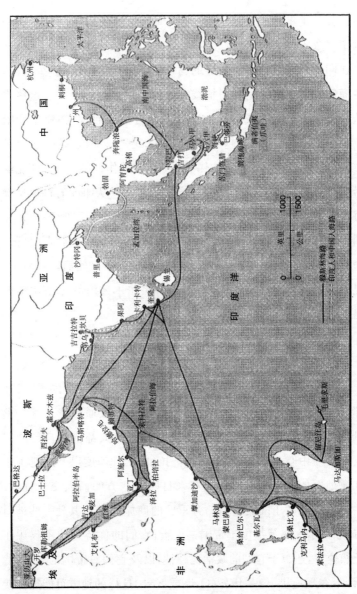

图 7 由中东去往印度及更远处的海路（源于 Chaudhuri）

是海盗窝，他们的船只从这里出航，前去抢劫满载货物的商船。

尽管总的说来，这些小地方并不能增加他们所守卫的门户的总贸易量，因为总贸易量主要取决于远方中心区的供需。但它们有时会或多或少地妨碍在正常情况下途经这里的远程贸易，通过提高保护费减少整体贸易，或使得贸易线路发生偏移。如同第五章讨论的中亚陆路一样，当有单独一个统一政权能保证海路货物免遭小型索贡者和独立劫掠者的干扰时，运输风险和保护费用就会下降；反之，当帝国政权瓦解时，上述成本都会增加。

203

9—10 世纪时，阿巴斯政权非常强大。巴格达的贸易的增长与波斯湾北端的巴士拉和海峡附近的中转港的繁荣之间似乎存在着某种协同关系。阿曼，尤其是位于阿拉伯半岛边缘的苏哈尔港口是主要的受益者。穆卡达西（Ranking and Azoo 译本：49—50）在 10 世纪晚期的记载中将阿曼列举为穆斯林世界最适合积聚商业财富的三个地方之一（其他两地是亚丁和福斯塔特），并将苏哈尔和亚丁称为"通往秦（as-Sin，中国）的门廊"。穆卡达西热情洋溢地指出（Ranking and Azoo 译本：142）

> 苏哈尔是乌曼的首都。目前中国海上还没有一个比它更重要的城市。苏哈尔繁荣兴旺，人口密集……有很多商人……[它]是通往中国的门户，是东方和伊拉克的商业中心……波斯人是苏哈尔的主人。

从穆卡达西所列举的出口商品（Ranking & Azoo 译本：148）显然可以得知苏哈尔是非常重要的交易中转港，这些商品包括药物、香水(甚至麝香)、藏红花、柚木、象牙、珍珠、黑玛瑙、红宝石、黑檀木、糖、芦荟、铁、铅、藤条、陶器、檀香木、玻璃和胡椒。除了珍珠以外，这些商品可能都来自远程贸易线路周边。

尽管穆卡达西很少提及波斯湾靠近波斯一边的中转港西拉夫(Siraf)，但它似乎也很繁荣。我们还记得，商人苏莱曼于851年开始记载的航行记录在一个世纪后由一位叫西拉弗的人杀青(名字源于西拉夫这座城市)。10世纪的地理学家伊本·豪卡尔(Ibn Hawqal)笔下的西拉夫是波斯湾的重要港口城市，尽管那时这里的很多商人已经转移到苏哈尔。正如我们将要看到的那样，有证据表明，即使进入所谓的衰落期后，12世纪时与中国进行贸易的富商仍有很多来自西拉夫(Aubin,1959:281—99；Heyd,1885:165)。

由于缺乏11—14世纪阿拉伯人的航海指南手稿，因此像让·索瓦热[1](Jean Sauvaget,1940:11—20)这么伟大的中东史学家认为这一时期波斯湾和印度洋之间的海运时断时续，不再那么重要时，我们会感到非常困惑(Aubin,1964:166)。同样令人困惑的解释是，这条线路非常有名，早期的航海指南也非常完美，所以根本不需要编撰新的航海指南。[16]正如鄂法兰[2]在评论索瓦热的观点时所指出那样，有关红海的航海指南的缺乏绝不意味着贸易的中断(1964:165—171)。鄂法兰认为，大量证据表明，11—14世纪这段时期，尽管阿拉伯水手不再掌控贸易，但波斯湾地区的贸易依然非常繁盛。

---

① 让·索瓦热(Jean Sauvaget,1901—1950)，法国学者，长于伊斯兰世界史的研究。
② 鄂法兰(Frangols Aubin,1932—　)，法国著名蒙古学研究专家。

巴格达从 11 世纪开始丧失其优势地位,这表明整体的贸易活动可能从波斯湾向红海方向转移。尽管如此,波斯湾和中国之间的商业活动仍然继续带给商人们大量财富。12 世纪时对伊本·豪卡尔的地理学进行注解的无名氏对西拉夫巨商的下列描述表明了这一点(Stern,1967:10):

> 据说,有一位商人,身体不适,便立下遗嘱。他所持有的现金,占他财产的三分之一,约有一百万[金]第纳尔;这不包括他借给别人以康孟达合同方式从事贸易的钱财。另外,还有一位叫拉米什特(Ramisht)的商人……[他的儿子]告诉我他所使用的银器价值……1200 曼斯(manns)。拉米什特有 4个仆人,据说每个仆人都比他的儿子富有……我遇到了……拉什米特的书记员,他告诉我说,20 年前当他从中国回来时,他的货物价值 50 万第纳尔;如果他的书记员都如此富有,他本人的富裕程度可想而知!

虽然这个传闻有所夸张,但很难据此认为中国贸易已经萎缩,或者波斯湾沿岸的中转港已经废弃。然而,对于那些独立地散布在这一带的领地而言,巴格达的衰落似乎确实为他们的进取心提供了争夺由波斯湾经过的贸易或战利品的机会。

其中的一个竞争者就是基什岛,岛上的水手利用这里的重要位置拦截或打劫通过此地的商船。11 世纪末时,基什岛海盗恣意而为,影响了西拉夫港的正常运转(Idrisi 引自 Heyd,1885:164,378;Aubin,1959;1964:164)。12 世纪初时,这些劫掠者已臭名昭著。[17] 那时,他们似乎打败了所有的竞争对手,成为"印度和中国贸易的主要港口"(Stern,1967:14)。不过,尽管基什岛居于支配地位,但一直到 13 世纪时,波斯湾靠近阿拉伯半岛一侧的港口仍然继续接纳商船(Heyd,1885:164—165)。

13 世纪下半期,蒙古人征服了波斯和伊拉克,加速了当地局势的变化。已经衰落的巴格达不再是名义上的首都,巴士拉也因为不再是主要的目的地而失去了作为通往巴格达以及地中海地区的主要门户的重要地位。霍尔木兹和基什岛这两个中转港成为新的实力调整的最大受益者。到 1291 年,当马可·波罗穿越中部路线时,欧洲人通过陆上主要通道,到达伊儿汗国的首都大不里士,然后下行到波斯湾沿岸的帝国港口——霍尔木兹。[18] 另一个中转港是基什岛,它对穆斯林商人尤为重要。在蒙古统治时期,基什岛拥有一支大舰队,成为亚洲贸易的主要中转港(Aubin,1964:14;Heyd,1885:165)。

然而,在接下来的几个世纪里,霍尔木兹依然在波斯湾与亚洲贸易中发挥着最为重要的作用,甚至在伊儿汗们皈依了伊斯兰教之后也是如此。它还是 15 世纪初,在明朝政府突然锁国之前最后一支驶向波斯湾的中国舰队,即郑和舰队的目的地,这也许并非毫无意义(参见第十章)。

中线的衰落(对谁而言?)

因此,尽管蒙古人对伊拉克和波斯的征服改变了波斯湾的港口分配模式——该模式在阿巴斯王朝末期日益增长的无政府状态时期一直存在——但通往远东的中部贸易线路的毁坏不应归咎于蒙古人。在旭烈兀上台之后,由于意大利商人进入伊儿汗国——尽管时间不长,所以阿拉伯世界与印度和中国的贸易不仅没有中断,而且还呈现出新面貌。甚至在合赞汗皈依了伊斯兰教之后,意大利人仍然试图继续待在伊儿汗国,尽管对尽力避免与穆斯林进行直接交易的欧洲人来说,伊儿汗国已不再是个可行的选择。

然而,合赞汗的皈依的确产生了一个重要的后果。在14世纪早期,它使得"蒙古"的伊儿汗们与"埃及"的马穆鲁克之间暂时休战[19](那时,后者统治着叙利亚,包括叙利亚在地中海沿岸的平原地区)。两个核心区之间的贸易重新开启,意大利商人被迫出局。伊儿汗国不再像从前那样需要和容忍他们;波斯人也不再给他们提供比经埃及和红海一线更自由,更低廉的通往亚洲的贸易路线。尽管埃及和红海地区都受穆斯林统治,但它们是波斯湾地区真正的竞争对手。虽然早期的伊斯兰帝国统一了这两大分区,使得这两条通往远东的线路成为同一贸易体系的一部分,但伊儿汗国和马穆鲁克之间的暂时休战并未带来类似结果。在14世纪,波斯湾和红海互为对手。

一旦基督教徒丧失了他们在叙利亚海岸的据点,中部路线对意大利商人也不再有吸引力。为了理解13—14世纪中线的重要性衰落的原因,我们有必要考察东面的波斯湾,但更有必要分析西面的地中海。如前所示,虽然波斯湾地区曾经受到暂时的干扰,并一度发展迟缓,但它与印度以及更远处的贸易往来从未停止。如果欧洲人不再主要倚赖这条线路的话,那么这不是因为这条线路不再运行,而是因为欧洲人在地中海沿海的几块

207　零星的领地不再像从前那样方便可用。我们已经讨论了十字军王国在 1291 年的消亡和意大利商人的撤离,他们要么前往基什岛和塞浦路斯等岛屿,要么去往更北方的小亚美尼亚。这个转移带来两大后果。

　　一方面,对那些转移到小亚美尼亚或黑海港口的商人来说,北方的陆路变得更具吸引力。由于忽必烈及其继任者统治时期整个区域的相对平静和安全,这条更短的直达中国的线路变得更有竞争力,因为人们认为它相当短,仅需不到一年的旅行时间(如第五章援引的约翰·孟高维诺的信件所言);而通过大不里士和波斯湾的海路则需要两年的旅程。热那亚人最喜欢这条线路。

　　而对那些转移到地中海岛屿上的商人来说,其他线路更具吸引力。特别是威尼斯商人,掌控黑海门户的热那亚人不可能让他们过多地倚重北方陆路,他们同时还丧失了建在叙利亚海岸的定居点,所以他们只得把注意力集中在占据了通往印度的海路枢纽的马穆鲁克人身上。虽然威尼斯人可能更乐于选择原来的贸易线路,经叙利亚到巴格达,或者通过大不里士到达波斯湾,然后去往印度洋,但他们已无力满足自己的喜好。他们任凭埃及马穆鲁克政权的摆布,因为后者现在已将沿海的叙利亚和巴勒斯坦设为它们的独立省份。而马穆鲁克与合赞汗的关系也影响着威尼斯人的贸易线路,因为这一关系决定着叙利亚和波斯湾之间的中转贸易的可行性以及数额。我们将在第七章讨论威尼斯商人和马穆鲁克政权之间的关系,还将详细考察伊斯兰世界工商业的经营方式。但是,在此之前,我们必须思考一下从目前的案例中得到的经验。

由巴格达和波斯湾地区得到的经验

单纯的地方因素和经济因素显然只能部分地解释巴格达的衰落和波斯湾线路的中心地位的丧失。唯有考察更大区域，乃至世界体系的地缘政治制度的变化背景，我们才能全面理解上述衰落的真正原因。

波斯湾在霍拉尼所谓的人类最古老的水路上占有战略位置，这是一个具有长远历史意义的地理事实。这条适于航行的水路将印度次大陆与中东核心地区联结起来，然后经由数条路况良好的陆路与地中海连接起来。其中的一条陆路与幼发拉底河的延伸部分平行，通向阿勒坡，然后通往沿海的安条克；另一条穿越一片狭窄的沙漠地带，到达大马士革和地中海更远的地方。早在公元前第三个和第二个千年时，这条线路就连接了周边的古文明（乃至带动了它们的兴起），它们包括波斯湾地带的阿勒坡附近的埃卜拉文明、下伊拉克的苏美尔文明和巴林岛上的迪尔蒙文明，印度河流域（今巴基斯坦）的哈拉巴文明和摩亨佐达鲁文明。如果说哪条路线的比较优势曾被证明过，那么它就是波斯湾路线。

如果地理位置本身是唯一因素或首要因素的话，人们自然会认为贸易路线会始终集中在那里。贸易线路将大致不变，唯一的变数可能就是从一地流向另一地的货物数量，以及贸易发生的范围。就目前的个案而言，贸易区域有时限于美索不达米亚及其最邻近的地区，有时则扩展到更远的边缘地带，这因交通、需求与和平局势的不同而定。

然而,如前所述,其他变量远比单纯的地理因素更加广泛。地理位置的重要性意味着,即使在最糟糕的时期,波斯湾依然拥有利用价值,尽管利用率较低。[20] 但是,单靠地理位置无法确保重要的中转贸易在这条线路上的运行,也无法保持它的竞争优势。决定这一切的是三个更重要的因素。

首先是波斯湾自身的"秩序"状况,这一因素比较次要,因为它只会干扰贸易,而不能生成贸易。如果政局支离破碎,保护费用和风险就会增加,古今皆是如此。在这种情况下,一些目的地不在波斯湾地区的商人就会另寻他途。我们将在第七章看到,在环行非洲成功之前,经由埃及的贸易线路一直是唯一的可选线路。对中东核心地区自身而言,这条线路是唯一合理的选择。尽管阿拉伯水手早在欧洲人之前就绕过了好望角,但这条环绕非洲的线路对他们而言没有重大意义,因为他们拥有更简短、更便捷的路线。

其次,波斯和伊拉克的统一缔造了一个安全的中转环境,通过增加地方生产和市场,刺激进口需求等,创造了繁荣的核心区域,促进了经由波斯湾的贸易。当这两个地区处于共同的统治之下时,比如在伊斯兰帝国初期,这里不仅发生了影响深远的农业革命(参见 Watson,1981:29—58),而且从思想文化到工业生产以及商贸活动等各个文明成分都蓬勃发展。相反,统一的崩溃则总会干扰贸易和文化的发展。

然而,正如蒙古征服时期所证明的那样,统一也不是唯一的变量。虽然伊儿汗国统一了波斯和伊拉克,但这还不足够。最后一个因素更为重要。这就是印度洋贸易通道两端的经济态势的健康发展。归根结底,它直接决定着贸易额的大小,无论这些贸易是经过波斯湾还是其他线路。当阿拉伯世界和中国都兴旺发达时,比如 9—10 世纪,贸易也会欣欣向荣。当欧洲在 12 世纪参与其中时,这个体系增添了另外一股动力。相反,一旦两端的势态出现变故,比如 14 世纪 30—60 年代,线路两端的联系也不可避免地减弱。在 14—15 世纪争夺日渐衰退的贸易额的斗争中,波斯湾(处于合赞汗的统治)和红海(处于马穆鲁克的统治)两条路线再次互为对手,而非同一片海域的左膀右臂。在这场竞争中,埃及明显成为赢家。

注释

1 参见 Adil Ismail Muhammad Hilal, "Sultan al-Mansur Qalawun's Policy with the Latin States of Syria 1279—90, and the Fall of Acre" (American University in Cairo, 1983: quotation 114—115)。这篇有意思的文章未曾发表。

2 伊儿汗国君主关闭了陆路,这条线路通常是马穆鲁克新兵源的来路。它 210 的关闭暂时让热那亚人处于特殊的垄断地位,他们充分利用了这个优势。

3 尤其参见罗伯特·洛佩斯(Robert Lopez, 1943: 164—174; 引自 p. 170)。

4 之前曾经有多次沿非洲西海岸向南航行的尝试。"大约在 1270 年……兰斯洛特·马洛赛洛(Lancelot Malocello)指挥的热那亚舰队驶进大西洋,并……抵达加那利群岛"(Toussaint, 1966: 95)。

5 这本世界地理书清楚地展现了穆斯林广博的世界知识。它不仅涉及从大西洋到中国海的所有区域,而且在开头就直接宣称"地球是圆球体,它围绕自己的两个极点……北极和……南极转动,苍穹笼罩"(*Hudud al-'Alam*, Minorsky 译, 1937: 50),欧洲人直到 500 年以后才接受这个论断。

6 参见 Muhammad ibn Ahmad al-Muqaddasi, *Ahsanu t-Taqasim fi Marifati-l-Aqalim*, translated by G. S. A. Ranking and R. F. Azoo, Calcutta: 1897—1910。

7 他的叙述建立在道听途说的基础之上,带有偏见。有关其评价,参见 D.

S. Richards,"Ibn Athir and the Later Parts of the *Kamil*:A Study in Aims and Methods"(1982:76—108)。与之相对照的是由贝勒(Bretschneider, 1875:I:118—139)翻译过来得相当平淡的中文资料 *Si Shi Ki* 和 Kuo K'an 的传记。很显然,作者的"兴趣"决定着叙事方式。

8 然而,仅仅在巴格达被毁灭 12 年之后,马可·波罗就把它描写成为一座兴旺的大城市。如前所示,阿拉伯/波斯的资料经常区分底格里斯河西岸的王室城市(Madinat al-Salam)与东岸的商业城市;前者毁坏殆尽,后者继续是生产和贸易中心。这个区分可能导致了众多描述的不一致。

9 1260 年,旭烈兀率领的蒙古军队基本上毁掉了阿勒坡。"阿勒坡被破坏,近乎荒废。它需要一个世纪的时间才可能从大屠杀中恢复过来"(Humphreys,1977:349)。

10 穆卡达西(Al-Muqaddasi,Ranking and Azoo 译本:180)认为巴士拉是"乌马尔(Umar)时期由穆斯林建立的一座宏大都城。乌马尔命令其下属'在波斯和阿拉伯国家之间、伊拉克边境、中国海上建立穆斯林城镇'……[巴士拉]的名字源于也门船只用作压舱物的扔在这里的黑石头"(Ranking and Azoo 译本:184)。

11 随着来往于印度和波斯湾的陆岬之间的阿曼和西拉夫的水手和商人将新作物或旧作物的新品种从东南亚、马来西亚以及更远的地方传到中东(Watson,1981:30),这种统一还导致了 Watson(in Udovitch,1981:29—58)所谓的"中古的绿色革命"。从那里,新作物向西传播到阿拉伯世界,并最终传到欧洲(Watson,1981:35)。

12 在佚名作者的《厄立特里亚海航行记》(*Periplus of the Erythrean Sea*)中发现了希腊人在这个地区航行的证据。尤其参见 Toussaint(1966:39—40),原文的英译本参见 W. B. Schaff, ed. , *The Periplus of the Erythrean Sea*(London:1912)。

211 13 参见 Joseph Toussaint Reinaud(和编辑的冗长引言),*Relation des voyages faits par les Arabes et les Persans dans l'Inde et a la Chine dans le Ixe siecle*(1845)。此文献的比较好的译本是 Jean sauvaget,*Akhbar as-Sin wa l-Hind*,*Relation de la Chine et de l'Inde*(1948)。

14 9 世纪晚期的农民暴动使得国家陷于荒废。愤怒的农民甚至毁掉了他们的桑树,输往阿拉伯的丝绸贸易也长期中断(Heyd,1885:31)。

15 第三部分将比较详细地讨论这两份重要文献，但我们可以在此提供引文。参见 *Chau Ju-Kua : Chu-fan-chi* [*His Work on the Chinese and Arab Trade in the Twelfth and Thirteenth Centuries*]，由弗里德里希（Friedrich）和罗克希尔（Rockhill）翻译成了英文。还参见 Jitsuzo Kuwabara，"On P'u Shou-keng : A Man of the Western Regions who was the Superintendent of the Trading Ships' Office in Ch'uan-chou towards the End of the Sung Dynasty, together with a General Sketch of Trade of the Arabs in China during the T'ang and Sung Eras," *Memoirs of the Research Department of the Toyo Bunko* (1928 : 1—79 ; 1935 : 1—104)。

16 另外，让·索瓦热（Jean Sauvaget）认为 11—14 世纪期间没有航海指南，他的这个看法建立在最完整可靠的文献资料上，尽管只有一份。这就是 15 世纪的航海大师 Ahmad ibn Majid al-Najdi's *Kitab al-Fawa'id fi usal al-bahr wa'l-qawa'id*，它吸收并利用了之前编集的所有主要的航海指南。这份资料的优秀译本及其冗长引言见 G. R. Tibbetts，*Arab Navigation in the Indian Ocean before the Coming of the Portuguese*，London：The Royal Asiatic Society of Great Britain and Ireland，1981。

17 例如，参见 S. D. N. Goitein，"Two Eyewitness Reports on the Expedition of King of Kish (Qais) against Aden," *Bulletin of the School of Oriental and African Languages* XVI (1954) : 247 页及以后各页。

18 萨金特（Serjeant，1963 : 11）将霍尔木兹描绘成"贫瘠之地，但却……极其富有。尽管它没有食物、淡水，也没有植被，必须从大约 12 英里外的波斯陆地进口补给品，但它却因幸免于劫难，并因其优良的海港发展成几乎与亚丁同等规模的大城市。霍尔木兹是源自印度的海路的中心……直到 1529 年葡萄牙人才渗透到这里……"

19 当然，两者都没有"完全休战"。马穆鲁克与帖木儿的战争在 14 世纪末将再次开启。

20 当今事件清楚地表明了这一点。虽然最近伊朗和伊拉克之间因波斯湾领导权问题而进行的持久战争导致了航运风险的加剧，并使得两国贫困潦倒，但波斯湾的航运并未中断。当然，船上的货物不是枣、丝绸、香料、青金石和黑曜岩等远程贸易商品，而是新货物——石油。

第七章　奴隶苏丹政权时期
开罗的贸易垄断

　　蒙古人对伊拉克和波斯的占领,打破了由美索不达米亚文明与尼罗河文明的大聚合所创造的伊斯兰黄金时代。甚至在蒙古伊儿汗皈依了伊斯兰教之后,他们与统治着叙利亚和埃及的马穆鲁克政权之间的敌意也只在 14 世纪前期稍有缓和。这个间歇可能在某种程度上缘于一个事实,即在苏丹纳西尔·穆罕默德(1294—1340 年,其间有两次暂时中断)在位期间,拥有 50 万人口的开罗达到鼎盛(Abu-Lughod,1971:32—36)。开罗是当时世界上最大的城市之一,只有中国的杭州,或许还有刺桐(泉州)能胜其一筹。

　　埃及的强大源于诸多因素。第一,埃及赶走了十字军,控制了
包括埃及和叙利亚诸省在内的广大地域。1249—1250 年,圣路易入侵失败,[1] 十字军对埃及的最后威胁消除了。路易九世成为马穆鲁克防卫策略的牺牲品,欧洲军队感染的痢疾对十字军造成重大影响。1291 年,阿克里陷落,十字军丧失了叙利亚。第二,随着波斯湾的衰落,埃及其实绝对地控制了通向印度和中国的海路。在 14 世纪下半期,当北方陆路崩溃后,埃及巩固了其垄断地位。第三,埃及拥有强大的政府,虽然穷兵黩武,但它至少在被取代之前增强了从事远程贸易的商人的力量。

　　然而,马穆鲁克政权需要人力维护他们的体制。所以,他们除

了与欧洲人打交道之外，没有其他选择。而现在的欧洲人已渐渐丧失了其他贸易路线，他们急切地来到埃及的门口。马穆鲁克制度对军事人力的需求永无止境，以保护自己免遭欧洲人和蒙古人的双方威胁。然而，特有的军事封建主义制度意味着它无法从叙利亚和埃及本地的穆斯林中征兵。只有非穆斯林，特别是不信教的人可以为军队和政府所用。一旦马穆鲁克皈依了伊斯兰教，并且为主人的服务级别有所上升，他就能获释，但他仍要远离本土人口。马穆鲁克和切尔克斯人（Circassian）女性的后代可以继承前者的地位（尤其是当他们是在位苏丹的儿子们的时候）。而 *aw-lad al-nas*（字面意思是"人们的孩子"），即马穆鲁克父亲和本地母亲的孩子在理论上则被排除在马穆鲁克统治集团之外，尽管这个惯例在实践中有所变通（Haarmon，1984）。正是这个"特殊"的制度使得奴隶贸易对埃及统治者具有至关重要的作用，并使得埃及与热那亚达成了奇特的共生关系。

诚如埃伦克鲁兹（Ehrenkreutz）所言，在 13 世纪下半期，"［热那亚］的经济利益……和马穆鲁克的社会政治利益适时地结合起来"（Ehrenkreutz，1981：335）。13 世纪早期，阿尤布苏丹从"经由穿越美索不达米亚和小亚细亚的传统路线……从中亚和高加索源源不断地来到埃及的奴隶"中征募新兵（Ehrenkreutz，1981：336）。然而，1243 年以后，蒙古人控制了高加索和叙利亚之间的陆路，伊儿汗国"统治了波斯、伊拉克、高加索和东安那托利亚，蒙古人足以阻断马穆鲁克领土和东北方奴隶市场之间的主要陆路"。旭烈兀统治时期，"蒙古人和马穆鲁克关系破裂，奴隶贸易商队从会合于埃及和叙利亚的东方贸易线路上消失了"（Ehrenkreutz，1981：

214

337）。之后，马穆鲁克被迫另寻他途，以规避伊儿汗国的禁运。

1261 年，威尼斯人控制的君士坦丁堡的拉丁王国崩溃，热那亚人恢复了他们在那座城市以及周边黑海地区的贸易权利，并最终为马穆鲁克提供了出路（Ehrenkreutz，1981：340—341；以及本书之前的第四章）。一旦控制了局势，热那亚人在旭烈兀的对手——别儿哥的金帐汗国的援助下，建立起经由博斯普鲁斯海峡和地中海的连接克里米亚（奴隶的来源地）和埃及的海路。这条海路上运输的主要"商品"就是男性奴隶。[2]

热那亚非常乐于合作，因为"往埃及运送奴隶……是热那亚商人的重要手段，他们可以借此……［提升］欧洲人在黎凡特的商业霸权……热那亚……［成为］马穆鲁克军队所需的切尔克斯奴隶的最重要的供应者"（Ehrenkreutz，1981：341）。只是到 14 世纪时，由于他们已无力控制政治发展情况，他们讨价还价的能力才有所削减。

> 击败了十字军就消除了一项昂贵的军事支出……更加重要的是，在伊儿汗国皈依了伊斯兰教以及蒙古人在波斯的统治迅速衰落之后，马穆鲁克苏丹消除了遭到毁灭的恐惧感……此外，美索不达米亚和叙利亚之间的传统陆路的再次开放，使得当地的中东商人恢复了利润丰厚的奴隶贸易（Ehrenkreutz，1981：342）。

因此，到 13 世纪末时，对马穆鲁克来说，热那亚人不再是不可或缺了。

第四章结尾部分提到,把赌注下在南部海路上的威尼斯人,虽 215
然无法向埃及人提供奴隶,但却能够以欧洲人对东方的香料和丝
绸,以及埃及和叙利亚棉麻织品的需求为诱饵。在法蒂玛王朝和
阿尤布王朝时期,威尼斯人和来自意大利其他贸易城市(热那亚、
比萨、阿马尔菲)的同胞们共享埃及市场;而在马穆鲁克政权时期,
威尼斯人日益强化了其地位,逐渐取代了东方贸易中的其他竞争
对手。在直接控制埃及的时期,马穆鲁克奴隶政权更加积极地规
范与外国商人的关系,威尼斯人迅速利用了国家控制所提供的优
惠条件。

在 13—14 世纪,威尼斯人和马穆鲁克政权都在努力建立贸易
垄断。这些垄断对双方都产生了重要后果。威尼斯人能够排除意
大利的竞争城市的商人,或至少使他们处于从属地位。马穆鲁克
的埃及政府则能够通过限制肆无忌惮的喀里米商人(批发商)与外
国人的交易,并最终垄断高利润商品市场,来控制他们。

14 世纪中叶爆发的黑死病后果严重,它描绘出了至少是其后
150 年的大结局。如果说威尼斯和埃及不是那场混乱的赢家,它
们至少属于最幸运的存活者。正如第四章所述,威尼斯从惊人的
人口损失中恢复过来,而人口死亡率相对低的热那亚却没有复苏。
意大利史学家曾经从两个城市的内政或者"企业精神"方面作出了
解释,如今我们可以从世界体系的角度重新解读。

通往亚洲的南部线路的持续运行拯救了埃及,威尼斯也因此
幸存下来。1346 年时,威尼斯船队已定期往返于亚历山大港
(Ashtor,1974,1978 年再版:17)。尽管受到黑死病及其周期性复
发的干扰,但两地间的交流并未中断。威尼斯和埃及在 15 世纪时

216 的联系都是 13 世纪世界体系的产物(虽然奥斯曼帝国在 15 世纪晚期至 16 世纪早期重塑了该区域的亚体系)。在详细论述威尼斯与马穆鲁克埃及和叙利亚之间的关系之前,我们有必要考察一下穆斯林商业世界为意大利人创造的条件。

伊斯兰教和商业

　　欧洲人的大多著作都认为,中世纪的意大利海上国家"积极地"在"消极的"伊斯兰社会中经营贸易。意大利人向一个竞争力有限的区域引进了巨大的革新性的运输和贸易机制。然而,这种论点体现了第一章提及的一些错误的推理方法,即由结果向前推论,且无法剔除评述的立场。尽管"西方"确实最终"胜出",但这并不意味着它的胜出源于西方更为先进的资本主义理论或实践。在这些方面,伊斯兰社会并不需要老师。

　　有人认为由于伊斯兰教禁放高利贷,所以不利于资本主义的发展。这是无可争辩的事实。基督教也禁止高利贷,而且往往"淡漠金钱"。与其不同的是,伊斯兰教自始就承认商业活动的存在,并参与商业事务(Rodinson,1974;尤其是 Goitein,1964a,1964b,1966a,1967;和 Udovitch,1970a)。直接由上帝支配的宗教文献竟然涉及商业协议的内容(比如《古兰经》的第二章,第 282—283 条经文),对此我们可能会觉得不可思议。但我们必须谨记,麦加本来就是重要的商旅中心,穆罕默德本人在接受神启之前也是一位商人。

　　这个地区的商业活动在伊斯兰教产生之前就早已存在,并继续维持着日渐扩张的穆斯林帝国的繁荣。帝国中使用的许多经商方法在《古兰经》把它们编纂起来并确定为经商之道前,就已成定规。在伊斯兰教形成之前,苏美尔人就创造了其中的许多方法,萨珊人也在使用"银行"、"支票"和"汇票"(Toussaint,1966:46—47)。如果不是在伊斯兰教形成之前,那么在伊斯兰时代里,签订 217 "康孟达"合同已肯定是商旅贸易中的传统做法了(Lopez,1970:345)。

伊斯兰教采纳了这些商业机制,并对商人以及他们对社会的贡献增加了较高的道德评定。戈伊泰因(1964b:104)认为,伊斯兰教对待商业的态度特别有利于商业的发展。

> 诚实商人的收入在穆斯林宗教文献中被视为典型的清真(Halal),因为它属于宗教允许范围内的盈利。另外,商人尤其有实力履行所有义不容辞的义务[祷告、修习宗教经典]。与那些低收入的从事体力劳动的教友相比,旅行中的商人……[能够更容易地]去麦加朝觐[更方便地参拜圣徒、施舍、斋戒]。

阿巴斯王朝于 750 年获得政权后,随着富有商人(他们为推翻伍麦叶王朝的"资产阶级革命"提供了财力支持)开始"利用"国家为自己谋利,资本主义蓬勃发展起来(Goitein,1964b:101—103)。戈伊泰因认为,"如同现代资本主义在欧洲的兴起伴随着宗教关于赚钱的新态度的出现那样,8—9 世纪穆斯林帝国的'资产阶级革命'也有着强大的宗教基础"(Goitein,1964b:105)。然而,这一论点很难找到论据。

在欧洲,大量的公证合同被保存下来,它们清楚地表明了经商过程(以及萨波里所警告的那种情况,参见第四章);而中东则没有留存下相关资料。摩尔根(Morgan,1982:前言)哀叹有关交易物数量及价格的档案资料几乎全无踪迹。阿多维奇(Udovitch,1970a)也指出了由于缺乏书面合同而无法对中世纪伊斯兰世界在合伙和利润等方面的具体操作进行再现。[3]

　　由于文献资料的缺乏,我们无法研究贸易额的问题(Udovitch,1970a:3)。鉴于相关合同的缺失,[4] 我们只能研究那些描述了贸易机制(舒拉①或法定范例),或阐释了其运行准则(希叶勒②)的法律文件。阿多维奇使用的就是这种方法,他在其著作中论述伊斯兰时代早期的合伙制度和康孟达,以确定伊斯兰教对商业活动的抑制是否是伊斯兰世界在中世纪丧失商业霸权的原因(Udovitch,1970a:4)。

　　然而,法律书籍并非完美的资料来源。就像意大利人规避教会禁止高利贷的命令一样,伊斯兰教的法律也不能全部付诸实践。不过法律文献仍然不失为一个研究起点。阿多维奇(1970a:8)认为,即便合伙关系在巴比伦时代就出现了,康孟达却是"阿拉伯人的原创"。在中世纪的伊斯兰世界,合伙关系和康孟达合同相当普遍,因为8—9世纪的大量伊拉克文献都将二者系统地编纂起来(Udovitch,1970a:14)。

合伙关系

　　法律承认两种合伙关系:沙瑞科特-米尔克(*sharikat al-*

---

① 舒拉(shurut),指伊斯兰教规定的合同范例。
② 希叶勒(hiyal),指法学家为避免使用某些严苛的法律规定而设计的法律技巧。

milk,所有权的伙伴关系)和沙瑞科特-阿科德(*sharikat al-ʿaqd*,合同伙伴关系或商业合伙关系)。[5] 前者是简单的共同所有关系,不一定带有商业目的。相比之下,后者强调"共同投资,共享盈利,共担风险",属商业组织的主导形式,也是法律论著中讨论最多的主题(Udovitch,1970a:19)。伊斯兰沙斐仪学派(Shafiʾi)的教法不赞成穆法瓦达(*mufawada*,无限投资伙伴关系),而哈乃斐学派(Hanafi)的教法虽然允许穆法瓦达,但更倾向于伊南(ʿinan,有限投资伙伴关系)。在后一种关系中,合伙人只有一定比例的资本是共同基金(Udovitch,1970a:40—43)。

合作关系的独有特点是除了资金合作(Udovitch,1970a:55)外,或许还有货物合作(可疑的,Udovitch,1970a:61),另外,合伙人还可以"投资"劳动,至少在哈乃斐学派的教法中如此。"在康孟达中,一方出资,而另一方出力。而工作伙伴关系下的资本主要包括合伙人双方的劳动。人们眼中的劳动通常指某种制作手艺,比如裁剪、染色、织编……等特定的概念……[现在成为]'以他们的劳力结成的合伙关系'……是存在于'身体上的'……'手艺上的'……'劳动里的合伙关系'"(Udovitch,1970a:65)。[6]

劳动合伙关系提供了"外包制"之外的另一种选择,后者导致 219 了欧洲的无产阶级化。"中世纪产业里的劳动分工通常是这样一种情况,生产者未必拥有其工作所需的原材料,或者他们与成品销售毫无关系"(Udovitch,1970a:66),而合伙关系就有可能将资本家、生产者和批发商置于更加平等的地位上。此外,店主和制造商店所需产品的熟练工匠也可能达成伙伴关系,利润部分可以用作租金(Udovitch,1970a:71—74)。

此外也还有可能组成"信贷"伙伴关系。至少到 8 世纪时,这些都是穆斯林世界的工商业的重要融资方式。阿多维奇确信(1970a:78,80)"早期的伊斯兰世界已经存有广泛使用商业信贷所需的法律手段","商业实践中存有大量赊欠,并广为接受"。没有赊欠制度的存在,远程贸易就根本不可能实现。赊账销售能够获得比较高的利润,而且赊账制度的熟练运用能使商人规避伊斯兰教反对高利贷的禁令。此种赊欠可能被一再转让,甚至存有经营赊账买卖的合伙关系(Udovitch,1970a:81)。阿多维奇明确指出:"就中世纪的近东而言,任何认为赊欠只用于消费,而没有用于生产的主张都是相当错误的"(Udovitch,1970a:86)。

合同

尽管商业契约并不要求达成书面文件,而是更推崇签约人的口头证言,但还是有许多生意合同得以记录下来。其间确实有些相当于公证人的官员(Tyan,1960)和大量舒拉文书(Udovitch,1970a:88 页及其后页),这些舒拉文书提供了合同范本(在某种程度上就像我们购买租赁表格,而不是自己制作它们)。虽然每个合伙人都有一份书面合同文本,但真正的合伙关系开始于筹资实际开始之时,而非合同签订之日(Udovitch,1970a:96)。

康孟达

220

除合伙关系外,伊斯兰法还制约康孟达,如第四章所示,康孟达成为意大利人远程贸易的重要机制。在常见的康孟达协议中,一方投入资金,另一方跟随货物前往国外。尽管类似于一方出资,一方出力的合伙关系(Udovitch,1970a:67,170),但康孟达在伊斯兰法中得到区别对待,因为虽然外出的合伙人分享利润并代表国内的合伙人与第三方洽谈生意,但他并不对正常的风险负责。伊斯兰教产生之前的阿拉伯人商旅贸易中已在使用类似康孟达的做法,因为穆罕默德好像就曾经是赫蒂彻(khadija)的康孟达代理人(Udovitch,1970a:171)。这个制度一直延续下来,并在回历一世纪传到伊斯兰世界的其他地区,最终传到欧洲。[7]

康孟达是典型的资本主义手段。通过这个手段,资本能够投资于商业,或者像欧洲之外的地区那样投资于工业生产(Udovitch,1970a:引自185—186)。

> 一个人可以将其资本委托给代理人,条件是后者购买原料,并制成商品,在双方分享利润的基础上出售这些商品……这样的安排可以称为……产业的或劳动的康孟达,其中的制造要素和生产要素与康孟达中更普遍的商业功能挂钩。

早在8世纪时就出现了工业康孟达和合伙关系的事例。基尼萨文献(主要涉及11—12世纪的福斯塔特[8])提到了资本家和劳工之间的产业协议,这些劳工分布于铸币厂的金矿砂筛选、编织、铅加工、裁剪和刺绣、焙烤、玻璃吹制、酿酒、制药、染色和生产紫色布料、丝绸制造、银锻造、制糖、制革、奶酪和乳制品加工等行业(Goitein,1967:362—367)。劳动合同(即代理商的雇用)与合伙关系或康孟达之间的主要区别是,后两者涉及合同双方商定好的潜在利润的分配。在后来的意大利人合同中,利润分配的比例可能有所不同,但这必须事先声明(Udovitch,1970a:190—196)。

康孟达也是延续和转让信贷的一种灵活手段。至少在哈乃斐学派的教法中,人们甚至可以与获得授权的代理人签订协议,将存放在第三方那里的资本或者某个商人的债券用于投资康孟达(Udovitch,1970a:187)。这种灵活性无疑促进了远程贸易的进行。康孟达对出行合伙人的授权或者毫不限制他们的决策权(尤其是在涉及真正的远程贸易时),或者有些严格的限定。但是,"即使在有限授权的康孟达合同中,代理人几乎也可以自由地参与他所运作的商业活动"。唯一能限制代理人行动的合法性的因素是"商人的惯例"(Udovitch,1970a:206)。尽管代理人必须对账目进行详细记录,但他们并不对亏损负责(Udovitch,1970a:237—240)。

瓦基勒(代理)

尽管受信赖的奴隶或年轻学徒(称作"男孩")可能为他们的主人的利益而"工作",但与商业活动中频繁出现的合伙关系和康孟达模式相比,雇用佣金代理商(瓦基勒,*Wakil*)的情况很少出现(Goitein,1967:131—133)。然而,在异域他乡代理商人(*Wakil al-tujjar*)却发挥着非常重要的作用,他们是其家乡商人的专职代表。据戈伊泰因(1967:186—192)研究,这种受人尊敬的高级职员发挥着三个方面的职能:他是同乡们的法定代理人;他维持仓库(*dar al-wakil*),为不在当地的商人储存那些可能要他代为销售的货物;最后,或许是最重要的,他是受商人们信赖的

> 受托者,也是商人们的中立仲裁者……由于瓦基勒的仓库

是商人们中立的聚集地,因此还成为他们的交易所……仓库里
有一位公证人,以便能立即签订正规的诸如合伙关系和康孟达
之类的商业合同……[瓦基勒的仓库具有]半官方的特点。

222

在港口城市,瓦基勒也可能充当港口负责人,关税和其他税款的包
税人,甚至成为通信地址。

阿拉伯贸易中的瓦基勒与香槟集市上的外国商人组织,或者
意大利商人在布鲁日和安特卫普的领事机构非常相像。之所以有
这些相似性,并非什么宗教原因或"扩散"使然。相同的需求显然
会产生相同的解决办法。货币和银行业的情况也是如此,虽然这
两个不同的文化领域在这些方面有很多重大区别。

商人、信贷、货币和银行业

通过仔细分析在基尼萨藏经洞发现的 1 万项文物(其中的
7000 份可以称作"文献")中的一小部分,戈伊泰因(1967:13)在
想象中重构了 11—12 世纪以及更晚的时段里福斯塔特及其他地
方的资金和信贷的运行情况。[9] 他认为,由于货物发出后一般两个
月才能够收到付款,因此生意,甚至零售生意多以信贷形式进行。
"偶尔也会通过支付比商定价格更高的价钱来弥补长时间欠款造
成的损失,以抵销利息"(Goitein,1967:197—199)。

然而,货款最终还是要支付的。货币以重量为单位,由金和银
构成,贸易中流通着多种铸币——有些硬币使用太久,重量低于标
准;而少数新铸造的硬币则更加精准。为了避免反复验证金币的
"乏味耗时"的工作,"在使用货币时,通常将硬币放在密封的硬币

袋里,在外面标明其具体价值"。因为这些"袋子"是密封的,从一个人传到另一个人的手中时也不打开,所以检验员的身份和可信赖程度变得至关重要。一些钱袋"盖有合格的货币检验员和政府官员,或半官方交易所的印章。另一些……刻有商人个人的名字……一般说来,只有银行家的账单才显示第纳尔的真实价值,即它们的重量"(Goitein,1967:231)。价值较小的银币不用钱袋密封。

有货币的地方就一定有货币兑换人。银行家(与欧洲一样,他们通常也是商人)[10]不仅检验和证明货币成色,而且兑换本地货币和外国货币(Goitein,1967:234—237)。戈伊泰因认为货币兑换商无处不在。在亚历山大港和福斯塔特有专门的货币兑换市场。

阿拉伯世界的银行家也接受存储业务,以保证钱财的安全。但是,与欧洲同行不同的是,他们不能用这些储蓄投资(Udovitch,1979)。然而,有趣的是,他们也接受"期票",也就是说,他们贷款。当然,正如戈伊泰因所言(1967:245—247),"银行家只给向他付款或储蓄的商人提供期票……人们已经习惯了把一部分钱财交给银行家保管"。但是,银行家也签订信贷康孟达合同,预支资本,以便得到事先指定的利润份额。尽管银行家免费保存储蓄,但兑换货币、贷款(经常以合伙关系或信贷康孟达合同作掩护,以逃避高利贷禁令)和发行汇票(*suftaja's*)却是要收费的。

在把资金从一个人转给另一个人,或从一地转到另一地的时候,银行家发挥了最为重要的促进作用。在这里我们必须区别简单的"支付汇票"(哈瓦拉,*hawala*)和远方的"即期票据"(苏福塔加,*suftaja*)。戈伊泰因对"支付汇票"的描述让我们觉得它非常类似于现代支票。[11]左上角是需支付的数额(数字),左下角是日期和支付者的名字。"从法律上讲,支票是法庭或公证处见证下的债务或责任的转移……正常程序……是通过银行家进行的"(Goitein, 1967:241—242)。

此外,尽管欧洲银行家直到14世纪才发明出完整的汇票,但其前身,即源于波斯的苏福塔加已在中东贸易中得到普遍应用。

> 一般说来……[苏福塔加]由著名的银行家或商人代表签发和草拟,这项服务需要付签发费。苏福塔加发行以后,任何 224 支付上的耽搁都要被处以罚金……由于汇票的签发要求马上付款,因此甚至大银行家都避免签发大面额的苏福塔加……苏福塔加的使用相当普遍,特别是在埃及本土……以及开罗和巴格达等国际贸易中心(Goitein,1967:243—245)。

账户

正如人们所猜想的那样,少数基尼萨文献表明银行家对账户进行了详细记录。我们有一份文献,其内容是一位银行家的账户,时间大概是1075年左右(Goitein,1967:295)。它记载了寄存在这位银行家那里的苏福塔加汇票的账目,借贷资金结余表,以及现金支付账目,所有这些都是关于一位客户的。另一文献是关于12世纪的一位大商人及作为其"合伙人"的银行家之间的来往账户。它分成两栏,尽管不是现代复式账形式,但在每栏都添加了借贷项目,然后给出一个结算表(Goitein,1967:299)。这似乎表明早在欧洲应用先进的银行和会计制度之前的数个世纪,伊斯兰世界就已在应用了。

　　由上可知,对于"资本主义"生产和交换的融资与管理而言,所有的法律和制度方面的必备条件早就存在于伊斯兰世界了,很久之后,欧洲人才因使用了这些东西而获益(Udovitch,1970a:261)。所以,当获悉穆斯林世界主导了高度发展的经济时,我们并不感到惊奇。其实,在埃及中转的不仅有意大利商人从远东运来的香料、染料和芳香剂,而且还有埃及自己的农产品和工业品。因此,我们必须回溯到几个世纪前,探寻那个时期经济发展和运行的轨迹,因为经济的繁荣使得开罗和在较小的程度上的亚历山大港成为兴旺发达的贸易和生产中心。

福斯塔特-开罗[12] 与生产过程和贸易过程

　　福斯塔特由半岛上的阿拉伯人建于公元 640 年,他们将伊斯 225 兰教带到了埃及。这座新建的城市跟伊拉克的巴士拉和库法一样,最初都是军事据点。然而,福斯塔特在尼罗河上的战略位置——恰恰处在流向北方的支流与三角洲的交汇点的下方——使其理所当然地成为政治和经济中心。在它正对面的孟菲斯就曾因此在法老时代主导了埃及。9 世纪时,福斯塔特成为埃及至关重要的工业生产、贸易中心和主要的内陆港口。伴随着郊区的持续扩张,它迅速发展成为伊斯兰世界的一个大城市,雄心勃勃地对巴格达构成挑战。埃及省日益增长的自治(还有混乱)反映了 10 世纪阿巴斯王朝(以巴格达为中心)的衰落,来自突尼斯的新的什叶派王朝——法蒂玛王朝于 969 年的入侵最终使得这个过程尘埃落定。

征服者将军乔哈尔(Jawhar)在距离福斯塔特不远处为法蒂玛王朝的哈里发设计了一座新的王室城市。这是一块围墙环绕的领地,称作卡黑拉(Al-Qahirah,后来欧洲人称为开罗)。在 10—11 世纪,这块领地不仅没有减弱福斯塔特的经济活动,[13] 反而通过增加产品和进口物的需求推动了这里的经济的发展。穆卡达西(见第六章)在法蒂玛王朝征服后不久对这座双中心城市进行了如下描述(Ranking and Azoo 译本:322—324,着重号为后来所加):

> 　一个不折不扣的大都市,因为它除了拥有所有政府部门外,还是[法蒂玛王朝]的信士的长官,即[哈里发]本人的住所……它诚然是埃及的首都,它使巴格达相形见绌,成为伊斯兰世界的骄傲和世界商业中心……它是所有首都中人口最多的城市……这里的居民平和、富裕、善良、仁慈……米斯里[福斯塔特]的房子每套都有四五层高,像灯塔一样……我听说……每套住宅能容纳两百余人。

穆卡达西把福斯塔特与亚丁和苏哈尔并列为最适合经商发财的地方。这是因为

> 　叙利亚和马格里布[北非]的水果一年四季运到这里,伊拉克和东方国家的旅行者,以及阿拉伯半岛和罗姆①国家[拜占庭/欧洲]的船只都来到这里。它的商业兴旺发达,贸易赢

---

① Rum,意即"罗马的"。

利丰厚，财富源源不断（Ranking and Azoo 译本：327）。

226　　尽管法蒂玛王朝时期的贸易和工业兴旺发达，但是国防事业并未发展。1168 年，萨拉丁帮助福斯塔特击退了十字军入侵者，并最终以阿尤布王朝取代了法蒂玛王朝。为了阻止十字军的行进，福斯塔特被故意烧毁，因此，王室居住地开罗这块从前的禁区如今面向大众开放了。此后，开罗和重建的福斯塔特共同发展，共同成为国家的经济中心和政治中心。

　　法蒂玛王朝最初拥有强大的海上力量，[14] 当从突尼斯来到埃及时，他们也把海军带到了地中海东部地区（Goitein, 1967：34），并在开罗附近建造了一家造船兵工厂。法蒂玛王朝的船只在整个地中海上横冲直撞，并驶入红海和印度洋。正是在这个时期，"印度洋上的伊斯兰世界中心从波斯湾转到了红海"（Toussaint, 1966：51），亚丁的地位开始凸显。尽管意大利人逐渐削弱了法蒂玛王朝舰队在地中海的力量，但他们从未渗透到红海贸易线路。古代的尼科（Necho）运河连接着红海与地中海，这条线路得到定期修补，以防遭到此类侵袭。[15] 法蒂玛王朝谨慎地防护着他们的"后门"，在他们统治的数个世纪中扩展了与印度的贸易。

　　如同意大利的海上国家那样，埃及政府和民间团体之间界线模糊。法蒂玛政府放任其臣民的资本主义倾向，同等对待穆斯林和犹太人[16]。政府是大多数土地的最终所有者，并且由于垄断了军事力量，保护贸易船只也成了它的责任。尽管那时国家还没有像后来那样监管商业，但"政府的确经常出面干预"（Goitein, 1967：267）。国家不仅是最大的客户，而且人们"通常从政府机构或者通过政府机构购买"农产品,特别是亚麻。

商业和政府之间的联系在日益受到欧洲船只威胁的地中海地区表现得特别明显。戈伊泰因收集了 11 世纪时穿梭于地中海上的 150 条阿拉伯船只的详细资料。他发现这些船只的所有者几乎都是个人(1967:309)。然而,出于军事防御的不断需求,船主与政府间总会有这样或那样的关联(1967:310)。不过,"最大的一伙船主是商人"(Goitein,1967:311)。在印度贸易线路上,防卫需求并不十分迫切,商人通常主导一切。在那个时期,众多的小船主和小商人都在争相寻求市场和供应来源。然而,这个过程渐渐失衡,所谓的喀里米商人最终胜出。

喀里米商人

喀里米何许人也?他们交易何物?他们与国家和生产者有何关系?这些问题在不同时期有不同答案,我们可以把法蒂玛王朝时期作为衡量日后发展状况的基准点。

东方学者相当重视对喀里米商人的研究,他们试图构建一个与这些人的奇异名字相符的某种奇异形象。但是我认为概念和名字表明了比较寻常的现象。喀里穆(karim)是"首要"的意思,在此用于区分大型批发商和众多的小企业主,后者的经营数量较小,几乎属于终端销售。这种分法非常类似于法国人对批发商和零售商的区别。

那么,人们显然会期望喀里米的出现及地位的日益上升会推动经营规模的扩大。阿什多指出(见其"喀里米商人"一文,1956,1978 年再版:45—46),他能找到的最早的参考资料就是法蒂玛时期的资料了,当时卡勒卡尚迪(Qalqashandi)提到了"喀里米船队"。拉比卜(Labib,1965:60)进一步阐述了这个问题。据卡勒卡尚迪研究,法蒂玛人在红海上维持了一支由5条船组成的舰队,保护商人免遭海盗劫掠。基什岛的统治者和一位代表福斯塔特的埃米尔贵族(amir)共同监管这支舰队。

阿尤布王朝时期延续了船运保护措施,之前运输士兵到汉志(Hijaz)和也门的船只被转移并部署到红海上,它们在那里的效率比法蒂玛舰队的效率更高。萨拉丁越来越支持喀里米商人,因为他通过征税从他们那里获得了丰厚的盈利。(马格里齐[Maqrizi]述说,这些商人提前支付了4年的税!)萨拉丁也急于把欧洲人从开罗和红海驱逐出去。在阿尤布王朝统治时期的1182年,十字军企图渗透到红海,喀里米商人面临最严重的危机。萨拉丁在红海的胜利使其下决心对喀里米商人进行支持。1183年,萨拉丁的侄子和在埃及任职的总督在福斯塔特建立了有名的喀里米丰杜克(funduk,商站)。接下来,商人们在亚历山大港、古斯(Qus)和红海地区又建立了数个丰杜克(Labib,1965:61)。因此,虽然拉比卜声称,喀里米商人的名字首次出现于11世纪,但是其实是在12世纪,当欧洲人通过埃及的贸易路线获得香料的需求上涨时,这些人才被系统提及。

不管人们对喀里米商人的起源的观点如何不一致,但他们都一致认为到马穆鲁克的巴赫里王朝(Bahri)时期这些商人已变得非常重要,特别是在纳西尔·穆罕默德苏丹在位的13世纪的最后10年和14世纪的前几十年中(参见 Fischel,1958;Ashtor,1956;Goitein,1958;Labib,1970;Wiet,1955)。到这个时期,印度洋上的香料贸易已经成为埃及经济的中心支柱。正如阿什多所述（1956,1978 年再版:52—53）：

　　　在马穆鲁克的巴赫里王朝时期,喀里米商人显然垄断了也门和埃及间的香料贸易……法蒂玛时期与马穆鲁克时期的香料贸易有着重大区别。从前经营香料贸易的小业主逐渐被积聚了巨资的喀里米商人所取代。这是马穆鲁克政府推行的经济政策所致,税收和垄断制度压制了小商人的发展。

　　拉比卜(1970:21)基本上赞同阿什多的看法,认为在早期的巴赫里马穆鲁克时期,喀里米商人财产的健康增长应归功于他们的经营技巧;马穆鲁克时代早期从阿尤布时代继承下来的自由企业制度也起到了推动作用。但是,拉比卜却把阿什多所谓的马穆鲁克的压抑性政策称作"埃及政府施行的宝贵的保护主义政策,阿拉伯商人从中大受裨益"(Labib,1970:209)。

　　然而,不论如何解释,有一点是大家的共识:喀里米商人的重要性在 14 世纪初期达到极致。据伊本·哈贾尔(Ibn Hajar)研究,这时的埃及大约有 200 名喀里米商人(引自 Labib,1970:212)。加斯顿·维特(Gaston Wiet,1955)通过对历史和编年大事记的选择和剪裁,编纂了一份从 1149 年到 15 世纪在埃及工作的46 名商人的名单,原始资料认为他们是"喀里米商人"。名单上一些人的传记资料表明了他们的身份和所从事的活动。

　　所有这些人似乎都是穆斯林,尽管阿什多认为有些犹太人也被看作喀里米(1956,1978 年再版:55)。[17] 但是人们认为,他们中的很多人是喀里米的儿子或亲戚。其中一些人占据宗教要职[少数几个是卡迪（Qadis），一位是开罗的爱资哈尔（Al-Azhar）清真大学的副院长]，或者在民事部门任职，至少还有两位担任开罗市场监督员这一非常重要的职务。少数几位被称作"开罗和大马士革的喀里米长官"，这表明商人们可能组成了松散的"行会"。[18]

　　现有资料让我们进一步了解了喀里米的活动。尽管香料并非唯一的货物，但它的确是主要的贸易货物，其地理分布也很广泛。据报道，有些，但并非全部的香料贸易商甚至远行到了中国。还有人在印度，特别是马拉巴尔海岸经营香料贸易；坎贝（Cambay）和卡利卡特（Calicut）等印度港口的名字频繁出现。几乎所有人都曾经在亚丁/也门经营贸易，特别是在 1229 年，这里在拉士鲁王朝（Rassoulids）统治时期重获新生（Wiet，1955：88）之后。喀里米商人不仅从事与远东的海上贸易，而且经营陆上商旅贸易。许多人在黎凡特，尤其是大马士革设立分部。当通往伊拉克的陆路在 13 世纪末开通时，他们也与巴格达通商。喀里米商人的贸易并不限于香料。在维特的喀里米商人名单中有布商和上埃及翡翠矿矿主，也有经营丝绸、铅、瓷器、奴隶、钻石的商人，以及银行家和船主。喀里米商人的贸易种类多得惊人。正如戈伊泰因所述（1967：230 153—155），批发商在不同的港口和地方经营着种类繁多的货物。大商人"必须从事多种经营，必须接受各类客户的订单，以便分散风险，应对市场的波动"。

　　即使在马穆鲁克政府开始积极地干预商业，并试图垄断香料贸易之后，喀里米商人似乎一直是远程贸易的重要参与者。虽然有些学者认为喀里米商人在 14 世纪下半期开始丧失垄断地位，并将这个商人阶层的地位的下降怪罪于意大利商人力量于 15 世纪初在埃及的日益增长（尤其是 Ashtor，"The Venetian Supremacy in Levantine Trade"，1974，1978 年再版：26），但或许还有其他原因。当我们接下来详细考察欧洲商人与埃及政府的关系时，我们会发现，即使在国家垄断了（设定价格）与穿越地中海至此的意大利商人的香料贸易之后，喀里米商人始终是东方货物的重要供应者。此外，喀里米商人的衰落（或转移）恰恰与黑死病之后的萧条相吻合，这表明国家可能有所介入，填补了因许多商人的死亡而留下的空缺。[19]

工业和农业生产："军事-工业综合体"？

商人与政府的协作还清楚地表现于棉花、亚麻和甘蔗的种植、加工以及国内外销售方面。可以确定的是，自阿尤布王朝以来，埃及和叙利亚开始具有军事封建主义的特点，外来的统治集团更加密切地参与到埃及农村社会中来。马穆鲁克政府把整个农业区域分配给埃米尔贵族，希望他们通过直接榨取或间接征收农业税来装备和资助他们的军队，后者更为普遍。在这种制度下，国家和"民间社团"之间不可避免地建立了互惠关系。

埃及的小作坊，而非大工厂制作了很多"产品"（Goitein，1967：80）。作坊里的工人拥有他们自己的工具，而且经常是产销一体的（Goitein，1967：85—86）。在戈伊泰因列举的开罗的行业中（1967：108—115），冶金、金属军事设备和装备制作、玻璃和陶器、皮革鞣制和皮革制品、羊皮纸、纸张、装订、建筑、石材切割、家具制作、食品制作和加工等行业，应有尽有。最大的厂房是马特巴赫(*matbakhs*,字面意思是厨房),经营制糖或造纸。这些厂房归苏丹或者埃米尔贵族所有,雇用着大批工人。

但是,与欧洲经济结构中占主要地位的行业一样,中古埃及最重要的行业也是纺织业。对此,戈伊泰因给出了最恰当的解释(1967:101):

> 纺织业是中世纪地中海地区的主要产业,类似于现代经济中钢铁和其他金属制造业的地位。根据现有统计资料,我们估计好几个社会阶层以及相当大的一部分,或许是绝大部分的劳动人口在参与纺织业这一经济部门。那个时代的纺织品比现在的纺织品更耐用,更昂贵……一件中意的衣物价值相当高昂……购置衣物成为家庭支出的一部分,有时是很大一部分,这些衣物从父母传给子女,在紧急情况下还可以换成现金。家里的家具通常包括各种各样的毯子、床、靠垫、帐篷、窗帘……

通过研究埃及的纺织和制糖这两大产业,我们可以知晓农业生产和城镇产业之间的互动方式:纺织业依靠本地种植的棉花和亚麻,制糖和蜜饯制作依靠本地种植的甘蔗。国家在这两个产业中发挥了重要作用。它控制着原料种植所需的土地,拥有许多加工产品的工厂,并最终购买了大量制成品,要么用于消费,要么倒卖给意大利商人。到法蒂玛王朝时期,苏丹已经成为最大的"资本 232 家"。虽然直到15世纪才形成国家的完全垄断,但在阿尤布王朝和马穆鲁克王朝早期,国家介入生产已经相当普遍。

蔗糖及其提炼

尽管整个埃及和叙利亚都种植甘蔗,但上埃及是这个区域内最重要的甘蔗种植地(Ashtor,1981:93)。多数制糖厂设在种植园内,但上埃及,甚至旧开罗(福斯塔特)的小镇却都建有马特巴赫。14 世纪早期,仅旧开罗就建有 66 家炼糖厂。糖厂最多的时候似乎是在 13 世纪下半期,这时"埃及的制糖业迎来了真正的繁荣……[因为]马穆鲁克的埃米尔贵族开始投资这个利润丰厚的行业"(Ashtor,1981:94—95)。尽管当地人消费了大量甜品,但 13—14世纪早期相当一部分也出口到其他阿拉伯国家、意大利、法国南部、加泰罗尼亚,甚至是佛兰德斯、英国和德国(Ashtor,1981:97—98)。阿什多(1981:99)明确认为埃及的制糖厂是

> 资本主义企业,因为大企业联合系统地排挤掉了小企业。例如,在 14 世纪前半期,巴奴-福达伊勒家族(Banu-Fudayl)控制的迈莱维(Mallawi)制糖中心每年种植 1500 费丹①甘蔗。然而,最大规模的制糖业业主都是马穆鲁克时期的埃米尔贵族和苏丹的财政部门的管理者……[埃米尔贵族从苏丹那里获得封地,用于制糖业]。苏丹本人也[通过王室甘蔗种植园、压榨机和工厂]积极参与制糖业。

马穆鲁克政权的官吏们比民间资本家享有更优越的条件,因为他们的税额较低,能通过强迫劳役制(corvée,灌溉系统里的强制劳

---

① 费丹(feddan),埃及、苏丹和叙利亚使用的面积单位。1 费丹相当于 1.038 英亩或 0.42 公顷。

工)调动农民劳力。因此,他们与工业资本家处于不公平的竞争中 (Ashtor,1981:99—100)。约在 14 世纪,特别是进入 15 世纪后, 当不公平竞争失效时,由于马穆鲁克政权强迫人们购买苏丹的糖, 且舞弊现象猖獗,他们也就掌管了糖的直接生产(Ashtor,1981: 99—103)。

233　　据阿什多研究,这种状况阻碍了技术的进步。尽管埃及的制 糖技术在 13—14 世纪已相当先进,[20] 但国家垄断和管理不善最终 扼杀了技术进步。到 15 世纪,当欧洲人正在改善制糖技术时,"埃 及和叙利亚的制糖业却仍然墨守成规",以牛力或水力为动力 (Ashtor,1981:106)。

很显然,埃及制糖业在 14 世纪初期就已经开始衰落了。马格 里齐认为福斯塔特糖厂的破产应该追溯到那个时期(Ashtor, 1981:104),甚至早于马穆鲁克政权于 15 世纪初开始的经济危机。 黑死病无疑加剧了它的衰落,50 年后帖木儿的入侵也起到了同样 的作用。无论如何,正如阿什多(1981:112—113)所总结的那样, 到 15 世纪,"黎凡特的蔗糖在国际市场上已经竞争不过欧洲"。

尽管阿什多竭力将 15 世纪后半期埃及制糖业的崩溃和"欧洲 的胜利"归因于政府的垄断和税收、腐败和技术的停滞,但他的论 点并不完全令人信服。在忽视了其他解释之后,他也不得不总结 道:在所有抑制工业发展的因素中,人口数量的减少最为重要 (Ashtor,1981:120)! 我们又回到了这个问题。

纺织业

纺织业是将农村生产和"产业"经济联系在一起的另一行业。

据拉比卜(1965：307)研究，织造在埃及是非常发达、非常重要的行业。早在法蒂玛时期(Goitein，1967：115)，国有的织布机就生产丝绸、棉布、亚麻和羊毛面料。不过，因为埃及气候炎热，它的绵羊和山羊皮毛稀疏，导致羊毛面料质量不好，丝绸质量也比较低劣[21]。棉花，尤其是亚麻，是这个区域的特产。

提尼斯(Tennis)和杜姆亚特(Damietta)等沿海城市是传统的亚麻生产中心，但是十字军的入侵扰乱了它们的生产。拉比卜(1965：308)描述了这些城市的产业，他的描述也适用于内地的迈哈莱城(Mehalla)，这里的纺织业吸纳了沿海地区躲避十字军侵袭的工人(El-Messiri，1980：52—54)。织工们充满了租赁的房屋、作坊和工厂，熟练技工在此生产出优质白布(在杜姆亚特)和彩布(在提尼斯)。亚历山大港甚至有一个市辖织造中心——提拉兹之地(Dar al-Tiraz)①，该中心受到政府的严密监管。另外，还有私人的纺织厂，它们在城市经济生活中发挥着重要作用(Labib，1965：309)。比之于棉布，亚麻是这些工厂的首要产品，因此生产过程就离不开亚麻。

亚麻是"埃及的主要产业作物"和"国际贸易中的主要货物"(Goitein，1967：104—105)。将亚麻的纤维和木核分离开来，然后去除纤维上的种子的复杂过程要求密集的劳力。相当有趣的是，尽管妇女不从事编织，但她们却参与到这个过程中来。棉商和亚麻商雇用女工，她们坐在厂房前的街道上，清理棉花和亚麻秆(Labib，1965：312)。

①　提拉兹(Tiraz)是一种工艺品，该名词源于波斯，指经过刺绣和装饰的布料。

　　棉纺织业在叙利亚和巴勒斯坦两省份比较普遍,那里种植着大量棉花。10 世纪的黎凡特主要在阿勒坡、巴勒斯坦北部和耶路撒冷增加了棉花种植(参见 Ashtor,"The Venetian Cotton Trade in Syria in the Later Middle Ages",1976,1978 年再版:675—715)。那时,埃及是日渐扩张的纺织业的主要市场。十字军的出现刺激了对棉花和布匹的更大需求,其标志就是 12 世纪后半期的价格上涨。即便在阿克里陷落以及随后的禁止与穆斯林贸易的教令颁发后,这个需求也没有减少。

　　然而,埃及和黎凡特的纺织业在 14 世纪下半期似乎经历了重大改变。欧洲货物越来越激烈的竞争,以及叙利亚的原棉越来越多地被意大利商人(主要是威尼斯商人)收购,导致了埃及自身的生产能力明显下降。这是剧烈变化的前兆,5 个世纪之后,欧洲纺织品充斥了"第三世界"市场,并把那里的工业生产者转变成主要产品的"依附性"出口者。

　　拉比卜(1965:311)记载了从欧洲进口的织物渗入埃及市场的情况。他引用 14 世纪埃及史学家马格里齐的研究,提到了法兰克人(Franks,即欧洲人)带着大量纺织品"涌入"当地市场的情况。开罗有专门为欧洲织物设立的集市;土耳其毯子和印度纺织品,尤其是丝绸和棉布的交易量也相当大;此外还有来自非洲的纺织品。纺织品生产和贸易的繁荣带动了集市和丝绸商栈的增加,甚至一度推动了埃及纺织品的出口。然而,埃及与世界经济的整合亦鼓励它出口大量的亚麻和原棉。尽管西西里、马耳他、塞浦路斯、希腊和意大利等基督教国家也出口原棉,但是它们的原棉质量低劣。在高昂的价格面前,埃及很难抵挡出售原料的诱惑。

　　稍晚的时候,叙利亚经历了相似的过程。首先,叙利亚与欧洲市场的整合促进了其棉布生产,巴勒贝克(Baalbek)和其他纺织中心经历了名副其实的繁荣。然而,工业发展在 14 世纪中叶遇到了困难并于该世纪末崩溃。黑死病导致人口锐减;后来帖木儿的入侵,在世纪之交把叙利亚的许多熟练工匠驱逐到了中亚,这加剧了人口数量的减少,给叙利亚的棉纺织业造成灭顶之灾。到 15 世纪初,叙利亚变成了原棉出口区,威尼斯人通过往叙利亚市场"倾销"棉制品加速了这个转化过程(Ashtor,1974,1978 年再版:5—53)。

　　尽管阿什多不断"指责受害者",认为叙利亚和埃及在中世纪后期的工业衰落缘于日益加剧的国家干预、腐败、技术落后等内部因素,但我认为其中原因似乎远比这复杂得多。埃及从一个由贸易、农业和产业共同构成的首屈一指的多元经济体转变为"依附性"经济体,不得不依靠仅有的两个途径来维持有限的力量:原料生产和对印度洋入口的战略控制。两个外部因素在其转型过程中至关重要(在某种程度上也影响了叙利亚),其中一个无疑就是威尼斯咄咄逼人的贸易政策,另一个是黑死病和跛子帖木儿的入侵造成的后果。到 15 世纪,留给埃及的只有其战略位置,后来连这一线生机也被葡萄牙人夺走了。

黑死病对埃及和叙利亚的影响

　　在 14 世纪后半期,埃及和叙利亚出现了多个消极趋势,促使我们去寻求共同的原因。首先,由于马穆鲁克国家的原料——尤其是亚麻、棉花、甘蔗——不再全部加工成用于本地销售和出口的亚麻织物、棉制品和蜜饯,而是逐渐被意大利商人收购,用于欧洲工厂的加工生产。这造成了本地工业生产的衰落。

其次,从印度以及更远处进口货物(不仅有胡椒和别的香料,还有瓷器、丝绸和其他产品)以及将它们转运到欧洲,已无法确保喀里米商人的成功。同一时期,他们作为自由企业家的优越地位为政府垄断所取代。[22]马穆鲁克苏丹试图抓住一切机会从中转贸易中榨取利润,意大利商人愤怒地将其称之为没收策略。

最后,在切尔克斯(Circassian)或布尔吉(Burji)王朝(1382 年取代了虚弱的巴赫里王朝马穆鲁克)统治时期,马穆鲁克国家的压制似乎达到了新高度。在布尔吉王朝时期,统治集团明显增加了向埃及和叙利亚乡村榨取财物的强度,强迫农民低价出售农作物,高价购买政府垄断的制成品。另外,其他迹象也表明了经济困境:强迫现有商人提供贷款、政府时常降低汇率、货币的金属含量减少以及生产力的整体衰退。

1347—1350 年的黑死病有可能是经济衰落症状集中爆发的共同原因。尽管黑死病并未马上"杀死"埃及,但它却严重削弱了埃及的根本实力,以至于即使埃及通过垄断通往印度和中国的海路继续收敛财富,也已无济于事了。最后的证据是,当葡萄牙人在 16 世纪初介入贸易时,马穆鲁克政权很快就瓦解了。1506 年时,开罗市场上已不再有香料贸易。10 年后,马穆鲁克国家被奥斯曼土耳其人打败,埃及和叙利亚成为奥斯曼帝国的两个省。所以,即使缺乏同一时期的欧洲的资料,我们也必须认真研究这场瘟疫。在缺乏准确资料的情况下,我们必须努力从人口丧失和经济衰退的症状之间推断逻辑联系。

麦克尔·多尔斯[①]利用极富想象力的方法,对中东的黑死病进行了细致研究。阿多维奇(1981:397—428)书中的一篇文章介绍了多尔斯写于1977年的书。下面的叙述大量利用了其研究成果。1347年秋,黑死病传到亚历山大港。这表明,它肯定是从意大利人在黑海的前哨直接传到那里的。次年春天,瘟疫已经向南传到了埃及三角洲。1348年10月到1349年1月,黑死病的影响在开罗达到极点。之后,它继续毁灭性地蔓延到上埃及。马格里齐对黑死病症状的描写表明它是一种相当致命的肺部瘟疫,这个诊断非常准确。尽管马格里齐提供的死亡者的数字明显夸张,但多尔斯(1981:413)认为,根据现存记录和稍晚时期保存比较完好的死亡率,开罗城每天多达1万人死亡的推测似乎是合理的。多尔斯断定,在瘟疫流行期间,仅开罗一座城市大约就有20万人死亡。我估计瘟疫前的开罗的总人口大约是50万(Abu-Lughod,1971:131),这意味着在几年之内大约有40%的开罗人口消亡了。这个推算几乎与马格里齐的观点一致,他估算埃及和叙利亚有 238 1/3到2/5的人口死于黑死病。[23]

就在黑死病爆发前的1345年,埃及总人口约为800万,开罗人口大约占到6%。在丧失了1/3的人口后,埃及剩下的人口约有500万。之后的50年中,黑死病反复发作,尽管其影响有所减弱。接下来公认的人口衰减发生在奥斯曼统治时期的几个世纪里。拿破仑于1789年入侵埃及时,法国人估计埃及人口不足300

---

①　麦克尔·多尔斯(Michael Walters Dols,1942—1989),中东鼠疫流行史专家,曾于1980年获得古根海姆奖。

万。这样的人口损失意味着什么呢？

　　在欧洲，瘟疫导致了人口分布的巨大变化，农民和农奴被迫逃离土地，城市居民逃离了居住地的恶劣条件。在埃及，人口的迁徙没那么自由。"农奴"被困在沙漠之中，束缚在马穆鲁克埃米尔贵族的采邑（易克塔，'iqta'）上，他们没有森林可以逃匿，城市居民没有可开垦的耕地。所以，在欧洲出现的出人意料的积极后果并未出现在埃及。

　　另一方面，欧洲的产业由于大批熟练工匠在瘟疫中丧生而解体，埃及也出现了同样的情势。某种程度而言，埃及生产力的衰落必须归因于熟练工匠的大量丧失。熟练农夫和纯劳力的丧失，摧毁了水利社会赖以生存的完善的运河系统，农村地区因此也明显出现了类似的经济衰落。商人阶层的损失肯定更加惨重。主要从事海上远程贸易的喀里米商人特别易于受到在港口间传播的疾病的影响。黑死病之后的埃及政府更为直接地参与国际贸易，这或许与私人贸易者数量的减少有关。因此，前面讨论的三个趋势——产业的衰落、自主的喀里米商人被国家取代、统治集团剥削程度的加强——可能都与黑死病瘟疫的后果有关。

239　　马穆鲁克制度实质上是一种机制，它组织国家的自然资源和劳力，以支撑复杂的军事机器和外来统治集团的奢侈生活。[24] 鉴于那个时代的劳动密集型生产方式，盈余比现代社会更加依赖于生产盈余的劳动力。黑死病严重削弱了劳力供应，所以马穆鲁克制度不再有能力创造等量的盈余。马穆鲁克政权的苏丹们在 14 世纪晚期和 15 世纪日益加强了剥削策略，企图保持税入，应对严重腐朽的经济基础。

黑死病过后，埃及的经济基础变得越来越依赖远程贸易。随着欧洲从 14 世纪后半期的萧条中复苏，它对东方货物的需求急剧增加。为了获得东方的供应品，欧洲被迫与埃及保持友好关系。为了提供货物，埃及不得不以其仅有的剩余力量，守护着通往远东的唯一通道。

马穆鲁克政权与意大利商人的关系

从开始十字军东征的时刻起，法兰克人就企图到达红海，但埃及人每次都设法阻止了他们。[25] 萨拉丁极力阻止欧洲人从地中海渗入。法兰克人的最后一次正式尝试发生于 1250 年，以圣路易的惨败而告终。但鲜为人知的是，1365 年，彼得·冯·吕西尼昂（Peter von Lusignan）率领残余的十字军进行了再次尝试，结果也是失败（尤其参见 Labib，1965：337）。马穆鲁克政权像他们的前辈一样认真负责，他们绝对禁止欧洲商人穿越埃及，欧洲人在地中海的亚历山大港的来往都处在严格监管之下。

通过考察埃及的政策，我们可以清楚地了解威尼斯史学家所谓的穆达（muda）现象（尤其参见 Lane，"Fleets and Fairs"和"The Merchant Marine of the Venetian Republic"，两篇文章都再版于 Lane，1966；也可参见 Mc-Neill，1974）。莱恩在《舰队和集市》一文（1966 年再版：128）中指出，意大利语中的穆达有两个含义：既指护航舰队，又指装船的那个时段。后者似乎始于 14 世纪初（McNeill，1974：60），那时的威尼斯船队归威尼斯城邦公社所有，租给出价最高的投标人（见"The Merchant Marine of the Venetian Republic", Lane, 1966 年再版:143)。航行安全仅仅是穆达的部分功能,它的其他作用可以从舰队抵达亚历山大港中去找寻。

按照要求,意大利船队必须在亚历山大港口集合。在某个时段的所有船只到齐之前,任何船只都不能卸货。(后面将会提到,中国通商口岸也实施了类似的政策)。这种举措在某种程度上阻止了非定期抵达者可能引起的不可预料的价格波动,同时也有利于控制贸易。埃及在陆上和海上边界的"警务"行动既不是什么新鲜事,也不仅限于监察欧洲人。较早的记载(相关记载参见 Labib,1965:160—162)提到了陆上边界的收税站和"通行"站,以及对登临亚历山大港的人进行监督的制度。这种做法可能更严格地针对欧洲人而言。

当船只进港时,在海关领导(Divan al-Hims)和城市都督来海边迎见他们之前,所有人都必须待在船上。然后,商人们要么在船上登记注册本人及其货物,要么乘小船到港口,并在那里提供个人信息,并提交一份宣誓声明。海关官吏到船上监督每件货物的卸载(Labib,1965:243—244)。外国基督徒必须携带他们的领事——对入境者的良好经营承担责任——签署的特别许可证(签证),还必须缴纳比穆斯林高出许多的进口税。[26] 在办理完"通关"手续后,欧洲商人就汇集到指定的丰杜克。丰杜克类似于"外国"商人在香槟集市上留存的房屋,用于储存货物,进行交易,公证合同;商人在此受母国法律的管辖。丰杜克不能超越亚历山大港的界限,甚至不能设在附近的罗赛塔港。

241　　　欧洲贸易者的行动受到如此限制,他们被迫完全依靠喀里米商人——后来是垄断性政府的官员——供应返程货物。尽管返程

货物主要是大宗农产品或当地的制成品,但最珍贵的货物却是欧
洲人亟需的马来西亚和印度尼西亚的香料和染料,印度的胡椒、丝
绸和棉布,以及中国的瓷器和丝绸。这也是意大利人持续来到这
里的真正原因,即便战争升级或海盗猖獗引起了保护成本的上涨。
所有上述货物都要经过把守严密的红海港口,无论他们是从驻留
在亚丁的印度商人那里获得的货物,还是从更远方的阿拉伯船只
上买来的货物。

红海和亚丁:通往东方的门户

　　穆卡达西将亚丁港描述为"四面八方的旅行者蜂拥而至的中
心"(Ranking and Azoo 译本:109),"防备森严、人口众多,蓬勃
发展的宜人城镇"(Ranking and Azoo 译本:135):

> 它是通往中国的门户,也门的海港,马格里布的粮仓,以
> 及各类商品的存储地。亚丁有许多官殿式建筑……整座城市
> 就像一个羊圈,群山环抱,山后有海水围绕。只有一道狭窄的
> 海路通向山脉,要想进入此城,必须涉过这条水路。

尽管亚丁港不易接近,或许正因为这样的地理位置,它在传统上一
直是从红海出航的船只中转港,这些船只或驶向非洲的基尔瓦和
桑给巴尔(Chittick,1974;Mollat,1971:304),或前往印度的古吉
拉特和马拉巴尔海岸,甚至更远的地方。根据马格里齐对其时代
(15世纪初)的记述,来自印度的船只在进入红海前必定在亚丁停

留(Heyd,1885:379)。

经亚丁前往印度的路线远比从波斯湾起航的那条路线危险。
这条路线要求熟练运用季风,并掌握在远离陆地的公海上航行的
242 高超技术。有趣的是,"季风"一词源自阿拉伯语"毛希姆"(maw-
sim),最初指陆上商队启程的时间(Goitein,1967:276)。如果海
上航行与陆上商队有什么区别的话,那就是,无论风力大小,印度
洋上的航行都必须遵守比陆上商队更严格的计划。船队在春季和
秋季结伴而行。春秋之间季节,商人们在港口驻留并从事交易。
阿拉伯穆斯林和波斯穆斯林之所以在印度西海岸建立了稳定的港
口定居地,其首要原因就在于此。

我们将在第八章详细探讨这个主题,现在暂且考虑一下它的
含义。一方面,在中东经商的欧洲商人其实被隔离于非常排外的
穆斯林社会之外,他们几乎没有对这些社会的文化产生任何影响;
另一方面,穆斯林商人在亚洲各地建立了定居地,他们带到这些地
方的不仅有他们的货物,还有他们的文化和宗教。伊斯兰教通过
穆斯林商人传到了印度、锡兰、马来西亚和印度尼西亚。它在这些
地方与沿同样贸易线路从印度和中国传来的印度教和佛教文化共
同生存。文化的交汇和共存保证了印度洋活动场所的连续性和一
致性,而这正是自从伊斯兰教产生以来,地中海区域所缺少的东
西。这可能解释了这样一个事实,即印度洋地区从未像地中海地
区那样出现过联系和贸易的盛衰,地中海的隔离作用多于联结作
用,而印度洋占据了截然不同的历史时代周期性。

本书的第三部分将探讨亚洲体系。不过在转向那个迥然不同
的话题之前,我们先来简洁地总结一下埃及事例带给我们的经验。

由埃及事例得出的经验

正如肖努(Chaunu,1979 年译本:58)所言,13 世纪时,埃及是世界体系的急先锋。那时,

> 红海、印度、马来半岛和东印度群岛之间的联系已经建立起来……[尽管]这个联系依赖于利用季风航行的季节变化……在马穆鲁克政权统治前后,埃及一直与印度和东印度群岛保持着直接联系,其交流体系远及穆斯林的西班牙和马格里布西部[原文如此]。因此,埃及是葡萄牙的先驱……当时的开罗……很多富人已经将视线投向近三分之一的世界。

243

埃及处在中海(地中海)和绿海(南中国海)之间的战略位置及其对欧洲人的防范能力,确保了其重要地位的延续,尽管人口锐减、外来军事集团支配下的沉重的封建盘剥制度,以及帖木儿最终夺走了黎凡特帝国,并造成了经济生产的停滞。

因此,从长远来看,失去了对这条关键性的国际贸易通道的控制,比国内经济的破坏对埃及造成的影响更深重。尽管在整个 15 世纪,埃及及其主要贸易伙伴威尼斯都设法保住共同的垄断地位,但是二者都没有在那条贸易线路衰落之后幸存下来。事实证明,瓦斯科·达伽马的环球航行是它们毁灭的原因。

1497 年 7 月,达伽马从葡萄牙启航,他最终绕过了开普,袭击了阿拉伯人在东非海岸的马林迪、基尔瓦、桑给巴尔和蒙巴萨等定

居地。然后,他奋力穿越远海,抵达卡利卡特。"在达伽马1502年的第二次航行之后,葡萄牙人作出了一个重要决策,即禁止穆斯林船只驶入红海"(Ser-jeant,1963:15)。不久,葡萄牙人就袭击了波斯湾诸海港。古吉拉特的穆斯林苏丹、也门统治者和卡利卡特的印度教首领都恳求马穆鲁克出面保护他们,抗击葡萄牙人。但是,当埃及的唯一经济支柱——与印度的贸易——被葡萄牙人封锁后,它自身也遭到了严重打击。1516年,奥斯曼土耳其人的征服标志着埃及的失败。

我们在本章探讨了在过去的数个世纪中共同削弱了埃及的多种力量。欧洲十字军和中亚蒙古人这两股军事力量的威胁开启了埃及的衰落过程,并导致了这个区域的防卫性的军国主义化,最终破坏了市民社会及其关键的经济制度。黑死病的严重后果进一步244 削弱了残破的经济。与印度的贸易成为余下的唯一重要的财源。在葡萄牙人抢占了与印度的贸易后,埃及便彻底崩溃了。埃及之所以在趋于瓦解的世界体系中丧失领导地位,更多地缘于它的火力不足(Ayalon,1956),其次才缘于它的商业敏感性的缺失。

注释

1　路易九世本人被俘,在支付了巨额赎金后才获释。

2　埃伦克鲁兹(Ehrenkreutz,1981:342—343)特别严厉地评价了热那亚人在欧洲人在那个地区遭遇失败中所起的作用。他认为:

　　　　热那亚和马穆鲁克苏丹之间[在13世纪下半期]的奴隶贸易对于塑造地中海西部的历史起到了至关重要的作用。热那亚借此获得商业霸权。马穆鲁克苏丹借此维持和扩展了对埃及、叙利亚和西西里亚的控制。在这项贸易提供的大批军事奴隶的致命攻击下,十字军国家和亚美尼亚各公国都消亡了……可以这样认为,热那亚人的亲马穆鲁克政策帮助穆斯林战士清除了基督徒。

但是,人们很容易地认为,威尼斯在远程贸易中的合谋与热那亚所提供的奴隶对于埃及政权的巩固起到了几乎同样重要的作用。

3　我本人对资料缺乏的解释是,尽管在经营生意方面,穆斯林与意大利人或香槟集市的商人们一样精明,但相关资料却很少留存。其原因有二:首先,在伊斯兰教中,多以口证确保合同的有效性。所以,尽管协议可能写在书面上,但如果没有证人的证言,就无法强制履行协议。这意味着有的协议书可能没有书面形式。其次,尽管穆斯林商人通过公证人证实它们的交易,但实际的协议书文本只提供给买卖双方。与欧洲同行不同,阿拉伯世界的公证人似乎不在大笔记本(如在热那亚),或者管理员(bailiffs)的记账簿(如在香槟地区)上保留"权威性"记录。于是,保留下来的都是合同的样本,一旦交易完成,它们就被随手扔掉,也就是在基尼萨藏经洞的"厨房垃圾"里找到的文件。

4　我们将看到,戈伊泰因已经研究了部分基尼萨文献(1967),但它们仅涉及 245 非常有限的时段,而且抽样误差极大。

5　共同所有权明确规定,不经过共同所有人的同意,没有人能更改股份,利润分配按照所有权份额进行(Udovitch,1970a:25—26)。沙斐仪学派的教法不赞成把资本不加区分地合并在共同所有权之下,而其他教派则接受这一做法。有限投资合伙关系是严格的沙斐仪学派实行的唯一的合伙类型。

在这个安排中,各合作人贡献一定数目的钱作为共同资金;为了使合同生效,这笔资金必须混合在一起。投资者必须作出相等的,或者适当的贡献。各投资者的盈亏与其在整个投资中的份额成正比。分配给任何一方投资者的利润多于其投资份额比例的任何规定都是无效的。任一合伙方不应因其生意技能或合同获得津贴(Udovitch, 1970a:34)。

6　另见戈伊泰因(Goitein,1967:87,以及362—367的事例)。然而,这些资料并非毫无关系。因为阿多维奇参考了Goitein,"The Main Industries of the Mediterranean as Reflected in the Records of the Cairo Geniza"(1961)。

7　阿多维奇(Udovitch,1970a:172)指出,尽管"近东和地中海世界的人们自古以来就有类似于康孟达的非正式的商业协议,但是商业协议书的最早样本却是伊斯兰式的合同(*qirad*,*muqarada*,*mudaraba*),它们是与后来流行于欧洲的康孟达一致的经济和法律制度"。

8　基尼萨文献发现于福斯塔特(旧开罗)犹太会堂旁边的一个仓库里,虽然这个会堂主要由来自马格里布(现在的突尼斯和摩洛哥)的犹太人使用,但它涉及的却不只是犹太人。此外,正如戈伊泰因在别处指出的那样(1964b),犹太人和穆斯林的商业行为没有实质性区别。

9　拉比卜(Labib)同样系统地分析了历史编年史,即那些不是为解答经济问题而设计的资料,然后提出了关于马穆鲁克时期的有所不同的观点(1965)。

10　阿多维奇在其发表在《现代银行业的曙光》(*The Dawn of Modern Banking*,1979:255—273)的文章中声称,"银行"是在19世纪由欧洲人引入中东的,之前这里的人对此一无所知。然而,这个对比似乎不合理。我们今天意义上的银行同样不存在于13世纪的欧洲,我们对14世纪的布鲁日的研究表明,戈伊泰因所描述的许多银行业的做法已经普遍存在(参见第三章)。

11　戈伊泰因(Goitein,1967:241)指出,法语中的保付签字(*aval*)——在汇票上的签注,源自阿拉伯语"哈瓦拉"(*hawala*)。

12　后文的许多内容从*Cairo,One Thousand and One Years of the City Victorious*(Abu-Lughod,1971)一书精炼而来。

13　开罗是外来贵族阶层的城市,普通人根本不能进入。

246　14　如前所述,10世纪和11世纪初,热那亚舰队和北非的法蒂玛人之间的海上冲突其实是十字军东征的开始。

15　穆卡达西(al-Muqaddasi)认为运河已经关闭。兰金(Ranking)和阿茹(Azoo)在翻译他的著作时,用了一个解释性按语(第28页),他们给出下面的背景:"这……指的是图拉真运河,它连接着……尼罗河的[一条]支流和红海上的阿尔西诺伊(Arsinoe)。最初的运河统称为托勒密河……

由法老尼科二世(公元前 480 年)开始开凿……完成于托勒密法老时(公元前 274 年)……在图拉真(Trajan)时期(公元 106 年)恢复使用……一直到 10 世纪都用于运输。"而 Heyd(1885:40)将它的堵塞追溯到 8 世纪晚期,这个时间似乎不太可能。

16　戈伊泰因(Goitein,1964b)把 10—12 世纪称作阿拉伯和犹太人共生的巅峰期。

17　拉比卜(Labib,1965:62)明确指出,在阿尤布和马穆鲁克时期,商人必须是穆斯林。"那些想要加入喀里米阶层的人必须首先皈依伊斯兰教,或者已经是穆斯林。通过这种方式,喀里米阶层受益于[那些皈依了伊斯兰教的]基督徒和犹太人的经验;同时,由于伊拉克受到干扰而变得不安全,许多穆斯林来到埃及并定居下来,他们的经验也被喀里米所利用"。但是,喀里米也可能是新近皈依者。例如,维特(Wiet,1955)所列名单中就有一位从犹太教皈依伊斯兰教的重要商人。

18　菲谢尔(Fischel,1958:70)确信这点。但是,阿什多(Ashtor,1956,1978 年再版:51—52)和另外的学者却表示异议。

19　在维特列举的喀里米商人名单中,许多已经出现在黑死病死亡者之列,当然也有一些活跃在 15 世纪下半期的商人,而阿什多却认为他们此前早就消失了。

20　据阿什多(Ashtor,1981:105)研究,叙利亚专家被引入塞浦路斯指导蔗糖生产。马可·波罗提到埃及的技术顾问在 13 世纪下半叶把他们的蔗糖提炼技术传授给中国人,尽管我在翻译中并没有找到相关资料。

21　拉比卜将劣质埃及丝绸与伊拉克和波斯生产的质量好得多的丝线和丝绸作比较。另一方面,叙利亚丝绸备受推崇。埃及织工将他们自己的丝绸与叙利亚丝绸混在一起,以便卖个好价。其实,有 500 名叙利亚人住在法尤姆(Fayyum),政府委托他们在那里种植桑树,培育桑蚕(Labib,1965:307)。

22　决定性的结局出现于 1429—1434 年。在早些年中,苏丹巴斯拜(Barsbay)建立了对胡椒贸易的垄断。1430 年,他阻止威尼斯商人在亚历山大港卸货;而喀里米商人却无视苏丹的命令,跑到意大利人的船上与他们交易。这件事导致了政府和商人之间的公开斗争。1434 年,巴斯拜禁止喀里米商人与威尼斯商人发生联系,完全垄断了胡椒市场;后来又将垄断政策扩展到其他贸易项目(Labib,1965:337—357 多处)。

23　埃及的死亡率高于叙利亚,这就颇具讽刺性地证明了埃及在世界贸易路线上更为重要的地位。伊本·哈比卜(Ibn Habib)估算大马士革仅有的少量人口中只有 1/4 死于这场瘟疫(Dols,1981:415)。

247 24　关于马穆鲁克时期的"封建主义"的详细分析,参见拉比(Rabie,1972,多处),他拒绝使用这个术语。汉弗莱斯(Humphries,1977:7)这样比较马穆鲁克制度与其在叙利亚的前身:"如果将 12 世纪的叙利亚军队……与 13 世纪晚期的马穆鲁克军队做比较,后者显然是国家更为沉重的负担。马穆鲁克军队形成了紧密团结的自觉组织,他们更有能力为自己谋利益,但也更加远离了他们所控制的社会。"

25　直到 19 世纪,随着法国人和英国人联手开凿了苏伊士运河,欧洲人设计的通往印度的最短航程才得以实现。

26　据拉比卜(Labib,1965:240—243)研究,来自欧洲和拜占庭的基督教徒必须缴纳各种税款。每位旅行者到达时都要缴纳入境税(*maks al-samah*,约相当于 15 世纪的两枚金币)。他们还必须缴纳 2% 的现金税。来自哈尔伯(Dar al-Harb,'战争之地'的意思,即法兰克人)的商品在所有伊斯兰教国家都必须缴纳 20% 的关税。亚历山大港和杜姆亚特征收这项税款,而罗赛塔则不征收,因为来自哈尔伯的商人不能进入罗赛塔。相比之下,穆斯林商人只需支付天课(zaqat,理论上是 2.5%)。如果欧洲人从埃及出口商品,也必须缴纳类似税款。

第 三 部 分

亚 洲

印度洋体系：一分为三

在 13 世纪及此前很久的时间里，穿越阿拉伯海、印度洋和南中国海的亚洲海上贸易被分成了紧紧相扣的三个环路，每个环路都处于一组政治行为体和经济行为体的共同"支配"之下。这些行为体主要——尽管不是专门——负责与毗邻地区的交易（见图 8）。作出这些划分的最主要的基准是地理因素，虽然这些因地理条件而划分开来的区域都渐趋转化成不同的文化区。

最西端的环路主要活动着穆斯林，包括来自阿拉伯半岛各港口或更靠近内陆的巴格达和开罗的船主、大商人，以及他们的常驻代理商，对此，我们先前在第六和第七章已有所论述。如前所述，从波斯湾启航的穆斯林商船沿印度西北海岸（通常是在古吉拉特）停靠，尔后再驶往更南方的马拉巴尔海岸。而由红海启航的商船则在亚丁或哈德拉毛停靠后，直接驶往马拉巴尔。在古吉拉特的坎贝港，以及马拉巴尔的奎隆港和卡利卡特港，这些商船通过大量的穆斯林商人的常驻"侨民"来经营生意。这些商人中的很多人起初来自中东，但在新住处定居、结婚并普遍被同化；而另外一些人则是在新住处土生土长的，但又通过长久的贸易往来皈依了伊斯兰教并接纳了穆斯林文化和语言。

中间的环路与南印度海岸相关联，包括西岸的马拉巴尔海岸与东岸的科罗曼德尔海岸，还包括马六甲海峡两侧的苏门答腊岛

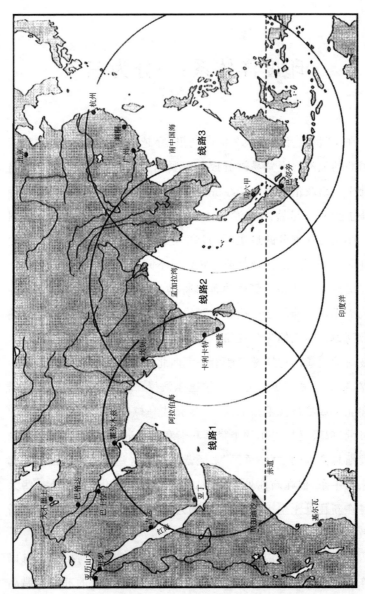

图 8　印度洋贸易的三个环路（基于 Chaudhuri）

和马来半岛，以及爪哇岛和印度尼西亚附近的其他岛屿。尽管这一区域也受到佛教文化和中国文化的影响，但是在文化上"印度化"是首要特征，至少在核心区域内如此。虽然伊斯兰势力在14世纪以来进行过数次大入侵，但在13世纪里，穆斯林的影响无疑仍是次要的。

最东端的环路是中国"空间"，海洋将印度支那东海岸和爪哇岛北岸，与处于宋朝而后是元朝海军控制下的中国南部的各大港口联结起来。这里是佛教文化，尤其是儒家文化区，也是学者们所谓的完美的朝贡贸易区。

尽管以此也能勾勒出绵延广阔的印度洋区域之内的三"大文化传统"，但并非文化自身设定了三大区域之间的边界。更确切地讲，文化影响非常自由地在每个区域之内传播，而每个区域的边界从根本上来说是由各个季风带的风向决定的。如同图9所示，在反向季风相遇的地方，它们会将较大的区域分割成相对离散的子系统。

尽管任一子系统的承运商会在邻近的环路经营贸易，甚或自由地穿梭于所有这三个环路，但印度洋的"自然"条件可供当地的几个大国共存；未曾有任何一个国家独自掌控过整个体系。（详情尤其参见 Chaudhuri，1985。）

港口商业区是商人和使者会集之处，来自三个文化区的代表很可能在贸易往来的同时也进行思想交流。每当一个文化区与另一个文化区发生大交流时，比如伊斯兰教传入马来半岛和印度尼西亚，这种交流都是通过设在商业区的桥头堡来完成的。（参见第九章中对马六甲海峡的论述。）这与港口周围的内陆地区的情况形

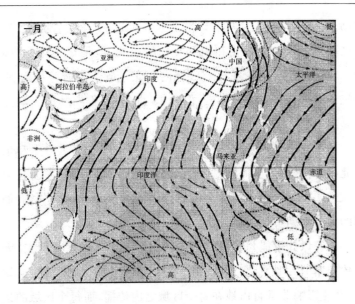

图 9　印度洋季风模式

成了鲜明对照;远离贸易"主线"的区域依然明显隔绝于这些国际潮流。

　　由于各大子系统之间的边界是由"自然"因素而非帝国疆域设 定的,那么,第三部分就必须从季风说起了。季风常规性地将长长的印度洋路线分成了如图 9 所示的三个环路:(1)最西端环路——从红海-阿拉伯半岛-波斯湾至印度的西南端;(2)中间环路——从印度的西南海岸至马六甲海峡和爪哇岛;(3)最东端环路——从马六甲海峡、巽他海峡和印度群岛(爪哇岛及其他岛屿)至中国东南部各大港口。

　　在季风季节时,伊本·马吉德(Ibn Majid)的航海手册是最好的航行向导。这本手册撰写于葡萄牙人进入印度洋之前的 15 世纪末,它并非什么原创,也不是对新航线的描述,它不过是对早期阿拉伯人航海手册的汇编和扩充。在手册的第 11 部分(参见 Tibbetts,1981:225—242),伊本·马吉德就"人们在季风季节(航海季节)不得不出航时,季风的间歇期,季风的爆发与终结,每个时段的弊端"给出了详细的建议(Tib-betts,1981:225,着重号为后来所加)。他明确地标明了各环路之间的边界,正如我们将要看到的那样,他所省略的内容与所囊括的内容同等重要。(见表 1)

　　伊本·马吉德首先关注了阿拉伯半岛至印度的环路。他论述了从阿拉伯半岛海岸(也门,吉达)启航的时机,并指出前往印度马拉巴尔的行程必须在三月底或四月初动身,但五月初之后绝对不能出航。(如果目的地是古吉拉特的话,启航时间可以稍作推迟;而如果目的地仅仅是霍尔木兹或波斯湾的话,则可以推迟一个月。)重要的是"在印度洋……封航之前抵达印度"(Tibbetts,1981:

表 1   季风季节出航日期 *

行程	指定日期	资料来源
由西向东（由阿拉伯半岛向马六甲海峡）航行的两个季节		
二月至五月的长季风季节（*Kaws*）		
阿拉伯半岛至印度西海岸		
马斯喀特至马拉巴尔	2/20—4/11	伊本·马吉德
马斯喀特至古吉拉特	5/1 后启航	伊本·马吉德
马斯喀特至信德	5/11 后启航	伊本·马吉德
马斯喀特至马六甲海峡	3/17—18 前启航	谢莱比和苏莱曼
亚丁至古吉拉特	3/17—5/6	谢莱比
亚丁至古吉拉特	3/18—5/7	苏莱曼
印度西海岸至马六甲		
古吉拉特至马六甲	4/11—9/28	伊本·马吉德
古吉拉特至马六甲	3/17—4/26 前启航	谢拉比
古吉拉特至马六甲	3/18—4/27 前启航	苏莱曼
马拉巴尔至马六甲	4/21 前启航	伊本·马吉德
马拉巴尔至马六甲	4/16 前启航	谢拉比
马拉巴尔至马六甲	4/17 前启航	苏莱曼
八月中至九月末的短季风季节（*Damani*）		
阿拉伯半岛至印度西海岸及周边地区		
亚丁至印度	8/29—9/18	伊本·马吉德
亚丁至印度	8/24—28 启航	谢莱比
亚丁至印度	8/25 启航	苏莱曼
亚丁至马六甲	8/14—15 启航	谢莱比
亚丁至马六甲	8/15 启航	苏莱曼
霍尔木兹至马六甲	8/19 启航	伊本·马吉德
印度西海岸至马六甲		
古吉拉特至马六甲	9/3 启航	谢莱比
古吉拉特至马六甲	9/14 启航	苏莱曼
古吉拉特至马六甲	9/24 启航	伊本·马吉德
马拉巴尔至马六甲	9/23 启航	谢莱比
马拉巴尔至马六甲	9/24 启航	苏莱曼
马拉巴尔至马六甲	9/28 启航	伊本·马吉德

行程	指定日期	资料来源
由东向西（由中国向阿拉伯半岛）航行的单个长季节		
Ayzab 季风季节（十月中至四月中）		
中国和马六甲至印度及周边地区		
中国至马六甲	11/23—3/2	伊本·马吉德
马六甲至亚丁	1/1—2/20	伊本·马吉德
马六甲至亚丁	12/27—2/15	谢拉比
马六甲至亚丁	12/28—2/16	苏莱曼
苏门答腊至亚丁	12/7—2/5	谢拉比
苏门答腊至亚丁	12/8—2/6	苏莱曼
苏门答腊至孟加拉	2/20—4/11	伊本·马吉德
苏门答腊至孟加拉	2/15—4/6	谢拉比
苏门答腊至孟加拉	2/16—4/7	苏莱曼
印度至阿拉伯半岛		
孟加拉至亚丁/霍尔木兹	1/2—1/31	伊本·马吉德
孟加拉至亚丁/霍尔木兹	12/27—1/26	谢拉比
孟加拉至亚丁/霍尔木兹	12/28—1/27	苏莱曼
卡利卡特至古吉拉特	十月至四月	伊本·马吉德
古吉拉特至阿曼	10/13—4/16	谢莱比
古吉拉特至阿曼	10/14—4/17	苏莱曼
古吉拉特至阿拉伯半岛	10/18—4/11	伊本·马吉德
古吉拉特至阿拉伯半岛	10/13—3/27	谢莱比
古吉拉特至阿拉伯半岛	10/14—3/28	苏莱曼

　　* 由 Tibbetts(1981)提供的信息改编而成。

226)，因为，很显然，每年都有三个月的时间不适于出航，其间穿越印度洋西端环路的远海是非常危险的。弄错具体的航海季节绝对会造成严重后果，因为侧风会使得东行的船只滞留长达一年之久。

　　假如有人要前往印度，而由于季风的原因不得不停靠席赫尔（Al-Shihr）或法塔克（Fartak）的话……他必须在此滞留四个月。但他如果被迫停靠也门的话，那他就需要滞留一整年才能前往印度，滞留七个月才能前往霍尔木兹。

不过，与远海航行中紧凑的日程安排不同的是，波斯湾和古吉拉特（Tibbetts, 1981: 227）这段航线一年到头都适于出航，因此可以沿着两地之间的海岸线自由通行。

258　从印度返回阿拉伯半岛的行程必须在秋末春初期间完成，其间在冬季稍作停留。伊本·马吉德认为可以在 10 月 18 日附近从古吉拉特启航，但如果从马拉巴尔启航的话，返航时就需要稍作推迟，否则，因为马拉巴尔正处于雨季，货物将被淋湿。另外，行程应该尽量赶在 2 月 10 日之前，尽管在这之后也能慢悠悠地沿着海岸线抵达古吉拉特。不过伊本·马吉德（Tibbetts, 1981: 231）又作出下述警示：

> 在第 100 天（3 月 2 日）离开印度的人很明智，在第 110 天离开的人万事大吉。而在第 120 天离开的人渐入险境，在第 130 天离开的人则是愚昧无知的赌徒。

伊本·马吉德的航海手册的第二个关注点是孟加拉湾（即印度与马六甲海峡之间的第二个环路或者叫中间环路）的航行问题。照他所言，唯有一月份的天气适于环绕印度次大陆最南端的航行。不过，在抵达印度西南海岸时，会赶上一个很长的航行季节（大约从 2 月 20 日至 4 月底），期间能穿越孟加拉湾前往马六甲海峡。然而，在单个航行季节里也无法实现环游。从印度向东行使的船只，在抵达海峡地区时，要么正好遇到那些从海峡向西前往印度的船只，要么稍晚于它们，这意味着在海峡地区的滞留可能会持续一年之久！

伊本·马吉德撰写航海手册的时候，阿拉伯船只已不再驶出海峡区之外。（航海手册的第三部分和最后一部分涉及非洲东海岸的航行问题。）尽管那本内容庞杂的手册详细描述了数不胜数的航线——包括顺非洲东海岸南下，再绕过好望角，沿非洲西海岸北上，最后穿越直布罗陀海峡驶入地中海的航线，也就是说，这条航线是后来瓦斯科·达伽马航行路线的翻转——但伊本·马吉德忽略了最东端的印度洋—南中国海环路，即从爪哇至中国南部诸港的环路。虽然我们知道早在8—9世纪时，波斯船只和阿拉伯船只就出现在这一环路上，但这本15世纪的大部头文献却遗漏了它。

正如在接下来的这一章将要看到的那样，出现上述情况的原因很简单。阿拉伯水手不再需要航行指南，因为在10世纪时，他们的船只就不再驶往中国港口。14世纪后半期，中国海港对外国商人关上了大门，这个极其重要的举动导致了前现代世界体系的崩溃。这一主题在第三部分将始终萦绕在我们心头，因为它似乎是理解旧体系衰落，以及以欧洲为中心的新世界体系获得发展机遇的关键。1435年之后，明朝将强大的中国船队撤离了海洋，此前，这支船队曾数次访问印度西南部，并一度驶抵波斯湾。船队的撤离留下了一个巨大的权力真空，大约70年之后，葡萄牙入侵者用野蛮的武力手段填补了这一真空。

我们必须将那时的印度洋视为一个贸易区，它可以划分为三个由众多群体共同参与的环路或子系统：波斯人与阿拉伯人在为自己谋取利益的同时,也为欧洲地中海地区担当了中间人;次大陆西海岸的印度人所持有的伊斯兰信仰让他们在面对中东人时具有一种特殊的亲和力;次大陆东海岸的印度人所持有的印度文化和佛教文化方便了他们与孟加拉湾的交流;马来人、苏门答腊人、爪哇人以及长期定居的"外国人",使马六甲海峡地区成为一个文化熔炉,至少在众多的分布于海岸线地区的贸易中心里是这种情况;另外,中国人以及后来的蒙古人(Chinese/Mongols)掌控了爪哇和中国之间的这条最东端的环路。风向将这片广袤的区域划分成三个环路,并产生了两个相当固定的交汇点:印度的南海岸与锡兰,环路一和环路二在此交汇;马六甲海峡,环路二和环路三在此交汇。

　　第三部分依次论述了三个环路。第八章考察了印度南部的两个海岸:古吉拉特/马拉巴尔海岸,西向面对着阿拉伯世界;科罗曼德尔海岸,东向面对着马六甲海峡以及所谓的印度群岛——印度尼西亚。第九章探讨了海峡地区(16 世纪的葡萄牙作家多默·皮列士①以充分的理由认为这里是世界海上贸易的"咽喉")的情况,并论证了它对整个世界体系的影响的局限性。第十章着手处理最令人费解的事例——中国。在土生土长的宋朝,而后是蒙古人统治的元朝时期,凭借非同寻常的穿越中亚的陆路以及穿越印度洋及其周边地区的海路,中国似乎注定要在 13 世纪成为霸主,即使不是全世界的霸主的话,至少也是世界上绝大部分地区的霸主。第五章曾分析了黑死病在导致北方陆路瘫痪中的作用。第十章则

260

————————————————————————

　　① 多默·皮列士(Tomé Pires,约 1465—1524 或 1540),葡萄牙的药剂师、作家、水手和财政大臣,是明朝以来,葡萄牙首位进入中国的使者。

记述了与此并非毫不关联的海路的瘫痪。

上述线索导出了本书的最后一个问题，也就是第十一章要探究的内容。是西方兴起了，还是东方衰落了？我们试图在第三部分表明，在葡萄牙的军队现身印度洋之前，东方其实就已经"衰落了"。那个虚弱的世界是一个只待采摘的熟透了的果实。征服者并不具备什么独特的"长处"；他们不过是控制了一个残留的先前存在的世界体系，随后，他们就无情地将其塑造成为己所用的体系。

第八章　印度次大陆：在通往
世界各地的路上

　　对于那条将地中海和中东进而和中国连接起来的绵延的海路而言，中世纪的印度次大陆，尤其是其南段，既是一个天然枢纽，又是一个分隔点。印度南部理所应当是个重要的停靠地，来自非洲和美索不达米亚的船只在其西海岸登陆，而来自中国、印度尼西亚群岛、马来西亚半岛或泰国的西行船只则在其东海岸寻找避风港。古代乃至史前时期的证据表明，甚至在这条航线最远的两端彼此间建立直接联系之前，印度南部就已是印度洋各地区——这里是群体迁移、文化传播和经济交流的大"动脉"——之间的合适"铰链"[1]（尽管只是很短的一部分）。

　　正如斯坦因[①]（Stein，1982a）所言，尽管印度南部通常被视为克里希纳河（Krishna River）南部的达罗毗荼人（Dravidian）分布区及克里希纳河主要支流的分水岭，但它并非单一僵化、毫无差别的"自然"单位。相反，这里包括两个大生态区：马拉巴尔海岸（现在是印度喀拉拉邦地区），这是西海岸一块独立的狭小区域；以及被高高的山脊从马拉巴尔隔离开来的一直延伸至东海岸的大平原区，这里是泰米尔人（Tamils）分布区，这个地区的海岸地带就是科罗曼德尔。[2]（见图10）

262

[①]　伯顿·斯坦因（Burton Stein，1926—1996），印度历史学者。

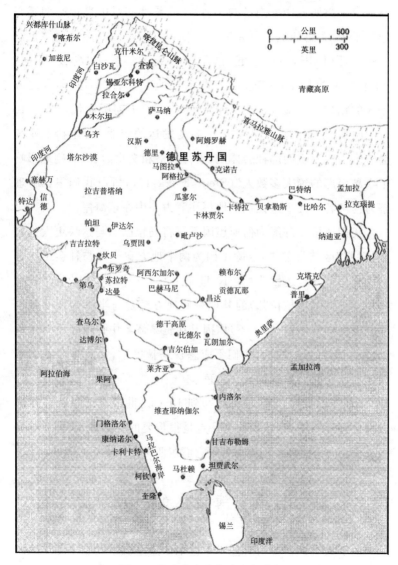

图 10 印度次大陆各地区和城市

　　大多数研究印度南部的学者,尤其是那些对中世纪时期感兴趣的学者,都将他们的研究集中在泰米尔平原,因为自公元 3 世纪的帕拉瓦(Pallava)王朝起,这里就生成了一系列"高级"文明。(主要参见 Nilakanta Sastri,1976:101 页及其后页。)从印度北方侵入的帕拉瓦人最终被本土的朱罗(Chola)王朝所取代,在 5—10 世纪时期,朱罗王朝进入了一个高度发达的农业、商业和工业社会。由于朱罗文明的社会体制、语言风格和文化形态"深刻地影响了半岛南部的绝大多数人"(Stein,1982a:16),所以我们很容易理解为何学者们几乎毫无例外地将注意力集中在东海岸。

　　我们还可以理解为何斯坦因不愿将马拉巴尔与这块更大的农业"文明"区结合起来,这除了因为两个地方在气候与社会组织方面都有所差异[3],还因为"在 10 世纪之后……[马拉巴尔]与哲罗(Chera)地区(喀拉拉邦)的其他一些地方都是与半岛南部的其余部分极度隔绝的区域"。不过,因其在贸易体系中扮演了重要角色(Stein,1982a:14—15),我们不应忽视马拉巴尔,而且最令我们感兴趣的就是它所扮演的这一角色。

　　印度南部的两个分区都参与到 13—14 世纪之前早就存在的远古世界经济中来,认识到这一点是很重要的。因此,我们有必要回头追溯一下这两个地区与处于它们东西两侧的体系之间的联系。

西向与地中海地区的早期联系

　　由于人类的需要,在 13—14 世纪依然生机勃勃的印度洋地区最西端的"环路"始终存在着,它的通行量在自然地增长,它与它所联系的地区的命运息息相关。

很显然，早在4000年之前，与古吉拉特，甚或马拉巴尔海岸有关的海上贸易就已经是西方与南亚之间的贸易体系的一部分（Stein，1982a：18）。如此一来，在公元纪年很久之前的时间里，美索不达米亚（今伊拉克）与阿拉伯人所说的"信德"（今巴基斯坦）之间的海上联系就已经完好地建立起来，甚至有可能在北方的迁移群体的带动下开始向南延伸。

世界上最早的两个都市社会出现于冲积平原上，它们是流入波斯湾的底格里斯河与幼发拉底河之间的美索不达米亚，以及印度河——其出海口处于阿拉伯海北部——各条支流之间的冲击带。从一开始，这些冲积平原上的人们就参与到贸易往来、文化接触，甚或人口交流之中。各方的传世手工艺品的存在（Tibbetts，1956：183—184），以及主要用于中转的重要交汇地点——如迪尔穆恩岛（island of Dilmun，今巴林）——出土的文物，都证实了他们之间的贸易往来。

第三个大河文明生成于尼罗河流域，它似乎也与其他正在形成中的文明中心延续着早期的海上联系，这些中心要么位于地中海东部地区（位于今叙利亚的同时代的阿勒颇北部的埃卜拉，位于今贝鲁特正北的比布鲁斯，甚或今土耳其的安纳托利亚东南部地区），要么处在阿拉伯海的不同海岸带：邦特（Punt，可能就是埃塞俄比亚），阿拉伯半岛的南部海岸，甚或印度次大陆的西岸，然而相关证据寥寥无几。

毋庸置疑，公元前1000年时，红海与印度西北部之间的商业活动就已是欣欣向荣。早在公元前3世纪时，这里的贸易或许就控制在阿拉伯半岛上的阿拉伯人手中。尽管在接下来的几个世纪里有越来越多的希腊人参与其中,但阿拉伯水手始终占据着支配地位(Spencer,1983:76;Ballard,1984:15—16)。[4] 在地中海世界与东方之间日渐频繁的商业联系中,这些水手通常发挥了中间人的作用。

　　早期商业联系的类型只能凭推测得知,但在希腊和罗马"古典"时期则是有据可查了。那时的人们清楚地,尽管也是有选择地,描绘出了从地中海地区前往印度次大陆北部和西部的航线。这些线路既有陆路又有海路,或途经波斯湾,或经过将地中海、尼罗河与红海联结起来的埃及运河。

　　在欧洲人前往印度洋地区的最西端探险的这段时间里,阿拉伯海成为一条已被开发的知名线路。很多西方人甚至敢于驶入第二个"环路",该环路已经将印度西南部与东南亚正在形成中的多个地区联系起来。成书于公元 1 世纪的《厄立特里亚海航行记》(*Periplus of the Erythraean Sea*)表明那时通往印度的海路的航海指南已是非常精确,这证明了欧洲与印度次大陆之间长久存在的贸易往来。[5] 一些文学资料也提及这些贸易。比如,佩特罗尼乌斯(Petronius,1 世纪早期)反对罗马妇女穿着薄得有伤风化的印度棉纱,普林尼(Pliny,1 世纪中期)生动地描绘了经埃及前往印度港口的路线;2 世纪时,托勒密的地理学著作甚至描述了马拉巴尔海岸(Logan,1981 年再版,I:288—293)。早在罗马帝国晚期,基督教或许就传到了马拉巴尔海岸(今喀拉拉邦),这是后来十字军关于祭祀王约翰的基督王国的传言的源头(Beckingham and Huntingford,1961)。

罗马人从印度次大陆输入了稀奇动物、珍贵玉石、木料、象牙、中国丝绸、香料，甚至还有糖、棉花和水果。然而，"由于罗马人想从印度得到的远比印度人想从罗马得到的多，罗马人不得不用贵金属来弥补这种差距"（Spencer，1983：77）。在次大陆海岸的某些地点发现的大量金币[6]证明，那时的贸易天平压倒性地倾向于印度这一方，后来的情况也是如此（Spencer，1983：76—77；Richards，1986：多处，尤其 31—34；Toussaint，1966：40）。[7]

罗马的"衰亡"对阿拉伯的商人具有严重影响，使得他们的贸易额在 5—6 世纪急剧下降（Spencer，1983：79）。阿拉伯半岛南部地区进入了经济萧条期，听任波斯的萨珊王朝控制着通往东方的线路。直至 8 世纪时，新出现的获得了伊斯兰教信仰的阿拉伯人才从阿巴斯王朝都城的所在地美索不达米亚出发，重又参与到印度洋贸易中来。从那时起，直到他们在 16 世纪前 10 年被葡萄牙人挫败为止，[8]穆斯林商人掌控了一个或者两个，有时甚至是所有的三个印度洋环路。

正如在第六章中叙述的那样，早在 8 世纪时，阿拉伯-波斯船只就已经行驶在从波斯湾至位于南中国海的中国港口的整条航线上了。不过，这种漫长的航行从不是顺风顺水，因为风场模式会迫使船只在域界地（liminal places）——不同的季风模式在此相向而遇——长期滞留。印度西南海岸的海港，以及马六甲海峡地区——两翼分别是苏门答腊岛和马来半岛——的海港都是这种域界地。10 世纪时，长途行程先是在印度，而后在马六甲海峡被迫中断，这些停滞点实际上都是由"出航季节"，即季风决定的。[9]

外国商人的定居点在上述域界地逐渐建立起来。（关于离散

266

社群贸易的性质,参见 Curtin,1984。)个中原因显而易见。面对3—6 个月,或者更长时间的滞留,寄居者创建了很多必要的公共机构以组织他们的生活,如,用来充当祷告场所的聚礼清真寺和庙宇;还有经济与法律机构,以管理寄居者之间,以及与当地居民——寄居者偶尔会向他们传教,且常常和他们通婚——之间的来往;甚至还有齐全的住宅区和市场,借此来储存中转货物,实施交易。比如,9 世纪的阿拉伯历史学家拜拉祖里(al-Baladhuri)就提到了穆斯林商人在印度河出海口、马拉巴尔海岸和锡兰的定居点(Toussaint,1966:49)。戈伊泰因(1963)则提到了犹太商人在马拉巴尔和科罗曼德尔海岸的定居地。

于是,常驻代理商成为早期印度洋贸易中的主要角色,而意大利人直到 14 世纪才使用他们。随着 9 世纪商业活动的日渐频繁,尤其是 10 世纪时法蒂玛王朝的货流从红海汇入源自波斯湾的贸易流之后,很少再有船主进行整个线路的航行,也很少再有商人全程跟随前往中国的货物。相反,他们选择留在建在印度的定居点。

267　　印度西北海岸的定居点最早是由中东商人建造起来的,他们在此与当地人融合起来。在伊斯兰教创立的第一个世纪里,古吉拉特商人开始皈依伊斯兰教。12 世纪末至 13 世纪初,随着穆斯林所谓的奴隶王朝或土耳其人所谓的德里苏丹国的建立,皈依现象日渐增多。然而,自法蒂玛王朝以来,犹太商人和穆斯林商人也都在印度更南端被称作马拉巴尔海岸的地区建造了贸易定居点。[10] 13 世纪中期时,这些定居点中的卡利卡特成为穆斯林商人在印度南部的主要"定居"港。

在讨论上述情况的后续之前,我们先大体考察一下印度南部的另一面海岸——科罗曼德尔海岸的早期历史，该海岸很早就在印度与东南亚的海上贸易中发挥作用，一如西海岸在印度与中东贸易中的作用。

东向与东南亚的早期联系

印度与东南亚之间的联系，在时间上显然要比早期航海家们的猜测更为久远。起初，有学者认为中国与印度对东南亚的文明开化具有潜移默化的影响（连 D. G. E. Hall，1981 也持有这一观点）；东南亚诸岛的"土著人"被视为由亚洲核心区传入的更高级文化和技术的被动接受者，或者至多是积极的模仿者。[11]

如今，有种新观点较为盛行。斯潘塞（1983:67）强调了苏恒翰（Wilhelm G. Solheim II）在泰国进行的考古发掘的重要性，认为"东南亚人或许是最早打磨石器、种植稻米、烧制陶器和铸造青铜器的亚洲人"。20 世纪 60 年代中期的发掘成果确实是相当丰硕。苏恒翰发现了泰国早在公元前 1 万年之前就在本土栽培作物的证据，甚至还发掘出一些炭化了的稻米的印迹，其日期大约可追溯至公元前 3500 年，比在印度或中国得到证实的相关发现早出 1000 年。据苏恒翰研究，泰国人大约于公元前 4000 年开始冶金，公元前 3000 年时就已铸造出优质青铜器，比在印度发现的青铜器大约早出 500 年，比在中国发现的青铜器早出 1000 年。泰国人还于公元前 4000 年发明出用于远途航行的桨叉架船（outrigger），这时他们似乎开始通过水路向外迁移了。"在公元前 30 世纪里，人们乘坐船只，经过一系列的艰难跋涉，进入印度尼西亚群岛和菲律宾群

岛,并于大约公元前 2000 年西行至马达加斯加岛"(Spencer,
1983:69—71)。

如果东南亚水手就像苏恒翰所说的那样,于公元前 1000 年就
在印度洋和南中国海驾船航行并开展贸易的话,那么似乎更可能
是印度文明和中国文明受到了这些流动的文化携带者的影响,而
非印度文明和中国文明影响了他们(Spencer,1983:72)。斯坦因
(1982a)承认,经由科罗曼德尔海岸的海上联系很早就建立起来,
因此印度次大陆上种族的基本构成或许受到来自东南亚的海外移
民的影响。

然而,尽管上述东南亚水手/商人或许真的"在阿拉伯商人踏
入这片水域之前处于实际垄断"(斯潘塞所引苏恒翰之语,1983:
72),但这种垄断也不会是绝对的,因为自从公元后的最初几个世
纪以来,强烈的文化影响是以相反的方向进行的(Stein,1982a:
17—18)。

早在帕拉瓦王朝之前,印度文化就沿相同路线向东传播。因
此,从某种程度上说,印度群岛(印度尼西亚)何时以及如何被"印
度化"的问题就无所谓了。为了各种现实需要,印度与东南亚之间
的联系始终存在着。在中世纪早期,印度文化可能通过印度教和
佛教对马六甲海峡旁边所谓的室利佛逝国产生了影响,但这只不
过是回荡在古老水路的影响的延续。(第九章将详加阐述。)

然而,10—11 世纪时贸易开始复苏后,整个亚洲的经济都迅
速腾飞。新生力量如雨后春笋,比如印度南部的朱罗王国、吴哥的
高棉王朝(Khmers)、缅甸的蒲甘王朝(Pagan)、越南北部的李朝
(Ly)以及中国本土的宋朝。"此外,这些政权似乎还推动了亚洲

海上贸易的发展，促使数量庞大的国际商人沿着联结亚洲东部和西部的航线，参与到贸易中来"(Hall,1980:162)。

斯潘塞(1983:74,着重号为后来所加)接受了"城镇列岛"的概念，提醒我们不要将这一时期的贸易看作"国家"(nations)之间的贸易。他的评论相当中肯。

> 在提及公元 1000 年之前的数个世纪里印度与东南亚之间的联系时，我们总认为它是一套复杂的关系，其共同背景是一个纤细脆弱却覆盖广泛的海上贸易网。尽管我们动不动就说起"印度"与"东南亚"之间的关系，但我们必须知道这两个地区都成分复杂，它们并非作为统一的政治实体或文化实体发挥作用或进行互动的……相比他们自己的内陆地区，定居在东南亚某些海岸地区的居民很可能与印度或中国南部的其他类似定居点有着更多的联系，并对他们抱有更为浓厚的兴趣……东南亚的印度化……为国际性港口社区的发展所延续，二者并行不悖……一般来说，货物要比人走得更远；很少有人能遍及整个地区。

不同的商人群体在不同时期各领风骚，由于最大的船只能容纳数百人，所以同一批船往往会运载来自诸多地区的商人(Spencer,1983:75)。

10—12 世纪时，来自科罗曼德尔海岸的印度商人踊跃东行。有很多证据可以证实朱罗王朝与室利佛逝国统治者之间的交易活动；甚至有资料表明，朱罗王朝曾于 1025 年对室利佛逝国进行过突袭。12世纪的中文资料将朱罗港看作头等贸易伙伴,并列举了由科罗曼德尔输入的珍珠、珊瑚、槟榔、豆蔻以及棉织品等物资。西方的资料则列举了香料、香脂、涂染植物、药草、丝绸,尤其是棉花(Hall,1980:163)。这些货物由泰米尔商人的船只运送,他们在锡兰和科罗曼德尔海岸都设有"本部"(Digby,1982:127)。显然,印度南部的出口与内地的农业地区和贸易城镇有着复杂的关系270 (Hall,1980:164),稍后我们在论述朱罗王朝时期的工业进展和商业实践时,还将回到这个问题上来。

印度西海岸:中世纪时期的 古吉拉特和马拉巴尔

由于印度南部被天然地划分为两个区域,而且这两个区域有着迥异的生态基础、社会组织形式以及国际贸易区,所以有必要分别加以论述。当然,这并不意味着二者毫无文化联系,或从未在政治上达成过统一。然而,笼统地讲,这两个区域朝向相反的路线:西海岸面对中东地区,我们已在第六和第七章描述过该地区;而东海岸面对东南亚地区,我们将在第九章用更长的篇幅来阐述这一地区。故此,我们先来论述古吉拉特和马拉巴尔。

古吉拉特

位于印度西北海岸的古吉拉特半岛岬角,北靠喀奇湾(Gulf of Kutch),南倚坎贝湾(Gulf of Cambay),自开拓以来,就为船只、水手和商人提供着庇护。至今,古吉拉特人还因其精明的商业头脑而闻名。古典时期的埃及甚或罗马记载的少量印度商人很可能就来自古吉拉特地区(Toussaint,1966:60)。该地区还与波斯湾地区以及阿拉伯半岛海岸地区的港口保持着传统联系,因为当地的一些文献明确地提到了这些地方。伊斯兰教产生初期,坎贝和赛义姆尔(Saymur)的港口就已经吸引了阿拉伯商人在此定居,他们中的很多人相当富裕。此外还有来自西拉夫、阿曼、巴士拉和巴格达的商人。麦斯欧迪于10世纪早期在此逗留时就注意到了这些商人的存在,他们通过通婚融入当地(Chaudhuri,1985:98)。

古吉拉特的繁荣,很容易受到转口贸易以及对其内陆地区的原材料和制成品的需求的影响,并随着大体系状况的变化而摇摆不定。不过,这些影响因素往往错综复杂,并不能共同形成一个合力。因此,理查兹(Richards,1986:1)指出,由于力量的碎化,或许还要加上接踵而至的贫困,"印度北部在8—12世纪时未能像此前那样吸纳到足够多的财富"。这或许缘于巴格达在9—10世纪时只从印度和中国进口奢侈品。然而,到11—12世纪时,他们的需求日渐多元化,来自巴格达与开罗的商人纷纷购买大量的胡椒等香料,以及织物,其中的一些要运往欧洲(Richards,1986:2—3):

> 真正的大变化发生在1200年之后。那时,主要海路的运载量和贸易额都比近古时期的规模扩大了很多……13世纪时,为日常生活所需的大量商品进入这些贸易要道。当时的记载列有加工好的织物、金属、器皿、武器;半成品的原材料,诸如生丝、原棉;以及从森林或海洋萃取的产品……活着的马

匹甚至也在运载之列。其中最惊人的变化就是,所运之物还包括食物,诸如谷物、糖、黄油、食盐和干货。

是什么导致了13世纪的这种转变呢?地中海贸易的显著扩张无疑是一个主要因素。当地的一些变化也加速了这一全球性的转变过程,印度北部强大的穆斯林国家的出现显然促成了这些变化。"新货币的大范围发行,国家税收结构的新变化,以及日益增加的人口和日渐扩大的市场,都促使贵金属大量涌入……[印度,这源于]印度在13—15世纪的中世纪世界经济复苏中所发挥的作用"(Richards,1986;另可参见 Habib,1982:82—85)。

不过,反作用也在影响着古吉拉特。比如,蒙古在13世纪中期对波斯和伊拉克的征服,使得先前经过古吉拉特港口的部分贸易发生转移,此后,地中海地区的一些货流转往红海,并由此前往印度南部(马拉巴尔)港口,比如奎隆及后来的卡利卡特。但古吉拉特于1303—1304年被纳入穆斯林的德里苏丹国,这使其重获生机。之后,古吉拉特成为德里上层集团所亟需的奢侈品的主要输入地(Chaudhuri,1985:58)。外国商人控制了这种奢侈品贸易。14世纪早期,伊本·白图泰(Husain 英译,1955:172)形容古吉拉特地区的重要港口坎贝"在房屋与……清真寺的优雅的建筑式样方面,是最漂亮的城市之一",而这些建筑是由"定居于此的外国商人"建造的。

中世纪晚期,古吉拉特继续在国际船运和国际商业中扮演着重要角色,并逐渐控制了非洲东部与科罗曼德尔海岸港口的贸易。即便在15世纪末,葡萄牙人虎视眈眈地突然亮相时,古吉拉特商人和水手仍然积极参与到印度洋贸易之中。其实，引领瓦斯科·达伽马从马林迪沿着非洲东部海岸线驶抵卡利卡特的领航员很可能就是一名古吉拉特人（Gopal，1975：1；Tibbetts，1981：10）。[12]

古吉拉特人出现在非洲东部并非什么稀罕事，也不是什么新鲜事。棉布很早就被输往非洲，至16世纪时还依然畅销，因为"在1500年左右，曾数次抵达印度的葡萄牙旅行家巴尔博扎（Barbosa）……在蒙巴萨港和马林迪港目睹了来自坎贝王国的船只……[并]进而发现蒙巴萨南部的桑给巴尔岛和马菲亚岛（Mafia）的统治者都身着精美的丝织物和棉织物，这些衣物购自蒙巴萨的古吉拉特商人之手"（Gopal，1975：2）。巴尔博扎还在亚丁湾发现了停泊于此的装有丝织物的古吉拉特船只（Gopal，1975：3），一如150年前的伊本·白图泰所见（Husain英译，1955：xliv）。在葡萄牙人于1507年控制了通往波斯湾的霍尔木兹海峡之后，"征服者中断了古吉拉特的马匹输入，以此来削弱这块［印度］领地的军事力量"（Gopal，1975：4），因为马匹无疑就是中世纪战争中的"坦克"。埃及马穆鲁克王朝与古吉拉特的联合舰队在1509年的第乌海战中最终被葡萄牙人击溃，这进一步印证了二者之间的亲密关系。

马拉巴尔—卡利卡特

尽管在时间上稍迟一些，但马拉巴尔海岸的商人无疑与古吉拉特商人同样富裕、同样强大、同样精明，（同样也都是"外来的"）。[273]至少自9世纪以来，马拉巴尔海岸最南端的奎隆就一直是一个重要港口，吸引着阿拉伯船只。宋朝时期的中国非常注重海事，许多帆船也纷纷驶往奎隆。14 世纪 30 年代,伊本・白图泰在附近遭遇海难时,奎隆依旧发挥着重要作用,尽管那时它的对手——卡利卡特明显占据上风。卡利卡特位于奎隆北部,两地相隔一定距离,13 世纪中期时,卡利卡特开始独领风骚。

据达斯・古普塔①(Das Gupta,1967;引自 4—5,着重号为后来所加)所言,卡利卡特的兴衰反映了印度西部贸易路线的转变,第六章已对此有所论述。

> 13 世纪中期,卡利卡特被亚洲贸易的一场剧变推向前台。此前,波斯湾的众多港口在阿拉伯海的贸易中保持着优势。商船通常从巴士拉和霍尔木兹前往奎隆和科伦坡(Colombo)。奎隆……是众多中国船只的汇集中心。中国帆船和阿拉伯船只频繁地穿梭于中国南部与波斯湾沿岸地区之间,远程的海上贸易路线已经跨越了亚洲大陆。随着西端的阿巴斯王朝(Abbasiud caliphate)[原文如此]的崩溃,这一贸易结构瓦解了。1258 年 2 月,蒙古大军席卷了巴格达……这种政治上的崩溃导致了商业上的衰退。波斯湾地区在阿拉伯海的贸易中丧失了其主导地位。强大的马穆鲁克王朝统治下的埃及取而代之,开罗的阿拉伯商人……有名的喀里米商人开始游弋于从复苏过来的亚丁到刚刚建立的卡利卡特之间的地区。在贸易转变出现之前的时间里……马拉巴尔,[发生了]政治剧变。海岸地区……被分隔开来,一个强大的新生家族获得了一小块带状区域……

----

① 达斯・古普塔(Ashin Das Gupta,1931—1998),印度历史学家,著有《亚洲贸易中的马拉巴尔(1740—1800 年)》(*Malabar in Asian Trade*,1740—1800)等。

于是，在新出现的"海洋之王"沙末林王（Samudri Raja，后来被误记为"扎莫林"［Zamorin］）的统治下，卡利卡特在 13 世纪后半期异军突起。那时，来自红海的穆斯林商人蜂拥而至，这缘于扎莫林提供的诱人的贸易条件，以回报他们在政治和经济上给予的支持（详情参见 Krishna Ayyar，1938）。[13]

尽管航行于红海和马六甲海峡之间的船只间或停泊在斯里兰卡（锡兰，阿拉伯地理学家称为锡伦狄布［Sarandib］），但大多数还是停靠在卡利卡特的商业区。在这里，古吉拉特商人和犹太商人在繁荣的贸易中平分秋色。虽然达斯·古普塔（1967:6）认为"阿拉伯商人在阿拉伯海的转口贸易中显然是首屈一指的"，但是，卡利卡特的异军突起显然也产生了深刻影响。如达斯·古普塔（1967:5—6）所言：

> 卡利卡特的繁荣，意味着奎隆的衰落，以及开罗商人在与中国南部的对手的竞争中胜出。阿拉伯人将卡利卡特看作自己的家，他们援助沙末林进行领土扩张，以此获得他对他们的商业目标的支持。面对阿拉伯人与印度人的联合，中国人坐视他们在阿拉伯海长期以来的贸易渐渐衰弱下去。"15 世纪时，一些中国船依然驶往印度，但大多数停靠马六甲；印度船控制了马六甲与印度海岸之间的区域；而阿拉伯船则控制了阿拉伯海……［在这种情况下，］远程的亚洲贸易网络渐渐荒废，尽管阿拉伯船只依然从亚丁驶往马六甲。"［达斯·古普塔引自 W. H. Moreland］

阿拉伯人和印度人在印度洋西部霸权的终结(?)

在整个中世纪时期,阿拉伯船和阿拉伯商人一直控制着波斯湾—红海与印度南部海岸之间的西端环路。在靠近印度的地方,印度船加入进来,与控制着通往海峡的第二环路的中国人共享着利益。

宋代早期,中国船更多的是在海峡区与印度商人会集,但中国有时也会允许波斯人、阿拉伯人、马来西亚人和印度人的船只驶入某些指定的港口,在此,他们的交易受到政府官员的密切监管。然而,到宋朝晚期和元朝时期,中国不但向外国船只开放更多的港口,而且中国船也积极地造访印度港口,在那里与阿拉伯人的船只会集。明朝于 1368 年的建立并未立即改变这种情况(Lo,1958)。明代早期,中国人继续保有一支强大的海军,15 世纪最初的几十年中郑和率领的大规模船队证实了这一点。然而,到15 世纪 30 年代中期,中国人完全地,永远地,极富戏剧性地从印度洋撤了出来。

组织完善、装备精良的中国舰队的撤离,给浩瀚的印度洋留下了"权力真空",唯有马穆鲁克王朝的弱小舰队(尽管与古吉拉特舰队达成了联盟)阻挡着葡萄牙人的入侵。从地中海的角度来看,这种真空实属罕见。自 9 世纪以来,地中海始终存有一支海军力量,因此,商船的出航通常会得到军舰的保护。而印度洋不是这样,因为那里的海战并不影响商业。我们需要弄清这是为什么。

尽管至少有四支海上力量在分享着从阿拉伯海延伸至南中国海连续不断的浩瀚海域,至少是这片海域的某些部分,但这条贸易路线"实质上是平静的"(Das Gupta,1967:7;还有 Toussaint,1966:101)。如同陆上商旅为了免遭劫掠而互相授益一样,显然,来自各地的海上商人也都慎重对待其他商船。事实上,这些商船往往运载着对方的货物和乘客。不过,这并不意味着没有"海盗"出没。印度洋(尤其是海峡区)的确存有这个问题,需要商船时刻警惕,它们可能会遭遇凶狠的劫掠,有时甚至需要以"进贡"的形式进行贿赂。但参与贸易的各"国"船只似乎并不互相敌视,也不将对方指责为"海盗"。诚如乔杜里[①](Chaudhuri,1985:14)所言:

> 在葡萄牙人于 1498 年到来之前……这里没有任何政治力量试图有组织地控制亚洲的海上航线和远程贸易……没有任何一个国家或帝国主宰过作为一个整体的印度洋及其各个部分。

就像意大利人那样,这里的商人并不时常依赖国家的护航舰队来保卫他们出行。商船往往结伴而行,但这主要是为了相互援助。另外,受季风影响,适于出航的时间非常有限,无论哪个种族的商人都仰赖于此。

这个自由放任、多种族参与的贸易体系缔造了长达数个世纪 276 的相互和平和宽容,当一个新的竞争者以迥然不同的"游戏规则"侵入其中时,它显然毫无准备。于是,1500 年 12 月底,当"葡萄牙船长卡伯拉尔(Ca-bral)决定在卡利卡特[那时是一个容纳大约

---

① 乔杜里(Kirti N. Chaudhuri,1934—　　),印度历史学家、艺术家,英国国家学术院、英国皇家历史学会、欧洲人文和自然科学院院士。

15000名穆斯林商人的城镇（Toussaint，1966：101）]袭击并扣留了两艘载有胡椒的穆斯林商船时，他违背了这里的不成文法"（Das Gupta，1967：7）。达斯·古塔（1967：8—9）断定：

> 葡萄牙人的重大影响并非源于他们的粗暴[尽管他们的确如此]，而是源于他们的独创性。他们带来了一种迥异于亚洲贸易的新贸易。两种贸易方式仍然都是中世纪的产物，葡萄牙人的新奇事物无法改变盛行于亚洲的生产和分配制度。此外还有一个重要的区别……[卡利卡特的阿拉伯商人认为]葡萄牙人不是商人而是海盗……他们的忧虑大体上成为现实。葡萄牙人逐渐构建起一个复杂的强制性体系。

在陆上，葡萄牙人强行促成了一系列条约，这些条约在实质上赋予了他们以低于市场的价格购买产品的权利。在海上，他们建立了一个粗暴的强制性通行体系，要求亚洲的船购买葡萄牙的"许可证"方可通行。这样，凭借军事力量，葡萄牙人对整个印度洋地区的贸易港口进行了一场根本的重组；这场重组最终削弱了卡利卡特，尽管是渐进地，不完全地。

虽然其穆斯林（阿拉伯和印度）商人贵族阶级在16世纪早期依然富有（Das Gupta，1967：11），但卡利卡特正在衰落。一旦葡萄牙人将大部分的贸易导向由他们绝对控制的柯钦港和果阿港，印度的其他港口就可能成为葡萄牙人控制下的二流港口了。18世纪时，一位英国游客将卡利卡特描述成遍布低矮茅屋的小渔村，尽管它依旧是马拉巴尔地区的主要城市。印度化了的穆斯林商人社区的遗迹还在延续着行将终结的贸易(Das Gupta,1967:1),尽管这里已处于欧洲霸主的铁蹄之下。

中世纪时期印度东南部的社会组织

尽管印度东部平原的农业社会——帕拉瓦王朝、朱罗王朝、潘地亚王朝(Pandya),最后甚至是维查耶纳伽尔王朝(Vijayana-gar)——不像马拉巴尔海岸的农业社会那样单独并专门从事贸易活动,但它们也参与到始于9—10世纪的商业大复兴之中。斯坦因(1982a:19,着重号为后来所加)告诉我们:

> 从大约9世纪起,在半岛南部及周边的广阔区域从事贸易的富有而声名远播的[泰米尔]商人社团,就与占主流地位的农业社会形成了必不可少的联系。行商……为那个时期分散而发达的农业社区之间的联系提供了一种途径。

11世纪时,泰米尔商人以商业社团的形式组织起来,并由朱罗王朝扶持(Stein,1982a:20)。尽管朱罗人"既没有通过有序的行政制度来解决国家收入的传统,又缺乏合适的机构"(Stein,1982a:20),况且他们总是更加专注于他们的农业腹地,而非海事活动,但他们变得越来越具有冒险精神,他们暂时控制了锡兰和马尔代夫,并侵袭到远及室利佛逝国的地方。

然而,到12世纪时,泰米尔人已经丧失了他们的卓越地位,西部地区的穆斯林商人(大多是印度人)取而代之(Stein,1982a:

40）。有趣的是，正是在这一时期，"香料，[和]……印度与中东的丝绸、棉花大量地进入中国港口"（Richards，1986：3）。不过，朱罗王朝并未从这种繁荣中获得太多收益，因为它对于海外贸易的兴趣似乎在 13 世纪的某个时期就已经消失了（Stein，1982a：40）。

　　如前所述，与马拉巴尔海岸地区无拘无束、支离破碎的政治制度相比，印度东南部的农业政权，尤其是延续至 1279 年的朱罗王朝（之后有一个过渡期），以及最终于 1350 年继位的维查耶纳伽尔军事封建政权，都更多地致力于求取农业盈余，而不关注远程贸易。斯坦因（1982a：24—25）对地形与泰米尔政治组织之间的关联作出了有益的解释：

　　　　稻米灌溉文化[如同在科罗曼德尔平原看到的那样]使得作物栽培高度程序化……对于生活在这种环境下的多数人来说，他们的主要任务就是保持对土地和劳力的控制，并扩展农业水利灌溉系统。在出现类似情况的印度南部，人们发现早期占支配地位的是强大的农业社会，以及印度的公共机构和婆罗门——他们是农业盈余的主要收受者——还有有权有势的地区性封建君主，一如朱罗王朝时的情况。

在这种情况下产生了一个与马拉巴尔截然不同的阶级结构。尽管印度东南部的水利社会的农业劳力并不全是奴隶，但他们被"捆绑"在，即约束于土地之上（Stein，1982a：27，30—31）。这引起了无休无止的关于印度在中世纪时期有无封建性的讨论（比如可以参见 Mukhia，1981；Sharma，1965，1985；Stein，1985）。而且，与印度北部或马拉巴尔的情况不同的是,这里的统治者很少来自武士阶层。[14]

然而,与魏特夫(Wittfogel,1957)给水利社会所设定的"东方专制"制度相反,印度南部各王国既没有高度集权化,也没有出现专制。尽管这块广阔的区域出现过一些强大的君主政体,但从未出现过针对几个大地区的中央集权。君主在礼仪上是合法的,但他们对帝国缺乏足够的控制。于是,王权与众多的地方政权共生共存,这些地方政权通过不同形式的地方机构获得了合法地位。[15]斯坦因(1982a:32,35)着重强调

> 在……印度南部,14世纪之前……没有任何地方资源能合法地、有规律地从地方的农业组织和生产核心区转移到"国家"的迹象。土地记录、土地税和贸易税只在地区层面上进行讨论。14—15世纪时,这种现象扩大到更多的地区……关于水利税的记载是人们所能找到的唯一大量而系统的税务记录,但这些税收也是取之于当地,用之于当地的。

恰如政府未能完全控制农业生产一样,政府也未能充分利用将其统治区与世界市场联系起来的外国贸易。事实上,地方上行商的"萨玛雅姆"(*samayam*)[16]组织协助经营朱罗港口,并"对内地的主要贸易中心进行行政管理"。霍尔(Hall,1980:165)认为朱罗港口的管理者是"政府官员,他们与众多的行商和地方人士一起控制着外国商人的活动以及他们与当地商业网络的联系"。

转口贸易(虽然显然还要加上当地的胡椒种植)是马拉巴尔地

区的主要收入来源,但是在泰米尔平原上,这种贸易更为紧密地与农业生产和农产品加工整合在一起。其中的一种作物就是棉花。从很早的时候起,棉纺织业就使得印度东部地区的一些城市具有了工业化,或者更为确切地说是原初工业化的特点,这一特点更接近于佛兰德斯地区,而非马拉巴尔地区。

甘吉布勒姆的纺织业

早在公元 6 世纪的时候,帕拉瓦王朝的首都甘吉布勒姆(靠近今天的马德拉斯)就是一个重要的城市中心,因其商业功能和宗教功能而闻名(Mahalingam,1969)。肯尼思·霍尔(Kenneth Hall,1980:88—89)认为甘吉布勒姆的地位,源于该城在古代印度南部一个大产棉区中的战略位置,这一位置使其作为一个纺织中心发展起来。

很显然,这里的纺织业一直延续到朱罗王朝时期,即便此后的甘吉布勒姆已不再是首都城市。霍尔(1980:89—90)描述道:

> 朱罗铭文描绘了一个精密的布料生产系统,分工相当专门化:先是提取原棉,而后将它们分给纺纱工,由他们纺出纱线;之后,这些纱线交到织布工手里,由他们编织出各种质地的布料;然后,成布会零售或批发给专门从事布料销售的商人。所有这些活动都是在甘吉布勒姆进行的。

我们仍旧不清楚朱罗王朝时期是怎样组织纺织业的,霍尔(1980:115)的解释显然也是假设性的。他认为,富有的布商控制

了布料供应

　　或许包括原料的"生产",及其向纺纱工和编织工家庭的流入。在那里,他们将原料加工成成品。在编织业中,一伙商人,如格子布商人①很可能会向当地的编织工提供纱线……[编织工]再将成品交给原料的提供者……然后再由提供者销售布料。至于编织工能否从成品销售获益中分取杯羹……没有记载。也没有证据能表明商人如何对纺织工人的工资进行管理,正因如此,产品标准的设定和对劣等工艺进行罚款的情况也都不得而知了。

　　关于印度纺织业的技术水平,争议颇多。有种观点认为,印度的纺织工艺直到很晚都很原始,先是中东技术,之后是欧洲技术的输入才使其工艺日益高超。专事印度莫卧儿帝国研究的伊尔凡·哈比卜(Irfan Habib)是这种观点的主要拥护者。(参见 Habib, 1969,后来于 1980 年改进的观点同样参见 Habib,1982。)然而,印度南部的证据揭示了一幅不同的图景。

　　拉马斯瓦米(Ramaswamy,1980:227)证实,印度南部在公元6 世纪时使用了"梳弓"(carding bow),12 世纪时使用了显然已非常古老的立式织布机(Ramaswamy,1980:230)。还有证据证实了自 11 世纪以来印度南部就在使用提花机或花布织机(Ra-

---

　　① 英文原文为 caliya-nagarattar,该词中的 caliya 是从另一个词 caliyan 变化而来的,caliyan 引申出的 caliyapputavai 指那个时代的一种格子布;而 nagarattar 是从 nagaram 变化而来的,nagaram 指城市中商人云集的区域。

maswamy,1980:237）。唯有后来对纺车的采用印证了哈比卜的观点。13世纪时,印度南部的女性仍在沿用纺锤,因为纺车直到14世纪时才由土耳其传入印度（Ramaswamy,1980:227—228）。〔直到16世纪才传入欧洲（Ramaswamy,1980:241）。〕所有这些都表明,"印度的织布工艺绝对不亚于多数史学家到目前所假定的西方或中国的水平"（Ramaswamy,1980:231）。

　　尽管我们或许无法确切地知晓朱罗时期的纺织业是怎样组织的,但我们可以确信它们的产品规模已经相当可观,编织工已遍布281　城市的各个角落,至少在甘吉布勒姆如此（Hall,1980:91）。我们还知道,商人阶级的财富和权力也在随着纺织产业基地的扩展而膨胀。

商人阶级

　　早在朱罗王朝之前,帕拉瓦王国的各行政区（"土地",*nadu*）就建立了商业城镇,那时称为"镇"（*nagaram*）[17]。只需向统治阶层缴纳交易税,地方贸易和远程贸易就可以比较自由地在这些城镇经营。这一模式一直延续到朱罗王朝时期。在甘吉布勒姆,朱罗国王与帕拉瓦王朝时期建立的"镇"（商人团体）保持着类似的关系,允许商人管理该城商业区的经济、行政,甚至宗教,以此来支撑当地的税收（Hall,1980:93）。显然,这种自治之所以得到容许是因为城镇决定着"一张巨大的地区商业网的效忠与否",它会带给"国库相当客观的商业税收"（Hall,1980:94）。

　　这种税入部分地依赖于纺织业的发展水平。王室收益源于从棉花的销售、纱线的纺制和编织中所征收的税款,以及购置织机的许可费。所以，"甘吉布勒姆的商业活动直接有益于……朱罗王朝的统治者"。12世纪时，随着"保护人—被保护人"关系让步于更加抽象的关系，纺织品生产和贸易变得愈益成熟。生产商"出售他们自己的产品……或者与专门从事代理商角色的商人阶级建立了关系"(Hall,1980:96—97)。

12世纪晚期，国际商人开始频繁登临科罗曼德尔海岸诸港，当地的行商管理着组织完善的贸易系统，提供外国需要的珍珠、槟榔、香料和棉制品。朱罗王朝统治者对这种贸易采取了一种积极的姿态，因为他们从中获得了丰厚的经济收益(Hall,1980:2—3)。不过，随着朱罗王朝的衰落，他们逐渐丧失了对商人阶级的控制。商人阶级"开始更加引人注目，在很多情况下，他们成为新的政权中心谋求发展的核心力量"(Hall,1980:4)。[18]

城市化

纺织业的健康发展，以及国际上日渐增长的纺织品需求，都促使13世纪成为一个高度城市化的时期，印度南部和西欧均是如此。按斯坦因(1982a:36)所言，"自……泰米尔的古典时代……即公元纪年的最初几个世纪以来，城镇从未拥有它们在13世纪之后那样重要的地位"。

但是，城镇的扩张更多地源于国家权力的集中，与远程贸易并没有多大关系，这时的远程贸易正在从印度西海岸转入穆斯林商人的掌控之中。加强中央控制的途径之一就是修建印度教寺庙，很多寺庙就是在13世纪建成的(Stein,1982a:37)。斯坦因(1982a:38—39)认为，由于国家对寺庙的建造汇集了众多的工匠和劳力,所以,它既有利于城镇的发展,又有利于国家权力的集中。朱罗王朝的继任者也沿用了这一模式。

14 世纪中期的转变

正如在对马拉巴尔海岸的讨论中提到的那样,对分析中世纪的欧洲子系统和中东子系统很有作用——对后者稍差一些——的"兴""衰"日期,似乎与印度西部海岸不太相关。印度西海岸的贸易活动与埃及息息相关,而埃及是唯一在 14 世纪经历了蒙古帝国的瓦解和黑死病的摧残而存续下来的中东国家。

相比之下,对印度北部和东南部来说,1350 年是一个很明显的截止日期,尽管两个地区的情况有别。14 世纪中期,印度一北一南两个地区的两件事共同改变了这些地区在世界体系中所扮演的角色。这些事降低了两个地区的贸易的重要性,并因此扩大了印度洋地区正在形成中的权力真空。

283 　 在印度北部,德里帝国于 14 世纪下半期开始瓦解;1398 年,帖木儿军队围困了德里城,给帝国以致命一击。国库里通过长期不平衡贸易所积累的大量金银财富全被运到了撒马尔罕(Richards,1986:15),直至莫卧儿王朝时期国库才重又充盈起来。

在印度南部,新的印度教国家——维查耶纳伽尔王国或"胜利之地"(Abode of victory)建立起来,它不但征服了海岸周边的小的穆斯林苏丹国,还征服了此前朱罗王朝的大部分领域——长期以来,这一区域为相互对抗的曷萨拉王朝(Hoysalas)与潘地亚王朝所分割(主要参见 Maha-lingam,1940,1951;Dallapiccola and Lallemant,1985;Krishnaswami Pillai,1964)。维查耶纳伽尔王国

的首都深居内陆的德干高原之上(关于近期的发掘资料,参见
Fritz等人,1985),该王国既不致力于农业生产,也不关注国际贸
易。有史以来,印度南部首次处于具有军事封建性质的集权制度
的统治之下。为保证外籍士兵对王国的效忠和军队的壮大,这种
制度允许这些士兵持有从农业和商业中索取的利益。[19]

外籍士兵似乎从农业中获益更多。伴随农业生产的快速发
展,"工业"生产也一片繁荣,尤其是丝织业。在维查耶纳伽尔王国
时期,纺织业生产组织呈现出很多与资本主义相关的特征(Ra-
maswamy,1985a),其中包括商人阶级的出现,他们拥有小工厂,
能保证技术的革新,并有明显的阶级分层。这一点在寺庙所在的
城镇尤其明显,但传统的纺织村镇也有这种情况(Ramaswamy,
1985a:302—303)。

尽管这里的大多纺织品都输往国外市场,但维查耶纳伽尔王
国似乎无法控制这些纺织品在国外的销售。斯坦因(1982a:19,着
重号为后来所加)再次很清楚地指出这一点:

　　14世纪时,印度南部在政治组织和经济组织上的变化,
使得行商社团丧失了先前的功能……[他们]最终在国内贸易
中与当地的商人群体联合起来。在此之前的很多流动人群或
许已经乘穆斯林主宰的印度洋贸易体系之便,成为印度南部
海岸穆斯林贸易团体的一部分。14世纪时……必须将海外
贸易看作印度南部国内经济体的延伸;14世纪之后,印度南
部庞大的、更加城市化的国内经济体的出现削弱了该地区对
旧有贸易网络的依赖,及其海上贸易的扩展。印度洋的作用

也不再那么重要,直至欧洲人控制了印度南部很久之后。

　　古吉拉特和马拉巴尔的穆斯林商人——既有阿拉伯人,也有
当地人——逐渐掌控了科罗曼德尔与印度东南部地区之间的贸
易。印度西部海岸商人朝孟加拉湾这个在传统上有点独立的环路
的"过度扩张",或许导致了西部海岸地区潜在的权力真空的扩
大——后来明政府的撤离使得这一真空一目了然,但我们将在第
九和第十章再回到这个情节中来。

从印度洋事例中得到的经验

　　假如单是战略位置就能确保霸权永恒的话,那么印度南部地
区——其位置相当于印度洋东部海盆和西部海盆的"铰链",由地
中海地区前往中国的海上航线的中心——无论是在 13 世纪之前,
还是 13 世纪之后都应当在世界体系中一枝独秀了。

　　事实并非如此。13 世纪之后,印度南部地区扮演了一个有几
分消极的角色。该地区的确是海上强国前往其西部(阿拉伯地区)
和东部(中国)的必经之地;正如第九章将要描述的那样,该地区的
确对印度半岛和东南亚岛国产生了重要的文化影响;该地区沿岸
也的确有很多重要港口,为了他们的经济利益,地方统治者通常会
支持大批商人在此购买当地产品或外国物品。但是,除了古吉拉
特人和印度的一些穆斯林与在马拉巴尔海岸和科罗曼德尔海岸之
外经营贸易的阿拉伯人或波斯人相互融合外,印度人在印度洋贸
易中并不是非常积极。尽管在很早的时候,锡兰(Indrapala,1971)

和苏门答腊(Nilakanta Sastri,1932b)就建立了大量的泰米尔商人侨居地，但这里的居民更多地被看作侨民，而非四处生财的航海家。

印度在远程海上贸易中所扮演的有些消极的角色，在某种程度上缘于纵贯印度历史的贸易顺差。

> 印度(包括斯里兰卡)生产了广为世界市场所需的产品……棉织品和丝织品……染料、单宁、香料、油菜籽和麻醉剂……紫胶、树脂等林业特产、蜂蜜和象牙制品……相反，主要输入品的清单……非常短。印度商人进口了用于作战和骑乘的马匹……[他们还进口了]印度没有种植的香料，如丁香、豆蔻……从东南亚。[还有]西方的玻璃器皿和中国的瓷器……从中东输入的金属，尤其是铜——某些盔甲和武器……[以及]玫瑰香水和其他香水。最后还有主要是从阿比西尼亚输入的奴隶……和从中东输入的切尔克斯奴隶。(Richards,1986:33—34)

但是，正如理查兹(1986:34)所断定的那样，"印度对中世纪时期世界市场上交易的大量商品要么自给自足，要么漠不关心。"印度的资源、宝石和香料等原材料、农业的高度发展，及其工业品的质量，都使其成为其他地区觊觎的对象。印度售出的商品要多于买进的商品，尽管正如我们将要看到的那样，东南亚对印度的痴迷一如后来印度对欧洲的痴迷。颇具讽刺意味的是，似乎是富足而非贫穷使得印度无法在13世纪的世界体系——该体系更多地是由需求而非知足推动的——中扮演一个更具进取心的角色。的确如此，印度越是卷入 12—13 世纪正在整合中的世界体系，她在实际的贸易活动中就越是消极。

　　某种程度上来讲，印度有利的地理位置意味着她始终处于这样一种危险之中，即她任意一侧的海上力量的扩张都可能取代其地位。这种可能似乎在 13 世纪末至 14 世纪初时已经出现。那时，在印度西方，穆斯林商人（包括伊斯兰化的古吉拉特人）将他们对船运的控制扩展到海峡地区；而在印度东侧，中国则将他们的贸易路线延伸至次大陆地区。[20] 其结果就是，随着印度南部，尤其是盘踞德干高原的维查耶纳伽尔王国所控制的泰米尔地区将注意力从海上转向农业上大范围的精耕细作，印度洋中心地区的海事活动就减少了。这种衰退也蔓延到马六甲海峡被印度化的地区，该地区的一部分海事活动由直接的中国船运所取代。

　　这为印度洋地区潜在的权力真空的出现创造了条件，至此，该地区的西部由穆斯林控制着，而东部则由中国人控制着。14 世纪后半期时，进行大扩张的并非四支强大的海上力量，而是仅仅余下的两支力量。当这两支中的一支（中国）从中退出时，该地区就任人占有了，葡萄牙人后来把握住了这一良机。在接下来几章中，我们较为翔实地考察了这种权力真空在印度洋东部海盆的发展情况。

注释

1　用麦克尼尔（McNeill）在这里使用的这一术语来形容威尼斯会更加贴切。

2　在 Burton Stein，"South India"（1982a）（载于 *The Cambridge Economic History of India*，Volume I：*c.* 1200—*c.* 1750，edited by Tapan Raychaudhuri and Irfan Habib）中可以清楚地看到这两个地区之间的区别。接下来的这

部分内容，我主要参考了这部著作。

3　正如斯坦因（Stein, 1982a:22—23）所指出的那样，科罗曼德尔富裕的农业平原区与印度西部海岸的喀拉拉平原之间有着惊人的差异，前者的灌溉需要沟渠和水库，而季风雨总能为后者一年两季的作物——与两个季风周期相符——提供充足的降水。这种生态上的差别导致了泰米尔"水力"灌溉地区与喀拉拉地区的农业社会在社会组织上的截然不同，前者是更为集中的父权制，而后者是较为平等的母权制（尽管需要男性战士的保护）。

4　巴拉德（Admiral Ballard, 1984:1）甚至断言，跨海旅行很可能源自阿拉伯半岛，因为这里干燥的气候使得捕鱼和贸易成为必要，而那些居于宜人的生态环境之中的人们则不必如此。不过，我们必须对他这个纯属推测的假定保持谨慎。

5　关于西部海岸，这本指南非常详细，但之外的地区则少有提及。"锡兰……少人知，也无人光顾……[另外，]马来群岛、马达加斯加……[等地，对希腊人来说]依然是未知世界（terrae incognitae）"（Toussaint, 1966:39）。

6　有证据显示，在古典时期，科罗曼德尔海岸与罗马也有贸易往来，要么通过间接途径，要么从马拉巴尔通过陆路。值得注意的是，"罗马金币的发现地点主要位于印度南部，尤其是泰米尔地区。印度最有名的一个供罗马人周转货物的集散地就……位于泰米尔中心地区"，即今天马德拉斯南部的本地治里（Pondicherry）（Spencer, 1983:77）。

7　根据理查兹（Richards, 1986:10—11）的研究，大量输往埃及和叙利亚的贵金属通过意大利港口运出欧洲。"大量……威尼斯金币运往亚历山大港，不过是贵金属源源不断地从欧洲输往中东这一现象最显而易见的方面"。随着埃及对欧洲的贸易顺差的东移，类似的情况在亚历山大港也发生了。"马穆鲁克王朝的铸币厂发行了大量金币和银币，这些钱币在整个印度洋地区流通，远及马六甲海峡和非洲东海岸"（Richards, 1986:12）。"在最重要的东部路线上……ducat、ashrafi、grossi、tankas 等币种，或金银锭流入印度西部的大港口：坎贝及其分布在古吉拉特地区的众多附属港口；果阿……奎隆和马拉巴尔港。斯里兰卡（锡兰）的主要港口加勒（Galle）也是这些贵金属的流入地……"（Richards, 1986:13）。这些过剩的大量贵金属会以贡金和赃物的形式流入印度内陆地区。另一个方向的中国传入大量铜币，以填补他们的贸易逆差。"东南亚的众多王国……没有严格的货币制度……
［因此］依据重量来衡量的具有稳定纯度的金币就满足了［他们］进行大规
模交易的需要"(Richards,1986:16)。"从马六甲［地区］……亚洲的硬币
再流向印度海岸和锡兰地区的商业中心"(Richards,1986:18)。

8　斯坦因(Stein,1982a:18—19)给出了一个稍有不同的时段,这部分缘于
他所论述的重点是科罗曼德尔海岸。他认为将印度南部与更广阔的世界
联系起来的贸易体系

> 从公元纪年伊始或许一直延续到 13 世纪。有两件事导致了该体系
> 在 13 世纪的崩溃,一个是穆斯林对印度洋贸易的日渐牢固,这使得
> 他们取得了同印度西部的贸易优势……处在穆斯林更为强大的控制
> 之下。科罗曼德尔的穆斯林继续参与印度洋网络,但随着此后印度
> 西部地区在贸易体系中的作用的增加,科罗曼德尔的影响就相对地
> 削弱了。

9　尤其参见 Chaudhuri,1985:23,103,107。多默·皮列士(见 Cortesao,
1944)是 16 世纪早期的葡萄牙作家,他生动、精确地描述了印度洋的贸易
和航海情况。他并非首位发现单在一个季风期无法完成整个线路的航行
的人,尽管他在解释季风期时比早期的穆斯林地理学家更准确一些。比
如伊德里西(Al-Idrisi)记述了印度洋和中国海里的船长曾告诉他"每年会
发生两次海水的潮涨潮落;夏季月份时,海洋东部出现落潮,与此相反,海
洋西部出现涨潮;接下来的六个月中,海洋西部发生落潮"(Al-Idrisi, Ah-
mad 英译,1960:35)。

10　基尼萨(Geniza)的论文探讨了印度的犹太商人侨居地的作用,戈伊泰因
(Goitein,1963:189)利用该文中的材料,最早注意到"犹太商人在印度贸
易中的份额似乎相当小"。尽管如此,他发现了很多 11 世纪时亚丁和马
拉巴尔海岸的犹太商人之间的信件。这些信件提到了印度的棉花和丝
绸、中国的瓷器和金属制品(铁、钢、黄铜和青铜),此外还有更让人期待
的香料、染料、香脂、药物、珍珠、椰子和木材(Goitein,1963:196),这表明
即便是在 13 世纪之前,亚洲的输出品就包括了很大一部分工业品。由
红海或亚丁输往东方的物品也明显集中于制成品,食品仅占在列物资的

1/10(Goitein,1963:197—198;也可参见他 1954 和 1980 年的文章)。不过,需要指出的是,这些资料提到了一个时间,那时,犹太人在埃及的贸易中的地位要比他们在阿尤布王朝晚期和马穆鲁克王朝时期更为显著。另外,他还提到了一个时段,卡利卡特的穆斯林商人那时尚未占据突出地位。

11 的确,斯潘塞(Spencer,1983:68)指责印度学者和西方学者关于中国和印度给"落后的东南亚地区群体"带来了假定的影响的写作思路"陷入了欧洲殖民姿态的圈套,因为关于印度'殖民化'和'大印度'的讨论,其实在语气上非常类似于英国作家描述英国在印度的所谓'文化'使命的小册子"。

12 传言是伟大的阿拉伯水手(老练的水手)艾哈迈德·伊本·马吉德(Ahmad Ibn Majid al-Najdi)——一本翔实但散乱的 15 世纪的航海指南的作者(见 Tibbetts,1981)——引领葡萄牙人到达了印度洋。这种传言显然是不可能的,因为当他的 *Kitab al-Fawa'id*……于 1490 年写成的时候,他已经垂垂老矣。

13 一个半世纪之后,巴邻旁王朝(Palembang Dynasty)的某个亲王采用非常相似的策略在马六甲建立了与卡利卡特相竞争的港口。通过政治保护和经济诱惑,他在其控制范围内聚集了众多商人群体,遍及马六甲海峡地区。

14 喀拉拉是个例外,那里有"武士血统"(Stein,1982a:32—33)。此外,自 14 世纪中期以来的维查耶纳伽尔王国军事封建统治时期也是例外(参见 Nilakanta Sastri,1976)。

15 研究印度的学者强调了朱罗王朝统治区的村镇自治机构重要性,而与此同时又强调高度的中央集权制。比如,参见尼拉坎塔·萨斯特里(Nilakanta Sastri,1976,1978,尤其是 1955)和米斯拉(Misra,1981)的一些作品。斯坦因在他那篇才华横溢的文章"The State and the Agrarian Order in Medieval South India: A Historiographical Critique"(1975:64—91)里斥责了他们,他认为朱罗王朝并没有他们声称的那样集权化,也没有那么高效;"世俗领域"和婆罗门村庄的地方自治,更多地缘于其必要性,而非思想意识。

16 朱罗王朝时期,流动贸易越来越多地"由远程贸易商行会——称为'萨玛雅姆'——来管理,该组织相当于亚洲贸易大体系内的地方市场网络"
(Hall,1980:141)。"加入该行会的商人需要对着一部商业行为法规宣
誓……该法规将会员与其他行商分离开来。富有的'萨玛雅姆'成员成
为'富商',他们可以效仿上层人的生活方式……并对某些物品享有特
权"(Hall,1980:147)。"萨玛雅姆"起初是"一小伙远程商人,他们服务
于……内陆的偏远地区……为了共同的安全而结合起来。行商携带着
自己的武器,他们的行为甚至像强盗一样"(Hall,1980:151)。进入任何
一个"萨玛雅姆"的外国货物都需要市场负责人的照料;与此相反的是
"帕塔纳"(*pattana*)或港口,"它们是政府指定的货物交易中心,货物经海
路或陆路送到这里……在印度南部的语境里,'港口'这种宽泛的定义稍
微有所变动"。朱罗王朝时期,"帕塔纳"普遍与那些参与国际贸易的城
镇联系起来,这些城镇既有海岸地区的港口城市……又有内地重要的商
业中心"(Hall,1980:142—143)。一个"帕塔纳"里的地方商人和外国商
人似乎并不冲突:地方商人经营地方货物,而行商则限于经营远程贸易
的特定物资(Hall,1980:144)。"在内陆地区,行商的地位更多地取决于
他们与地方机构之间的联盟,[如]"地方会议"(*nagaram* assemblies);而
他们在海岸地区的港口……则享有特殊地位"(Hall,1980:146)。

据霍尔(Hall,1980:50)研究,"城镇实际上就是一群称作 *nagarattar* 的
人的特定居住区,[他们]……是公司团体中的成员",其中,布商和油商
最为重要(Hall,1980:53—54)。城镇团体似乎由一个委员会率领,该委
员会雇用了一名监管公地的监督者、一名销售员和一名会计(Hall,1980:
56)。该团体从王室那里获得土地并为此缴纳税金,而王室则借此增加
税入(Hall,1980:57)。"由于朱罗王朝时期远程贸易的急剧扩展,地方
人开始……与行商组织[建立]制度联系。这种对外联系确保了地方城
镇经济的稳定性……甚至使得商业中心成为新的政治权力中心得以发
展的内核"(Hall,1980:81)。随着实力的日渐增长,城镇开始摆脱其他地
方机构的管理,并直接与朱罗政府进行税金清算。此外,在朱罗王朝时
期,城镇甚至"在军队之外"组建了"自己的军事单位,最初它们受雇于保
卫地方市场和陆上贸易路线"(Hall,1980:81)。"但随着朱罗王朝的衰
落,这些商业机构开始向他们的所在地施加压力,并单独控制此前与农
业机构——如 *ur* 和 *nadu*——共享的行政权力"(Hall,1980:82)。

18　霍尔(Hall,1980:2)假设商业的制度化最初是通过城镇"在指定的地区市场——通常就是城镇自身——内容许外国商人的商业渗透"来完成的。尽管这或许是其最初意图,但它最终导致了一个相对独立的城市商人-工业家中产阶级的生成,这在中世纪欧洲之外的地区并不多见。

19　维查耶纳伽尔王国的军事封建制度与埃及的马穆鲁克制度有很多有趣的相似性。这种模式似乎把一个对城市和农业核心区进行直接控制的强大国家,与一个更加分权化的军事性质的"包税制"——军事首领(称为 nayaka)在外围地区分得辖区,他们从中尽其所能地榨取利润;作为对这种"封地"的回报,他们有责任提供指定数量的骑兵和步兵——结合起来。(主要参见 Stein,1982b;Krishnaswami Pillai,1964;Mahalingam,1940;Nilakanta Sastri and Verkataramanayya,1946)

20　中国的技术优势显然是其中原因之一。Digby 强调"13—14 世纪时,中国帆船在技术上是最先进的,也是那个时代最适于航海的船只",还是最大的船只(Digby,1982:131—133)。

第九章　海峡两岸

谁控制了马六甲,谁就扼住了威尼斯的咽喉。

（多默·皮列士,Cortesao 译本,1944 vol. 2:287)

切断坎贝与马六甲的贸易,坎贝就无法存活了。

（多默·皮列士,Gopal 援引,1975:8)

今天的巴邻旁和马六甲

由苏门答腊岛中部的佩坎巴鲁(Pekanbaru)"国际机场"起飞的飞机向南穿越一片一望无垠的热带雨林,这片雨林不曾为道路切割,也从未被村落玷染。苏门答腊岛犁形的轮廓被远远地抛在后面,这里人迹罕至,唯有一连串河流像蛇一样蜿蜒地向东流入平静的马六甲海峡。海峡将轮廓模糊的苏门答腊岛与马来半岛丰饶的农田和精心栽培的橡胶林分割开来。每条河流都在扇形入海口处变得宽阔了,河口暗淡的光泽表明这里是无法通航的浅滩区。迄今为止,这里最长、最宽的河是哈里河,中世纪的占碑(Jambi,现约有 10 万人)就坐落在哈里河上。

但是现如今,这一串河流留给人们的是下述深刻的印象。穆西河穿越深深的河道流入海洋,两侧的沼泽地在海洋附近形成一个三角洲，这条河流看上去孕育着很多希望。穆西河的河口受到岸边不远处一个较大岛屿的保护，这使其非常安全，也印证着13世纪流传的一个传说，传说讲述了一条锁链将河道缠绕起来，阻止了那些让人生厌的船只的驶入。

飞机突然降落在穆西河上游大约75英里的巴邻旁的一片空地上。巴邻旁位于苏门答腊岛的东南部，5000名印度尼西亚人在这里过着平静的生活。他们依然乘坐长长的独木舟穿越河道来接收一些"进口商品"。这些独木舟运送的商品由人力卸到河边，再费力地从河边沿着低浅的斜坡搬到邻近的露天市场的货摊和地面上的展示区。机器和制成品则由每天屈指可数的几班飞机运到这个简陋的机场。

几乎难以置信的是，7—12世纪时，巴邻旁居然是室利佛逝"帝国"[1]的首都，巴邻旁的国王——通过向中国统治者适时进贡和大献殷勤取得并维持其统治地位——居然对培育了海上国际贸易生命线的印度和阿拉伯商船规定马六甲海峡和巽他海峡的通行条件。

在马六甲海峡另一侧的马来西亚，坐落着一个更小的地方市镇——马六甲，马六甲河就在这里流入海峡。14世纪末，巴邻旁一个被流放的王子[2]就在此处建立了一个可以媲美的商业中心。距今天的海岸很远的地方，在葡萄牙"征服者"建造的高大堡垒下面矗立着残破的城门。16、17世纪葡萄牙人和荷兰人相继而来，这个如今已经干涸的地方，便是他们的军舰、民船的锚泊地。

水路现在已经退缩，陆地淤塞了"港区"，这里的中心是一个满是草地的公园。篱笆将公园围了起来，篱笆外的地方现在是一片沙滩，过去，它曾经是大船离岸锚泊的所在。淤塞区南部已经建起了现代的寓所、办公室、餐馆和电视机商店。沙滩区北部是残存的马六甲河的河道,非季风季节时,河道里充塞了灰绿色的淤浆和污泥。摇摇晃晃的木质码头旁停泊着几艘帆船,它们形似中世纪的单桅帆船,但船舷两侧都披裹着破旧轮胎,看上去很不相称。如今,货仓(商店)占据了水平面之上的河岸地区,它们的台阶通常直接通往河道。几艘类似中国帆船的方形小游艇停泊在远处的河流上游,准备搭载着游客在这个荒废的商业中心进行一次水上之旅。这里会是那个来自世界体系的四个地区的船只都停泊于斯,每个地区都由其自己的港都首长把持的那个熙熙攘攘的码头吗?如同在巴邻旁和占碑一样,马六甲也曾在世界商业和生产领域扮演着重要的角色,但如今那种气息已难再寻觅了。

唯有亲临那些曾支配了欧洲霸权之前的世界体系的遗迹,方知弹指间的历史兴衰就栩栩然近在眼前;而这些过往的"世界城市"今已是断壁残垣,这正是说明世界体系变幻无常再好不过的铁证。

这些城市颇具戏剧性的衰落过程,引发了我们对这个区域及其城市化的非同寻常的特点的关注。大城市的一个显著特点就是,它们试图永远保持其地位,即便其功能已经发生了变化。考古挖掘中经常会发现层层叠叠且前后相继的遗迹。位置优势、具有象征意义的崇拜地,甚或纯粹的惰性等因素似乎能解释这种持续性。然而,马六甲海峡地区的贸易中心很少表现出上述特点。相反,随着商人从一个地点转向另一个地点,这里的港口也一个接一个地浮现、崛起,然后衰落。(如今,新加坡的位置最重要。)恒定不变的是该港口位于世界的"咽喉"(按照皮列士的说法)之上,不过具体是哪一个港口,这要由政治因素而非生态因素来决定。

马六甲海峡地区具有共同的生态特征：波澜不惊的水面（甚至被称为"姑娘湖"）提供了平静的通道，不同的风系汇聚在海洋上的某个地区，长时段的无风期打断了一年一度的出航季节；海峡两侧分布着低洼的海岸，海岸后面高山耸立，热带雨林郁郁葱葱；众多河流向下注入海峡，那些地位低下但很精明的执政者在河口建起了城堡-市镇-港口，以接收来自上游的物品，控制他们资源丰富的内地的入口，条件允许的话，还可以用这些物品交易其他地方的物品。马来半岛的高地传入的物品有锡、木材及其他木制品，苏门答腊岛（中世纪时印度人称之为"金岛"）内地传入的有矿物、樟脑、其他树脂及木制品。

很显然，这里的原住民有的是经陆路从泰国来到这里，而有些则是经水路从印度尼西亚群岛来到这里的，他们收获着森林和海洋带来的财富。这些原住民要么完全过着游牧生活（参见 Carey，1976，关于陆上游牧民；Soper，1965，关于海上游牧民的论述），要么过着刀耕火种的农业生活。比较起来，那些处于河口的小型贸易中心却很可能容纳从事贸易活动的外地人。内地与沿海的这种共生关系延续至今，内地容纳着众多的种族社会群体，而沿岸城市里生活的群体在种族上则是千差万别的——按照人数递减顺序，主要有马来人、中国人、印度人，以及（现在几乎见不到的）阿拉伯人。

在这样的生态环境下，一个稳定的城市统治集团是不可能存在的（这一观点已为 Bronson，1977；Wheatley，1983；Lim，1978 认同）。这里既没有大片的农业地区可供城市发挥中心地点的作用，也没有一个非常独特的区域能给某个特定的地点，比如道路或河流的交汇点，带来比较优势。此中原因就在于马六甲海峡的矛盾之处。在这

条世界贸易干道上,苏门答腊岛海岸和马来半岛海岸成为天然的,
也是必然的目的地,但是,该地区内没有令人神往的停靠点。

　　我们在本章中挑选出中世纪时期两个前后相继的重要中
心——巴邻旁和马六甲,但不要误以为这一地区就这么两个中心。
其实,若非我们对北部更远处的两个地点——马来西亚海岸的吉
打(Kedah,Kalah)[3]和苏门答腊海岸的巴赛——的了解比巴邻旁
和马六甲还少的话,它们也能轻易入选。(见图 11)

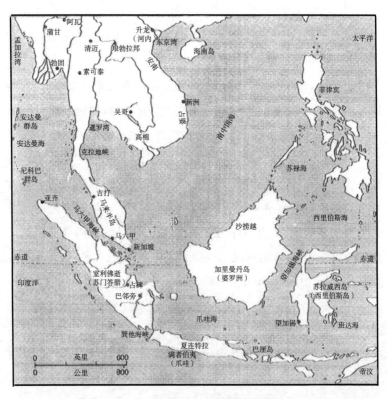

图 11　马六甲海峡:海上路线的咽喉

与外部的联系

马六甲海峡地区始终是海洋的交汇点,马六甲海峡的海岸也是文化的交汇点。正如第八章所提到的那样,东南亚地区的土著人在文化传播中扮演了一个比普遍看法更早也更积极的重要角色(MacKnight,1986:217)。然而,从公元 1000 年开始,他们更像是成了外来传统的接受者。

东南亚位于亚洲大陆上的印度与中国这两个农业区之间,同时受到两个方向的文化和宗教(印度教和佛教)的影响。自 14 世纪以来,这些影响就通过伊斯兰教在这里进行"最后的"转化,如今,伊斯兰教成为苏门答腊-印度尼西亚和马来半岛的主要信仰。随着不断地"皈依",这一转化过程更为深刻地植入了社会结构之中。统治者接受了印度教的宗教制度,但普通民众仅仅借用了它们的一些语言而已,除了国际性港口的侨民社区外,印度教很难融入当地的社会生活。佛教对下层群体影响较深,但最终是伊斯兰教在这个地区深深扎下了根。印度尼西亚是当今世界上最大的伊斯兰教国家,伊斯兰教在印度尼西亚和马来西亚都是信仰人数最多的宗教。

然而,在我们所要讨论的这个时段中,印度和中国的影响是最为重要的,尤其是在巴邻旁。马六甲王国的缔造者在晚年皈依伊斯兰教之后,伊斯兰教才在整个地区确立了地位。

对资料问题的质疑

297   一个占据了世界水运交叉口的地区的重要性本无需赘言,但发人深省的是,事实并非如此。我一厢情愿地试图查找尽可能多的当地文献,但这对马六甲海峡地区来说几乎是不可能的事情。一个又一个的研究该地区的专家无不扼腕叹息于这样一个事实,即我们先前对该地区的了解几乎全是来自其他地区的人的叙述。[4]

    如果那个时代的当地记载有所保存的话,那么它们应该书写在薄树皮或竹片之上,在热带雨林气候又热又潮的条件下,这些记载应该早就腐烂了。对于苏门答腊岛来说,在欧洲人到来之前,除了寥寥无几的几块石碑外,根本没有任何记载留存下来。马来半岛其实也仅有《马来纪年》(*Sejarah Melayu*)(*Malay Annals*,最初由 Leyden,1821 翻译,C. C. Brown,1952 重新翻译)可供查阅,但现存手稿(♯18 Raffles)仅能追溯到一个很晚的年代。该文献从马六甲王国的缔造开始写起,第一章内容是让人半信半疑的历史年谱,用以将统治者的地位合法化,认为他继承了先前的室利佛逝国、朱罗王朝和夏连特拉王朝(Sailendra,在爪哇岛上)的衣钵,更让人无法容忍的是,它竟然还将其世系追溯至亚历山大大帝那里!(对该手稿的评价,主要参见 Wolters,1970,以及 Tregonning,1962。)

    有些中文文献和断代史(由王赓武[①] 1958 年精心选编的宋代

---

    ① 王赓武(1930—),澳大利亚籍历史学家、教育家。著有《南海贸易:南中国海华人早期贸易史研究》、《南洋华人简史》和《南洋贸易与南洋华人》等。

之前的资料）间或提到了所谓的室利佛逝国及其首都——先是巴邻旁，而后是占碑——的情况，不过这些资料——并非故意地——显然有些曲解和偏颇。它们认为巴邻旁的国君们虽然是其众多附属国的"统治者"，但他们不过是中国的"封臣"，定期地携带国礼前来进贡。事实不可能如此，因为我们知道巴邻旁不只同中国人有着贸易往来，还与阿拉伯人和印度人进行贸易往来；我们也知道中文里的"进贡"不过是对交易的委婉说法，因为中国在那个时期不鼓励私营贸易（参见第十章）。

我们对于佛教文化在巴邻旁的重要性的了解源于一份 17 世纪的参考文献，它是一名中国学僧留下的叙述，该学僧在去往印度时曾在此驻足数月。他说巴邻旁有上千名佛教僧侣，但他记述的准确性和出发点值得怀疑。

最后一份中文资料来自 13 世纪的市舶使赵汝括（由 Hirth 和 298 Rockhill 翻译 1911），他描述了驻在刺桐（泉州）的外国商人的来源地。不过，他的部分描述出自一份差不多比他早一个世纪的资料，而其他描述都源于他本人与商人们的会谈，且其中的一些商人明显有所掩饰。此外，这份中文资料的历史可追溯到室利佛逝国衰亡——这个时间有公认的说法——之后的某个时段。

上述支离破碎的资料都让人半信半疑，将阿拉伯文和中文地名转译成英文的问题也令人费解。我们仍然不能确定文献中提到的所有地点的确切方位，在某些具体地点的中文名字是什么这个问题上也有很多争议。很多文章和著述（比如，Douglas，1949，1980 再版；Wheatley，1961）都致力于尝试解开因不同语言里的术语而导致的不可避免的困惑。

关于马六甲海峡地区,阿拉伯旅行家和地理学家进行了描述,他们的作品写于9—14世纪(其中有大约9—10世纪的商人苏莱曼、阿布·扎伊德·阿西拉弗,10世纪的麦斯欧迪;12世纪的伊德里斯,以及14世纪上半期的伊本·白图泰),但他们中的很多人似乎并没有亲临过他们所描述的地区。尤其是当他们描述到从印度西海岸前往东南亚时(不然就是还没描述到这里的时候),他们变得越发难以置信了。唯有伊本·白图泰似乎确实往返过中国,他对印度(作为法官,他在德里供职多年)和中国的描述"最为翔实",但很少提及印度和中国之间的地带。

印度南部的文献极为详细地记载了苏门答腊和马来半岛的情况,在印度人的想象中,这些地方似乎占据着有利位置,[5] 自帕拉瓦王朝以来,婆罗门就一直通过这条天然出路来传教。印度人大量的(但这仅仅相对于当地资料和其他资料的缺乏而言)记述都过于夸张地描写了印度文化对"印度群岛"(包括爪哇岛)的影响,这一点我们在第八章已有所论述。此外,正是那些专事宗教信仰和宗教仪式的有文化的婆罗门创作了该地区的梵文文献。来自古吉拉特或科罗曼德尔的人数众多的定居商人没有将他们关于城市和贸易的乏味(对我们来说却是很有意思)观察资料保留下来。

最后,葡萄牙人在印度洋的出现以及他们于1511年对马六甲的征服,催生出非常不同的文献,这些文献以主观经验为依据,以实际"功用"为准绳。其中最引人注目的是多默·皮列士的《东方志》(*Suma Oriental*,Cortesao,1944年翻译),该书基于皮列士本人在16世纪20年代的亲身体验以及他所能收集到的任何有关该地区历史的背景材料。虽然它实际上等同于一部丰富的原始资料,并且几乎是我们所能仰仗的唯一资料,但它和《马可·波罗行纪》一样,以西方的视角紧盯着"有用的"信息,时常戴着有色眼镜,并倾向于假定历史和现实一模一样,而且直接掩盖了一些事实真相。

于是,历史学家在想象中融合并重组了同样有限的信息片段,以此替代中世纪时期马六甲海峡地区的真实资料。我学力不逮,无法构思出另一个假说,所以,我将试着从专家们——他们都非常内行,非常受人尊敬——相互矛盾的观点中提取出基本的"事实",用于描述16世纪之前世界体系的这一部分的发展和衰落。

印度对马六甲海峡地区的影响

赛代斯①是最为有名的从事东南亚中世纪史研究的学者,他的《东南亚的印度化国家》(*Les états hindouises d'Indochine et d'Indonésie*,原书初版于1949年,1968年修订并译成英语)一书为解释印度文化对东南亚地区的影响确立了基本的正统说法,这一说法得到了那些洋洋自得的印度学者的支持(比如,参见 Nilakanta Sastri,1949;以及 Majumdar,1937—1938,1963,他甚至谈及印度人的"殖民地"),并被图森特(1966)全盘接受。他们引用了这样一个无可辩驳的证据,即在整个东南亚地区(在吴哥和爪哇 300都可以找到印度风格的雕塑和庙宇。[6] 正是赛代斯发表于1918年的那篇文章首次提出了深受印度文化影响的室利佛逝帝国的

①　乔治·赛代斯(Georges Coedès,1886—1969),法国东方学家。

存在。

　　上述思想流派猜测印度南部的侨民群体于 4 世纪的某个时期移居到了东南亚。赛代斯(1966:247)认为单凭这种人口流动就足以解释 5 世纪时在"婆罗洲和爪哇这两个印度王国"出现的印度碑文。他推测文化影响的传播就是由这些侨民推动的。[7]

　　另外一个从事东南亚贸易研究的著名学者是范勒尔(J. C. van Leur,1955)。他的《印度尼西亚的贸易与社会》(*Indonesian Trade and Society*:*Essays in Asian Social and Economic History*)一书的第一部分集中研究了 15 世纪之前的贸易。范勒尔将东南亚地区划分为栽培稻米的农业国家和人口稀疏的市场贸易区,马六甲海峡地区就是后者的典型事例。至于后者如何被印度化这一问题,他的答案与赛代斯的解答有所不同。

　　范勒尔对早期印度侨民的殖民地表示怀疑,他认为,即便确实存有殖民地,它们也不足以解释"高等文化"的扩散,因为它们有可能是那些对梵文一无所知的商人和水手创建起来的。与此相反,他认为是婆罗门将印度教(和后来的佛教)以及他们的管理技巧传播到当地统治者的宫廷里,以赢得统治者的资助。这些统治者认识到宗教的法定化和行政管理的系统化有利于强化对国民的控制,因此他们会扶持这些制度在社会中的复制。[惠特利(1961:185—187)和霍尔(Hall,1985:83—93)都表示赞同。]这方面的证据就是梵文,而非本地语言在重要的王室铭文以及与高等文化相关的艺术品(诸如雕刻和建筑)中的使用。本地语言可能为下层的商人所使用。

　　持有上述观点的学者往往将印度的影响至少追溯至帕拉瓦王

朝时期(6世纪之前),并强调科罗曼德尔海岸的婆罗门教文化与室利佛逝王国和(爪哇岛上的)夏连特拉王朝之间持续的宗教联系。他们认为,巴邻旁在7世纪时成为室利佛逝王国的首都与这些印度的婆罗门有直接关系。

相比之下,斯潘塞(1983:82)没有忽略印度商人在文化传播中可能发挥的作用,虽然其作用很难被描述出来。他认为没有这些 301 商人,高等文化是无法传播的。

> 来自印度,或者马来半岛和其他地方的水手、商人和探险家在贸易路线上的流动,是印度文化东传的前提。海上贸易网络为跨越东南亚的船只提供了航行路线和航海技术,它们是婆罗门和其他文化使者完成使命所仰赖的条件。

范勒尔认为平凡的商人和探险家不可能传播"深奥的梵文文化,这种文化是印度化王国里具有高度装饰性的宫廷文化",作为对他的回应,斯潘塞(1983:83—84)提醒我们:

> 印度的艺术活动绝不少于宗教活动……反映了工匠们并不仅仅从事艺术创作……婆罗门绝不可能像商人那样掌握〔必需的〕手艺……印度的艺术风格在国外的传播,或许就是印度工匠的正常创作活动在国外新场所的延续。

斯潘塞断言,在那些因贸易而形成的沿海商业中心,如室利佛逝,商人-传播者或许是中世纪时期将东南亚地区印度化的主力军。

　　我们知道泰米尔商人长期活动在马六甲海峡地区。在室利佛
逝国强盛的时代,来自科罗曼德尔的商人明显控制了这一地区,考
虑到朱罗王朝在 13 世纪之前的世界贸易中所发挥的积极作用,这
种情况并不出人意料。尽管朱罗王朝从未拥有莫克基(Mookerji,
1912)提出的无敌"海军",但它的舰队在 11 世纪早期时已经非常
强大,足以对巴邻旁和室利佛逝联盟的其他贸易中心进行"惩戒性
的"和极具毁灭性的袭击。不过,正如我们在第八章中已经看到的
那样,不到一个世纪之后,朱罗王朝就渐渐丧失了对途径所辖港口
的远程贸易的控制,控制权转移到来自印度西部和阿拉伯国家的
穆斯林商人手中。

　　不足为奇的是,随着马六甲王国的缔造及其首位统治者皈依
302　伊斯兰教,古吉拉特商人在海峡贸易中的作用更加突出了。戈帕
尔①(Gopal,1975:6)强调,15 世纪或更早以前,

　　　　古吉拉特商人已是马来半岛和印度尼西亚群岛各港口,
　　即马六甲、吉打、木歪(Bruas)、雪兰莪(Selangor)、亚姆亚姆
　　(Mjamjam)、巴赛和佩迪尔(Pedir)的常客。他们经常随身携
　　带着锡、胡椒和香料。不过,马六甲才是古吉拉特商人和古吉
　　拉特货物在这一地区的聚集地。

古吉拉特商人从马六甲前往苏门答腊岛、爪哇岛、帝汶岛、婆罗洲、
摩鹿加群岛,甚至中国。皮列士对古吉拉特与马六甲之间的贸易

---

①　戈帕尔(Surendra Gopal),印度历史学家。

的价值和内容都进行了深刻描述，他对坎贝商人的财富和地位的评价也是无可置疑（参见 Gopal，1975：7—8）。但是，16 世纪早期的资料并不能替代此前的资料。早在 16 世纪早期之前，中国人就已经从印度洋撤离了，马六甲的伊斯兰化也使得古吉拉特人与马六甲人达成同盟。我们很快就会看到，中文资料给出了截然相反的景象，在这一景象中印度和穆斯林的影响是微不足道的，而中国扮演了一个畏首畏尾却又很重要的角色。

中国与马六甲海峡

　　尽管中国在 13—14 世纪的国际贸易中的作用将在第十章详加阐述，但我们有必要梳理一下其中的大致轮廓，以便更好地解释这样一个让人费解的悖论，即室利佛逝在世界体系刚刚形成的 7—12 世纪里地位显赫，但到了世界体系臻于顶峰的 13 世纪晚期至 14 世纪时，该地区却几近衰亡（至少在文献中如此）。

　　当初是什么反常情况的出现竟然导致了世界体系在后来的退化呢。悖论就在于此。数个世纪以来，海峡地区在中国与印度之间的海上贸易路线——也间接地包括了阿拉伯世界和欧洲的地中海地区——上一直保持着垄断地位。随着贸易额的不断增加，其地理位置的价值确实也在日渐凸显。然而，在室利佛逝王国的"衰落"与马六甲王国的"崛起"之间有一段令人迷惑的长达数个世纪的时间空隙，室利佛逝王国的竞争对手——爪哇的逐渐壮大无法解释所有问题。值得注意的是，室利佛逝王国衰落的这个时段恰好是中国积极地参与世界贸易的那两个世纪。

从南宋政权于 12 世纪晚期初次涉足海洋至明朝于 14 世纪晚期从海洋撤离为止，与海峡地区的弹丸小国相关的记载逐渐减少。其间，海峡沿岸的港口城市在物质上无法保持其原有规模，也不能维护它们的区位优势。它们在"政治上"似乎不再是垄断着通往中国港口的门户的媒介。该地区由"隘口"变成了附庸，听任核心贸易大国的摆布。我认为它们的依附局面或许是"正常"现象，它们作为隘口的角色才是需要进一步作出解释的真正的反常现象。我们先简要地扫视一下它们的依附情况，然后再转向后者。

尽管海峡地区的贸易中心至关重要，但它们在某种程度上仍然处于世界体系的"边缘"，因为工业品并不是由这些地区，而是由印度和中国这样的核心区制造和加工的。理查兹（1986：25—26）断言，东南亚的地位始终不如核心地区，因为它既不大量生产工业品也不大量运输工业品。尽管东南亚经济体在转口贸易中非常重要，但它们所能提供的仅仅是"印度与中国的工业生产所需的农产品和原材料"。

就像非洲的铀和埃及苏伊士运河的战略位置无法使这两个地方跃居当今世界体系的核心地位一样，其他地区对东南亚的香料的渴求以及作为必经之地的水路也都无法确保东南亚在 13 世纪世界体系中能占据核心地位。如果政治上的依附就是指外部的决定对一个无力反抗的国家的内部大事产生过度影响的话，那么作为中国的附庸，海峡地区就必定符合这个概念了，从某种程度上而言，至少在此前数个世纪里如此。

在古典时代里，中国人口的"重心"在内地。外部贸易沿着伟

大的丝绸之路横跨大陆进行着。自大约 6 世纪以来,随着罗马帝 304
国的崩溃,陆上贸易逐渐衰退,中国的人口重心向南部沿海地区转
移。伊斯兰势力称霸时期,陆上线路得以恢复,但依然受到北方部
落的威胁。起初,长城的修建就是为了抵御这些北方部落。(13
世纪头几十年,成吉思汗占领了中国北部,扫除了这些部落的威
胁。)由于跨越大草原的通道时常关闭,中国理所当然地将更多的
注意力转移到海上。中国的贸易,尤其是与东南亚岛国之间的少
量"贸易"业已展开,这种"贸易"委婉地隐藏于"蛮夷"之国的"朝
贡"之中。

　　7 世纪时室利佛逝国的兴起似乎与上述朝贡贸易有关。据沃
尔特斯①(Wolters,1970)研究,朝贡贸易使得中国皇帝以一种超
然的姿态面对他的"封臣",这些"封臣"必须证明他们的法统和顺
从。在数个世纪里,室利佛逝国的贡使似乎已经让皇帝确信他们
具备以上两点要求,尽管文献资料无法让众多学者信服。[8] 无论室
利佛逝国是否真正存在过(如同赛代斯所声称的那样,1918),中文
文献都证明了中国的主义在该王国——中国人称之为三佛齐
(San-fo-Ch'i)——的存在。这些文献宣称室利佛逝国定都巴邻
旁,该王国"统治着"十四或十五个海峡地区的封邑。其实,巴邻旁
的王公或他派出的使者每年都会假借"拜访"中国进行大量的货
物交易。据记载,他们有一次居然携带了 38 吨胡椒当作"贡品"!
室利佛逝国的真正任务似乎就是除了"销售"本国物品和中东物品
外,也"销售"印度南部的物品。

---

　　①　沃尔特斯(Oliver William Wolters,1915—2000),英国学者、历史学家、作家。

　　然而,这种委婉的朝贡贸易并非一帆风顺。8世纪,阿拉伯水手步波斯水手的后尘,对中国港口进行了直接访问,唐朝政权对这些与众不同、或许不谙礼节的造访者相对缺少准备。起初,这些新来的商人被限制在广州,这里建有很多穆斯林商人社区。不过,正如第六章已经描述的那样,麻烦很快就升级了。中国政府对他们的回应很简单,她再一次对这些不附属于她的商人封锁了港口。他们可以进入海峡地区,但禁止前往更远的地方。而室利佛逝国人员在表面上依然是中国的温顺"奴仆",他们可以出入中国港口,这一事实或许表明了他们"神秘的"——如果只是暂时的——力量。

　　宋朝时期,尤其是在蒙古大军使得所谓的南宋政权南迁之后,中国一度废除了抑商政策,室利佛逝"帝国"的作用日渐淡化。一旦印度,尤其是阿拉伯船只获得更多的——尽管也要受到监管——进入中国几个港口(广州、金塞或叫杭州、泉州或叫刺桐)的机会,一旦中国船只和商人(包括"官营"和"私营")开始在海上贸易中发挥更积极的作用,海峡地区的几个小公国就不再是必不可少的媒介了。在蒙古势力统治的元朝吞并了南宋的疆域之后,这种更加开放的商业政策得以延续和强化。如前所述,马可·波罗曾对忽必烈统治时期中国城市和港口存在的大量穆斯林商人进行过描绘。

　　随着中国船只向西远行至奎隆,阿拉伯和(或许)印度船只驶入中国港口,穿越马六甲海峡的航线得以维持下去,但室利佛逝人的垄断实力却不复存在了。他们从中间商沦落为海盗和剪径贼,要么在公海实施抢劫,要么向驶入穆西河河口的船只强征通行费。

此后的时期里,巴邻因成为中国海盗的"老窝"而臭名昭著。

中国在商业上这段长达 200 年的"冒险主义"并未延续下去,对此,我们将在第十章详加阐述。在元朝的灰烬之上建立了明朝之后,中国又回到——尽管不无争议——先前面对贸易和外国人时的不自信状态之中。海峡地区的人们敏锐地意识到朝贡贸易恢复之后将要带给他们的机遇,他们认为室利佛逝国即将复苏。

沃尔特斯(1970)认为,《马来纪年》(*Malay Annals*)前面开列的冗长系谱,是将马六甲王国的缔造者(大约在 1398 年)与巴邻旁的王室家系(除了印度的泰米尔王室和爪哇的夏连拉特王室)联系起来的精心尝试,以此证明马六甲王国是室利佛逝国的真正继承者。或许他们认为室利佛逝国依然在中国人中享有较高的声誉。[306] 马六甲渴望成为前往中国的新"隘口"——所有贸易国的商人都能汇集于此,但只有少数几个选定的国家才能通行。

在皈依伊斯兰教之后,马六甲王国的缔造者改称伊斯干达沙(Iskandar Shah),他成功地吸引了先前驻留在其他贸易中心的外国商人。他所提供的优惠的贸易条件,低廉的关税以及安全无虞的水域都极为诱人。尤其是他皈依了伊斯兰教这一点更是吸引了很多穆斯林商人,他们此前更喜欢驻留在苏门答腊岛东北海岸的停靠港或距马来西亚海岸北部较远的吉打港。

虽然伊斯干达沙确实成功地将马六甲建设成重要的贸易中心,但他未能垄断朝贡贸易。在冒险出海的两个世纪里,自从中国人对世界有了较为清晰的认知之后,他们就不再对海峡地区的弹丸小国抱有幻想了。

阿拉伯人与马六甲、巴邻旁及
周边地区的联系

我们从中文资料（Hui-Ch'an,727 A. D.）和日文资料（748 A. D.）里首次得知阿拉伯和波斯的海上商人曾抵达过中国港口（Di Meglio,1970:108—109）。有意思的是,这些参考资料比现存最早的中东文献——商人苏莱曼的记述至少早上一个世纪（*Akhbar al-Sin wa al-Hind*,大约在公元851年）,10世纪时的西拉夫的阿布·扎伊德的文稿吸收了苏莱曼的记述。

如果苏莱曼的记述可信的话,那么它就证明了从波斯湾直通中国的航线的存在。因为苏莱曼的行纪描述了以下几段旅程:从马斯喀特到奎隆,然后再耗时一个月穿过锡兰正北方的保克海峡（Palk Strait）;再花一个月的时间穿越孟加拉湾,跨过尼科巴群岛前往马来半岛西北海岸的吉打海滩;再花十天穿越马六甲海峡至刁曼岛（Island of Tiyuma）;以及最后一段为期两个月的经由印度支那半岛,穿过被称为"中国的门户"的马六甲海峡至广州的行程（主要参见 Ferrand,1922:13—19）。阿布·扎伊德的进一步解释,证明吉打城确实是"芦荟、樟脑、檀香、象牙、锡、乌木、苏木和各种香料的交易市场"所在地。他指出"阿曼的船只也使用这个港口"（Ferrand,1922:96）。

麦斯欧迪完成于10世纪的作品证实了吉打作为阿拉伯船只的主要停泊港的重要地位,尽管我们必须承认他的亲身体验在印度就告一段落了。除了在西拉夫和其他地方与商人和水手的交谈外,他还利用苏莱曼和阿布·扎伊德的记述来描绘东方更多的地区。不过,他的陈述充实了早期的解释。他注意到,9世纪晚期,广州发生地方变乱(随后,广州港禁止阿拉伯商人驻留),其后,吉打这个高墙林立、花园遍布的宏伟城市变得愈发重要,因为它成为穆斯林船只与中国船只的交汇点(主要参见 Shboul,1979:162;Di Meglio,1970:109)。布祖尔格①的《印度奇观》('*Aja'ib al-Hind*)也提到了吉打及其与阿拉伯人的商业往来(Di Meglio,1970:112)。伊德里斯完成于12世纪的地理学论著则认为吉打是来自锡兰和尼科巴群岛的阿拉伯船只的最终目的地(由 Ahmad 翻译,1960:34),不过当然,其论著主要利用了"二手资料"。

尽管那时的巴邻旁也是阿拉伯船只的停靠港,但有意思的是,有关该港的参考资料为何会这么少呢?"社婆格"(*Zabaj*)这一术语通常指代与吉打有别的地方,似乎是指苏门答腊、室利佛逝或巴邻旁,然而据迪·梅利奥(Di Meglio,1970:113)研究,称呼室利佛逝的常用的专门术语是摩诃罗阁(Maharaja)[原文如此],其首都就是室利佛哲(Sribuza),梅利奥认为摩诃罗阁就是巴邻旁。布祖尔格将室利佛哲(室利佛逝)描述成拥有着既宽阔又安全的海湾,9 街道上店铺林立(在某条专设的街道上有 800 名钱商!),税收政策宽松的城市。

12世纪晚期至13世纪的阿拉伯和波斯的地理学家,比如雅古特②、卡兹维尼③和伊本·赛义德④等人也提到了马六甲海峡地

---

① 布祖尔格(Buzurg ibn Shahriyar Ram'Hurmuzi),一艘中世纪波斯商船的船长,他的著作《印度奇观》记载了他在公元 900—953 年间的航行经历。

② 雅古特·哈马维(Yaqut al-Hamawi,1179—1229),叙利亚地理学家、传记作家。

③ 卡兹维尼(Zakariya al-Qazwini,1203—1283),波斯地理学家,天文学家,著有《万物奇迹》。

④ 伊本·赛义德(Ibn Sa'id,1213—1286),北非地理学家,历史学家。

区,但他们大多使用我们已经引用的那些早期著述中的描述来替代亲身体验。他们都提到了爪哇,这反映出爪哇日益凸显的重要性,到 12 世纪晚期时,它在财富积累和商业活动方面都超越了室利佛逝。13 世纪时,建于爪哇的满者伯夷王国(kingdom of Majapahit)控制了苏门答腊岛的东北部和马来半岛的部分地区,并最终于 14 世纪中期淘汰了室利佛逝(Di Meglio,1970:114—115)。

就在之前的 1345—1346 年间,伊本·白图泰从印度西海岸(在坎贝、卡利卡特和奎隆等港口停歇,为我们留下了很多第一手的观察资料)旅行至中国。然而,与对印度和中国的大量描述相比,他很少提及海峡地区和印度群岛的各个贸易社区的重要性。一些学者认为,白图泰对这些中转地的漠视是它们作为贸易国地位下降的征兆。或许果真如此,但是,他也有可能是很迅速地穿越了马六甲海峡,无暇顾及那些港口。

作为一名穆斯林官员,伊本·白图泰主要关注伊斯兰教在海峡地区的传播情况。通过白图泰我们可知,苏门答腊岛东北部的巴赛和霹雳(Perak)的统治者,以及爪哇岛北部海岸城镇的统治者都皈依了伊斯兰教(Di Meglio,1970:116—117)。考古发现和碑刻铭文证实,自 13 世纪 60 年代始,伊斯兰势力在这些地区取得了显著成就。

除了早期的"印度化"外,穆斯林商人和水手似乎一直就在劝说异教徒皈依伊斯兰教和文化,尽管我们还无法得知这些穆斯林商人中有多少真正来自中东。鉴于该地区长期以侨居贸易为主要特点,那么定居下来的阿拉伯人和印度的穆斯林(主要来自古吉拉特)"种"群应该长期分布在海岸周边的港口里。他们与当地的家族通婚,雇用工人,招揽顾客,在他们富裕而又高档的社区里诚信经营生意,资助与宗教信仰有关的社会机构,并将其制度化,由此来吸引人们皈依伊斯兰教。

　　皈依者中有很多统治者,他们的皈依或许有着更为功利的目的:那些弹丸小国实力不济的时候,统治者的皈依能吸引一些穆斯林商人前来。其中最典型的就是马六甲王国的缔造者,到15世纪时,马六甲完全超越了其他竞争对手。尽管本书已经考察过马六甲王国的缔造过程,但我们不能因此忽视了这一过程,因为,如前所述,这一历史进程与地中海世界非常契合,却无法与印度洋贸易的发展完美地对接起来。尤其是在追溯伊斯兰教在整个东南亚地区的灌输和传播时,整个故事显然不可能半途而止。

　　1511年,葡萄牙人占领马六甲并按照他们的意图对其进行了改造,或许揭示此前马六甲港在15世纪国际贸易中所扮演的中心角色的最佳方式,就是描绘出该港的运行机制。该港有四名管理人,每人都负责监管船只的出入、对船载货物征收税款、为货物提供仓储(货栈和卸载码头),以及为货主提供住宿。每个管理人均就货物的管理以及各自辖区的商人的信誉向当地财政长官负责。为何是四个人? 显然是由于贸易额非常巨大(以及商船千差万别),单独一名管理人无法处理所有事务。

　　每个较大的国际商人来源地区都由特定的海港管理人负责。其中一人专门管理来自中东、波斯、印度和锡兰的船只,一人管理来自苏门答腊岛和海峡沿岸其他地点的船只,也就是"当地"贸易。还有一人管理来自附近岛屿,如爪哇岛、婆罗洲和望加锡(Makasser)的船只,最后一名管理人负责来自暹罗(泰国)、柬埔

寨、琉球、文莱，以及最重要的、来自中国的商人。任何一个事实都
无法比这四个人更为完整地刻画出 15 世纪的世界体系的"形状"，
四人中没有人高人一等，每个人都必须参与马六甲港的管理。

　　情况很快发生了变化。到 16 世纪时，马六甲港依然保持着优
势地位——不过是处于新的海上大国葡萄牙的支配之下，葡萄牙
至少是在短期内控制了印度洋以及通往中国的海峡。尽管葡萄牙
310 人将要先后受到荷兰人和英国人的挑战，但是任何一个欧洲入侵
者都没有受到此前在该体系中处于支配地位的大国的有效挑战。
唯一能抵制欧洲霸权的大国——中国，早在大约 70 年前就退出了
争夺。

　　第十章分析了中国国力的来源，以及中国不愿或不能利用其
国力这个令人困惑的问题。不过，在着手处理这个重要问题之前，
有必要评估一下我们对海峡地区的考察对于我们理解欧洲称霸之
前的世界体系都有哪些帮助。

由马六甲海峡地区得出的经验

　　作为其他国家的门户或交易点的买办国家，完全仰赖于那些
利用它们经营贸易的地区的工业生产和商业利益。不管当地的资
源或战略位置如何，该地区的兴衰总是与其他地区息息相关。

　　地方特产（即便是 13 世纪很珍贵的香脂、香料和贵金属）的供
应根本无法确保市场的持续，它仅仅有这种可能而已。地里或地
上资源（潜在资源）与实际资源的区别在于"估价"影响之下的开采
价值不同，后者是一种市场现象。附属地区不能或不去开发、利用

其自身资源,但可以将这些资源提供给其他地区。这就是当今一些石油生产国依然"依附"的原因。

在这个意义上,马六甲海峡地区就是13—14世纪世界体系中的天然依附地区。相对于其他地区而言,该地区资源丰富,有锡、铜,尤其是黄金等矿产,还有木材、水果、香料、坚果、树脂、樟脑以及其他香脂或药材等有机产品,唯一需要的就是开发利用这些资源的劳力。所需劳力多是其内陆地区技能高超的当地人,[10] 他们对海岸周边港口城市的需求水平极度敏感。当需求高涨时,天然产品就成为出口资源;当需求减少时,劳力就转投到自给经济上。然而,问题的关键在于外部地区在本质上决定着需求的高低。12 世纪及随后一个时期,急速网络化的世界体系对各种产品的需求都与日俱增,正是这种需求使得马六甲海峡地区从一个依附于中国的谦卑伙伴转变成一个买办社区。 ₃₁₁

无可否认,马六甲海峡沿岸各港口的"天然"角色就是买办(或生意"代理人"),这一角色很容易受到政治的影响,在经济上也很不稳定。比如,该地区在当今世界体系中的两个典型——新加坡和中国香港,都将它们的"奇迹"归功于"世界主义"。新加坡是个"自由"港,大量商家在此交易外地生产的货物,且免于苛刻的管制和税收;他们可以安全地存储财物,随心所欲地将资金从一个贸易圈转换到另一个贸易圈。新加坡非常类似于此前的马六甲。香港同样是一个"自由贸易"区,作为"门户"服务于中国。中国曾长期限制外国商人进入,甚至如今她还只是通过上海和广州这样的国际港口与外界沟通。因此,香港的繁荣完全仰赖其进入有限市场的特权。在这方面,香港与巴邻旁或占碑有诸多共性,巴邻旁或占碑的重要地位源于它们与宋朝之前推行的朝贡贸易之间的特殊关系。

我们很容易理解为何这些地点极易受到政治的影响。作为靠近航道的重要国际港口，上述地点除了自身的地理优势外，还必须时常倚赖港口自身通过确保人身和货物的安全，以及交易自由，来吸引各地外商的能力。尤为重要的是，该港口必须"确保"其他地区的商人将参与到相同的交易中来。港口自身显然无法控制所有这些变量。

本章伊始描绘了马六甲在当今的萧条状态，作为马六甲海峡附近的国际港口，该地曾在数个世纪里无可匹敌。马六甲的衰落表明了其极易受到政治影响这一特点。在葡萄牙人的控制之下，该港依然保持着先前的重要地位，即使很多穆斯林商人转投到了亚齐（Atjah）港。然而，英国人在该地区建立了他们的统治之后，他们决定在马六甲海峡适于防御的一端建造港口；一流的槟榔屿（Penang）和新加坡港的建造，促成了马六甲港当今少人问津的窘境。[11] 20 世纪 60 年代，刚刚独立的马来西亚接管了这两个大港，那时，它们还都处于共同的管制政策之下。只是在新加坡岛退出马来西亚联邦，建立了独立的买办性质的国家之后，新加坡港才最终取得支配地位。

香港的实例同样有助于我们洞察所谓的室利佛逝帝国的衰亡，如同已经看到的那样，在享有进入相对封闭的中国的特权的时期，该帝国臻于顶峰。香港的未来现在就已经定型了。短期内，英国对这块享有治外法权的飞地的租借期就会结束，香港将回归中国政府。香港与中国市场的"特殊关系"的丧失将带来一系列后果,这些后果已经展现于当地资本和外国资本的大量外移,以及商人及其公司迁移(逃脱?)到欧洲、美国和加拿大之中。另一方面,外国公司开始与中国经济进行更为直接的联系,以取代先前由香港为媒介而达成的关系。或许就是相似的情形导致了室利佛逝国的崩溃。推测 50 年后的香港的状况是很有意思的事情,尽管她不可能回归到巴邻旁那种蛮荒状态。

上述事实对于 13 世纪世界体系的兴起和衰落有何含意? 显然,马六甲海峡地区在体系兴衰过程中都是一股比较被动的力量,其地位几乎全部源于体系的其余部分的运转情况,并最大限度地加以利用,但该地区从未引发或阻止某些事件的发生。唯有在得到体系中的真正霸主的"许可"时,马六甲海峡周边的小国才能在疏导世界贸易中发挥较为积极的作用。

尽管如此,这些小国的所作所为产生的影响无疑都是局部的。城市国家之间可以在中转市场上相互竞争。一些毫无约束的群体——海上游民的舰船(*prahus*)会猛然从海峡地区山势陡峭、丛 313 林密布的岛屿中穿出——偶尔会对过境船只征收保护费,或迫使船只驶经巽他海峡,甚至要穿越克拉地峡的泰国半岛。但是,这个世界的"咽喉"只能妨碍贸易,或促使贸易顺利地进行,它并不能孕育贸易。

"咽喉"两侧的小国从未凭借自身实力成为海上强国。尽管诺特博姆(Nooteboom,1950—1951)持有异议,但在我们考察的这段时间里,大多数海运由来自西方的阿拉伯和印度的船舶,以及来自东北方的中国人的平底帆船承担。当中国人积极地走出国门时,中转港变得更加繁荣,但它们的地位却不合常理地越来越不重要。

当中国人从最西端环路撤回，或者更为极端地禁止外国船只直接
驶入其海港时，海峡地区的港口的繁荣仅仅缘于中国船只接管了
最东端环路的岸边凹地，并在巴邻旁、吉打或后来的马六甲会见贸
易伙伴。然而，当中国于15世纪从东端线路撤出时，真空就形成
了。欧洲在16世纪填补那个毫无防备的真空时，13世纪的"旧"
世界体系成为依然影响当今世界——尽管其影响日渐衰退——的
"现代"体系的胚胎。

注释

1　关于巴邻旁是不是一个或许称作"帝国"的政权的"首府"，学术界争议颇
　　多（尤其参见注释8）。

2　沃尔特斯（Wolters，1970）再次很中肯地驳斥了这一点，他认为《马来纪年》
　　（英译本，1821年起始，Raffles ms. 18）中的宗谱并不"真实"。但是这个事
　　例比较靠后。

3　学者们甚至对阿拉伯语资料经常提及的吉打港的位置意见不一。尽管今
　　天的马来西亚确实有一个吉打省，而且很多学者认为吉打港就大致坐落
　　在这个地区，但还是有一些学者（Wheatley，1961）认为它位于更北端的泰
　　国的克拉地峡附近。

4　尽管几乎所有的历史学家都因缺乏本土的成文资料而感到沮丧，但鲜有
　　学者像阿拉斯泰尔·兰姆（出自Wang，1964：100—101）那样明确地指出
　　一条解决之道。兰姆指出，唯有"仔细综合……考古学、人类学和语言学
　　证据"，即研究碑铭和非马来语文本，方能得到所需的答案。不过，在收集
　　这三类证据的过程中，有必要小心谨慎，避免曲解。

314

　　　源于文本的历史是……搜寻一个国家的历史。中文、阿拉伯文和印
　　度文资料关于具体地点的学术文献……卷帙浩繁……[但]出人意料
　　地是，它们都无法令人信服。源于考古调查的历史……非常精确……
　　但它无法在名称和日期方面为我们提供非常重要的资源……我们能

追溯一些聚居地的兴衰,也能看到中国和印度带来的影响,但我们无法确切地查明这些聚居地的称谓。(出自 Wang,1964:101)

5　正如斯潘塞(Spencer,1983:80—81)敏锐地指出的那样,"古代印度人对东南亚的看法融入了五彩缤纷的宗教文化……[这种文化]为勾勒古代印度的地理范围提供了途径"。史诗中的金岛指的就是东南亚。"苏门答腊岛总是被描述成金岛。当地的物产……都引人注目:黄金、宝石、樟脑……[我们可以由此得知],早在与中国进行实质性的贸易往来之前,印度人[或许]就频繁出入东南亚寻求财富"。

6　然而,令人失望的是,巴邻旁和占碑没有印度风格的大型寺庙。这使得很多学者认为,东南亚建筑风格的"印度化"是沿着一条稍有不同的路径进行的。印度物质文化或许经陆路,而非偶尔穿越水路传播到印度支那地区(占婆,越南),而后向下穿过泰国和马来半岛传入爪哇岛东部地区(即婆罗浮屠)。即便是这些地区,似乎也没有"移植"太多的外国风格,而是逐渐吸收或融汇了印度次大陆的样式。通过对船只的专门研究,诺特博姆(Nooteboom,1950—1951:125)为这种本土化提供了生动的证据。在仔细查看了婆罗浮屠寺里的浮雕后,他断定浮雕里的船只具有双侧舷外浮材(能前后移动);这种设计最早出现于爪哇,但从未用于印度船只。

　　今天巴邻旁的周边地区缺少印度风格的遗迹,绝不意味着这里没有印度风格的城市;该地区或许禁止建造大型纪念性建筑。威廉·马尔斯登(William Marsden)于 18 世纪末期撰写的经典的苏门答腊史(1811 年第三版,1966 年重印:361)这样描述巴邻旁:它坐落于"毫无生机的沼泽地",沿穆西河及支流向两岸扩展 8 英里。"建筑物……都是由木材或竹子搭建而成,矗立在支柱上,大多由棕榈叶覆盖着",此外还有"很多流动住所,主要是船只……几乎所有的交通都是……[经过]船只"。在这种环境下根本不可能存在考古遗迹。

7　就像赛代斯(Coedès)是印度的崇拜者一样,诺特博姆(Nooteboom,1950—1951)是苏门答腊的"民族主义者",他极力主张印度对苏门答腊和爪哇的影响不应归因于印度人的移居,而应归因于室利佛逝国自身的船只所进行的传播(Nooteboom,1950—1951:127)。他指出了从史前时期开始的连贯的航海记录(河上的独木舟与公海里具有双侧舷外浮材的船只),并强 315

调苏门答腊船只在中世纪时期前往印度的航道中所发挥的积极作用（Nooteboom，1950—1951：119—123）。

8 是否曾经存有一个真实的室利佛逝"帝国"是历史上很有争议的一个问题。王赓武（Wang，1958），赛代斯（Coedès，1918，1968），当然还有尼拉坎塔·萨斯特里（1949）都持肯定答案。尽管霍尔（Hall，1985）在"帝国"如何运转的问题上与他们有所分歧，但他也同意"帝国"的存在。而斯潘塞（Spencer，1983）等一些学者，包括我在内，则持有怀疑态度，认为室利佛逝国或许就是一个"幌子"。最具杀伤力的消息源于1974年在巴邻旁附近进行的一次大规模的考古发掘，其结果令人失望，没有出土任何可以追溯至假定的室利佛逝国的手工艺品。要么室利佛逝国是个骗局（或者是Coedès和Ferrand的凭空想象），要么其首都巴邻旁位于别处。需要指出的是沃尔特斯（Wolters）在这些考古发掘之前就在他的书中提到了室利佛逝国的衰落，这使得他的颇具价值的资料缺乏足够的权威性，而霍尔（Hall，1985）则是参与了这些发掘活动并在其后撰写了他的著作。

9 这里提到的海湾让人对这些描述产生怀疑，尤其是当现在的巴邻旁与此前的巴邻旁同在一个位置时。或许有个叫巴邻旁的城市，阿拉伯人认为那里就是室利佛逝，但那是在别的地方！霍尔（Hall，1985）持有这种立场。

10 樟脑的事例表明提取这些资源需要非常高超的技巧，采摘樟脑的坚果绝非易事。樟脑是一种钙化了的树脂，因病害而产生于一种树内，从树的外部很难察觉。马斯登（Marsden，1811，1966年重印）认为查找含有樟脑的树木需要反复摸索和大量砍伐，其实当地有大量的关于这些贵重物质的分布的知识。同样，尽管有时需要在溪流中淘出金沙，但在苏门答腊的其他一些地方可以开采到大块的天然块金，这表明了当时已经具备了相当高超的勘探技巧。

11 英国作出这一决定诚然还有其他原因。随着吃水较深的蒸汽轮船的发展，马六甲港的设施已无法满足需求。在将离岸大型船舶上的货物和乘客驳运到无法容纳这些船只的潜海港时，它们需要缴纳驳运费。唯有数量庞大的投资才能"拯救"马六甲港。

第十章　中国的资源

在中世纪,中国是世界上面积最广、人口最多、科技最发达的国家。长期以来,中国的国家组织方式、中国人的智力水平,以及高效的农业生产方式不断发展。在这一过程中,中国的实力也越来越强,令世人瞩目。宋朝时期(960—1234 年在北方,其后在南方延续到 1276 年),中国不断遭受来自北方边境地区野蛮的少数民族的威胁,并最终被蒙古人征服,整个中国都处于元朝的统治之下(1276—1368)。尽管如此,中国在这一时期取得的成就很可能达到了现代化之前的顶峰。中国巨大的人口数量就体现了这一点。中华人民共和国公布的官方数字显示:到 1190 年,中国至少有 7300 万居民。何炳棣(Ho Ping-ti,1970:52)估测 13 世纪时,就在蒙古人入侵中原之前,金朝和宋朝统治区域内的居民可能已经达到 1 亿人。如果放眼全球,看看 13 世纪的世界体系,我们肯定会认为中国的实力将继续增长。

本章将主要探讨宋元时期中国经济的发展,不仅分析其国内生产和商业的发展,还分析中国与其他亚体系之间不断加强的联系,这些亚体系包括:虽然处于从属地位但依旧重要的阿拉伯世界;属于半边缘世界的印度以及南亚世界;以及刚刚开始从边缘地位步入更大世界舞台的欧洲。本章将从对一系列事件的描述中得出结论,这些事件扭转了中国强大的地位,进而导致了在 13—14

世纪生成的世界体系的崩溃,或者说这些事件重新将世界体系塑造成了以欧洲为中心的现代世界体系。

中国参与世界贸易

中国国内外的资料都给人这样一种印象,即:中国人对贸易"不感兴趣",认为贸易仅仅是一种朝贡形式,相对而言,他们只是消极地接受,而不积极争取商业收益。正如我们在第九章看到的,研究室利佛逝"帝国"的学者有时会以中国帝王施行的排外性贸易政策来解释联盟在 7—12 世纪的特殊作用。

然而,之所以产生这种印象,主要是因为我们基本上是按照字面意义来解释中国的官方文件,例如由政府主持编纂的断代史或宫廷实录。这些文档都是严格按照一定格式,遵循传统形式编制的,其目的是将帝王刻画成温和仁慈、坚定践行儒家思想并且尽职尽责的统治者形象。因此,在阐释这些文件时要非常谨慎,很显然,沃尔特斯(1970)没能做到这一点。

通过进一步观察,我们明显发现实际的贸易量远远高于官方记载的数额,而且官方文件中所记载的唯一贸易形式——朝贡贸易只是冰山一角,其实还有大量未被载入史册的"私人"贸易。王赓武(1970:215)认为,中国人对海上贸易不感兴趣的说法与事实不符,尽管"中国官员一直持有这一观点,而且官方文件也使这一观点深入人心"。他强调,事实上,海上贸易有两个层面,即直接由朝廷进行的"官方"贸易,以及"私人"贸易,需要分别加以研究,尽管官方的文件忽略了后者,但其往往在数量和价值上都超过前者

（Wang,1970:216）。

　　然而,即使这样区分也不足以完全反映事实。这种区分会造成这样一种假象,即这两种贸易形式与其贸易主体互不相干。然而,由于在中世纪时期的中国,国家（朝廷）和民间社会紧密联系,因此显然不可能进行这种区分。除了处理所谓的朝贡贸易外,包括特使在内的朝廷官员似乎也在经营他们自己的私人贸易,朝廷虽然不完全支持这种做法,但对此也并非毫不知情。而且,无论是在皇室家族内部还是通过国家机器,统治者似乎也参与到大量的生产和交易活动中。汉朝时,皇家作坊在中国与在拜占庭帝国一样普遍,奴隶为这些作坊提供了生产力。后来,元朝时,马可·波罗和伊本·白图泰对这些作坊进行了描述（英译本,1929:291,294—295）。[1] 政府垄断了盐的生产和销售,于是,国家必须发挥重要的监管作用,这在很大程度上类似于威尼斯的盐垄断。国家的支持是货币体系运转的必要条件,从唐代（如果不是更早的话）起,中国就在熟练地使用信用货币甚至是纸币。

　　但是,归根结底,中国可以接受的"私人贸易"（特别是国外的海上贸易）量取决于国家政策,这些政策有时会妨碍"私人贸易",方式就是对外国商人的来访进行严格控制,而且总要对外国商人的入境、旅行以及交易进行管制,从而监督"私人贸易"。所以,中国的对外贸易不是铁板一块,而是处于不断变化之中。

　　儒家思想鄙视商业,而现实是政府及个人都积极参与贸易,正如这两者之间存在偏差一样,不同时期的贸易方式也存在巨大不同。与马克斯·韦伯（1951年译本）所认为的不同,中国对待商业的"态度"并非一成不变,千篇一律。相反,随着形势或者中国人观

念的变化,"资本主义"生产和贸易的总额(Balazs,1964:34—35)
也在不断变化。相当长的"扩张"期和防御性撤退期似乎交替发
319 生,这种交替基本上与相对稳定的宗教意识形态不相关。(值得一
提的是,即使在不存在儒家"道德观"的情况下,20世纪的中国也
经历了从对外开放到闭关锁国再到对外开放这样一个交替过程,
之前,也有过类似先例。)

　　王赓武(1970:219—220)根据实际情况以及对外贸易政策的
不同,将中国漫长的前现代化史划分成四个阶段。第一个阶段是
公元5世纪之前。当时海上贸易还无足轻重。在这一时期,人口
集中在北方,南方则人烟稀少,而且南北方之间的联系还处在相当
原始的水平。当时的对外贸易是通过陆路上的丝绸之路开展的。

　　第二个阶段是5—8世纪,在这一阶段,人口大规模迁移使得
南方人口增加,[2] 并推动了农业生产,增进了南北的沟通。在农业
方面,长江流域沼泽地的排水造田,以及水稻耕种技术的进步,都
扩大了耕种面积。在南北方交流方面,建成了连接黄河和长江的
大运河,降低了国内的交通成本,并将南方边缘地带与北方的经济
和政治中心连接起来。在这一阶段,虽然北方陆路上的贸易处在
相对沉寂之中,但国内市场却在不断拓展,而且南方港口的条件也
在逐渐成熟,足以大力拓展海上贸易(Wang,1970:220—221)。

　　第三个阶段大约是从9世纪到14世纪后期。这一时期,中国
经济大幅度发展。与欧洲的情况一样,农业革命为新的繁荣奠定
了基础,而远程贸易和工业则进一步强化了这一发展过程。欧洲
生产力的提高源于耕犁的改进以及耕畜的应用,而中国南方生产
力的提高则源于水利设施的建设:"水坝,水闸,水车……以及脚踏

翻车"(Elvin,1973:128)。伊懋可认为,到 13 世纪时,中国已经"拥有世界上最先进的农业,只有印度可与之匹敌。"(Elvin,1973:129)尽管突厥部落和蒙古部落不断威胁中国北部边境,并最终占领了部分甚至中国整个疆土,但中国经济的"起飞"得以延续下去。

320

9—10 世纪时,中国的人口,尤其是南部沿海平原地区的人口迅速增长。工业的发展与海上贸易的不断增加,加速了该地区的城市化进程,推动了社会进步。南宋时期(1127—1276),中国的农业生产力、工业技术以及商业和金融业都经历了重大变革。虽然(甚或受其推动)北方边境地区奉行军事主义的游牧民族侵占了中国大部分领土,但这些变革仍旧促使中国积极地融入世界市场之中。

蒙古人于 1233 年首先侵占了金/女真人居住的北方地区,并于 1276 年最终占领了之前由南宋统治的疆土。此后,他们积极地接纳,甚至进一步发展了这些高级文化的科技和社会发明。蒙古人虽然统治着这些高级文化,但当面对这些文化时,他们总会感到有些自卑(Wang,1970:221—222)。虽然忽必烈在北方的北京建立了政权,但中国的经济重心和人口重心却不可逆转地南移了。到 13 世纪末,居住在南方的人口占总人口的 85% 到 90%(Kracke,1954—1955:人口估测见第 480 页)。

从某些方面讲,12 世纪到 14 世纪早期中国的贸易是反常的,因为这一时期鲜有"条约"形式的贸易或者说官方贸易。另一方面,"私人"贸易却膨胀起来(Wang,1970:217),本章随后会对此进行详述。

第四个阶段是 1368 年以后,是年,元朝灭亡,明朝取而代之。

王赓武认为(1970:222—223),那时

> 中国已经具备了在国内外取得贸易繁荣的几乎所有的前
> 提条件……国内需要发展海上贸易;资金盈余,可以用于风险
> 投资;信贷和金融机构已经确立,虽然还缺乏保护措施;航海
> 技术先进;政局稳定。

此外,中国还拥有一支强大的舰队,这支舰队由官方船只和私
人船只构成,是当时世界上最大、最适合航海的舰队。罗荣邦
(Lo,1958:150)认为,14 世纪末的明朝海军拥有 3500 艘适于远洋
航行的船只,包括 1700 多艘战舰和 400 艘用于运送粮食的武装
船。当时,世界上任何海上力量都无法和强大的中国舰队匹敌。

最初,这支舰队发挥了其应有价值。但后来受到瘟疫和内战
的影响,明朝经历了短暂的混乱期。此后,明朝"决定谋取亚洲的
海上霸权……[并]取得了空前胜利"。[3]1405 年 6 月,郑和将军作
为明朝特使,率领一支由 62 艘巨船组成的强大舰队前去"拜访"印
度洋沿岸各国的国王(Pelliot,1933:275)。两年期间,他到过爪
哇、卡利卡特、亚齐(在苏门答腊岛)和巴邻旁(当时处于中国总督
的统治之下)。郑和于 1408 年开始了第二次航行,这次率领了一
支由 48 艘船只组成的舰队(Pelliot,1933:277,281,283),航行历
时三年,其间,他到达占婆、马六甲和锡兰等地。但是与首次航行
一样,他的舰队并未驶往印度之外的地方(Pelliot,1933:290)。从
1412 年底到 1430 年,郑和又进行了五次航行,每次都历时数年。
郑和正式"访问"(并与之交换"贡品")的地点包括爪哇、印度、苏门

321

答腊和婆罗洲的所有重要港口，此外还有东非沿岸（马林迪和摩加迪沙）和阿拉伯海－波斯湾（郑和到访了亚丁港和霍尔木兹港）（Pelliot，1933：多处）。其实，在其环印度洋的三次航行中，郑和到访了所有重要地方。中国似乎就要成为整个体系的霸主。

然而，这种出访戛然而止。明朝突然撤回舰队，限制海上贸易，并终止了与其他大国的联系。"1435年后，中国政府的政策转变如此鲜明，以至于此后没有任何一个国家真把中国当成海上强国"（Wang，1970：223，着重号文字为后来所加；同时参见 Lo，1958。本章末尾将给出不同的阐释）。

中国当时在世界上处于至高无上的地位，但她为何没有迈出关键一步，在世界体系中建立真正的霸权呢？而且当时的世界体系的整合程度已经达到了相当高的水平，其后三个世纪的世界体系无法望其项背。至少在过去的一百年里，这一问题一直困扰着那些严肃的学者，甚至使他们感到绝望。格鲁塞（Grousset，1942：318）可能是上一代人中最优秀的研究亚洲问题的学者。他提出的假设也困扰着所有研究"欧洲称霸之前"时段的学者，该假设是：如果欧洲的航海家在到达印度地区和马来半岛时发现中国已经在那里建立了海上霸权，那么亚洲（我们或许还可以加上世界）的命运将会如何？ ³²²

尽管这一假设有违常理，但它却抓住了问题的要害。在14世纪末15世纪初，中国具备了在印度洋——从印度沿海到波斯湾——建立霸权的所有条件。当时的中国几乎就要控制全球很大一片区域了，而且在平静的生产活动，甚至在舰队实力和军事上都享有技术优势（Toussaint，1996；McNeill，1982：第二章），但她为何转过身去,撤回舰队,进而留下一个巨大的权力真空呢?那时,穆斯林商人由于缺乏国家海上力量的支撑,根本无力去填补这个真空。而欧洲商人在经历了近 70 年的间隔之后,对于填补这个权力真空的机会已是垂涎欲滴且力所能及了。

　　这一难题是本章讨论的焦点,它对理解 13 世纪世界体系的兴衰至关重要。在解决这一问题之前,我们首先必须表明即便中国无意成为世界霸主,但她也已经具备了这个能力。如果到 14 世纪时,欧洲的工业、军事、交通和经济制度的发展水平已经超过中国,我们可以说:即使中国没从这场竞争中退出,结果也会和历史事实一样。她的舰队将会遭遇并屈从于崛起的欧洲所拥有的更强大的力量。在接下来的各小节里,我们试图表明,这种自问自答式的观点是与事实不符的。

技术水平

　　过去,在中国的科技成就方面,西方学者掌握的资料还不够充分,他们一般认为欧洲在世界舞台上最终胜出是因为它拥有独一无二的科技创造力,与此相反,东方人虽然可能很“聪明”,但从未将科技革命进行到底。李约瑟(Needham,尤其参见 1954—1985,1970,1981)对此做了大量研究,他的研究不仅仅纠正了这一观点。如今,我们掌握了更加详尽的资料,它们证实了中国对医学、生理学、物理学和数学作出的贡献以及它们在技术中的实际应用。

　　席文(Sivin,1982:105—106)认为李约瑟做得还不够,他离承认中国在南宋时期就已经进行了真正的科学"革命"仅咫尺之遥，而这正是中国学者的坚定立场(例如，李国豪等人，1982；尽管陈荣捷，1957，持有异议)。无论用"科学革命"这一术语来描述当时的情况是否恰当，毋庸置疑的是，在中世纪后期，中国的技术水平远远超过了中东，而中东的技术水平又领先欧洲好多世纪。篇幅所限，在此只能列举少数几个例子：造纸术和印刷术、冶铁和炼钢、武器制造(包括枪支、大炮和炸弹)、造船技术以及导航技术，还有两个主要的出口制成品，即丝绸和瓷器。

纸

钱存训(Tsien，出自 Li. Zheng and Cao，1982：459)认为：

> 在公元前，中国就发明了纸；1 世纪伊始，中国将纸用于书写；从 2 世纪初，中国开始用新鲜纤维来造纸……大约在公元 700 年，中国首次使用了木板印刷……11 世纪中期时，中国发明了活字印刷术。

9 世纪时，阿拉伯人向中国人学习了造纸术，之后又将这一宝贵知识传授给"西方人"。布罗代尔(1973：295)认为，12 世纪时，在西班牙出现了欧洲第一个造纸作坊，但直到 14 世纪，意大利才开始造纸。基于伊里古安(Irigoin)在 1953 年发表的一篇文章，奇波拉(Cipolla，1976：206)声称，13 世纪后半期，拜占庭王朝已不再从阿拉伯而是从意大利进口纸张。(更多细节参见 T. F. Carter，1925，1955 年修订版)但不管怎么样，中国的优势显而易见。

钢铁

中国的冶金术比造纸术更让人惊叹,中国在这方面的技术领
324 先欧洲几百年。至少从 8 世纪起,中国北方就开始开采煤炭,[4] 并
将煤炭用于熔炼优质铁甚至"通过将生铁和熟铁共熔①,或直接在
冷的氧化气流中脱碳的方式②"来炼钢(Elvin,1973:86;也参见
Needham,1956 年讲座,"古代和中世纪中国的钢铁生产",收入
Needham,1970:107—112;以及 Hartwell 的作品,1962,1966,1967)。

哈特韦尔(1967)对当时的产铁规模进行了估测,其数字十分
惊人。据他估测,11 世纪时,中国北方每年冶铁所需煤炭总量"大
致相当于 18 世纪初英国所有冶金工人每年用煤总量的 70%"
(Hartwell,1967:122)。[5] 11 世纪末,宋朝开始铸造铁钱,并生产很
多金属制品。据哈特韦尔研究(1967:122—123):

> 当时有多达 7000 名工人在开采矿石和燃料,掌炉,锻打,
> 或是精炼……[而]另一些工人则忙着将原料从矿上运送到炼
> 铁厂。
>
> 当时,个体炼铁厂的生产规模非常庞大,史无前例……在
> 19 世纪的工业革命之前,可能没有哪个国家能与之匹敌。

如果将制作工具和武器的工人与直接开采矿石、处理矿石的工人
算到一起的话,那么我们可以得知,中国的工业发展无疑已经达到

---

① 即灌钢法,或称团钢法、生熟法。
② 即炒钢法。

相当高的水平。

事实证明,这些先进的科技在某种程度上成为他们的祸根。伊懋可(1973:18,84—87)认为,入侵的金政权不仅采用了中国北方的冶金术,还将它们传授给蒙古人,因而蒙古人学会了用金属制作箭头,这大大提高了他们的军事力量,使他们有能力打败俄国,并最终击溃了金和南宋。

不管怎样,由于这些游牧民族对北方的入侵,该地区的铁产量急剧下降。哈特韦尔认为,人口数量和制度的变化都促使铁产量自13世纪中期开始下滑。金朝时,北方产铁地区的人口基本上保持不变,因而,铁产量和需求量也较为稳定。但在蒙古人统治时期,由于大量人口逃往南方,并且还有很多人被掠为苦力,北方的人口数量锐减。1234年,蒙古人统治了北方。由此至1330年,河南省的人口数量下降了86%(Hartwell,1967:151),这清楚地表明北方游牧民族的入侵并不仅仅损害了煤炭生产和铁生产。 ³²⁵

但是,哈特韦尔(1967:150—151)认为制度变化同样导致了铁产量的下降。他说

> 13世纪中期,北宋时期独立的创业者为王侯[僧侣]所取代;劳动力变得不再自由;在几个主要的铁器生产中心,王侯们固定的有限需求……取代了先前日渐扩大的大市场……在忽必烈统治时期(1260—1294),领取俸禄、代表中央政府的官员逐渐取代了那些王侯……但独立的管理体制尚未恢复,在元朝灭亡(1368)之前,中国北方制铁业的主要特点是:劳动力不具有人身自由,缺乏自由市场。

　　因而,钢铁生产的"黄金时代"在北宋时终结了,尽管南宋当局可能掌握着相关的技术知识,但是要建立有成本效益的大规模冶金业,他们的煤炭储量是远远不够的。然而,蒙古人无法放弃钢铁生产,因为金属连同火药是他们的战争机器军械库里的重要组成部分。

武器与海军

　　很明显,在公元 650 年左右,中国人就偶然发现了火药具有爆炸性,尽管这一发现直到 9 世纪中期才被记载到科学文献中。10 世纪早期的文献提到火药用来引爆喷火武器,大约到公元 1000 年时,"火药开始用于简易炮弹以及手榴弹制作"(Needham,《火药与武器的史诗》,1981 年再版:30—31)。李约瑟(1981:36—38)和斯科拉季(Skoljar,1971:136)文中的例证明确表明,中国人不仅将火药用于烟花表演,而且还运用到武器装备上。

　　金朝统治下的中国工匠将宋人火力相对弱小的火药转变成真正的炸药,1221 年,中国人首次使用了炸药;1272—1273 年,中国人又进一步进行了创新,将普通的穆斯林投石机与易爆炸弹结合起来(Elvin,1973:88)。在 14 世纪初,甚至更早,中国人已在使用一种精准的投弹装置(其图示见 Needham,1981:31),罗荣邦(1955)告诉我们元朝海军的船只一般都配有这种装置。

　　"枪"差不多也出现在这个时期。它是由金朝之前使用的"飞火枪"发展而来的必然产物。金朝之前,火药从纸筒中喷射出来,之后进一步改良成将弹丸从竹筒中射出。1259 年,为了抵抗蒙古人的入侵,南宋就使用了改良版的"飞火枪"。14 世纪时,蒙古兵配备了真正的金属制火铳,这种枪可以喷射出爆炸性弹丸(Elvin, 1973:89)。14 世纪后半期,明朝最终取代了四分五裂的元朝,那时,火器已经成为战争中不可或缺的装备(Elvin,1973:92)。

因而,我们很难赞同这样一种观点,即:中国技术止步不前或舍本逐末。这绝不是开玩笑。如果中国舰队没有解散,它会成为一个强劲的敌人,足以让葡萄牙船只和枪炮相形见绌。

从各个方面讲,中国的造船技术和导航技术毫不逊于欧洲。正如第四章所提到的那样,指南针源于中国,然后传到阿拉伯和意大利。大约公元 900 年的一本航海手册首次明确提到了指南针在中国导航技术中的运用,12—13 世纪时,中国船只已普遍使用浮动指南针(Needham,1960 年讲座,《中国对海上指南针发展所做的贡献》,1970 年再版:尤见 243—244),以及风向图(Teixeira da Mota,1964:60)。而且,宋元时期的中国船只体积庞大,非常适于航海,远胜于他国船只。正如罗荣邦的著述所表明的那样,它们无 327 疑可以与欧洲船只一较高下。

用于国际贸易的消费品

中国的两种产品即丝绸和瓷器,也具有很高的技术含量,世界市场对这两种产品的需求量最大。早期,对这些产品来说,最重要的是原料,这些原料由中国政府实行垄断。[6] 即使在中国闭关锁国的时期,丝绸仍源源不断地运往中东和欧洲的奢侈品市场上,但在 6 世纪时,叙利亚人从中国走私蚕茧,并开始自己生产少量蚕丝,打破了中国政府的垄断。然而,在中世纪时期,瓷器取代丝绸成为中国的主要输出品(Hudson,1970:160)。在印度洋沿岸以及印度洋周边地带,包括东非地区,可以发现大量的中国陶瓷碎片。

从某种程度上讲,瓷器取代(或者说增补)丝绸成为主要输出品,反映出中国地缘政治的变化,以及向国外市场运货方式的变化。丝绸非常适于陆路运输,因为丝绸价值高,重量轻,体积小。一旦中国的空间布局发生重组,人口和权力都聚集到东南沿海地区,那么船运就成为主要的交通方式,这样海上船只就可以(其实也很有必要)装载大宗货物。12世纪时的一份资料(朱彧,《萍洲可谈》,引自 Hudson,1970:160)描述了当时商人们如何分割船上空间的情境,"人得数尺许,下以贮物,夜卧其上"。其中的大部分货物都是陶器。

中国瓷器质量上乘,设计精美,引人入胜,但陶器却极为普通,而且设计样式可以(事实也的确如此)被仿制。为何当时对中国瓷器的需求量那么大呢? 需求本身似乎不足以回答这一问题,这一问题很可能与压舱物有关。中国进口的产品是体积较大的重型土特产,而中国的输出品却价值高、体积小、重量轻。所以,如果没有陶器充当压舱物,货船无法从中国返程(相关情况尤其参见 Chaudhuri,1985:53)。其实,穿越时空的"收支差额"可以从中国历朝历代的陶器在全球的分布中找到答案。

而丝绸生产情况则有所不同。南宋时,丝绸业达到顶峰。将中国的养蚕和丝绸纺织的技术和组织与当时世界体系中其他地方较为常见的纺织业——欧洲的毛织业,埃及和叙利亚的亚麻业(和棉织业),以及印度的优质棉织业——进行比较是很有意思的事情,我们会自然而然地认为是技术因素决定了这些地区工业化性质的不同。要生产出任何种类的自然纺织品,农民和工人之间以及城市和乡村之间都必须存有一种共生关系，这是绝对的。而原材料自身的不同，决定了在哪以及由谁进行纺织生产。

毛织物生产需要牧场，因而耕地面积就不断减少，无地农民为羊毛加工提供了劳力——妇女主要负责纺线，男人主要负责漂洗、染色和编织。在未被加工之前，羊毛非常便于运输，因此，羊毛产地和羊毛加工地就可以分离开来。正如第三章提到的，在13世纪至14世纪早期，佛兰德斯的织机使用的就是英国产的羊毛。

棉织品和亚麻织品的生产过程有所不同。就它们而言，农业土地的耕种，棉花和亚麻的培植，均需要密集的劳动力。此外，为了保证土壤质量，这两种作物还必须与豆科作物轮流耕种，这也就意味着种植棉花和亚麻的农民和普通农民没有什么区别，农民也不会被迫脱离土地。原材料会被运送到其他地方进行深加工，或者由于体积大、重量重，它们可能首先经过初步加工和漂洗，然后再运至纺织工人那里。此外，这两种产业通常还会产生副产品，原产地可以对这些副产品进行简单的工业处理（例如棉籽可以榨油），这在一定程度上促成了乡村地区的"工业化"。

而丝绸生产则完全不同（见图12）。丝绸的生产过程远比以上三种织品复杂，而且还需要大量的乡村工人，他们必须生活在邻近地区，以保证每天都要参与其中。"农村-城镇"定居点就自然而然地出现了。我没能找到描写中世纪时期中国南方丝绸生产技术的资料，但它或许与苏耀昌（So，1986）在其书中详细描述的19世纪和20世纪初期中国南方丝绸生产地的情况大同小异。苏耀昌（引自1986：86；87）强调在生产丝绸的复杂协作体系（见图12）中，农村家庭构成了基本的劳动单位。

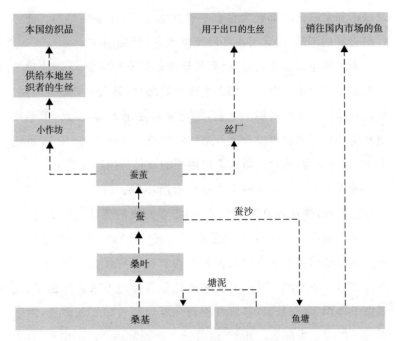

图 12　蚕丝产区的生态系统(基于 So)

早在一月份,农户里当父亲的和儿子们就开始在塘基上栽下桑苗。在这一年的冬天里,他们剪掉桑株上新发的枝条,只留下离出地面约一英尺的植株,用肥沃的塘泥覆盖起来。与此同时,当母亲的和女儿们正忙于购买蚕卵,照料蚕的孵化。随之春天到来了,当女儿的采摘鲜嫩的桑叶,喂着刚刚孵出的小蚕,小蚕温文尔雅地吃着,长得很快,需要的桑叶越来越多。当父亲的和儿子们每天都要清理蚕沙,为蚕儿准备"眠"的地方。"眠"了五次之后,发育成熟的蚕儿开始吐丝,用丝线把自己裹了起来,形成蚕茧。接着全家人都忙于缲丝。

请注意,这一过程需要妇女和男人的长期合作。此外,这一过程还存有风险,即:桑叶供应可能无法满足桑蚕急剧扩大的胃口。[7]此外,照料桑蚕以及剥离丝线都需要格外小心。蚕很脆弱,适宜的温度,柔和的光线,温柔的触动,以及安静的环境(特别是在其"休眠"时)对蚕的孵化和发育尤为关键。一旦形成蚕茧,必须将它们投进热水中。由于单个蚕茧上的丝线太细,无法用于纺织,所以"通常把四至八个蚕茧抽出的丝合在一起,穿过一个玛瑙环,绕到一个慢慢转动的轮子或转轴上"(So,1986:101)。为了保证丝线的连贯,工人必须精准地将新丝线加到纺轮上;需要极为精湛的技术才能纺出粗细均匀的丝线。这个工作很费劲,一般由妇女承担,总的来说,相比毛织品和棉织品生产,她们在养蚕业中的作用更加重要。

很明显,这一冗长的劳动过程不易转移到"工厂"中,而且省力机器也无法完成这一过程。如果说中国纺织业落后于其他国家的话,这很可能缘于原材料的限制,而非技术创新的缺失。

商业惯例和制度

中国不仅生产技术发达,而且在社会制度上也不乏创新。宋元时期,中国基本上具备了国有和私有资本主义发展所需的全部制度。其中有三种基本制度:组织生产和分配的体系、利于投资和赊购的货币和信用体系,以及进出口监管体系。我们来依次介绍这三种体系。

生产和分配

加藤繁(Kato Shigeshi)[1]在评论中国的行(Hang,商人协会)时开篇即讲:"众所周知,中国存在商人协会,这些行在某种程度上类似于中世纪欧洲的行会,它们围绕所谓的'会馆'形成……"(1936:45),而这些会馆显然在唐宋时期有过先例(Kato,1936:46)。早期,"行"既指协会,又指"由出售同类产品或经营同类贸易的商店组成的"街道(Kato,1936:46)。"行"与中东的集市以及中世纪欧洲的行会非常相似。

中世纪中国的行会种类繁多。谢和耐在南宋都城杭州发现了大量行会,他仅仅列举了其中的一小部分:珠宝商行会、镀金工行会、粘胶商行会、古董文物商行会、销售螃蟹、橄榄、蜂蜜或生姜的商人行会、医生行会、算命先生行会、清洁工行会、制鞋工行会、澡堂老板行会,以及中世纪时期遍布世界各地的货币兑换商行会,这些钱商"经营贵金属、盐引[8],以及其他种类的票据。他们货摊上堆满了金银物品以及铜币"(Gernet,英译本,1962:87)。正如谢和耐所言(1962:88),这些行会不仅负责管理内部事务,而且还像中东的行会那样,代表整个行业与政府打交道。

组建行会的一个首要好处,就是能为商人和工匠提供一种与政府交往的途径。当政府进行征用时,不管它征用的是商店里的货物还是作坊里的工匠,政府都要通过行会的行头

---

[1]　加藤繁(1880—1946),日本历史学者,长于中国经济史的研究。

行事。这样一来,官方中间人就可以确保货物价格的合理,以及工匠领到合理的工钱。

在提到政府通常以低于市场价的价格购买征用货物,并强迫商人以高价从政府购买货物时,加藤繁(Kato,1936:62—63)并不像谢和耐那么乐观,而是更加切合实际。在谢和耐笔下,商人阶级是独立的,而在加藤繁笔下,商人受到政府更为严格的控制和更为残酷的剥削,我怀疑这一转变与宋元两朝代的更替有关。(同样的转变也发生在处在法蒂玛王朝和马穆鲁克王朝之间的埃及,而且缘于相同的原因,即外族的军事统治。)

然而,我们必须承认在中国这样一个社会中,是不可能形成独立而且强大的资产阶级的,因为在中国,商人无法成为朝廷官员,而且大权在握的中央政府为货币和信贷设定了限制。如乔杜里(1985:11)所言,商人"在将农业盈余转化成可支配的政府收入的过程中是不可或缺的中间人",国家统治者有可能是依靠商人创建市场,集中税收(Chaudhuri,1985:16)。但是,当国家支持的纸币成为核准货币时,要想背离国家机器或在国家机器之外聚敛资本就很困难了。

纸币和信贷

在欧洲和中东,政府发行金属货币,其价值由重量决定,其汇率取决于金银(也可能是价值更低的金属)之间的公认比价。中国首选铜币,但它只是一种货币形式。尽管任何一个政府都能够(通过使用贱金属来降低金属币价值含量的方式)影响官方金属币的价值,但它并不能完全控制金属货币;国际贸易使得金属货币在各国间流动,从事海上贸易的商人总能在别的地方聚敛大量财富。在这种情况下,远程贸易商人为了方便起见而发行的期票衍生出了"纸币"。

　　中国的情况截然不同。在某些方面,中国的纸币更像是我们今天的"法定货币",而不是中世纪时可在其他地方兑换的汇票。这是因为中国纸币源于政府的交易,而非商人之间的协议。基于杨联陞(Yang,1952:51—53)的作品,伊懋可(1973:155)将中国货币的早期发展情况概括如下:

333

　　　　自唐朝时期,中国人就知道用票据来转移和交换现金和商品。最早的票据可能就是府兵持有的"食券"……一方面由于税收体系,另一方面由于茶叶贸易,南北方货币流动形成了一种相辅相成的模式,8世纪时,唐朝政府在此基础上,建立了所谓的"飞钱"制度。商人将其货币存储在京城,政府会发给一份凭证,持有人可以借此在任何省份的财政部门获取同等数额的货币……宋朝的"便钱"的使用模式几乎与此如出一辙。

　　感受到这种制度便利性的群体主要是商人,他们在宋代变得极为强大。然而,唯一的麻烦在于货币仅限于单向流动,即从都城流向各省。

　　11世纪初,真正的纸币在四川出现,它最终给出了克服这个困境的方法(Yang,1952:156—157),而使用这种纸币本是为了解决另一个完全不同的交易问题。最初,富商们联合起来,印制并控制他们自己的纸币,但诈骗事件却频繁发生。一开始,政府试图制止这种不正之风,但之后决定印制官方纸币。从约 1000 年至 1400 年,政府对货币实行垄断,这不仅为商人提供了"便利的兑换途径",而且还为政府赢得了可观的收益(Yang,1952:9)。伊懋可 (1973:159)解释道:

> 如同为官方纸币所替代的富商们发行的纸币一样,早期政府发行纸币是为了抵制民众对货币的贮存……这些纸币还必须经过进一步的发展,才能成为今天的纸币。国家必须直接发行纸币……无须等待公众的需求……[有效期一定不能有时间限制,]必须建立与纸币价值相对应的现金储备……所有这些条件……似乎都迅速到位了。

11 世纪末,中国北方出现了纸币。12 世纪时,金朝和南宋统治的地区已普遍使用纸币,尽管当时金属币亦并行不悖。

蒙古征服者欣然采用了这一制度(来赚取钱财!),但他们又更进一步。为了确保纸币的地位,元朝禁止在商业交易中使用银币和金币;到 1280 年,贸易中只能使用纸币。只有在制造业中,"纸币才能与金币和银币自由兑换";它们[贵金属]不能流通(Yang,1952:63—64)。

到中国访问的外国人见证了元朝在执行这条麻烦的禁令上所取得的巨大成功。因此,13 世纪末期,马可·波罗写道,在中国,常见的货币就是一张印有元朝印章的棉纸。外国商人必须用金币或银币兑换这种货币。在蒙古人统治的整个时期,这种制度都一直延续着。巴杜齐·彼加洛梯在他写于 14 世纪初的书(Yule 译本,《东域纪程录丛——古代中国闻见录》,Vol. II,1937:294)中提醒商人,"中国的皇帝会将你们的银币纳入国库,他会给你们换成黄纸,上面盖有皇帝的印章,称为'宝钞',当购买丝绸等物品时,所有人都会接受这种黄纸。"[9]

伊本·白图泰证实了这一点,他在 14 世纪 40 年代写道(1929 译本:283),外国商人在商业活动中不能使用金币或银币,只能使用"纸张,每张纸币有手掌那么大,上面盖有君主的印章……如果有谁用迪拉姆或第纳尔银币交易,没人会接受它们。"据伊本·白图泰(1929 译本:286)所言,穆斯林商人/旅行者在中国从来没有接触过货币。

　　　　穆斯林商人来到中国任何城市,可自愿地寄宿在定居的某一穆斯林商人家里或旅馆里。如愿意寄宿在商人家里,那商人先统计一下他的财物,代为保管,对来客的生活花费妥为安排。来客走时,客人如数送还其财物,如有遗失,由商人赔偿。如愿意住旅馆,将财物交店主保管,旅店客人购买所需货物,以后算账。[1]

纸币(普遍信用)的应用,以及即便外国商人也必须使用纸币的做法,带来了几个重大后果。首先,提高了货币的流通速度,进

335

---

[1]　本段译文引自伊本·白图泰著,马金鹏译:《伊本·白图泰游记》,银川:宁夏人民出版社,1985 年版,第 550 页。

而推动了经济增长（中国的情况，参见 Elvin，1973：146；欧洲的情况，参见 Goldstone，1984）。其次，由于每个人都必须使用相同货币，因此国家能够监控外汇汇率，并进而成为外国商人和中国商人之间不可或缺的中间人。

控制对外海上贸易

在我们讨论的各个时期，陆路贸易一直延续着，它们主要控制在维吾尔商人和穆斯林商人手中。而海上贸易却是另一种情况。外国商船只能驶入有限的几个港口，并在此接受管制。广州（在阿拉伯资料中，被称为广府）是其中最早开放的港口，早在唐朝时就投入使用，而且几乎一直都是最重要的港口。甚至在唐朝时，在纸币代替金属币之前，中国就已经开始小心地对到达广州港的商人进行控制。"商人苏莱曼"（Ferrand 译本，1922：54）描写了 9 世纪中期广州港的情况：

> 当船员经由海路到达中国时，中国人就将他们的货物没收并封锁到仓库中。他们会保管这些货物达六个月之久，即从船员抵达之日直到那个季风季节最后一批船到达之时。对所有进口的商品，中国都施加 30% 的关税，并将余下的货物归还给主人。

我们只能这么推测，即这些被征用的货物不但充实了皇帝的国库，而且还流入了海关官员利润丰厚的贸易之中。"私人"贸易和"朝贡"贸易的差别竟如此之大！但是，我们必须承认，中国船只在这一时期也在出航；阿拉伯文献证实中国船只曾出现于西拉夫、巴士拉和阿曼等港口，这也就是说，出于互惠互利的目的，中国政府不得不平等地对待外国商人。

在南宋和其后的元朝时期，另外两个通商口岸开始赶超广州：一个是南宋都城杭州（金塞），[10] 据说是世界上最大的城市，另一个是泉州（在福建省），意大利人和阿拉伯人称之为刺桐，马可·波罗和伊本·白图泰都认为它是世界上最大的港口。[11]

幸运的是，我们有不止一份而是两份文献，这两份文献由两位中国人（其中一位是穆斯林裔）写成，在 13 世纪早期和晚期，他们负责监管停靠在福建省泉州港的外国商船。这两份文献极为详尽地描述了当时的贸易情况，包括商船的出处、所运货物、如何对货物征税，以及如何控制船只的活动。

第一份文献是由赵汝括写于 1225 年的《诸蕃志》。他当时任提举福建路市舶司。不幸的是，他的著作混入了一份 1178 年的资料的内容（译者导言，Hirth 和 Rockhill，1911），这让我们很难将这部作品看成是对 13 世纪早期的精确描述。这份文献试图描写"蛮族"之邦，并对它们输往中国的货物作出鉴别。因此，它有助于我们判定中国人在 13 世纪时都知道哪些"西方"国家，并获得一些对外贸易中种类繁多的商品的知识。尽管这份资料有很多地方不够精确，甚至令人困惑，但任何一位研究 13 世纪亚洲贸易的学者都无法忽视这一文献。[12]

从我们的研究目的来看，第二份文献更有趣，因为它详细记载了中国对待外国商人的方式。蒲寿庚任职泉州（刺桐）市舶司，也是宋朝最后一位市舶司官员，于 1280 年投靠了蒙古入侵者（见桑原骘藏①日文作品的英译本,1928 和 1935 年)。他的姓"蒲"(＝Abu)表明他是定居在中国港口的众多大食(Ta-Shih)[13] 居民的后裔(Kuwabara,1935:2—3)。通过职位之便,他聚敛了大量财富。桑原骘藏(Kuwabara,1935:36—37)解释说:

> 从唐代开始,进入中国港口的外国商船不仅要缴纳关税……而且要向朝廷进献一些国外物品……除此之外……商人还要以展示样品的名义[原文如此],贿赂当地官员,包括市舶司官员……政府派官员检查货物……检查之后……商人要举行宴会犒劳这些官员,期间还会向官员行贿……所有这些其实都是中国官员所获得的收益。然而,还有些更加贪婪的官员会……强迫商人以低于市场价格的价格出售商品,之后通过(再次)出售来谋取利润。

由此可见官方贸易和私人贸易之间的巨大区别。对于市舶司官员来说,致富是轻而易举之事。

然而,谋取这样一个油水丰厚的官位确非易事。蒲寿庚不仅仅是朝廷命官;他的地位还归功于其麾下舰船镇压当地海盗的海上功业。这表明在南宋衰落之时,各种力量都已经发展起来(包括海上和陆上的军阀)。在蒙古人入侵南宋时,蒲寿庚以他的海上力量援助了蒙古人,并为此获得了至高荣誉,成为闽广大都督兵马招讨使(Kuwabara,1935:38—40)。

337

———————————

① 桑原骘藏(1871—1931),日本历史学家,京都学派的代表人物,长于东西交通史的研究。

蒲寿庚并不是特例。元朝时,中国的穆斯林聚集区势力强大(可回顾第五章中马可·波罗对汗八里的穆斯林官员艾哈迈德的描写),而且所有描写中国主要港口城市的文献都提及穆斯林社区。为了使大家对中世纪中国港口城市的社会组织有所了解,我们以杭州为例,进行考察。[14] 或许任何抽象的讨论,都不及谢和耐重现的杭州图景更能清晰地展现 13 世纪的中国所取得的辉煌成就。当时的杭州拥有 100 万人口,一直是世界上最大的城市,这一地位直到 19 世纪才被伦敦取代。

13 世纪的杭州

杭州地处巨大的人工湖(西湖)和东流入海的钱塘江之间,城区及郊区总面积约为 7—8 平方英里。整个城市由城墙环绕,"开了 5 座大城门,运河即经这些城门流过;又开了 13 座门楼,城市的大街直通这里"(Gernet,1962:26)。13 世纪时,城墙外的郊区面积甚至超过了城区面积。为了适应城区不断拉长的趋势,杭州调整了"四个区的中心点"(Wheatley,1971),其规划方式使得主要的"御街"能够纵贯南北,而其他街道则适当地横穿其上(Gernet,1962:27)。

在建筑拥挤的城区内,人口密度差异悬殊。南部的小山是皇宫所在地,周围居住着达官显贵以及"在对外贸易中牟得暴利的商贾"(Gernet,1962:32)。穷人的房屋则与之形成鲜明对比。居民们挤在 3—5 层的狭小楼房里,底层多是商铺或作坊。住宅区内布满了狭窄的小路和巷道,这些不方便抵达的地方还建有完善的消防系统,以控制频繁发生的火灾。在这些小街巷里,所有货物都只能靠人力搬运。铺设好的御街足有 3 英里长,180 英尺宽(!),在这里,由小马或人力牵引的马车运送货物(Gernet,1962:40—41)。如同在威尼斯一样,运河在中国的交通运输中也发挥着重要作用,远方的货物经大运河以及连接各临近地区的当地运河运送到各地。

除了西湖边上的鱼市和城外的批发市场外,杭州城至少还有十个市场。因此,这里有大量的富商。他们会在城中的众多茶肆和饭馆招待客人(在这些地方按照编号点菜,中国餐馆至今还保持着这一习惯)或者雇上几条小船和几名乐师,泛舟西湖(Gernet,1962:51—55)。由于国际贸易不断扩展,这里的很多富商和船主都不是杭州当地人,而是来自广州或长江流域。谢和耐(1962:82)认为,这些外地人的存在反映了当时"'国内市场'的胚芽"正在发育。

随着蒙古人统一中国,这个胚芽得以发展成为一个完整的体系,它将中国的南北方统一起来,并将直到那时仍然相互隔绝的(穿越中亚的)陆上轴线和(贯穿印度洋的)海上轴线连接起来。中国商人与定居当地的外国商人进行贸易往来。杭州城内的一整条街区都是外国商人的住地,其中穆斯林商人居多。14 世纪初期,由于外国商人的融入,杭州进一步扩大。

伊本·白图泰(1929 年译本:293—297)在 14 世纪 30 年代时到过杭州,他认为当时的杭州仍是"世界上最大的[城市]"。他说需要数日才能遍游杭州的六个城;每个城都设有围墙,六个城又被另一个大城墙包围。

第一城(明显是在外环)是城市卫队及其将领所在地……有一万两千名士兵……穿过……"犹太人之门"(Jews' Gate),我们进入了第二城。这里居住着犹太教徒、基督教徒,还有崇拜太阳的土耳其人[袄教徒,Zoroastrian]……第三天时,我们来到了第三城,这里居住着穆斯林教徒。这个城区很精美,市街布局与在伊斯兰国家一样;城区里有清真寺和宣礼员——我们进城时听到他们正在召集教徒进行正午祷告……这个城区里的穆斯林教徒非常多……第四城是官府所在地……只有皇帝的奴仆住在这里……之后第二天,我们进入了第五个也是最大的城区,这里住着……[中国的平民百姓]。这个城区的集市还不错,有很多技艺高超的工匠……[第二天,我们穿过"船夫门"(Boatman's Gate)来到第六城,]它紧挨钱塘江,里面住着船员、渔民、修船工、木匠以及弓箭手和步兵……

这样一个令人瞩目的城市却没有成为当时世界体系的中心,这似乎难以置信,但事实的确如此。如今,杭州的人口与13、14世纪时的人口差不多,但它现在只是一个省会城市,远逊于北京和上海。

众多因素导致了杭州发展状况的止步不前,其中一个是1368年之后,明朝部分地撤出了当时的世界体系;另一个就是1433年之后,明朝完全放弃了海上贸易。1368年,明朝建立,但是在14世纪中期前,反元势力的种子就已经散播开来。我们在第五章曾提到黑死病很可能首先爆发于中国,它严重削弱了蒙古统治者维持帝国统治的能力。明朝建立者朱元璋的身世或许也起到了推波助澜的作用。由于瘟疫(可能是腺鼠疫)的爆发,朱元璋于1344年失去双亲和两个兄弟,由此成为孤儿。鼠疫之后又爆发了饥荒,这 ₃₄₀ 方面的历史资料更为翔实。这些事件无疑加深了民众对蒙古统治者的反抗情绪,他们认为这些统治者不但生性腐败,而且做事不公(Chan,1982:6—7)。明朝恢复了正统的汉人统治,由此产生了诸多影响,其中一个就是中国最终中断了对外关系。

中国为何撤离世界体系

如前所述,学者们对明朝撤离世界体系的原因进行了各种推断,很多学者认为完全是意识形态-宗教的原因,还有一小部分认为是社会结构的原因。持前一种观点的学者强调儒家思想的重要性,儒家思想认为奋斗是世俗的,不主张谋求商业利益,并将“德行”置于对财产的合法保护之上。制度史学家强调中国社会精英的分层,从而进一步完善了上述解释。他们认为中国的精英分化为两个阶层,一个是官僚阶层,他们控制着国家机器,但是不参与商业活动;另一个是富商阶层,他们根本得不到国家权力。因此,与欧洲的富商不同,中国的富商不仅无法利用国家权力增进利益,而且命运多舛,社会地位受到削弱。这两种观点都轻视了变革的作用,这使得它们无法充分解释之前所描述的经济活动和政策周期。

随着时间的推移,无论是儒家思想对中国人“想象力”的控制,还是官僚阶层在实践中贯彻其意识形态的能力都必然有着巨大的变动。但即便这两者确实都发生了某种程度的改变,似乎也无法充分解释所有的争论。或许它能在一定程度上解释元朝支持贸易和产业的原因,但它无法解释为何在南宋时期私人贸易完全取代了朝贡(官方)贸易。这个例子只是所有争论中的一个。

尽管蒙古人统治中原长达一个多世纪,尽管他们非常尊重中国的优秀文化(具体表现为对中国宗教礼仪的接纳以及对宋朝行政机构的沿用),但归根结底,对中国而言,蒙古人仍旧是外来势力。13 世纪末至 14 世纪初,私人贸易体系和政府的财政扶持,极大地促进了国内产业和海上对外贸易的发展。当然,元朝并没有"创建"这两个体系。相反,他们采纳并进一步发展了南宋时期对待世界体系的部分立场(Schurmann,1956:多处)。然而,这些模式为蒙古统治者所认同,并因此受到恢复了中国自治权的明朝的质疑。

或许是为了将自己与那些曾经"厚颜无耻"地任意发展"商业"的元朝统治者区分开来,明朝统治者试图重新确立源自过去的正统象征,这种象征会鼓吹新政权的正统性,并证实其合法性。我们将会发现,极力贬低谋利行为的儒家思想以及更早的朝贡贸易就是两个这样的象征。[15]

然而,在明朝早期(1368—1403),虽然海上贸易出现衰退,但这似乎并非源于政策的突然变化。相反,我们很容易就能把这种暂时的衰退归咎于这个新王朝所面临的左右两难的处境。明朝现在必须巩固它对这片广袤土地的统治,因为这片土地刚刚经历了瘟疫的破坏,一场旷日持久的抗击蒙古统治者的"胜"仗,以及这两个相互关联的事件所引发的大范围的混乱。我们没有必要从"政策"方面对明初禁止贸易活动的原因作出回答。明朝初期,海上贸易的衰落并非源自某些象征性因素,而是确有原因。事实上,那些变动为他们抗击蒙古人提供了有利条件。

黑死病在中国

1350—1369年,中国大部分区域都受到流行病的摧残,与此同时,腺鼠疫造成中亚和地中海地区的人口大批死亡。关于两种瘟疫是否同一种传染病,或者是否由其他类型的疾病导致了上述 342 恶果,学术界至今没有定论。但是,威廉·麦克尼尔认为这一时期的中国极有可能爆发了致命的黑死病。麦克尼尔在《瘟疫与人》(*Plagues and Peoples*,1976:259—269)附录中按照年份和发生地,列举了约瑟夫·查(Joseph Cha)所能搜集到的有关公元前243年至公元1911年发生在中国的流行病的所有参考文献。中世纪时期,中国只爆发过一次持续时间较长的瘟疫,很多地方都报告了人口的大量死亡,那就是发生在14世纪的这次。

如果约瑟夫·查搜集的数据准确无误且相对完整的话,那么我们可以得知,在14世纪初,河北在几百年间首次成为传染中心,因为该省在1313、1321、1323和1331年时都有疫情报告;据估测,1331年时,河北有十分之九的人口死于瘟疫,这表明当时一种新型的传染病袭击了中国。15年间(也就是从1331—1345、1346年间),河北人口损失惨重。与此同时,福建(泉州港位于该省)和位于福建以北的山东沿海地区也爆发了瘟疫。1351—1352年,山西、河北和江西都出现了疫情;1353年,湖北、江西、山西和绥远出现疫情;1354年,山西、湖北、河北、江西、湖南、广东和广西出现疫情;1356年的河南、1357的山东、1358年的山西和河北、1359年的陕西、山东和广东、1360年的浙江、江苏和安徽、1362年的浙江以及 1369 年的福建都有疫情出现,尸骨遍野。其后,瘟疫爆发的频率似乎有所下降,而且也没有证据表明它们传播到了其他地区。

基于这份资料,麦克尼尔猜测,蒙古骑兵把瘟疫带到了河北(1976:143),瘟疫又从河北传播到中国大部分地区,特别是中国南部的长江流域。[16] 蒙古人的实力受到很大削弱,因无力维持统治,而被迫撤回蒙古和中亚,将一个满目疮痍的中国留给了于 1368 年取代元朝的明朝。

在某种程度上为了象征意义(北京一直都是中国"真正"的首都),但可能也是出于现实考虑(当时南方的情况极其糟糕),明朝重新将注意力转向了北方,试图围绕北京建立经济基础。我们还记得,北京的外部经济一直与亚洲各国的沟通状况相关。但是,中亚仍旧由蒙古人控制,14、15 世纪之交,帖木儿帝国控制了这一地区。中国北方与欧洲的陆路联系在 14 世纪中期大幅减少,至此则是完全中断了。

对中国撤离原因的再思考

在 15 世纪的前几十年,中国的国内秩序逐渐恢复,黑死病造成的影响也开始消散,中国再次试图扩张权力。自蒙古人控制了陆路之后,明朝就只能回到海路这条唯一开放的途径上。当时,中国重新开始扩建海军,花重金建造了大量船只。促进贸易发展并非这一举措的唯一目的,甚至不是主要目的。除此之外,明朝还试图实现另外两个目标,一个极具象征意义,另一个极具军事意义。二者都是为了增强中国在世界上的影响力。

当时,船只无疑有助于宣扬中国的国威。舰队司令郑和率领多艘巨型"宝船"(据 Lo,1958:151 研究,每艘载有 500 名船员)所进行的航行并不是出于商业目的,尽管有些朝廷官员希望它们能促进贸易的进一步发展。相反,15 世纪头 30 年里明朝在印度洋附近所做的力量展示,旨在向那些"蛮夷之邦"暗示中国已在国际格局中恢复了合法地位,并再次成为世界的"中心国家"。在达到这一目的后,明朝船只就回到了中国,静候小国的朝拜(以及某些"朝贡"贸易)。

然而,明朝追求的第二个海上目标,也就是军事征服,并未实现。1407 年,明朝倚仗其强大的战舰,入侵并占领了安南国。但之后,她的舰队在 1420 年被击溃,由此"开启了一系列的溃败,并导致舰队于 1428 年撤出东京[①]"(Lo,1958:151—152)。中国当时面临两个选择:要么增强海军力量,以取得决定性胜利,要么选择撤退。国内的经济困难迫使明朝作出了第二种选择。

15 世纪中期,明朝面临着一场严重的经济危机(Lo,1958:155);财政收入下滑,通货也不稳定。政府无力维持庞大的舰队。海盗(多是日本人)不断侵扰中国船只,而且随着朝贡国家数量的减少,朝贡贸易也逐渐衰落。罗荣邦(1958:157—158)写道:

> 明朝海军衰微的征兆是显而易见的。从外交政策以及战略上看,中国已从攻势转为守势,从进取转为撤退。"宝船"的行程……以及在安南取得的胜利,都有力地证明了明初海军

---

① 越南北部的一个地区。

的扩展……但是,之后,明朝改变了战略政策。她……(于
1436—1449 年)撤销了福建的前哨基地,并于 1452 年撤销……
沈家门基地……战舰也不再去海上巡游,它们常年停泊在港
口里,无人管理,锈迹斑斑。

15 世纪后半期,明朝海军中有一半以上的舰船都已废弃,而
且也没有再建新船(Lo,1958:158)。罗荣邦坚信,正是 15 世纪中
期中国经济的衰败这个尽人皆知的事实导致明朝海军"神秘地"撤
离了印度洋。

中国经济的崩溃

如果罗荣邦的观点正确的话,那么问题的关键就不是中国为
何从海上撤退,而是中国为何在 15 世纪时出现经济的崩溃,并迫
使她撤销海军。虽然中国的史学家放弃了这是由"理念变化"所致
的观点,并开始探究经济因素,但他们依旧主要关注国内因素,将
明朝经济的崩溃归咎于明末的腐败猖獗、党派林立、"政府无能"以
及日渐悬殊的财政收支差额。尽管不能完全忽视这些因素,但我
们必须将其置于本书所探究的世界体系的变迁这个大背景之中。

中国当时遭受的经济困难是否——至少在某种程度上——缘
于以她为中心的世界体系的崩溃这一事实?这一系列问题值得我
们探索。我们的假设是:这一体系的根基在 14 世纪早期就开始遭
受侵蚀;14 世纪中后期的瘟疫严重削弱了体系的根基;而蒙古"帝
国"的瓦解最终彻底破坏了体系的根基。尽管明朝继之而起,但蒙

古"帝国"的瓦解仍切断了中国与中亚腹地的联系。因此,尽管中国历史将明朝的建立视为正统王朝的恢复,但从世界体系的角度来看,明朝的建立却意味着13世纪世界大贸易圈的最终瓦解,而中国曾在其中发挥着至关重要的作用。尽管我们将在第十一章对这一观点详加阐述,其中会探讨该体系衰亡的各种原因,但我们现在可以概括一下造成中国经济崩溃的因素。为了理解中国崛起所仰赖的基础,我们来回顾一下中国崛起的过程。

在古典时期,北京是重要都会和行政中心,中国主要通过经由中亚的陆路与他国发生联系。即使在东南沿海地区的人口超越北方,南北方融为一体之后,海上贸易仍旧是次要的贸易活动。但是,随着唐朝实力的下降,中国越来越依赖外族军队(主要是维吾尔人,参见第五章)来保护北方边境,而且北方形成了藩镇割据的情形。"9世纪时,这些地方军队将领往往都是外族人,他们控制着各自区域,抵制中央政府的干预"(Rossabi,1983:5)。907年,唐朝灭亡,中国分裂为15个"王国",其中10个在南方,由汉人控制,另外5个在北方,由外族人控制。尽管北京处于外族人的控制之下,但它仍是一个重要的都城。但即使是在那时,蒙古族中的一支——新兴的契丹人已开始骚扰中国的北方边境。

960年,宋朝重新统一了中国南部和北方大部分区域,建立了一个"较小"的帝国。但北方仍旧受到契丹人的威胁,1005年,宋朝被迫与契丹人签订了屈辱的盟约,同意向契丹人交纳岁币,以换取北方边境(现在面积大大减少)的安宁。但是,进贡和安抚都无法给宋朝提供永久保护。宋朝曾联合蜂拥而入的女真人对付契丹人,但事与愿违。此后,宋人在南方重新组建了政权,并将杭州作为他们的临时首都。宋朝的战败可能使得他们并未意识到成吉思汗的军队带来的新威胁,如今,成吉思汗已经侵占了宋朝在北方的敌人所控制的领土。

那时,南宋已经建立了一支强大的海军,并可以通过征用强大的中国商人的船队来增补海军力量(Elvin,1973:90)。我们还记得,唯有在大批人口迁往东南沿海地区,北方(首都是北京)和南方之间的沟通体系建成之后,经由印度洋的通商航行才在中国出现。但唯有在南宋因突厥人和蒙古人占领了北方而几乎被迫撤退到长江以南之后,通商航行才成为中国主要的外部经济基础。

尽管拥有强大的海军,但宋朝最终还是被蒙古人打败,他们不仅在陆地上吃了败仗,而且居然在海上也遭遇了溃败。尽管元朝的舰队使用了它所俘虏的船只和海员,其航行范围也超过了宋朝,但在元朝统一的中华帝国内,北京依旧是首都和皇宫所在地。尽管南方港口依然继续垄断着海上贸易,但中国真正的权力中心却再次北移。

蒙古入侵中国,并最终于 1279 年统一南北,建立元朝,其后,两个相互协作的外部贸易体系补充了中国国内以农业为主的经济基础。一个是重新被激活的、横穿中亚的"丝绸之路",其终点是北京;另一个是经由印度洋的海上贸易之路,其目的地是广州、泉州,有时是杭州。于是,中国成为连接陆地和海上贸易的关键环节。

至少在它自己的势力范围内,中国已经在日渐一体化的世界体系中成为一个令人敬畏的大国。这种模式的"全力运行"使得中国经济极其繁荣,尽管分配不平等。

明朝接管了整个中国,但是这时中国的地缘政治已经发生了巨大变化。尽管自南宋以来,中国的人口、生产、贸易中心都在南方,但是 14 世纪中期,南方因暴发瘟疫而遭到了严重破坏。此外,象征着中国的道统和法统的北京位于北方。出于现实和象征意义的考虑,明朝重新在北方建立了政权,但那时北方已不再是原本的陆路出口。帖木儿帝国阻断了先前以北京为终点的陆路。

但是,南方的海路依然运行着。明朝试图重新激活这条线路,但那时为时已晚。印度洋地区的贸易也在衰退。郑和的航行并未产生预期的效果。不但海军"得不偿失",而且在新一轮的退却思想的影响下,那些远离首都的港口如今被视为充斥着外国人的地方,而且这些人都带着"不正当"的商业目的。其结果就是,中国从海上撤退,集中精力重建农业经济基础,恢复国内生产和国内市场。南方港口曾占据经济中心长达 200 年,这一反常现象就此终结,随之,中国也失去了谋求世界霸权的可能。

由中国得出的经验

13 世纪,中国在世界体系中处于至关重要的位置,因为它连接着北方陆路和同样重要(甚至更为重要)的印度洋海路。当两条线路同时充分发挥作用时,特别是当中国处于统一状态,因而成为连接两条线路的"畅通无阻的沟通媒介"时,世界贸易线路是完整的。其实,只有在 13 世纪和 14 世纪初期,世界贸易线路处于完整状态时,我们才能说存在着前现代"世界体系"。

与这个世界体系的其他分区一样,中国的经济状况主要仰赖其自身的政治组织、科技创新、科学技术和商业活动的发展状况,

348 即开发自身资源的能力。但是,还有一部分经济活力源于中国从外部体系获取盈余的能力,在 13 世纪和 14 世纪初期时,这在中国的经济成分中占有相当大的比重。当外部体系收缩并瓦解时,之前与其有所联系的所有地区,包括中国都会不可避免地遭遇困难。

在本章及此前各章中,我们已尽力勾勒出组成约 1200—1350 年的国际贸易体系的"城镇列岛"的几乎所有成员的兴衰过程。它们的兴衰过程有着惊人的一致性(诚然,其中也有偏差,我们已对此有所解释),这表明它们之间并非毫不相干。从中我们明显发现每个地区的崛起都与其进一步融入世界有关。至于"脱离"世界会对各地区的衰落产生怎样的影响,我们着墨甚少。在第十一章中,我们将详细阐述这一问题。

注释

1　伊本·白图泰(Ibn Battuta)描写了他在 14 世纪 40 年代到访的至少两个城市中的奴隶居住区。在 Qanjanfu 中,他指出"君主的奴隶"居住在位于皇宫外围的第二个城区(1929 译本:291)和杭州,杭州是"我在世界上见过的最大的城市"(1929 年译本:292)。他在书中描写了在皇宫最中心做事的奴隶(Ibn Battuta,1929 年译本:294—295)。

> 皇宫位于这座城市(杭州)的中心……城里有很多拱形建筑,工人们坐在里面制作华丽的衣服和锋利的武器……有 1600 名师傅,每名师傅都有 3—4 名学徒。他们无一例外都是皇帝的奴隶……脚上戴着脚镣……[而且]不能走出大门……他们的惯例是:工作满十年后,可以摘下脚镣……年满 50 岁时,可以免于劳作,由国家供养。

但我们应该注意,尽管在汉朝和元朝时期确实存有某种强迫劳动,但奴隶制并不普遍。

2　政府策划并组织大规模移民是中国历史上的常有之事,因为"国家会不断
　利用移民来解决公众救济,整合政治和社会,推动经济发展,以及控制富 349
　人和特权阶层"(Lee,1978:21)。李(Lee)用他从中国 3000 多年历史中选
　取的事例诠释了这一观点。

3　1405—1435 年,郑和将军率领船队 7 下西洋,游历了从中国到霍尔木兹的
　整个海域,以"展示国力",但必须承认在其意义方面,学者们存在很大分
　歧。有些学者认为这些航行不是为了谋求商业霸权,而是为了宣示中国
　又象征性地回归了儒家朝贡思想,因为明朝皇帝出身平民。我们最多只
　能说航行目的的模糊可能源于朝廷官员在未来政策走向上的犹疑,或者
　至少是意见不一(Schurmann,1956:114—115,讲述了早期元朝政府官员
　在类似问题上的分歧)。有可能在航行开始之时,政府也未能确定它们的
　最终目的。

4　伊懋可(Elvin,1973:85)认为唐朝时,由于北方森林横遭砍伐,人们被迫转
　而使用煤炉。

5　更令人警醒的是,我们发现马可·波罗完全不了解他在中国看到的黑煤
　块,而且对它们的用途也感到迷惑。他只知道它们是用来供暖和烧洗澡
　水的!以下是他所有关于这些煤块的描述(1958 年译本:130)。

> 接下来,我来告诉你们那些能像木材一样燃烧的石头。中国各地都
> 产有一种黑色石头,它们被从山坡的矿洞里挖出来……这些石头比
> 木材更容易生火……[而且]热量很高……当然中国也有大量木柴。
> 但是……[人们要洗浴,]各阶层各行业的人家里都有浴室……这种
> 石头储量丰富,价格低廉,因此极大地节省了木材。

6　公元前 1000 年,中国就在生产丝绸。"在一座可以追溯到公元前 350 年
　的坟墓里,发现了……存留下来的最早的丝绸标本。"(Loewe,1971:169)

7　苏耀昌(So,1986:88—89)引用了霍华德(Howard)和巴斯韦尔(Buswell)
　作品中的下述惊人数据:一张蚕纸孵出的蚕,一龄时需要桑叶 8 斤,三龄
　时需要桑叶 70 斤。到最后一龄(即吐丝结茧前的最后三天里),蚕一下子
　需要吃 2000 斤桑叶!难怪企业资本主义和金融投机的关注点不是蚕虫
　的生产,而是桑叶的"前景"。

8　即使是在帝国之前的时期,盐业也是由中国政府垄断,并用来提高财政收入。"尤其是在唐宋时期,中国遭受了最严重的财政和军事危机……政府只得靠垄断盐业来增加财政收入",因为盐的产地十分有限,所以"政府很容易垄断"盐业(Worthy,1975:105)。12世纪早期,宋朝将盐业管理收归中央,其中一个主要的盐产地就是杭州湾(Worthy,1975:105)。"想要购买[那里]生产的盐的商人……首先要在[其中一个]……专卖署……购买购盐凭证……然后拿着凭证去相应的分销中心"排队等候,有时候要等上数月,在此期间他们的凭证还有可能过期。一旦买到盐,"商人还会拿到另一个许可证……证明他们的盐……乃通过合法途径购得。"但是尽管政府采取了这些管制措施,但似乎还是存在大量非法走私行为,削弱了政府的垄断(Worthy,1975:134—139)。元朝时,除了盐,其他物品(例如酒、茶叶等)也被政府垄断(Schurmann,1956:146—212)。

9　明朝时,政府不再垄断货币。尽管政府努力打击假币,保障纸币价值,但金币和银币仍又进入流通领域(Yang,1952:66)。

10　"中世纪时期,西方人将杭州称为Khinsai,Khinzai和Khanzai等……这些名字被认为……是King-sze……或Capital的音译,外国人将Capital误读成Khinsai"(Kuwabara,1928:21页注21),尽管桑原骘藏(Kuwabara)其实认为Khinsai是外国人对Hing-tsai的误读。

11　虽然首份阿拉伯资料里仅仅提到了广州港,但泉州港似乎与广州港有着同样悠久的历史。10世纪末,两个港口都是"对外贸易"港口。12世纪时,它们是仅有的两个允许外国船只停泊的港口(Chau Ju-Kua,*Chu-fan-chi*的译者导言,1911:18—19,22)。之后,杭州和其他港口都向外国商人开放。

12　惠特利(Wheatley,1959:5—140)对这份材料进行了详尽的梳理。原始资料见夏德(Hirth)和柔克义(Rockhill)的作品(1911:195页及其后页)。

13　"大食"是中国人对西亚以及来自西亚的阿拉伯人和波斯人的称呼。尽管他们依然被中国人视为"蛮族",但他们的高级文化和优越性却得到了中国人的认可。中文资料认为这些外国人控制着大部分对外贸易,而且在上述大部分城市中都建有大范围的自治地。尤其参见,Enoki(1954)。

14　泉州应该是首选城市。但不幸的是,我所掌握的关于泉州的资料都很零碎,而且几乎全是中文资料。根据我的建议,纽约新学院的中国历史学家 Jin Xiaochang 撰写了一篇有关宋元时期的泉州的研究论文。据他估计,泉州在元朝时臻于顶峰,拥有 40—50 万人口。更有意义的是,他的研究强有力地证明了中国的船运业在 13 世纪的扩张。Jin Xiaochang 比较了三份原始资料[*Yun-lu man-chao*(1206),*Chu-fan-chi*(1230s),和 *Dao-yi-zhi-lue*(1302)]中提到的泉州的"停靠港"的数量,发现其数量从 32(1206 年资料)增长到 48(1230 年资料),后又增长到 78(1302 年资料)。参见 Jin Xiaochang,"Quan-zho and its Hinterland During the Sung and Yuan Dynasties"(unpublished paper, New School for Social Research:1988)。

15 王赓武(1970:223)的观点有所不同。他猜测儒家思想"在早期并未影响[海上贸易],在某种程度上缘于 1368 年之后儒家思想的主导地位有所下降;还因为当时的海上贸易尚未发展到这样一种程度,即如果再进一步发展,就将对公认的处于主导地位的儒家思想构成挑战。"我认为这一假设既简明又无法被证伪。问题是为什么海上贸易在那个特定时期被视为一种威胁。我认为我的假设为这个问题提供了一个合理的答案,尽管同样无法被证伪。

16 正如麦克尼尔指出的那样,瘟疫不可能从内陆向港口传播。相反,开始时在河北爆发的瘟疫可能只是一个独立的事件。如果事实果真如此,那么瘟疫应该首先于 1345 年同时在两个对外港口爆发,只是后来才传入内陆。我非常感谢 Jin Xiaochang 为我描制了约瑟夫·查的数据。

结　　论

第十一章 重组 13 世纪世界体系

我们在结尾这一章不仅要综合关于 13 世纪的研究成果,还要处理一个更有意义的问题,即世界体系为何衰落。既然我们认为在世界体系的组建阶段和瓦解阶段都运行着很多相同的变量,尽管它们在这两个阶段的运行方向相反,那么对世界体系为何衰落这个问题的解释,将源于对世界体系的形成过程的理解,至少在某种程度上如此。

对 13 世纪世界体系的综合理解

本书描述了早期世界体系的兴起过程,该体系生成于 12 世纪末期,至 14 世纪最初几十年臻于顶峰,涵盖了从西北欧至中国的广阔区域。尽管该体系不是全球性的体系,因为它并未囊括依然与世隔绝的美洲大陆与澳洲大陆,但比照此前已知的世界,它仍然是一个非常庞大的体系。它重新整合了一套相当复杂的、环环相扣的子系统,包括欧洲、中东(含非洲北部)和亚洲(海岸地区和草原地区)。

尽管该体系天生就极其不规则,如同将无边无际的相对隔绝的农业区和开阔地之上的"世界城市"整合为一个群岛的网络,但是,这种不规则并非 13 世纪所独有。我们不能因为体系内的不

规则而否定一个包罗万象的体系的存在。13 世纪的世界城市与
内陆地区之间的差异，是否像当今世界体系中的东京或纽约与
多哥乡村地区之间的鸿沟那样巨大呢？其实这是个颇具争议性
的问题。

虽然与现代世界体系相比，13 世纪的国际贸易体系及与之相
关的生产活动，规模不大，技术也不先进，但在前面的章节中，我已
尽力表明，13 世纪世界体系组织之复杂，规模之庞大，运转之精
密，都是前所未有的。总而言之，该体系并不亚于 16 世纪时的世
界体系。

造船和航海技术、生产和销售的社会组织、贸易经营方面的
规章制度，如合作关系、筹款机制，以及铸造货币和兑换货币的
技法等诸方面的复杂性显而易见。因此，没有任何单独的、决定
性的原因能解释后来的欧洲霸权，认识到这一点是很重要的。
那些专注于欧洲社会的技术、文化、心理，甚或经济特点的解释，
都是不充分的，因为它们往往忽略了先前体系内那些承前启后
的变化。

首先，16 世纪时，在海运中占据首要位置的地区没有大的改
观。尽管欧洲的船只比之前先进了很多，但它们依然落后于郑和
率领的于 15 世纪早期游弋于印度洋的中国船队。其实，很晚之后
世界体系才经由海路实现了真正的整合。直到 19 世纪发明了汽
船之后，世界体系的状况才发生了显著变化。

另外，16 世纪时，社会制度方面（生产组织、资金筹集，以及货
币与信贷机制）也没有任何质的飞跃。通过知识的传播和阐述，该
领域同样只是连续而平缓地发展着，并没有出现重大突破。因阿

拉伯世界在 13 世纪缺少现代的银行而认为阿拉伯世界贸易水平低下，或因中国没有实行金本位就认为中国的法定纸币软弱无力，都是不应该的，也与它们所处的时代不符，因为这些制度是随着经济发展的延续逐渐在欧洲出现的。同样，我们大可以想当然地认为，只要非西方世界依然在世界贸易中占有重要一席，那么 13 世纪时存在于这些地方的原始的货币和信贷机构无疑会继续发展下去。未能开发出更为成熟的商业机制，是非西方世界力量衰退的表征，而不是其中的原因。

最后，鉴于这个早先的世界体系中没有一个个体在文化、宗教或经济制度上占主导地位，我们很难接受纯粹从"文化"角度对支配权作出的解释。无论在技术发明还是在制度创新上，似乎没有任何特定的文化能占据垄断地位。想要在 13 世纪取得优势，也没有任何典型的心理特征、任何特定的生产和交换组织形式，以及任何宗教信仰或价值观是不可或缺的。尽管早先的世界体系中途夭折，但 16 世纪时"西方胜出"这一事实，无法令人信服地表明唯有西方的制度和文化才能最终胜出。[1]

其实，13 世纪世界体系中值得注意的是彼此共存、相互协调的文化体系，迥异于西方的各种社会组织支配着这一体系。基督教、佛教、儒教、伊斯兰教、琐罗亚斯德教①，以及其他众多通常被视为"异教"的小的教派，似乎都容许，其实是推动了如火如荼的商业、生产、交换、冒险，以及其他类似活动。其中，基督教所扮演着相对次要的角色。

---

　　①　琐罗亚斯德教（Zoroastrianism），古代波斯帝国的国教，流行于古代波斯及中亚等地，中国史称祆教、火祆教、拜火教。

　　同样,13 世纪也共存着不同的经济体制,既有国家政权扶持
的"类"私人资本主义,又有私营商人支持的"类"国家制造。而且,
这些差异与地理范围或宗教分布并不完全一致。甘吉布勒姆的纺
织业生产组织类似于佛兰德斯地区,而中国和埃及则具有更多的
相似点。在威尼斯和中国,国家会建造贸易活动所需的船只,而在
其他地方(甚至是在不同时期的热那亚、中国和埃及),国家会征用
私人船只,以满足国家之需。

　　13 世纪的世界体系也缺乏将所有经济活动都标准化的内在
基础,因为该体系的参与者包括(1)覆盖了次大陆广阔区域的大片
农业社会,如印度和中国,这里的工业生产主要但并非仅仅以农业
原材料的加工为导向;(2)小型城市国家港口,如威尼斯、亚丁、巴
邻旁和马六甲,它们极好地发挥着中间人的作用;(3)类型各异的
地点,如印度南部、香槟地区、撒马尔罕、黎凡特,以及波斯湾周边
的港口,它们处于贸易伙伴的交汇点上,因其战略位置而具有重要
地位;以及(4)拥有绝无仅有的珍贵原材料(如英国的上等羊绒、苏
门答腊的樟脑、阿拉伯半岛上的乳香和没药、印度群岛的香料、锡
兰的宝石、非洲的象牙和鸵鸟毛,甚至欧洲东部作为兵源的奴隶)
的地点。以上种种并非世界体系的起因,相反,它们是世界体系的
产物。

　　上述地区的经济活力源于它们参与其中的世界体系,至少在
某种程度上如此。所有这些单位不但彼此进行贸易往来,经营其
他地区的转口贸易,而且已经开始重组其内部的经济单位,以迎合
世界市场的需求。种植某种纤维作物满足了国外纺织业日益增长
的需求;圈占更多的土地养羊同样为生产输出品的纺织工提供了

羊毛;冶金部门的扩充满足了国外与日俱增地对武器的需求;专人 356
寻找樟脑和贵金属,或专门种植胡椒或其他香料,也都与出口需求
息息相关。这些新事物都是世界体系带来的结果,到 13 世纪末,
世界各地都欣欣向荣。这一时期在经济上的突飞猛进表现于参与
世界体系的城市规模的扩大。(相关样本见图 13)

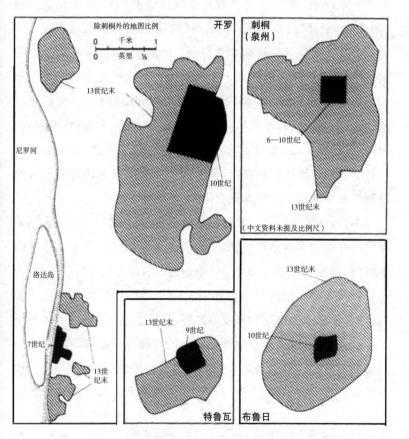

图 13 9—10 世纪至 13 世纪末某些重要城市的发展状况

　　然而,大约 50 年后,该体系开始瓦解,至 15 世纪末时,仅有很少的部分地区还保持着先前的活力。体系的发展过程渐渐终结。何以至此? 对经济的扩张与收缩的周期性进行阐述并不能给出答案。把康德拉季耶夫周期(44—45 年)[①]或其他规律性的经济周期当作内在固有的推动力,而非多少有点实际意义的可供考察的典型产物来讨论,似乎是有些神秘主义了。我们确实选取了大约 100 年的"上升"期和 50 年的"衰落"期,但那在某种程度上仅仅是为了研究之便。兴衰周期非常符合欧洲的情况,这并不意外。其实,最初我之所以选取那几十年是因为它与欧洲历史中广为人知的一段波动相符合。然而,如同我们所看到的那样,即便是在西欧,各地的起始点都不尽相同,上升点也很可能随着主体的不同在时间上出现或早或晚的变动。而转衰点则较为一致,这与造成人口数量锐减的黑死病相符,欧洲大多数历史学家都认为黑死病使欧洲开始在结构上发生深刻变化。

　　不过,如果对中东地区进行单独研究,而不是将其置入包括北部欧洲在内的世界体系的话,中东的经济周期将显现出迥然不同的时间"边界"。早在 8 世纪时,中东地区的势力就开始日渐强大,尽管各分区的终结阶段不尽相同。8—10 世纪时,中东地区臻于"巅峰",推动了巴格达和开罗的发展,其后这两个帝国中心的历史出现分流。其实,埃及在中世纪时期的辉煌几乎是停滞不前的伊拉克的逆像。尽管受到造成大量人口伤亡的黑死病的影响,但埃及的人口数量并未像 14 世纪后半期世界体系的其他诸多地区那

[①]　康德拉季耶夫周期,1926 年由俄国经济学家康德拉季耶夫(Nikolai D. Kondratieff,1892—1938)提出的为期约 50 年的经济周期。

样出现明显下降。如同我们看到的那样,威尼斯和开罗通过达成 358
松散的、矛盾重重的联盟实现了贸易上的垄断,这使得它们在面对
竞争对手的围困时免遭削弱。过了一个半世纪,当葡萄牙人完成
了环绕非洲的航行之后,开罗才最终衰落下去。奥斯曼帝国于
1516 年对埃及的征服,并非导致开罗优势地位丧失的原因,而是
其表现。

再向东,经济周期也并不完全同步。印度西海岸的命运与中
东地区息息相关,该地区的经济周期与埃及的经济周期有着因果
联系,它较长的上升期与埃及的上升期大致相当。相比之下,印度
东海岸日渐增长的被动性,甚至是衰退,始于 14 世纪之前,并完全
与室利佛逝国地位的逐渐下滑相关,进而又与中国的积极进取联
系起来。中国人积极地绕过马六甲海峡地区的商人和科罗曼德尔
海岸的港口,直接前往奎隆。

在北部草原,统一与分裂的周期和"蒙古"部落联盟建立的帝
国的一举一动联系在一起。这一地区的扩张期始于 13 世纪早期,
其统一程度在 14 世纪早期达到最大化。与此相反,国家分裂与领
土丧失(包括中国)成为 14 世纪后半期的主要特征。正如先前表
明的那样,这一地区的发展周期对 13 世纪世界体系其他参与者的
发展周期造成巨大影响。

中国有其自身的发展周期,该地区的发展开始于 11—12 世纪
的宋朝,比其他地区稍微早一些,15 世纪中期时,其发展势头告一
段落。元朝时期,南方地区(包括通往印度洋贸易的港口)与北方
地区(包括穿越中亚的陆路)完全统一起来,整个地区臻于顶峰。
当南北两条联结世界体系的路线开放时,中国就会繁荣;而当这些

线路封闭时，中国就会衰落，被卷入 13 世纪世界体系的其他地区也会随之衰落。

鉴于上述复杂情况，在分析整个世界体系时就不应该将"经济周期"具体化。相反，我们一直阐明的理论是：当相关地区的上升周期出现重叠时，这些周期便产生互动。至少在某些地方，上升期的出现源于世界体系中某个地区设法与其他地区建立的联系。反过来，世界体系也强化了各地的发展。

反之亦然，当个别地区遭遇挫折时，无论其潜在原因是特殊的，抑或普遍的，整个体系的发展方向也会因此偏离。这恰恰是因为各个地区是如此的紧密相连，一个地区的衰落会不可避免地导致其他地区的衰落，尤其是当在彼此相邻的地区之间达成了"合作关系"时。

14 世纪中期最为重要的一个系统性的变化，当然就是世界上很多地方同时发生的人口数量的锐减了，这源于给世界体系的绝大部分地区都造成严重损害的鼠疫和/或其他疫病的大流行。尽管各地区对人口锐减的回应有所不同（有些地区恢复得较快，而有些地区则较为缓慢或者从未复苏），但都出现了两个非常普遍的结果。一是对农业生产的再重视，受到削弱后的人口中有很大一部分投入到农业生产中来，这在过去几十年间从未出现过。另一个结果是城市化速度的减缓。这两个结果都表明，各地区都已无法像 13 世纪那样产生盈余。这样一来，贸易总额，尤其是远程贸易总额也会因此下降，尽管这只是暂时的。

另一个系统性的变化是地缘政治上的变化。13 世纪期间，通过商人及其货物的流通而构建起来的地缘政治环境越来越和谐，越来越连贯。穿越中亚的两条不同路线（一北一南），以及经由印度洋，从中东至亚洲的两条不同路线（红海和波斯湾）的同时运转，意味着循环不断的体系中任何一个节点上产生的阻碍都可以得到规避。这种弹性不但能保证个别路线上垄断着保护费的守卫者将他们对过路商人的收费限定在一个"可以接受"的范围内，而且可以确保货物在受到某些困扰的情况下也能安全通过。

那个公认的暴戾无常的中亚帝国统一体由成吉思汗组建而成，并遗留给了他众多的子孙。然而，14 世纪中期时，这个纷争不已的帝国陷于紊乱。这最终封锁了先前作为海路替代品的中亚路线。1368 年，黑死病（或其他某种大瘟疫）严重削弱了蒙古帝国，蒙古人"丧失了"中国，世界也丧失了关键性的交通纽带，这条纽带的一边是终点设在北京的陆路，另一边是终点设在中国东南部诸港口的穿越印度洋和南中国海的海路。整个世界贸易系统都能感受到世界体系最东端的这种分崩离析带来的反响。

14 世纪晚期至 15 世纪，经地中海和印度洋建立起来的欧亚之间的联系借由威尼斯人与埃及人权宜的合作维持下去。其实，他们控制的海路已变得尤其重要，因为与之竞争的路线已基本废弃。然而，这条狭窄的线路所联结的南亚和东南亚体系已经开始衰落了。

南亚和东南亚的内部发展，减少了该体系活跃的参与者的数量。在印度南部，西部海港继续在贸易中发挥着重要作用，而建立在山地之上的维查耶纳伽尔统治的东部海岸则在海上贸易中愈益消极。中东和印度南部的商人在这个贸易线路里极度扩张，他们深入到孟加拉湾一带，先前这里原本是科罗曼德尔人的活动空间。

海峡地区,显然主要是马六甲海峡地区的小国家,缓慢地填补了因科罗曼德尔商人商业活动的减少而产生的一部分空档。不过,这些小国家从未拥有实现真正自主的实力,它们的生命力源于它们对贸易的参与,一边是印度地区的贸易,另一边是中国地区的贸易。唯有这两个大国之间的直接联系因贸易禁运而被人为地阻塞,或者因任何一方船队的衰减而被动地萎缩的时候,海峡地区才能在几乎自然而然的情况下发挥更为积极的作用。海峡地区诸国的实力随着整体贸易的衰减而普遍下降这一事实,清楚地表明了这些小国家的自主权的有限性。两个时期都出现了这种情形,至少是在与中国有关的方面。

361　　　明朝刚刚建立的时候,他们对贸易的兴趣暂时被更为紧要的事务拖累,或者说也可能因"治国理念的转变"而受到抑制。在15世纪的最初几十年(1403—1430)中,明朝恢复了对外联系,但这种联系充满了矛盾情结,而且正如我们已经看到的那样,对外联系最终中途夭折。1435年之后,中国船队撤离了印度洋,与此同时,阿拉伯商人和古吉拉特的印度商人都渗透到了印度洋最东端的两个贸易圈,没有强大的海军为他们提供庇护,这就在印度洋留下了权力真空。最终,欧洲人——先是葡萄牙人,其后是荷兰人,最后是英国人——填补了这一真空。

最为重要的事实是,"东方的衰落"先于"西方的兴起",正是先前存在的体系的转移为欧洲的轻易占领提供了便利。因此,那些将"西方的兴起"看作对先前运行中的体系的简单"接管",或者仅仅是欧洲社会内部特点所产生的结果的观点,都是不正确的。相反,"西方的兴起"是两股相互冲突的力量共同作用的结果。

首先,一系列欧洲国家"占有"和改造了在 13 世纪里形成的通道和路线。欧洲不必去创造体系,因为 13 世纪世界体系已经打好了根基,那时的欧洲依然只是刚刚加入该体系的次要参与者。在这个意义上讲,西方的兴起得益于它对先前存在的世界经济体的重组。

然而,我们必须清楚,欧洲人并未按照旧方式"接管"13 世纪世界体系。16 世纪早期,葡萄牙入侵者在旧的世界体系中无所不至,却几乎没有遭到抵抗。何以如此呢? 在某种程度上来讲,这种情况本不该出现,因为该体系已经具备了初步的(尽管或许是暂时的)组织体制。或许由于该体系完全适应了各种贸易参与者共存的情况,以至于对从事短期掠夺而非长期交易的参与者毫无戒备。尤其是那时欧洲人采取的"贸易加抢劫"的新方式使得早已形成并存在了 5 个多世纪的世界体系发生了根本改变。[2]

在早期的世界体系中,尽管也确实存有竞争和一些地区内部的冲突,但整个贸易格局涵盖了诸多实力相当的参与者。在 13 世纪至 14 世纪早期的世界体系中,没有任何一个国家占据绝对的统治地位,大多数参与者(蒙古人可能是个例外)都从共同生存和相互容忍中受益。个别统治者确实也曾小心翼翼地试图掌控贸易方式,并管理生活在他们管辖的港口和内陆中心地区的"外国商人",但他们似乎不必也无意(或许还无力)去掌控整个世界体系。因此,16 世纪新来的欧洲人所导致的"游戏规则"的变化使得原来的参与者毫无戒备。

新的游戏规则不仅施加于旧世界,甚至还变本加厉地施加于新世界。就此而论,我们必须指明,早在哥伦布和达伽马于 15 世纪末进行远洋航行,彻底告别过去之前,欧洲就已经开始转向大西洋了。尽管他们的航行得到了大西洋沿岸的伊比利亚半岛的君主的赞助,但前期的基础工作却是由热那亚人完成的,而且哥伦布就是热那亚人。

我们还记得威尼斯和热那亚这两个海上对手,两国在地理上的"自然"优势截然不同。威尼斯位于意大利的东海岸,轻易就能进入地中海东部地区。而且,她跨过阿尔卑斯山穿越(今天的)奥地利和德国就能进入北海。因此,她的地理位置非常不适于利用大西洋的优势。相反,位于意大利长靴地形西海岸的热那亚则是更容易利用地中海西部地区。13世纪中期之后,西班牙的基督教势力"夺回了"安达卢西亚,击溃了热那亚在北非的穆斯林对手,减少了穿越直布罗陀海峡的障碍,这为热那亚向大西洋这一"中间的海"的扩张创造了尤为优越的条件,而大西洋将在16世纪夺走地中海的关键角色。因此,尽管表面上看来威尼斯在她与热那亚长达数个世纪的竞争中占得先机,但正是热那亚对东方贸易问题作出的"解答",最终在紧随其后的世界体系中胜出。

我们还记得,热那亚船只开始于13世纪末14世纪初绕开那条不再一帆风顺,不再有利可图的穿越法国的陆路驶入大西洋。热那亚船只驶往大西洋的频率的增长与香槟集市的衰落构成反比,那时香槟集市已不再"畅通无阻",佛兰德斯地区的布商也无法轻易地抵达那里。因此,热那亚向大西洋的转移主要受到了欧洲亚体系内部,而非"整个世界体系"内部的变化的激发,而且热那亚最初的转移仅限于欧洲内部。

尽管如此,这种转变却最终导致了大体系的整体转变。欧洲

航海家向南绕过了非洲海岸,或者向西抵达美洲,但并不是他们
"发现了"新航路。在中世纪时期,阿拉伯水手就已经知晓环绕非
洲的路线,而且至少有一些证据一次又一次地表明了中东的水手
早就抵达过美洲。但是由于中东商人控制了更为便捷的路线,所
以他们并不需要这种绕行路线。

　　埃及坚守着更为简短的便捷路线,直到威尼斯强化了与她的
合作关系时,威尼斯的竞争对手——起初只有热那亚,但是后来大
西洋周边的海洋国家也加入进来——才开始找寻通往东方的替代
路线。他们最终如愿以偿,正是这一点,而不仅仅是欧洲文化制度
上的或动机上的特征改变了世界历史。

　　尽管替代路线带来的后果或许不在本书的研究范围之内,但
我们却无法完全忽略它们。对"现代"世界体系的形态造成决定性
影响的,并非葡萄牙人对"旧世界"的接管,而是西班牙人向"新世
界"的融入(正如 Chaunu,1983,所清楚地展现的那样)。这种地
理上的重新定位以一种决定性的方式转移了世界的重心,如果
马克思的观点合乎常理的话(参见注释 2),那么这种重新定位还
通过原始积累的方式给欧洲带来了意外之财,这些财富最终促
进了工业的高度发展。这或许是欧洲学者充分关注 16 世纪的
根本原因。

　　西班牙和葡萄牙最先捞取了新世界的意外之财,但他们却没
能充分利用这些财富,其原因完全是另一个问题,韦伯关于新教伦
理的理论以令人信服的方式对之进行了阐述。相反,他关于儒教、
印度教、道教和伊斯兰教等宗教伦理的著作似乎有点不恰当。尽
管他为与天主教相对的新教进行了有力辩护,但 13—14 世纪中

364 国、印度和阿拉伯世界等经济体的状况似乎让人对他的观点产生怀疑，因为他认为东方文化提供给商人和企业家的是一个很不友好的氛围，不利于经济的发展。正如我们所看到的那样，这些地区在 13 世纪的世界里也占有重要席位，它们只是缺乏免费的资源罢了。

说到欧洲的发展状况，我们有必要认识到，直至数个世纪之后，囊括了美洲的刚刚全球化了的世界体系才全力作出回报，将欧洲送上了世界霸主之巅。那时，东方贸易已经复苏，但它们处于新的霸权体系的支配之下，这些贸易最初由代理人（得到国家支持的欧洲贸易公司）掌管，但最终还是由强大的国家亲自接管过去。但这就是一个完全不同的故事了。

世界体系的重组

我们现在必须弄清楚两个问题：首先，世界体系的组织原则极具变动性；其次，世界体系处于变化之中，并因此经历定期的重组。

世界体系结构的可变性

正如沃勒斯坦（1974）令人信服地指明的那样，根据不同的生产方式（资本主义、半封建和前资本主义），在 16 世纪以来的多个世纪中形成的"现代"世界体系逐渐建立起等级制度。生产方式的差异与具体的地理分布大体一致：资本主义的霸权核心位于西北欧，半边缘的农业区在地理上集中在东欧和南欧，而其余地方则都属于边缘地带。不过，世界体系的这种组织模式并非我们所能想到的唯一模式。

如前所述,13 世纪世界体系的组织原则就截然不同。该体系并非处于单一霸权的支配之下,而是为众多共存的"核心"力量所主宰。通过竞争与合作,[3] 这些力量逐渐在 13 世纪至 14 世纪前半期整合起来。由于该体系不是等级制体系,没有任何单一霸权能够限定其他地区的生产方式和贸易方式,所以没有哪个地理实体处于该体系的中心地带。不过,当时世界上很多地区都存有核心区、半边缘区和边缘区(当然还有一些过渡地区)的组织结构。阿拉伯-波斯帝国中心就是这样一个核心,其周边是半边缘区,并通过对边缘地区的单方面影响与之联系起来。蒙古帝国的支配中心是另一个"核心",随着时间的推移,当处于支配地位的蒙古势力与中国合并起来时,这种结构尤为明显。发展中的西欧(佛兰德斯、法国和意大利)城市开始形成第三个"核心"区,这些城市统领了各自的内陆地区并操纵着内陆地区与外部世界的关系。此外还有"亚帝国势力",诸如印度北部的德里苏丹国、印度海岸的商人社区以及东南亚港口等,它们要么是关口,要么是飞地,将各自地区与世界生产和世界贸易联系起来。"半边缘区"这一术语似乎不太适用于它们。

我们之所以必须认识到体系组织原则的可变性,是因为按照定义理解,运行着的体系都处于变化之中。随着组织原则的变更,体系自身也会重组。如同占主导地位的生产方式正在经历变革,而旧有的社会结构仍在其社会内部继续存活一样,当某个特定的组织体系瓦解时,该体系的原有组成部分通常也会被纳入新体系之中,即便新旧体系的结构关系迥然不同。

世界体系的重组

今天,研究者用"重组"(restructuring)这一术语来指代(第二次世界大战之后的)过去半个世纪中以非常戏剧性的方式发生的世界体系的重新构建。然而,当我们意识到先前曾经发生过数次重建时,这一概念就有了更为宽泛的适用性。如同在生成于16世纪的现代世界体系之前存在着一个截然不同的13世纪世界体系一样,13世纪世界体系之前还存有古典时代的体系。

366

大约两千年前存在着一个更早的世界体系,该体系几乎包括了13世纪世界体系的所有地区(北欧除外)。从地理角度来看,该体系非常类似于13世纪世界体系,尽管该体系在政治上更多地是由诸帝国构建而成,在经济上也没有将各部分很好地整合起来。惠特莫尔(Whitmore,1977:141)结合对东南亚的研究总结道:

> 罗马帝国在西方臻于顶峰,汉帝国在东方不可一世,印度的贸易则是欣欣向荣,在这种情况下,国际贸易路线的运转情况良好,经一系列纽带,通过东南亚将罗马帝国与中国联系起来。这条路线起自地中海,然后到达印度西海岸,环绕到印度东海岸,再穿越孟加拉湾抵达马来半岛……东南亚位于往返于中国的这条海路之上这一事实明确地表明了该地区重要的商业地位。

他只需加上那条同一时期仍在使用中的穿越中亚的伟大的"丝绸之路"就可以复制再现于13世纪的贸易环路。

但我们要注意到这个两千多年前的早期体系在结构上的不同特点：该体系两端的两个大帝国彼此间仅仅建立了极为有限的间接联系，一旦这两个帝国开始衰落，处于它们之间的那些支离破碎的地区根本无法维持这个体系。在罗马帝国和汉帝国瓦解之后，该体系也"崩溃了"，最终唯有通过伊斯兰世界的"崛起"及其向东方的持续扩张才得以重组。这一重组过程最终以本书所追溯的13世纪世界体系的构建而告终。

如果我们认为一个世界体系继承另外一个世界体系并非"替代"，而是"重组"的话，那么尽管其间经历了混乱时期，我们都不能将体系的瓦解等同于各组成部分的瓦解，而只能认为这是先前将各组成部分联系起来的途径已经丧失了效能。当说起13世界体系的瓦解时，我们的意思是，体系自身发生转移了。这种转移既是其组成部分及诸多环线的"衰落"的结果，也是各组成部分及环线"衰落"的表现。

因此，一直以来被不加区别地用于国家[4]、帝国[5]、文明[6]，现在又用于世界体系之上的关于"兴衰"的陈词滥调，是非常不准确的。在历史发展的过程中，一些国家，至少是国家内的一些集团，取得了相对较大的权力，并偶尔通过直接统治（帝国）、间接监管（今天我们称之为新殖民主义），或对其他地区的内政所施加的不同影响（霸权），成功地设定了它们与附属地区的互动条件。这种情况称之为"兴起"，反之，优势地位的丧失则称之为"衰落"，纵使实际生活水平并没有出现真正的退化。[7] 帝国的兴衰有着不同的判断标准。当帝国版图扩张时就被视为兴起，反之，当版图收缩时则被视为衰落。关于整个文明的兴衰的思想更为复杂，文明的内涵被分为"高级"或"堕落"等类型。

世界体系的兴衰与国家、帝国或文明的兴衰模式有所不同。当一体化程度增大时,世界体系就兴起了,而当原有线路的联系衰退时,世界体系也就衰落了。不过,如果因为某个地区的一体化失去了活力就认为世界即将回归原状的话,那这种观点就太浅薄了。相反,原有组成部分会继续存活下去,并成为重组所需要的素材,正如原有的体系所继承的也并非白纸一张(*a tabula rasa*),而是一套在某种程度上组织完善的亚体系一样。按照定义去理解,当此前处于边缘地带的行为体开始占据体系中更加有利的位置,以及在此前密切的互动中微不足道的地区成为互动中的焦点甚至权力中心时,这种重组就会发生。(如果这些行为体和地区持续存在下去的话,只要它们不消失,无论体系内发生多么剧烈的动荡,这种重组都不会发生。)

很久以来,将欧亚大陆在地理上整合起来的"核心区"一直是中亚和印度洋,后来,地中海加入进来。这些核心区一直存在于古典世界体系和 13 世纪世界体系之中。直到 16 世纪,这一模式才发生了决定性的重组,那时,北欧国家开始进入大西洋,这使得牢牢处在奥斯曼帝国统治之下的地中海成了一潭死水(Braudel,1972)。

如今,随着太平洋取代大西洋成为几乎完全全球化的世界体系中的扩张区和推动力,类似的变化似乎正在发生。要理解当今的这个重组势头,我们需要一个更具解释力的体系变迁理论,而不是通常用来解释"西方的兴起"以及由此默认的"东方的衰落"的理论。接下来的内容勾勒了该理论的一些设想。

体系变迁理论

第一,无论是体系的形成还是转移/重组都不能仅仅归因于抽象的变量,无论这些变量多么让人信服,尤其是当引入诸如国家特质这样的变量时更是如此。我们应当把体系的变迁视为主要趋势(或动力)在方向和形态上的变换,而不应将其概念化为"自"变量影响"因"变量而导致的结果。[8] 动力上的这种变化是各个小动力日积月累的变化的结果,有些小动力彼此毫无关联,但有些则源于相互关联或较为系统的变量。在一个体系内,体系各组成部分之间的关联才是我们必须研究的内容。当这些关联得到巩固并形成网络时,我们就可以称这个体系"兴起了";当这些关联瓦解时,该体系就衰落了,尽管它可能在后来经历重组和复兴。

第二,前后相继的体系会以某种渐进的方式发生重组,前一时期确定的形态和建立的关联大多会维持下去,即便它们在新体系中的地位和角色可能会有所变更。鉴于累积的技术变革至少有可能会扩大互动的范围,增进互动的速度,所以除非遭到重大灾害的阻碍,体系往往会进一步扩充并更加一体化。[9]

第三,任何体系都不是完全一体化的,因此任何体系都无法完全受控,即便最强大的参与者也无法完全掌控整个体系。构成实证主义社会科学基础的"相同的原因得出相同的结果"这种传统逻辑似乎很难解释体系变迁问题。相反,(最近由格雷克[Gleick]提出的)混沌理论[10] 或许更为恰切。如同在天气系统中一样,世界体系中局部地区的小情况可能会与相邻地区的情况相互作用,进而产生意想不到的结果;有时候大的紊乱会不了了之,而有时候小的紊乱会失去控制,无限膨胀,这依赖于体系其余部分的状况。

第四,任何变化都事出有因,但这些原因只有置入具体情境才有意义。当发生时间不同,周边体系的结构不同时,同样的行为会产生不同的后果。维京人抵达了新世界,但他们并未重组旧世界。阿拉伯人环游了非洲,但他们并未使大西洋成为核心。中国的科技(包括火药)遥遥领先,但它们并未使中国成为霸主。类似事例不胜枚举。

最后,除了能解释体系的生成过程外,体系变迁理论还应该能够解释体系的衰落过程。然而,说着容易,做着难。在追溯体系的生成、扩展乃至更为一体化的过程中,我们会自然而然地专注于那些能增强"体系性"的事物。然而,对于那些力图分析体系的衰落过程的学者而言,这种自然选择原则是不存在的。因此,对积极的变迁作出解释,比对消极的变迁作出解释更容易一些。[11]

未来的世界体系

我们想以这样一个问题作为本书的结语,即在 13 世纪世界体系的遗迹上建立起来的以欧洲为中心的"现代"世界体系能否继续维持下去,或者说我们是否已经进入一个进一步重组的阶段,而且这次重组将最终至少如同 16 世纪的那次重组一样,动荡剧烈,影响深远。很多与世界体系有关的资料似乎都将欧洲的霸权视为故事的结尾。但是,通过对先前存在的体系的分析,我们能够推测出所有的体系都是暂时的。

随着"现代"世界体系向战后周期的演进,该体系的特点越来越突出,其中一个就是美国拥有无可争辩的霸权。然而,这并不是新时期即将开启的标志,而似乎是旧时期将要终结的象征。在第二次世界大战之中,很多欧洲国家遭到摧毁,这产生了权力真空,这种真空类似于 14 世纪的黑死病带来的权力真空。第二次世界大战似乎就是两个体系之间的分水岭。

自第二次世界大战以来,我们见证了一系列新国家的发展,见证了全球体系中心从大西洋向太平洋的转移,这非常类似于由地中海转向大西洋标志着 13 世纪世界体系向 16 世纪世界体系的过渡。日本加入三边委员会①这一事实表明日本已经成为一个世界核心国家,日本的崛起是当前的体系重组的最为重要的组成部分。中国此前是个内向的巨人,拥有世界上 1/4 的人口,如今她已经重新回到世界体系之中,这是另外一个显著变化。与此相伴的是所谓的亚洲"奇迹"经济体(NICs,即新生工业化国家)——韩国、中国台湾和新加坡等地的迅猛发展,如今,这些地区都已经开始在各自的周边地带组织生产活动。相反,欧洲先前在非洲和中东地区建立的殖民地在第二次世界大战的觉醒中获得了独立之后,居然在世界体系中失去了地位,有些甚至完全"脱离"了体系。随着社会主义从东欧向第三世界各国的传播,"资本主义"也没有遍布全球。

面对世界在地缘政治上的这种重组,美国试图以两种策略来维持其先前的霸权:一种是通过军事,要么进行直接的军事干涉,

---

①　三边委员会(the Trilateral Commission),成立于 1973 年,由北美、西欧和日本三地区 14 个国家的学者以及政经要人联合组成的国际性民间政策研究组织。

要么在一些地区扶持军事代理;另一种策略就是通过与军火贸易不无关系的资本的全球化。

　　上述两种策略可能都渐渐失去了效力。直接的军事行动遭遇了一连串的严重失败,而间接的军事投机也大都使得一个又一个地区陷于局部冲突之中,不但未能化解冲突,反而使冲突进一步延续下去。尽管这种做法能够消减世界体系中竞争者的数量,但它并未消除所有的劲敌和对手。美国试图通过国际金融与其他大国建立同盟,但这却使其国际债务逐渐膨胀到极点。

　　西方霸权所蕴含的旧有优势或许正在丧失。13 世纪时,世界上很多地区并存着多种原初资本主义体系,它们实力相当,没有任何一个地区遥遥领先。随着西方资本主义的发展,以及"新世界"的"发现"和征服所带来的原始积累,世界体系的某个地区突然超越了其他地区,并于 19 世纪晚期的"帝国的时代"(*Age of Empire*, Hobsbawn,1987)充分巩固了由不平等发展所带来的收益。

　　在 20 世纪后半期,世界体系的原有"核心"试图通过经济手段维持因非殖民化运动而丧失的特权。但这种尝试都是徒劳无益的。重组给原来的霸主——起初是英国,现在是美国——造成越来越大的影响。在如今的经济体系中,由于多个大国共享繁荣,彼此间更加趋同(苏联进行了新思维改革,社会主义国家出现"私有化",而西方国家则越来越多地出现了计划性经济),所以任何国家都不具备绝对优势。

　　现今的世界体系如此不稳定,所以任何全球性的动荡都可能会导致体系内的彻底变革。新式的世界征服或许将要取代欧洲/西方霸权的时代,但这是很难想象的。不过,未来倒是很有可能再

371

次出现 13 世纪世界体系中那种多个中心的均势局面。但这种情况的出现需要游戏规则的变更,至少也需要终结欧洲在 16 世纪时采用的游戏规则。[12]

21 世纪的世界体系将真正全球化,在这种新形势下,国家在和平共处中生存的能力变得比早期更加重要。在 13 世纪,很多地区的生活都没有受到中心区的影响,即便一些强大的国家也能从体系中抽身而退。当今世界已不会再出现类似情况。通过研究迥异于当今世界体系的 13 世纪世界体系,我们或许可以学到很多东西。

注释

1　尽管持欧洲中心论的历史学家和社会科学家始终试图将欧洲在 16 世纪的成功归因于欧洲"文化"或纯正的"资本主义"的特质,但本书却对此有所质疑。

2　我们有必要留意一下马克思的观点中一个前后矛盾的地方,我认为这种情况的出现源于马克思没有弄清楚欧洲现代资本主义的起源。(参见我们在第一章中的论述。)《共产党宣言》以及由恩格斯编写的关于封建主义向资本主义过渡情况的著述,都认为资本主义源于欧洲范围内新型的资产阶级的生产力与旧式的封建社会的生产关系(财产关系)的"束缚"之间的内部矛盾——到 13 世纪时,这种现象已非常突出。马克思后来的著作,尤其是《资本论》则对欧洲现代资本主义的兴起进行了截然不同的论述。在谈到原始积累的作用时,马克思明确认为现代资本主义的原动力源于国际舞台,在国际舞台上通过暴力所进行的财富(资源和劳动力)的原始积累为欧洲提供了大量资本,这些资本被投入到欧洲的生产活动之中。在马克思的这一分析中,国家显然置身事外。毋庸置疑,直到 16 世纪时,欧洲的"征服"才使得这种原始积累成为可能。

3　格奥尔格·齐美尔(Georg Simmel)就因持有这一洞见而闻名,他认为冲突也是一种互动。参见他关于"冲突"的论文。

4　比如参见 Mancur Olson (1982)。

5　最近的著述主要有 Robert Gilpin（1987），David Calleo（1987）和 Paul
　　Kennedy (1987)。

6　相关著述中主要参见 Spengler，*The Decline of the West*（1926 年初版）和
　　Toynbee，*A Study of History*（1947—1957）。

7　源于保罗·肯尼迪（Paul Kennedy，1987）第八章的全部争论似乎都围绕着
　　这种区别而展开。关于此次大争论的具体内容，尤其参见 1988 年《纽约
　　时报》特刊刊登的一组论文。

8　在递交给 1987 年美国社会学协会（American Sociological Association）会
　　议的论文中，波兰社会学家斯蒂芬·诺瓦克（Stefan Nowak，1987：尤其是
　　27—33）表述了与我的"动力"理论相接近的观点，尽管对于我而言，他的
　　分析有点过于实证。

373　9　比如 20 世纪的第二次世界大战。

10　见詹姆斯·格莱克（James Gleick，1987）。我在此处过于简化了这个大
　　有用武之地的理论的提出过程。

11　在本课题的早期研究阶段，伊曼纽尔·沃勒斯坦在信中提醒我对衰落的
　　研究要难于对兴起的研究。我必须承认他的提醒是正确的，但我已经将
　　这一难题置于研究之中。我已尽我所能去解决这一难题。

12　在选定了本书的书名之后，我想到了其反义词"霸权之后"，《霸权之后》
　　（*After Heg-emony*，Keohane，1984）这本书清楚地表达了这一观点。

参 考 书 目

参考书目使用指南

　　本书参考书目的编排方式对读者和研究人员双方的需求进行了折中处理。读者希望本书列有严格按照书目作者姓名首字母顺序编排的单个参考书目,以便捷地找到本书引文的全部参考信息。而专业研究人员则希望按照国家或地区来编排参考书目。我所采用的编排方式无法让双方都完全满意,大体方式如下:理论部分与涉及整个世界的书目(主要与第一和第十一章有关)以及涉及整个欧洲或欧洲多个分区的书目编入第一部分,其中还包括研究香槟集市(与第二章有关)、佛兰德斯地区(与第三章有关)以及意大利(与第四章有关)所引用的书目。书目的第二大部分覆盖了中东地区。一些概览性著作的某些章节涉及蒙古人(与第五章有关),但与第六和第七章有关的参考书目主要涉及阿拉伯世界。书目的第三大部分与阿拉伯世界的东部地区有关。这些书目主要涉及印度地区(与第八章有关)、东南亚地区(与第九章有关)和中国(与第十章有关)。鉴于文献资料的特点,我们无法始终遵循上述分类原则。

概览与欧洲

Abu-Lughod, Janet. 1987—1988. "The Shape of the World System in the Thir-
　　teenth Century," plus comments, *Studies in Comparative International
　　Development* 22 (Winter):3—53.
Anderson, Perry. 1974a. *Lineages of the Absolutist State*. London: NLB.

Anderson, Perry. 1974b. reprinted 1978. *Passages from Antiquity to Feudalism*. London: Verso.

Bairoch, P. 1982. "Urbanisation and Economic Development in the Western World: Some Provisional Conclusions of an Empirical Study," pp. 61—75 in *Patterns of European Urbanisation since 1500*. ed. By H. Schmal. London: Croom Helm.

Baratier, Edouard, 1970. "L'activité des occidentaux en orient au moyen âge," pp. 333—341 in *Sociétés et compagnies de commerce en orient et dans l'Océan Indien*. Paris: S. E. V. P. E. N.

Barraclough, Geoffrey, ed. 1978, *The Times Atlas of World History*. Maplewood, New Jersey: Hammond.

Barzun, Jacques and Henry Graff, 1957. *The Modern Researcher*. New York: Harcourt Brace.

Bernard. J. 1972. "Trade and Finance in the Middle Ages, 900—1500," pp. 274—338 in Volume I of *The Fontana Economic History of Europe*. London: Collins.

Bloch, Marc. 1961. *Feudal Society*. Chicago: University of Chicago Press.

Braudel, Fernand. 1972. *The Mediterranean and the Mediterranean World in the Age of Philip II*. 2 volumes. Trans. By Sian Reynolds. New York: Harper & Row.

Braudel, Fernand. 1973. *Capitalism and Material Life: 1400—1800*. Vol. I. London: Weidenfeld and Nicholson.

Braudel, Fernand. 1977. *Afterthoughts on Material Civilization and Capitalism*. Trans, by P. M. Ranum. Baltimore: The Johns Hopkins University Press.

Braudel, Fernand. 1980. *On History*. Trans, by Sarah Matthews. Chicago: University of Chicago Press.

Braudel, Fernand. 1982—1984. *Civilization & Capitalism, 15th—18th Century*. Trans, by Sian Reynolds. 3 volumes. 1982. Vol. I. *The Structures of Everyday Life*; 1983. Vol. II. *The Wheels of Commerce*; 1984. Vol. III. *The Perspective of the World*. London: Collins; New York: Harper & Row.

Braudel, Fernand. 1985. *La dynamique du capitalisme*. Paris: Arthaud.

Brenner, Robert. 1977. "The Origins of Capitalist Development: A Critique of 376 Neo-Smithian Marxism," *New Left Review* 104 (July-August): 25—92.

Calleo, David. 1987. *Beyond American Hegemony: The Future of the Western Alliance*. New York: Basic Books.

Calvino, Italo. 1974. *Invisible Cities*. Trans. By W. Weaver. New York and London: Harcourt Brace Jovanovich.

Cambridge Economic History of Europe. 1952. Vol. II. *Trade and Industry in the Middle Ages*. ed. by M. M. Postan and E. E. Rich. Cambridge: Cambridge University Press.

Carus-Wilson, E. M. 1941. "An Industrial Revolution of the Thirteenth Century," *Economic History Review* II : 41—60.

Cave, R. C. and H. H. Coulson, eds. 1936. *A Source Book for Medieval Economic History*. Milwaukee: The Bruce Publishing Co.

Chase-Dunn, Christopher. 1989. *Global Formation: Structures of the World Economy*. New York: Basil Blackwell, in press.

Chaunu, Pierre. 1969, second ed. 1983. *L'expansion européenne du XIIIe au Xve siècle*. Paris: Presses Universitaires de France. English translation of the first edition is available under the title *European Expansion in the Later Middle Ages*. 1979. Trans. By Katherine Bertram. Amsterdam: North-Holland Publishing Company.

Chevalier, Bernard. 1969. *L'occident de 1280 à 1492*. Paris: A. Colin.

Cheyney, Edward P. 1936. *The Dawn of a New Era, 1250—1453*. New York: Harper & Brothers.

Chirot, Daniel. 1985. "The Rise of the West," *American Sociological Review* 50: 181—195.

Cipolla, C. M. 1956. *Money, Prices, and Civilization in the Mediterranean World, Fifth to Seventeenth Century*. Princeton: Princeton University Press.

Cipolla, C. M. 1976. *Before the Industrial Revolution: European Society and Economy, 1000—1700*. New York: Norton.

Colloques Internationaux d'Histoire Maritime, Sixième colloque, held in Venice in 1962. 1970. *Méditerranée et Océan Indien*. Paris: S. E. V. P. E. N.

Cox, Oliver. 1959. *The Foundations of Capitalism*. New York: Philosophical Library.

Curtin, Philip D. 1984. *Cross-Cultural Trade in World History*. Cambridge: Cambridge University Press.

de Rachewiltz, Igor. 1971. *Papal Envoys to the Great Khans*. London: Faber & Faber.

377 de Vries, Jan. 1984. *European Urbanization 1500—1800*. Cambridge, Massachusetts: Harvard University Press.

Deyon, P. 1979. "L'enjeu des discussions autour du concept de ' protoin-dustria-lisation,'" *Revue de Nord* 61:9—15.

Dobb, Maurice. 1947, reprinted 1984. *Studies in the Development of Capitalism*. New York: International Publishers.

Dochaerd, Renée. 1978. *The Early Middle Ages in the West: Economy and Society*. Trans. by W. G. Deakin. Amsterdam: North-Holland Publishing Company.

Dochaerd, Renée. 1984. *Oeconomica Mediaevalia*. Brussels: V. U. B. , Centrum voor Sociale Structuren. Collection of older essays.

Dollinger, P. 1964. *La hanse (XII-XVIIe siècles)*. Paris. English translation is available under the title *The German Hansa*. 1970. Trans. by D. S. Ault and S. H. Steinberg. Stanford: Stanford University Press.

Duby, Georges. 1976. *Rural Economy and Country Life in the Medieval West*. Columbus: University of South Carolina Press.

Ekholm, Kajsa. 1980. "On the Limitations of Civilization: The Structure and Dynamics of Global Systems," *Dialectical Anthropology* 5 (July): 155—166.

Ennen, Edith. 1956. " Les différents types de formation des villes curopéennes," *Le Moyen Age*, Série 4. Vol. 2.

Ennen, Edith. 1979. *The Medieval Town*. Trans. by Natalie Fryde. Amsterdam: North-Holland Publishing Company.

Espinas, Georges. 1931. "Histoire urbaine, direction de recherches et resultats," *Annales: Economies, Sociétés, Civilisations*. First series, 3:394—427.

Espinas, Georges. 1933—1949. *Les origines du capitalisme*. 4 volumes. Lille: E. Raoust.

Fontana Economic History of Europe. 1969—1982. 6 volumes. London: Fontana.

Fourquin, G. 1969. *Histoire économique de l'occident médiéval*. Paris: Presses Universitaires de France.

Friedmann, John and Goetz Wolff. 1980. "World City Formation," *International Journal of Urban and Regional Research* 4:309—343.

Ganshof, F. 1943. *Etude sur le développement des villes entre Loire et Rhin au moyen âge*. Paris: Presses Universitaires de France. Also Brussels: Editions de la Librairie Encyclopédique.

Ganshof, François. 1953. *Le moyen âge*. Paris: Hachette.

Genicot, L. 1964. "On the Evidence of Growth of Population from the 11th to the 13th Century," *Change in Medieval Society*. ed. by Sylvia Thrupp. New York: Appleton-Century Crofts.

Genicot, L. 1968, second ed. 1984. *Le XIIIe siècle européen*. Paris: Presses Universitaires de France.

Genicot, L. 1973. "Les grandes villes de l'occident en 1300," pp. 199—219 in *Mélanges E. Perroy*. Paris: Presses Universitaires de France.

Gilpin, Robert. 1987. *The Political Economy of International Relations*. Princeton: Princeton University Press.

Gimpel, Jean. 1975. *La révolution industrielle du moyen âge*. Paris: Editions du Seuil.

Gleick, James. 1987. *Chaos: Making a New Science*. New York: Viking Press.

Goldstone, J. 1984. "Urbanization and Inflation in England, 1500—1650," *American Journal of Sociology* 89:1122—1160.

Gottfried, Robert. 1983. *The Black Death: Natural and Human Disaster in Medieval Europe*. New York: Macmillan.

Gutkind, Erwin. 1964—1967. *International History of City Development*.

378

New York:Macmillan. Several volumes deal with European cities.

Havinghurst,Alfred. 1958. *The Pirenne Thesis ,Analysis ,Criticism and Revision*. Boston:D. C. Heath and Co.

Heer,Friedrich. 1962. *The Medieval World : Europe , 1100—1350*. Trans. from the German by Janet Sondheimer. Cleveland:World Publishing Co.

Hobsbawm,Eric. 1987. *The Age of Empire : 1875—1914*. New York:Pantheon Books.

Hodges,Richard and David Whitchouse. 1983. *Mohammed ,Charlemagne and the Origins of Europe :Archaeology and the Pirenne Thesis*. Ithaca:Cornell University Press.

Hohenberg,Paul and Lynn. H. Lees. 1985. *The Making of Urban Europe , 1100—1950*. Cambridge, Massachusetts: Harvard University Press. Part I deals with the eleventh to fourteenth centuries.

Joinville and Villehardoun , Chronicles of the Crusades. Original 1963, reprinted 1985. Trans. with an introduction by M. R. B. Shaw. New York: Dorset Press.

Jones,E. L. 1981, second ed. 1987. *The European Miracle*. Cambridge:Cambridge University Press.

Kennedy, Paul. 1987. *The Rise and Fall of the Great Powers : Economic Change and Military Conflict from 1500 to 2000*. New York: Random House.

Keohane, Robert. 1984. *After Hegemony : Cooperation and Discord in the World Political Economy*. Princeton:Princeton University Press.

Kraus, Henry. 1979. *Gold was the Mortar : The Economics of Cathedral Building*. London:Routledge and Kegan Paul.

379 Krey. A. C. 1958 reprint of original 1921. *The First Crusade ,the Accounts of Eye-Witnesses and Participants*. Gloucester, Massachusetts:P. Smith.

Kuhn,Thomas. 1962. *The Structure of Scientific Revolutions*. Chicago:University of Chicago Press.

Latouche,Robert. 1961. *The Birth of Western Economy :Economic Aspects of the Dark Ages*. Trans. by E. M. Wilkinson. London:Methuen.

Lavedan,Pierre and Jeanne Hugueney. 1974. *L'urbanisme au moyen âge*. Geneva: E. Droz.

Le Goff,Jacques. Original 1956,now in 6th ed,1980. *Marchands et banquiers du moyen âge*. Paris: Presses Universitaires de France.

Levenson,Joseph. ed. 1967. *European Expansion and the Counter-example of Asia*. Englewood Cliffs,New Jersey: Prentice-Hall.

Lewis,Archibald. 1970. *The Islamic World and the West*,A. D. 622—1492. New York: John Wiley.

Lewis,Archibald. 1978. *The Sea and Medieval Civilisations*,Collected Studies. London: Variorum Reprints.

Lloyd,T. H. 1982. *Alien Merchants in England in the High Middle Ages*. New York: St. Martin's Press.

Lopez,R. S. 1949. "Du marché temporaire â la colonie permanente: l'évolution de la politique commerciale au moyen âge," *Annales: Economies*,*Sociétés*, *Civilisations*. Second Series 4: 389—405.

Lopez,Robert S. 1955. "East and West in the Early Middle Ages: Economic Relations," pp. 113—164 in *Congresso* (*X*) *Internazionale de Scienze Storiche*,Relations (Florence) III.

Lopez,Robert S. 1970. "Les méthodes commerciales des marchands occidentaux en Asie du XI au XIV siécle," pp. 343—348 in *Sociétés et compagnies de commerce en orient et dans l'Océan Indien*. Paris: S. E. V. P. E. N.

Lopez,Robert S. 1976. *The Commercial Revolution of the Middle Ages*, 950—1350. Cambridge: Cambridge University Press.

Lopez,R. S. and H. A. Miskimin. 1962. "The Economic Depression of the Renai-ssance," *The Economic History Review*,Second Series,XIV: 397—407.

Lopez,Robert S. and Irving Raymond,eds. 1967. *Medieval Trade in the Mediterranean World*. New York: Norton.

Lyon,Bryce Dale,ed. 1964. *The High Middle Ages. 1000—1300*. New York: The Free Press of Glencoe.

Maalouf,Amin. 1984. *The Crusades through Arab Eyes*. Trans. by Jon Rothschild. London: Al Saqi Books.

Mann, Michael. 1986. *The Sources of Social Power*. Vol. I. Cambridge: Cambridge University Press.

Marx, Karl. *Corpus* but especially the *Grundrisse*.

380 Marx, Karl. 1964. *Grundrisse*. Excerpts trans. by Jack Cohen, edited and with an introduction by Eric Hobsbawm under the title. *Precapitalist Economic Forma-tions*. New York: International Publishers.

McEvedy, Colin. 1961. *The Penguin Atlas of Medieval History*. Hammond sworth: Penguin Books.

McNeill, William Hardy. 1963. *The Rise of the West : A History of the Human Community*. Chicago: University of Chicago Press.

McNeill, William Hardy. 1976. *Plagues and Peoples*. Garden City, New Jersey: Anchor Books.

Mélanges d'histoire du moyen âge : dédiés à la mémoire de Louis Halphen. 1951. Paris: Presses Universitaires de France.

Mendels, F. 1972. "Proto-industrialization: The First Phase of the Indus trialization Process," *Journal of Economic History* 32 : 241—261.

Miskimin, Harry A. 1969. *The Economy of Early Renaissance Europe, 1300—1460*. Englewood Cliffs, New Jersey: Doubleday.

Miskimin, Harry, David Herlihy, and A. L. Udovitch, eds. 1977. *The Medieval City*. New Haven: Yale University Press.

Mollat, Michèl, ed. 1962. *Les sources de l'histoire maritime en Europe du moyen âge au XVIIIe siècle*. 4th Colloque Internationale d'Histoire Maritime. Paris: S. E. V. P. E. N.

Mollat, Michèl. 1977a. *Etudes sur I' économie et la société de I'occident médiéval , XIIe-Xve siècle*. London: Variorum Reprints.

Mollat, Michèl. 1977b. *Etudes d'histoire maritime , 1938—1975*. Turin: Bottega d'Erasma. A collection of earlier published essays.

Mollat, Michèl. 1984. *Explorateurs du XIIIe au XVI siècle*. Paris: J. C. Lattes.

Mols, R. S. J. 1954. *Introduction à la démographie historique des villes* d'Europe du XIVe au XVIIIe siècles. 2 volumes. Gembloux: J. Ducolot.

Morgan, D. O. ed. 1982. *Medieval Historical Writing in the Christian and Islamic Worlds*. London: School of Oriental and African Studies, University of London.

Mundy, John and Peter Riesenberg. Reprinted 1979. *The Medieval Town*. Huntington, New York: Robert E. Krieger Publishing.

Nowak, Stefan. 1987. "Comparative Studies and Social Theory." Mimeo. paper, delivered at Annual Meeting of the American Sociological Association, Chicago.

Olson, Mancur. 1982. *The Rise and Decline of Nations: Economic Growth, Stagflation and Social Rigidities*. New Haven: Yale University Press.

Packard, Sidney. 1962. "The Process of Historical Revision: New Viewpoints in Medieval European History." Northampton, Massachusetts: Smith College.

Pirenne, Henri. 1898. "Villes, marchés et marchands au moyen âge," *Revue Historique* LXLII.

Pirenne, Henri. 1925. *Medieval Cities*. Princeton: Princeton University Press. Republished Garden City, New Jersey: Doubleday, 1956.

Pirenne, Henri. 1939. *Mohammed and Charlemagne*. Translated from the 10th edition in French. London: Allen and Unwin.

Pirenne, Henri. 1956. *A History of Europe: From the Invasions to the XVIth Century*. Trans. by Bernard Miall. New York: University Books.

Polanyi, Karl, C. M. Arensberg, and H. W. Pearson, eds. 1957. *Trade and Market in the Early Empires: Economies in History and Theory*. Glencoe, Illinois: The Free Press.

Postan, M. M. 1928. "Credit in Medieval Trade," *Economic History Review* I: 234—261

Postan, M. M. and E. E. Rich, eds. 1952. *Trade and Industry in the Middle Ages*. Vol. II of the *Cambridge Economic History of Europe*. Cambridge: Cambridge University Press.

Postan, M. M. and Edward Miller, eds. 1963. *Economic Organisation and Policies in the Middle Ages*. Vol. III of the *Cambridge Economic History of*

381

Europe. Cambridge: Cambridge University Press.

Power, Eileen. 1924 original, reprinted 1963. *Medieval People*. New York: Barnes & Noble.

Power, Eileen. 1941. *The Wool Trade in English Medieval History*. Oxford: Oxford University Press.

Renouard, Yves. 1948. "Conséquences et intérêts démographiques de la peste noir de 1248," *Population* 3:454—466.

Renouard, Yves. 1951. "Les voies de communication entre pays de la Méditerranée et pays de l'Atlantique au moyen âge. Problémes et hypothéses," pp. 587—594 in *Mélanges d'histoire du moyen âge, dédiés à la mémoire de Louis Halphen*. Paris: Presses Universitaires de France.

Reynolds, Robert. 1961. *Europe Emerges: Transition toward an Industrial World-Wide Society, 600—1750*. Madison: University of Wisconsin Press.

Richard, Jean. 1976. *Orient et occident au moyen âge: Contact et relations (XIIe-Xve siécle)*. London: Variorum Reprints.

Rorig, Fritz. 1967 English trans. *The Medieval Town*. London: B. T. Batsford.

Rosecrance, Richard. 1986. *The Rise of the Trading State: Commerce and Conquest in the Modern World*. New York: Basic Books.

Runciman, W. G. 1983. "Capitalism without Classes: The Case of Classical Rome," *British Journal of Sociology* 34:157—181.

Russell, J. C. 1972. *Medieval Regions and Their Cities*. Bloomington, Indiana: University of Indiana Press.

Schneider, Jane. 1977. "Was There a Pre-capitalist World-System?" *Peasant Studies* 6:20—27.

Simmel, Georg. Original essays 1904 and 1922. English trans. 1955. *Conflict and the Web of Group Affiliations*. Trans. by Kurt H. Wolff and Reinhard Bendix. New York: The Free Press.

Sjoberg, Gideon. 1960. *The Pre-Industrial City, Past and Present*. Glencoe, Illinois: The Free Press.

Sombart, W. 1975. *Krieg and Kapitalismus*. New York: Arno Press.

Sombart, Werner. *Der Moderne Kapitalismus*, various editions.

382

Southern, R. W. Original 1962, reprinted 1980. *Western Views of Islam in the Middle Ages*. Cambridge, Massachusetts: Harvard University Press.

Spengler, Oswald. 1926—28 original. *The Decline of the West*. New York: Knopf.

Tawney, R. H. 1926. *Religion and The Rise of Capitalism: A Historical Study*. New York: Harcourt Brace.

Taylor, John C. 1979. *From Modernization to Modes of Production*. Atlantic Highlands, New Jersey: Humanities Press.

Thrupp, Sylvia. 1977. "Comparisons of Cultures in the Middle Ages: Western Standards as Applied to Muslim Civilization in the Twelfth and Thirteenth Centuries," pp. 67—88 in *Society and History: Essays by Sylvia Thrupp*. ed. by R. Grew and N. Steneck. Ann Arbor: University of Michigan Press.

Tillion, Germaine. 1983. *The Republic of Cousins: Women's Oppression in Mediterranean Society*. English trans. of *Harem et les cousins*. London: Al Saqi Books.

Tilly, Charles. 1981. *As Sociology Meets History*. New York: Academic Press.

Toynbee, Arnold J. 1947—1957. *A Study of History*. 10 volumes. New York and London: Oxford University Press.

Unger, Richard William. 1980. *The Ship in the Medieval Economy, 600—1600*. London: Croom Helm.

Usher, A. P. 1943. *The Early History of Deposit Banking in Mediterranean Europe*. Cambridge, Massachusetts: Harvard University Press.

van der Wee, H. 1975—76. "Reflections on the Development of the Urban Economy in Western Europe during the Late Middle Ages and Early Modern Times," *Urbanism Past and Present* I: 9—14.

van Houtte, J. A. 1977. *Essays on Medieval and Early Modern Economy and Society*. Leuven: University Press. Reprints of previously published articles in the languages in which they appeared.

Wallerstein, Immanuel. 1974. *The Modern World-System* I. New York: Academic Press.

Wallerstein, Immanuel. 1979a. *The Modern World-System* II. New York: Academic Press.

Wallerstein,Immanuel. 1979b. *The Capitalist World Economy:Essays*. New York:Cambridge University Press.

Wallerstein,Immanuel. 1983. *Historical Capitalism*. London:Verso Editions.

Weber,Max. Original 1904—05, English trans. 1958. *The Protestant Ethic and the Spirit of Capitalism*. New York:Charles Scribner's Sons.

Weber,Max. 1958a. *The City*. Trans. by Don Martindale and Gertrud Neawirth. Glencoe,Illinios:The Free Press.

Weber,Max. 1958b,reissued 1967. *The Religion of India:The Sociology of Hinduism and Buddhism*,Trans. by Hans Gerth and Don Martindale. Glencoe,Illinios:The Free Press.

Weber,Max. 1968. Sections on"Premodern Capitalism" and "Modern Cap-italism." Trans,by Frank Knight,pp. 129—165 in *Max Weber on Charisma and Institution Building*. ed. by S. N. Eisenstadt. Chicago:University of Chicago Press.

Weber,Max. 1978. *Economy and Society*. 2 volumes. New York:Bedminster Press.

Weber,Max. 1981 reprint. *General Economic History*. New Brunswick,New Jersey:Transaction Books.

White,Lynn,Jr. 1962. *Medieval Technology and Social Change*. Oxford:Clarendon Press.

Wolf,Eric. 1982. *Europe and the People without History*. Berkeley:University of California Press.

法国

Alengry,Charles. 1915. *Les foires de Champagne*. (*Etude d'histoire économique*.) Paris:Libraire Arthur Rousseau. The bibliography in this work is extremely inaccurate and the rest of the book is untrustworthy.

Baldwin,John W. 1986. *The Government of Philip Augustus*. Berkeley:University of California Press.

Barel, Yves. 1975, 1977. *La ville médiévale: Systéme social-systéme urbain* 384
[on the city of Montpellier]. Grenoble: Presses Universitaires de France.

Bautier, R. H. 1942—1943. "Les registres des foires de Champagne," *Bulletin Philologique du C. T. H. S.* : 157—185.

Bautier, R. H. 1945. "Marchands siénnois et 'draps d'Outremont' auxfoires de Champagne," *Annuaire-Bulletin de la Société de l'Histoire de France* : 87—107.

Bautier, R. H. 1953. "Les foires de Champagne, recherches sur une évolution historique," *Recueils de la Société Jean Bodin* (Brussels) V: 97—147.

Bautier, R. H. 1958. "L'exercice de la juridiction gracieuse en Champagne du milieu du XIIIe s. à la fin du XVe," *Bibliothéque de l'Ecoledes Chartes* 116: 29—106.

Bautier, R. H. 1960. "Recherches sur les routes de l'Europe médiévale, I. De la Méditerranée à Paris et des foires de Champagne par le Massif Centrale," *Bulletin Philologique et Historique du C. T. H. S.* : 90—143.

Bautier, R. H. 1966/ issued 1970. "Les relations économiques des Occidentaux avec les pays d'Orient au moyen âge: Points de vue et documents," pp. 263—331 in *Actes du VIIIe Colloque International d'Histoire Maritime*. Beirut, 1966. Issued under the title *Sociétés et compagnies de commerce en orient et dans l'Océan Indien*. Paris: S. E. V. P. E. N.

Benton, John F. 1976. "The Accounts of Cepperello da Prato for the Tax on *Nouveaux Acquêts* in the Bailliage of Troyes," pp. 111—135, 453—457 in *Order and Innovation in the Middle Ages: Essays in Honor of Joseph R. Strayer*. ed. by William C. Jordan et al. Princeton: Princeton University Press.

Bibolet, Françoise. n. d. "Les institutions municipale de Troyes aux XIV et XVe siécles. " In Troyes Municipal Library.

Bibolet, Françoise. 1945. " Le rôle de la guerre de cent ans dans le développement des libertés municipales à Troyes," in *Mémoires de la Société Académique d'Agricultures, des Sciences, Arts et Belles-Lettres du Département de l'Aube* XCIX: 1939—1942. Published late at Troyes.

446 参 考 书 目

Bibolet, Françoise 1957. "Le développement urbain des villes de foires de Champagne au moyen âge," *La Vie en Champagne* (June).

Bibolet, Françoise. 1964—66. "La Bibliothéque de Chanoines de Troyes: leurs manuscrits du XIIe au XVIe s. ," pp. 139—177 in *Mémoires de la Société Académique d'Agricultures, des Sciences, Arts et Belles-Lettres du Departement de l'Aube* CIV. In Troyes Municipal Library.

Bibolet, Françoise. 1966. "Troyes et Provins," in *La Vie en Champagne* (May).

Bibolet, Françoise. 1970. "Les métiers à Troyes aux XIVe et XVe siécles," in *Actes du 95° Congrés National de Sociétés Savantes*. Reims. Published by Bibliotheque Nationale. In Troyes Municipal Library.

Bourquelot, Félix. 1865. *Etudes sur les foires de Champagne, sur la nature, l'entendue et les régles du commerce qui s'y faisait aux XIIe, XIIIe et XIVe siécles. Mémoires presentés par divers savants à l'Académie des Inscriptions et Belles-Lettres*, Deuxiéme Série, Tome V. 2 volumes. Paris: L'Imprimerie Imperiale.

Bourquelot, Félix. Original, 1839—1840, reprinted 1976. *Histoire de Provins*. Original Paris: Allouard; reprinted Marseille: Laffitte Reprints.

Boutiot, T. 1870—1880, reprinted 1977. *Histoire de la ville de Troyes et de la Champagne méridionale*. Troyes: Dufey-Robert, and Paris: Aug. Aubry, 1870—1880. In 5 Volumes. 1870. Vol. I; 1872. Vol. II; 1873. Vol. III; 1874. Vol. IV; and 1880. Vol. V (an index prepared posthumously by his son, Henry Boutiot). This book has been reissued 1977 in 5 volumes. Brussels: Editions Culture et Civilisation.

Carré, Gustave. 1880. *Aperçu historique sur la ville de Troyes*. Troyes: E. Caffe. In Troyes Municipal Library.

Carré, Gustave. 1881. *Histoire populaire de Troyes et du département de l'Aube*. Troyes: L. Lacroix.

Chapin, Elizabeth. 1937. *Les villes de foires de Champagne des origines au debut du XIVe siécle*. Paris: H. Champion.

Coornaert, Emile. 1957. "Caractères et mouvement des foires internationales au

385

moyen âge et au XVI siècle," in *Studi in onore di Armando Sapori*, Vol. I. Pages 357—363 deal with the Champagne fairs. Milan: Istituto Editoriale Cisalpino.

Corrard de Breban. 1977. *Les rues de Troyes, anciennes et modernes*. Marseille: Laffitte Reprints.

Crozet, René. 1933. *Histoire de Champagne*. Paris: Boivin.

Desportes, Pierre. 1979. *Reims et les Rémois aux XIIIe et XIVe siècles*. Paris: Picard.

Doehaerd, Renée. 1939. "Un conflit entre les gardes des foires de Champagne et le comte de Hainaut, 1302," *Annales du Cercle Archéologie de Mons* 56: 171—184.

Dollinger, Pierre, P. Wolff, and S. Guenée, eds. 1967. *Bibliographie d'histoire des villes de France*. No. 282 of Histoire de France bibliographies. Paris: C. Klincksieck.

Dubois, Henri. 1976. *Les foires de Châlon et le commerce dans la vallée de la Saône à la fin du moyen âge (vers 1280—vers 1430)*. Paris: Publications de la Sorbonne, Imprimerie Nationale.

Dubois, Henri. 1982. "Le commerce et les foires au temps de Philippe. Auguste," pp. 689 seq. in *Colloques Internationaux du Centre National de la Recherche Scientifique*, No. 602.

Duby, Georges, ed. 1980. *Histoire de la France urbaine*. Paris: Editions du Seuil. Volume II is on *La Ville médiévale des Carolingiens à la Renaissance*.

Evergates, Theodore. 1974. "The Aristocracy of Champagne in the Mid-Thirteenth Century: A Quantitative Description," *Journal of Interdisciplinary History* V: 1—18.

Evergates, Theodore. 1975. *Feudal Society in the Bailliage of Troyes under the Counts of Champagne, 1152—1284*. Baltimore: The Johns Hopkins University Press.

Finot, Jules. 1894. *Etude historique sur les relations commerciales entre la France et la Flandre au moyen âge*. Paris: Alphonse Picard.

The First Crusade. The Chronicle of Fulcher of Chartres and Other Source Materials. 1971. Edited and translated by Edward Peters. Philadelphia: University of Penn-sylvania Press.

Gallais, Pierre and Yves-Jean Riou eds. 1966. *Mélanges offerts à René Crozet.* Poitiers: Société d'Etudes Médiévales.

Ganshof, F. I. 1948. *Etude sur le développement des villes entre Loire et Rhin au moyen âge.* Paris: Presses Universitaires de France.

Gies, Joseph and Frances Gies. 1969. *Life in a Medieval City* [Troyes in 1250 A. D.]. New York: Harper Colophon.

Higounet, Ch. , J. B. Marquette, and Ph. Wolff. 1982. *Atlas historique des villes de France.* 3 volumes. Paris: Editions de Centre National de la Recherche Scientifique.

Kleinclausz, A. Original 1939—1952, reprinted 1978. *Histoire de Lyon.* 3 volumes. Marseille: Laffitte Reprints.

Lalore, C. 1883. "Ce sont les coutumes des foires de Champagne," *Annales de l'Aube.* In Troyes Municipal Library.

Laurent, Henri. 1932. "Droits des foires et droits urbains aux XIIIe et XIVe siècles," *Revue Historique de Droit Français et Etranger* 4e série, Tome XI: 600—710.

Laurent, Henri. 1934. "Choix de documents inédits pour servir à l'histoire de l'expansion commerciale des Pays-Bas en France au moyen âge," *Bulletin Comm. Royale d'Histoire* : 335—416.

Laurent, Henri. 1935. *Un grand commerce d'exportation au moyen âge: la draperie des Pays-Bas en France et dans les pays méditerranéens (XIIe-XVe siècle).* Liège-Paris: Librairie E. Droz.

Lefèvre, André. 1868—69. "Les finances de la Champagne au XIIIe et XIVe siècles," in *Bibliothèque de l'Ecole des Chartes*, 4e série, IV and V.

Lestocquoy, Jean. 1952b. *Patriciens du moyen âge: Les dynasties bourgeoises d'Arras du XIe au XVe siècle.* In *Mémoires de la Commission Départementale des Monuments Historiques du Pas-de-Calais*, Tome V, fasc. 1.

387

Longnon, A. 1901—1914. *Documents relatifs au Comte de Champagne et de Brie* (*1172—1361*). 3 volumes. Paris. Part of *Documents inédits sur l'histoire de France.*

Mesqui, Jean. 1979. *Provins. La fortification d'une ville au moyen âge.* Paris-Geneva:Bibliothèque de la Société Française d'Archéologie.

Mikesell, Marvin W. 1961. *Northern Morocco:A Cultural Geography.* Berkeley:University of California Publications in Geography #14.

Portejoie, Paulette. 1956. *L'ancien coutumier de Champagne* (*XIIIe siècle*). Poitiers:Imprimerie P. Oudin.

Postan, M. 1952. "The Trade of Medieval Europe:The North," in *Cambridge Economic History of Europe* II. Cambridge:Cambridge University Press.

Renouard, Yves. 1963. "Les voies de communication entre la France et le Piedmont au moyen âge," *Bollettino Storico-Bibliografico Subalpino*:233—256. In Marciana Library, Venice.

Roserot, Alphonse. 1883. "Les origines des municipalités de Troyes," in *Mémoires de la Société Académique de l'Aube* 47:291—303.

Roserot, Alphonse [under direction of]. Reprinted 1977. *Dictionnaire historique de la Champagne méridionale (Aube) des origines à 1790.* Published originally in Langres in the 1940s. This has been reissued, Marseille:Laffitte Reprints. 4 volumes:I is A-D;II is E-Q;III is R-Y;and IV is Plates.

Sayous, André-Emile. 1929. "Le commerce de Marseille avec la Syrie au milieu du XIII siècle," *Revue des Etudes Historiques* XCV:391—408.

Sayous, André-Emile. 1932. "Les opérations des banquiers en Italie et aux foires de Champagne pendant le XIIIe siècle," *Revue Historique* CLXX:1—31.

Vallet de Viriville, A. 1841. *Les archives historiques du département de l'Aube et de l'ancien diocèse de Troyes, capitale de la Champagne, depuis le VIIe siècle jusqu'à 1790.* Troyes Municipal Library.

佛兰德斯

Beyers, Frans. n. d. "De familie ' vander Beurse' in de oorsprong van de handelsbeurzen. " Offprint in Municipal Library at Bruges.

Bigwood, G. 1921. *Le régime juridique et économique du commerce de l'argent dans la Belgique du moyen âge*. Brussels, 2 volumes. Académie Royale de Belgique, *Mémoirs*, Tome XIV, 2ème série.

Blockmans, V. 1939. "Eenige nieuwe gegevens over de Gentsche draperie: 1120—1213," pp. 195—260 in *Handelingen van de Koninkl*. Commissie voor Geschiedenis, CIV, 3/4. Brussels. University of Ghent Library.

Blockmans, W. 1983. "Vers une société urbanisée," in *Histoire de Flandre*. ed. by R. Doehaerd. Brussels: La Renaissance du Livre.

Blockmans, W. , I. de Meyer, J. Mertens, G. Pauwelyn, and W. Vanderpijpen. 1971. *Studiën betreffende de sociale strukturen te Brugge, Kortrijk en Gent in de 14de en 15de eeuw*. Gent: Rijksuniversiteit.

Bogaerts, P. and Deljoutte, V. 1846. *Notice historique sur les impôts communaux de Bruges depuis leur origines jusqu'en 1294*. Brussels: Em. Devroyé et Cie. In Bruges Municipal Library.

Bruges: City of Art. 1984. Bruges: Gidsenbond Brugge.

Brulez, W. and J. Craeybeckx. 1974. "Les escales au carrefour des Pays-Bas (Bruges et Anvers) 14e—16e siècles," *Receuils de la Société Jean Bodin* 32: 417—474.

Carlier, J. J. 1861—1872. "Origine des foires et des marchés en Flandre," *Annales du Comité Flamand en France* VI: 127—139.

Carson, Patricia and Gaby Danhieux. 1972. *Ghent: A Town for All Seasons*. Ghent: E. Story-Scientia.

de Roover, Raymond. 1948. *Money, Banking and Credit in Medieval Bruges: Italian Merchant-Bankers, Lombards and Money-Changers, A Study in the Origins of Banking*. Cambridge, Massachusetts: Mediaeval Academy of America.

de Roover, Raymond. 1963. "The Organisation of Trade," in *Cambridge Economic History of Europe*, Vol. III. Cambridge: Cambridge University Press.

de Roover, Raymond. 1968. *The Bruges Money Market around 1400*. Brussels：Verhandelingen van de Koninklijke Vlaamse Academie.

de Smet，J. 1933. "L'effectif des milices brugeoises et la population de la ville en 1340," *Revue Belge de Philologie et d'Histoire* XII：631—636.

Doehaerd，Renée. 1946. *L'expansion économique belge au moyen âge.* Brus- 389 sels：La Renaissance du Livre. Reprinted in her *Oeconomica Mediaevalia.*

Doehaerd，Renée. 1983a. "Un berceau d'une région," pp. 15—41 in *Histoire de Flandre.* Brussels：La Renaissance du Livre.

Doehaerd，Renée, ed. 1983b. *Histoire de Flandre：des origines à nos jours.* Brussels：La Renaissance du Livre.

Duclos，Adolphe. 1910. *Bruges：histoire et souvenirs.* Bruges：K. van de Vyvere-Petyt.

Dumont，Jacques. n. d. *Bruges et la mer.* Brussels：Editions Charles Dessart.

Dusauchoit，R. 1978. *Bruges：Portrait d'une ville.* Bruges.

Espinas，Georges. 1923. *La draperie dans la Flandre française au moyen âge.* 2 volumes. Paris：August Picard.

Espinas，G. and Henri Pirenne. 1906—1923. *Recueil de documents relatifs à l'histoire de l'industrie drapière en Flandre.* 4 volumes. Brussels：Publications of La Commission Royale d'Histoire. Additions in *1929 Bulletin de la Commission Royale d'Histoire* XCIII.

Ferrier de Tourettes，A. 1836. *Description historique，et topographique de la ville de Bruges.* Brussels：Louis Hauman. In Municipal Library at Bruges.

Ferrier de Tourettes，A. 1841. *Description historique，et topographique de Gand.* Brussels：Hauman et cie. In New York Public Library.

Finot，Jules. 1894. *Etude historique sur les relations commerciales entre la France et la Flandre au moyen âge.* Paris：Alphonse Picard.

Fris，Victor. 1913. *Histoire de Gand depuis les origines jusqu'en 1913.* Second edition with a preface by Henri Pirenne. Gand：G. de Tavernier.

Ganshof，François L. n. d. *Pages d'Histoire* on Bruges：99—106. In Bruges library.

Ganshof，François L. 1949. *La Flandre sous les premiers comtes.* Brussels：La Renaissance du Livre.

Gerneke,C. and F. Siravo. 1980. "Early Industrialization in Gand," *Storia della Città* 17:57—78.

Gilliat-Smith,Ernest. 1909. *The Story of Bruges*. London:J. M. Dent.

Gilliodts-Van Severen,Louis. n. d. *Bruges:ancien et modern*. In Municipal Library at Bruges.

Gilliodts-Van Severen, Louis. 1881. "Glossaire flamand-latin du 13e siècle," *Bulletin de la Commission Royale d'Histoire*,Série 4,Tome 9:169—208.

Gilliodts-Van Severen,Louis. Various dates. *Inventaire des archives de la ville de Bruges*. In Municipal Library at Bruges.

390   Haëpke, R. 1908. *Brügge: Entwicklung zum mittelalterlichen Weltmarkt*. Berlin:K. Curtius.

Hymans,Henri Simon. 1906. *Gand et Tournai*. Paris:H. Laurens.

Lestocquoy,J. 1952a. *Aux origines de la bourgeoisie:les villes de Flandre et d'ltalie sous le gouvernement des patriciens*,XIe-XVe siècles. Paris:Presses Universitaires de France.

Letts,Malcolm. 1924. *Bruges and Its Past*. Bruges:C. Beyaert.

Manuscrits datés conservés en Belgique. Tome I,*819—1400*. 1968. Brussels-Gent:E. Story-Scientia. In Municipal Library at Bruges.

Maréchal,Joseph. n. d. "Bruges: Métropole de l'occident," *Internationales Jahrbuch fur Geschichts-und Geographie-Unterricht* Band XIII:150 *seq*. In Municipal Library at Bruges.

Maréchal,Joseph. 1953. "La colonie espagnole de Bruges du 14e au 16e siècle," *Revue du Nord* 35:5—40.

Moore,Ellen Wedemeyer. 1985. *The Fairs of Medieval England*. Toronto: The Pontifical Institute of Medieval Studies.

Nicholas,David. 1971. *Town and Countryside:Social,Economic and Political Tensions in Fourteenth-Century Flanders*. Bruges:"De Tempel."

Nicholas,David. 1978. "Structures du peuplement,fonctions urbaines et formation du capital dans la Flandre médiévale," *Annales: Economies. Sociétés. Civilisations*. 33:501—527.

Nicholas,David. 1979. "The English Trade at Bruges in the Last Years of

Edward III," *Journal of Medieval History* 5.

Nicholas,David. 1985. *The Domestic Life in a Medieval City*:*Women*,*Children and the Family in Fourteenth-Century Ghent*. Lincoln,Nebraska:University of Nebraska Press.

Nicholas,David,1988. *The Van Arteveldes of Ghent*. Ithaca:Cornell University Press.

Panorama van Brugge Geschiedschrijving Sedert Duclos (*1910*). Gedsenbond van Brugge en West-Vlaanderen. 1972. A detailed bibliography on Bruges,and indispensable.

Pilon,Edmond. 1939. *Bruges*. Paris:H. Laurens.

Pirenne,Henri. n. d. "Coup d'oeil sur l'histoire de Gand," preface extract of *Gand*. Vander Haeghen. Extract in University of Ghent library.

Pirenne,Henri. 1895. "La chancellerie et les notaires des comtes de Flandre avant le XIIIe siècle," in *Mélanges Havet*. Paris:Leroux.

Pirenne, Henri. 1897. *Documents relatifs à l'histoire de Flandre pendant la première moitiè du XIVe siècle. Commission Royale d'Histoire*. 5m série, Tome 7,No. 124. Brussels:Hayez.

Pirenne, Henri. 1899. "La Hanse Flamande de Londres," *Bulletin de l'Académie Royale de Belgique*. 3m série,Tome 37,2me partie,No. 1:65—108.

Pirenne,Henri. 1911. "Le plus ancien règlement de la draperie brugeoisie," *Bulletin de la Commission Royale d'Histoire de Belgique* 80.

Pirenne,Henri. 1929. *Histoire de Belgique*. 7 volumes, 1902—1932. I have used the fifth edition. Vol. I. *Des origines au commencement du XIVe siècle*. Brussels:Maurice Lamertin.

Robinson,Wilfrid. 1899. *Bruges*:*An Historical Sketch*. Bruges:L. de Plancke.

Saint Génois,Baron Jules de. 1846. *Les voyageurs Belges du XIIIe au XVIIe siècle*. Volume I. Brussels:A. Jamar. Examined at Royal Geographical Society of Egypt. (Preface dated at Gand.)

Vander Haegen,Victor. n. d. *Inventaire des archives de la ville de Gand*. In New York Public Library.

van der Wee, H. 1975. "Structural Changes and Specialization in the Industry of the Southern Netherlands, 1100—1600," *Economic History Review*, Second Series, Vol. 28, No. 2:203—221.

Vanhoutryve, André. 1972. *Bibliografie van de geschiedenis van Brugge*. Handzome, *Utigaven Familia et Patria*. In Municipal Library at Bruges.

van Houtte, J.-A. 1943. *Esquisse d'une histoire économique de la Belgique*. Louvain: Editions Universitas.

van Houtte, J.-A. 1952. "Bruges et Anvers, marchés 'nationaux' ou 'internationaux' du XIV au XVIe siècle," *Revue de Nord* 34:89—109.

van Houtte, J.-A. 1953. "Les foires dans Belgique ancienne," *Recueils de la Société Jean Bodin* V:175—207.

van Houtte, J.-A. 1966. "The Rise and Decline of the Market of Bruges," *Economic History Review*, Second Series 19:29—47. Reprinted in *Essays on Medieval and Early Modern Economy*, pp. 249—274.

van Houtte, J.-A. 1967. *Bruges: Essai d'histoire urbaine*. Brussels: La Renaissance du Livre.

van Houtte, J.-A. 1977. *Essays on Medieval and Early Modern Economy and Society*. Leuven: Leuven University Press. Collection of previously published articles.

van Houtte, J.-A. 1982. *De Geschiedenis van Brugge*. Bruges: Lanoo/Tielt/Bussum.

van Werveke, Hans. 1943. *Jacques van Artevelde*. Brussels: La Renaissance du Livre.

392 van Werveke, Hans. 1944, *Bruges et Anvers; Huit siècles de commerce flamand*. Brussels: Editions de la Librairie Encyclopédique. The Flemish version of this book was published in 1941.

van Werveke, Hans. 1946. *Gand. Esquisse d'histoire sociale*. Brussels: La Renaissance du Livre.

van Werveke, Hans. 1955. "Les villes Belges: Histoire des institutions économiques et sociales," *Recueils de la Société Jean Bodin*. Vol. VII, *La Ville*.

Vercauteren, F. 1950—51. "Documents pour servir à l'histoire des financiers lombards en Belgique," *Bulletin de l'Institut Historique Belge de Rome*.

Verhulst, A. 1960. "Les origines et l'histoire ancienne de la ville de Bruges (IXe-XIIe siècles)," *Le Moyen Age* 66:37—63.

Verhulst A. 1977. "An Aspect of the Question of Continuity between Antiquity and Middle Ages: The Origin of Flemish Cities between the North Sea and the Schelde," *Journal of Medieval History* 3:175—206.

Vlaminick, Alphonse de. 1891. "Les origines de la ville de Gand," in *Académie Royale d'Histoire de Belgique*. Mémoire Couronnés. Brussels.

Willems, J. F. 1839. "De la population de quelques villes belges au moyen âge," *Bulletin Académie Royale de Belgique* VI:162—169.

意大利

Balducci Pegolotti, Francesco de. Latin edition issued in 1936. *La Pratica della Mercatura*. A document of the early fourteenth century. ed. by A. Evans. Cambridge, Massachusetts: The Mediaeval Academy of America. An abridged English version is in Volume II *Cathay and the Way Thither*, 1924, revised 1937. ed. and trans. by H. Yule. Published by the Hakluyt Society.

Benvenuti, Gino, 1977. *Storia della Repubblica di Genova*. Milan: Mursia.

Bettini, Sergio. 1978. *Venezia. Nascita di una città*. Milan: Electa. A history of Venice from its origins to the XIIIth century.

Borsari, Silvano. 1963. *II dominio veneziano a Creta nel XIII secolo*. Naples: F. Fiorentino.

Braunstein, Philippe. 1967. "Le commerce du fer à Venise au XVe siècle," *Studi Veneziana* VIII (1966):267—302.

Braunstein, Philippe and Robert Delort. 1971. *Venise: Portrait historique d'une cité*. Paris: Editions du Seuil.

Brion, Marcel. 1962. *Venice: The Masque of Italy*. Trans. by Neil Mann. London: Elek Books.

Brun, R. 1930. "A Fourteenth Century Merchant in Italy," *Journal of Eco-*

nomic and Business History II:451—466.

Brunello,Franco. 1981. *Arti e mestieri a Venezia nel Medioevo e nel Rinascimento*. Vicenza:N. Pozza.

Byrne,E. H. 1916. "Commercial Contracts of the Genoese in the Syrian Trade of the 12th Century," *Quarterly Journal of Economics* XXXI:127—170.

Byrne,E. H. 1919—20. "Genoese Trade with Syria in the 12th Century," *American Historical Review* XXV:191—219.

Byrne,E. H. 1930. *Genoese Shipping in the Twelfth and Thirteenth Centuries*. Cambridge,Massachusetts:Mediaeval Academy of America.

Cessi,Roberto. 1942a. *Documenti relativi alla storia di Venezia anteriori al Mille*,Vol I,Secolo V-IX;Vol. II,Secolo IX-X. Padua:Gregoriana Editrice.

Cessi,Roberto. 1942b. "Venezia e l'Oriente," pp. 315—343 in *Problemi storici e orientamenti storigrafici* ... Como. In Marciana Library,Venice.

Cessi, Roberto. 1964. *Un millennio di storia Veneziana*. Venice: Casa di Resparmio sotto gli auspici dell' Ateneo Veneto.

Cessi,Roberto,1968. *Storia della Repubblica di Venezia*. 2 volumes. Milan-Messina:G. Principato. A new revised and expanded one volume edition was published in 1981. Florence:Giunti Martello.

Cessi,Roberto. 1985. *Venezia nel duecento:tra oriente e occidente*. Venice: Deputazione Editrice.

Chiaudano,Mario. 1970. "Mercanti genovesi nel secolo XII," pp. 123—146 in *Richerche storiche ed economiche in memoria di Corrado Barbagallo*,Vol. II. Naples. In Marciana Library,Venice.

Chivellari,Domenica. 1982. *Venezia*. Milan:Electra.

La Civiltà Veneziana del secolo di Marco Polo. Conferenze di R. Bacchelli,A. Monteverdi,R. S. Lopez, Y. Renouard, O. Demos. 1955. Venice:Centro di Cultura e Civiltà della Fondazione Giorgio Cini.

Commune di Genova. 1983. *Navigazione e Carte Nautiche nei secolo XIII-XVI*. Genoa:Sagep Editrice.

Cracco,Georgio. 1967. *Societa e stato nel medioevo veneziano (secolo XII-XIV)*. Florence:L. S. Olschki.

Delogu,Paolo et al. 1980. *Longobardi e Bizantini*. Turin:U. T. E. T.

De Negri,Teofilo Ossian. 1974. *Storia di Genova*. Milan:A. Martello.

Doehaerd, Renée, ed. 1941, 1952, 1969. *Les relations commerciales entre Gênes,la Belgique et l'Outremont,d'après les archives notariales génois.* 394 1941. Volume I: XIIIe et XIVe siècles. Brussels and Rome: Palais des Académies. 1969. Vol. II:1320—1400. ed. by Leone Liagre de Sturler. Brussels and Rome. 1952. Vol. III:1400—1440. ed. by R. Doehaerd and C. Kerremans.

Edler,Florence. 1934. *Glossary of Medieval Terms of Business : Italian Series 1200—1600*. Cambridge,Massachusetts:Mediaeval Academy of America.

Fugagnollo,Ugo. 1974. *Bisanzio e l'Oriente a Venezia*. Trieste:LINT.

Gênes et l'Outre-mer. 1973,1980. Tome I ,1973. *Les actes de Caffa du notaire Lamberto di Sambuceto 1289—1290.* ed. by Michèl Balard. Tome II,1980. *Les actes de Kilia du notaire Antonio di Ponzo 1360.* ed. by Michèl Balard. La Haye:Mouton. Paris:Ecole Pratique des Hautes Etudes,Sorbonne. See also under Balard in Middle East section.

Goy,Richard. 1985. *Chioggia and the Villages of the Venetian Lagoon : Studies in Urban History*. Cambridge:Cambridge University Press.

Hazlitt,W. Carew. 1915. *The Venetian Republic : Its Rise ,Its Growth ,and Its Fall ,A. D. 421—1797*. 2 volumes. London: Adam and Charles Black. Volume I covers A. D. 409—1457.

Headlam,Cecil. 1908. *Venetia and Northern Italy ,Being the Story of Venice ,Lombardy and Emilia*. London:J. M. Dent.

Heers,Jacques. 1961. *Gênes au XVe siècle*. Paris:S. E. V. P. E. N.

Heers,Jacques. 1962. "Urbanisme et structure sociale à Gênes au moyen âge," pp. 369—412 in Vol. I of *Studi in onore di Amintore Fanfani*. Milan:Istituto Editoriale Cisalpino.

Heers,Jacques. 1977. *Family Clans in the Middle Ages ;A Study of Political and Social Structures in Urban Areas*. Trans. by Barry Herbert. Amsterdam:North-Holland Publishing Company.

Heers,Jacques. 1979. *Société et économie à Gênes (XIVe-XVe siècles)*. London: Variorum Reprints.

Herlihy, David. 1985. *Medieval Households*. Cambridge, Massachusetts: Harvard University Press.

Herlihy, David and Christiane Klapisch-Zuber. 1985. *Tuscans and Their Families: A Study of the Florentine Catasto of 1427*. Trans. from the French. New Haven: Yale University Press.

Hocquet, Jean-Claude. 1979, 1982. *Le sel et la fortune de Venise*. 2 volumes. Vol. I, 1979. *Production et monopole*; Vol. II, 1982. *Voiliers et commerce en Méditerranée*, *1200—1650*. Second ed. Lille: Hocquet.

395　Hrochova, Vera. 1967—8. "Le commerce vénitien et les changements dans l'importance des centres de commerce en Grèce du 13e au 15e siècles," *Studi Veneziana...* (Florence) IX: 3—34.

Hughes, D. O. 1975. "Urban Growth and Family Structure in Medieval Genoa," *Past and Present* 66: 3—28.

Hyde, John Kenneth. 1973, reissued 1983. *Society and Politics in Medieval Italy: The Evolution of the Civil Life*. *1000—1350*. London: Macmillan, Basingstoke.

Kedar, B. Z. 1976. *Merchants in Crisis: Genoese and Venetian Men of Affairs and the Fourteenth-Century Depression*. New Haven: Yale University Press.

Kreuger, Hilmar C. 1957. "Genoese Merchants, Their Partnerships and Investments, 1155 to 1164," pp. 255—272 in *Studi in onore di Armando Sapori*, Vol. I. Milan: Istituto Editoriale Cisalpino.

Lane, Frederic C. 1944. "Family Partnerships and Joint Ventures in the Venetian Re-public," *Journal of Economic History* IV: 178—196.

Lane, Frederic C. 1957. "Fleets and Fairs: The Functions of the Venetian Muda," pp. 649—663 in *Studi in onore di Armando Sapori*, Vol. I. Milan: Istituto Editoriale Cisalpino.

Lane, Frederic C. 1963. "Recent Studies on the Economic History of Venice," *Journal of Economic History* XXII, No. 3: 212—224.

Lane, Frederic C. 1966. *Venice and History: The Collected Papers of Frederic*

C. Lane. ed. by a committee of colleagues and former students. Baltimore:
The Johns Hopkins University Press.

Lane,Frederic C. 1973. *Venice: A Maritime Republic*. Baltimore: The Johns
Hopkins University Press.

Lane,Frederic C. and Reinhold Mueller. 1985. *Money and Banking in Medie-
val and Renaissance Venice*, Vol. I. Baltimore: The Johns Hopkins Universi-
ty Press.

Longworth,Philip. 1974. *The Rise and Fall of Venice*. London: Constable.

Lopez, Robert. 1937. "Aux origines du capitalism génois," in *Annales
d'Histoire Econo-mique et Sociale*. In Marciana Library, Venice.

Lopez,Roberto. 1955. "Venezia e le grande linee dell'espansione commerciale
del secolo XIII," *Civiltà veneziana del secolo di Marco Polo*: 37—82. Flor-
ence: In Marciana Library, Venice.

Lopez,Roberto. 1956. *La prima crisi della banca di Genova* (1250—1259).
Milan: Università L. Bocconi.

Lopez,Roberto. 1957. "I primi cento anni di storia documentata della banci di
Genova," *Studi in onore di Armando Sapori*, Vol. I: 215—253. Milan: Isti-
tuto Editoriale Cisalpino.

Lopez,Robert S. 1964. "Market Expansion: The Case of Genoa," *Journal of
Economic History* XXIV: 445—464.

Lopez,Robert S. 1970. "Venice and Genoa: Two Styles, One Success," *Dioge-
nes* 71: 39—47.

Lopez,Robert S. 1975. *Su e giù per la storia di Genova*. Genoa: Università di
Genova, Istituto di Paleografia e Storia Medievale.

Luchaire,Julien. 1954. *Les sociétés italiennes du XIIIe au XVe siècle*. Paris:
A. Colin.

Luzzatto,Gino. 1954. *Studi di storia econòmica veneziana*. Padua: CEDAM.

Luzzatto,Gino. 1961. *An Economic History of Italy from the Fall of the Ro-
man Empire to 1600*. Trans. by Philip Jones. London: Routledge & Kegan
Paul. New York: Barnes & Noble.

Martines,Lauro, ed. 1972. *Violence and Civil Disorder in Italian Cities*,

396

1200—1500. Berkeley: University of California Press.

McNeill, William. 1974. *Venice : The Hinge of Europe*, *1081—1797*. Chicago: University of Chicago Press.

Miozzi, Eugenio. 1957—1969. *Venezia nei secoli*. 4 volumes. Vols. I and II: La Città; Vol. III: La Laguna; Vol. IV: Il Salvamento. Venice: Casa Editrice Libeccio.

Morozzo della Rocca, A. Lombardo. 1940. *Documenti del commercio veneziano nel secoli XI—XIII*. 2 volumes. Rome: Istituto Storico Italiana. In Marciana Library, Venice.

Mueller, Reinhold C. 1977. *The Procuratori di San Marco and the Venetian Credit Market : A Study of the Development of Credit and Banking in the Trecento*. Baltimore and New York: Arno Press.

Musso, Gian Giacomo. 1975. *Navigazione e commercio genovese con il Levante nei documenti dell'Archivio di stato de Genova (Secolo XIV-XV)*. Rome: Pubblicazioni degli archivi de Stato, No. 84.

Norwich, John Julius. 1982. *A History of Venice*. London: Penguin Books. Distributed in New York: Knopf-Random House. This is a reissue in one volume of *Venice : The Rise to Empire*. Volume I, 1977. *Venice : The Greatness and the Fall*. Volume II, 1981. London: Allen Lane.

Origo, Iris. 1957. *The Merchant of Prato : Francesco di Marco Datini*, *1335—1410*. New York: Kaopf.

Pirenne, Henri. 1933—4. "La fin du commerce des Syriens en Occident," *L'Annuaire de l'Institut de Philologie et d'Histoire Orientales* II: 677—687.

Queller, Donald E. 1986. *The Venetian Patriciate : Reality vs. Myth*. Urbana: University of Illinois Press.

Renouard, Yves. 1962. "Routes, étapes, et vitesses de marche de France à Rome au XIIIe et au XIVe siècles d'après les Itinéraires d'Endes Rigaud (1254). et de Barthélemy Bonis (1350)," *Studi in onore di Amintore Fanfani* III: 403—428. Milan.

Renouard, Yves. 1966. *Italia e Francia nel commercio medievale*. Rome: Le

Edizioni del Lavoro (Leece,ITES).

Renouard,Yves. 1968. *Les hommes d'affaires italiens du moyen âge*,2nd edition. Paris：Armand Colin.

Renouard,Yves. 1969. *Les villes d'Italie*,*de la fin du Xe siècle au début du XIV siècle*. New edition by Philippe Braunstein. 2 volumes. Paris：S. E. D. E. S. (Société d'Edition d'Enseignement Supérieur). pp. 79—146 of Vol. I on Venice；pp. 228—258 on Genoa.

Reynolds,R. L. 1931. "Genoese Trade in the Late Twelfth Century,Particularly in Cloth from the Fairs of Champagne," *Journal of Economics and Business History* III：362—381.

Reynolds,R. L. 1945. "In Search of a Business Class in Thirteenth Century Genoa," *Journal of Economic History* Supplement 5：1—19.

Runciman,Steven. 1952. "Byzantine Trade and Industry," *Cambridge Economic History of Europe*,Vol. II：86—118. Cambridge：Cambridge University Press.

Sapori,A. 1952. *Le marchand italien au moyen âge*. Paris. A. Colin. 1970. *The Italian Merchant in the Middle Ages*. Trans. by Patricia Ann Kennen. New York：Norton.

Sayous, A. E. 1929. " Les transformations commerciales dans l'Italie médiévale," *Annales d'Histoire Economique et Sociale* I：161—176.

Sayous,A. E. 1931. "Der Moderne Kapitalismus de Werner Sombart,et Gênes aux XIIe et XIIIe siècles," *Revue d'Histoire Economique et Sociale* XIX：427—444.

Sayous,A. E. 1932. "Les opérations des banquiers en Italie et aux foires de Champagne pendant le XIIIe siècle," *Revue Historique* CLXX：1—31.

Sayous,A. E. 1933. "L'origine de la lettre de change. Les procédés de crédit et de paiement dans les pays cretiens de la Méditerranée occidentale entre le milieu du XIIe et celui du XIIIe siècle," *Revue Historique de Droit Français et Etranger*,4me Série,Tome XII：60—112.

Sismondi de Sismonde,J. -C. -L. 1906 reprint. *History of the Italian Republics in the Middle Ages*. London：Longmans Green. Published originally in

1807—1815.

Strayer,Joseph. 1969. "Italian Bankers and Philip the Fair," *Economy*,*Society*,*and Government in Medieval Italy*:*Essays in Memory of Robert L. Reynolds*. ed. by David Herlihy:113—121. Kent,Ohio:Kent State University Press.

398 *Studiin onore di Armando Sapori*. 1957. 3 volumes. Milan:Istituto Editoriale Cisalpino.

Thiriet,Freddy. 1969,4th edition. *Histoire de Venise*. Paris:Presses Universitaires de France.

Thrupp,Sylvia. 1977. *Society and History*:*Essays by Sylvia Thrupp*. ed. by Raymond Grew and Nicholas Steneck. Ann Arbor:University of Michigan Press.

Villehardouin,Geoffroi de. 1972 reissue. *La Conquête de Constantinople*. Paris:Firmon-Didot.

Waley. Daniel Philip. 1973. *The Italian City-Republics*. New York:McGraw-Hill.

Yver,G. 1903. *Le commerce et les marchands dans l'Italie méridionale aux XIIIe et XIVe siècles*. Paris:A Fontemoing. Republished 1968. New York:B. Franklin.

中　东

概览和蒙古

al-Narshakhi,Muhammad ibn Jafar. 1954. *The History of Bukhara*. Trans. by R. N. Frye. Cambridge,Massachusetts:Mediaeval Academy of America.

Balard,Michèl,ed. *Gênes et l'Outre-mer*. 2 volumes. Tome I. 1973. *Les Actes de Caffa du notaire Lamberto di Sambuceto 1289—1290*. Paris:Ecole des Hautes Etudes en Sciences Sociales. Tome II. 1980. *Actes de Kilia du notaire Antonio di Ponzo 1360*. Paris:Ecole des Hautes Etudes en Sciences Sociales.

Barfield,Thomas J. 1990. *The Perilous Frontier*:*Nomadic Empires and China*. Oxford:Basil Blackwell.

Barthold,V. V. 1928. *Turkestan Down to the Mongol Invasion*. Second edition translated from the original Russian and revised by the author with the assiatance of H. A. R. Gibb. London:Luzac and Co.

Blunt,W. 1973. *The Golden Road to Samarkand*. London:Hamish Hamilton.

Bouvat,Lucien. 1927. *L'Empire Mongol*,*2e phase*. Histoire du Monde,VIII/ 3. Paris:Edition de Boccard.

Boyle,John Andrew, trans. 1958. Ata Malik Juvaini. *The History of the World Conqueror*. 2 volumes. Cambridge,Massachusetts:Harvard University Press. Covers Mongol dynastics from Genghis Khan through Möngke (1251—1259).

Boyle,John Andrew,ed. 1968. *The Cambridge History of Iran*,Vol. V. *The Seljuk and Mongol Periods*. Cambridge:Cambridge University Press.

Boyle,John Andrew. trans. 1971. *The Successors of Genghis Khan*. Translated from the Persian of Rashid al-Din Tabib. New York:Columbia University Press. Covers the period down to the reign of Möngke's great nephew Temur Oljeitu (1294—1307).

Boyle,John Andrew. 1977. *The Mongol World Empire*, *1206—1370*. London:Variorum Reprints.

Brent,Peter Ludwig. 1976. *The Mongol World Empire*:*Genghis Khan*:*His Triumph and His Legacy*. London:Weidenfeld and Nicolson.

Bretschneider,Emilii V. Reprinted 1910. *Mediaeval Researches from Eastern Asiatic Sources*:*Fragments towards the Knowledge of the Geography and History of Central and Western Asia from the 13th to the 17th Century*. 2 volumes. London: K. Paul, Trench and Trübner. For Volume I, see Bretschneider (1875,1876). Vol. II consists of Part III,a lengthy explanation of a Mongol-Chinese medieval map of Central and Western Asia; and Part IV,material on the 15th and 16th centuries (not relevant here).

Bretschneider,E. V. 1875. *Notes on Chinese Mediaeval Travellers to the West*.

399

Shanghai: American Presbyterian Mission Press. This is Part I of Vol. I of *Mediaeval Researches*. It translates Chinese primary documents from 1219, 1220—1221, 1221—1224, and 1259. The last is an account of Hulegu's expedition to western Asia in 1253—1259.

Bretschneider, E. 1876. *Notices of the Mediaeval Geography and History of Central and Western Asia Drawn from Chinese and Mongol Writings, and Compared with the Obeservations of Western Authors in the Middle Ages*. London: Trübner and Co. This is Part II of Vol. I of *Mediaeval Researches*. It translates Chinese documents about the "Mohammedans" and descriptions of expeditions by the Mongols to the west.

Chambers, James. 1985. *The Devil's Horsemen: The Mongol Invasion of Europe*. New York: Atheneum Press.

Charlesworth, Martin. 1924. *Trade Routes and Commerce of the Roman Empire*, Cambridge: Cambridge University Press.

Charol, Michael. 1961, revised 4th imprint. *The Mongol Empire, Its Rise and Lengacy*, by Michael Prawdin (pseud.). Trans. by Eden and Cedar Paul. London: Allen & Unwin.

Cleaves, Francis W., trans. 1982. *The Secret History of the Mongols*, Part I. Cambridge, Massachusetts: Harvard University Press.

Commeaux, Charles, 1972. *La vie quotidienne chez les Mongols de la conquête (XIIIe siècle)*. Paris: Hachctte.

Dawson, Christopher H., ed. 1955, reprinted 1980. *The Mongol Mission*. New York: AMS Press.

de Rachewiltz, Igor. 1971. *Papal Envoys to the Great Khans*. London: Faber & Faber.

d'Ohasson, C. 1834—35. *Histoire des Mongols depuis Tchinguiz-khan jusqu'à Timour Bey ou Tamerlan*. 4 volumes. The Hague and Amsterdam: Les Frères van Cleef.

Grigor of Akanc' (13th century writer). 1954. *History of the Nation of Archers (the Mongols)*. The Armenian text edited with an English translation and notes by Robert P. Blake and Richard N. Frye. Cambridge, Massachusctts: Havard-Yenching Institute.

Grousset, René. 1939, reprinted 1948. *L'Empire des steppes : Attila , Genghis-Khan , Tamerlan*. Paris: Payol.

Grousset, René. 1941. *L'Empire Mongol , Ire phase*. Histoire du Monde VIII/3. Paris: Edition de Boccard.

Grousset, René. 1967. *Conqueror of the world*. English trans. by D. Sinor and M. MacKellar. London: Oliver and Boyd.

Guzman. G. 1968. "Simon of Saint-Quentin and the Dominican Mission to the Mongols. 1245—1248," Doctoral Dissertation, Department of History, University of Cincinnati.

Haenisch, Erich. Trans. 1941, second edition in 1948. *Die Geheime Geschichte der Mongolen : Aus einer mongolischen Neiderschrift des Jahres 1240 von der Insel Kode'e im Keluren-Fluss*. [The Secret History of the Mongols.] Translated and annotated for the first time. Leipzig: Otto Harrassowitz.

Hodgson, Marshall. 1974. *The Venture of Islam*, Vol. II. *The Expansion of Islam in the Middle Periods*. Chicago: University of Chicago Press.

Joveyni, 'Alā' al-Dīn 'Atā Malek (1226—1283). 1912—1937. *Ta'rikh-i-Ja-hān-gushā of ' Alā ' ud-Dīn ' Atā ' Malik-i-Juwaynī* (composed in 1260), 3 volumes, ed. by Mirza Muhammad ibn ' Abdu ' l-Wah-hab-i-l-Qazwini. London: Lauzac &. Co. See Boyle (1958) for English translation.

Kwanten, Luc. 1979. *Imperial Nomads : A History of Central Asia. 500—1500*. Philadelphia: University of Pennsylvania Press.

Lach, D. 1965. *Asia in the Making of Europe*, Vol. I. Chicago: University of Chicago Press.

Latham, Ronald, trans. 1958. *The Travels of Marco Polo*. London: The Folio Society.

Lombard, M. 1950. "Caffa et la fin de la route mongole," *Annales : Economies , Sociétés , Civilizations*. 5: 100—103.

Lombard, M. 1975. *The Golden Age of Islam*. Trans. by Joan Spencer. Amsterdam: North-Holland Publishing Company.

Lopez, Robert. 1943. "European Merchants in the Medieval Indies: The Evi-

401

dence of Commercial Documents. " *The Journal of Economic History* 3:
164—184.

Martin, H. D. 1950. *The Rise of Chingis Khan and His Conquest of North China*. Baltimore: The Johns Hopkins University Press.

Morgan, D. O. 1982. "Persian Historians and the Mongols. " pp. 109—124 in *Medieval Historical Writing in the Christian and Islamic Worlds*. ed. by D. O. Morgan. London: School of Oriental and African Studies.

Morgan, David. 1986. *The Mongols*. Oxford: Basil Blackwell.

Olschki, Leonardo. 1943. *Marco Polo's Precursors*. Baltimore: The Johns Hopkins University Press.

Pelliot, Paul. 1950. *Notes sur l'histotire de la horde d'or*. Paris: Adrien-Maisonneuve.

Pelliot, Paul and L. Hambiss, trans. 1951. *Histoire des campagnes de Genghis Khan*. Leiden: E. J. Brill. A Chinese history compiled during the reign of Kubilai Khan.

Petech, L. 1962. "Les marchands italiens dans l'empire mongol, " *Journal Asiatique* CCL, No. 4: 549—574.

Polo, Marco. *Travels*, various editions. See Latham (1958) and Yule, Hakluyt.

Power, Eileen. 1926. "The Opening of Land Routes to Cathay. " in *Travel and Travellers of the Middle Ages*. ed. by Arthur P. Newton. Landon: K. Paul, Trench, Trübner &. Co.

Rashid-ad-din [Tabib]. 1836, reprinted 1968. *Jami at-Tawārikh* [Universal History]. Trans. from original Persian into French by Marc Etienne Quatremère under the title *Histoire des mongols en la Perse, écrité en persan par Raschideldin*. Vol. I only. "Collection Orientale: Histoire des Mongols" I. Amsterdam: Oriental Press.

Rashid al-Din Tabib (1247—1318). 1971. *The successors of Genghis Khan*. New York: Columbia University Press. See Boyle (1971).

Rockhill, William W. 1900. *The Journey of William of Rubruck to the Eastern Parts of the world, 1253—55, as narrated by himself, with two accounts of the early journal of John of Pian de Carpine*. Translated from the Latin and edited by W. W. Rockhill. London: Hakluyt Society. Series 2. Vol. IV. No. 304.

Saunders, J. J. 1971. *The History of the Mongol Conquests*. London: Routledge and Kegan Paul.

Spuler, Bertold. 1965. *Goldene Horde: Die Mongolen in Russland 1223— 1502*. Wiesbaden: Otto Harrassowitz.

Spuler, Bertold. 1972. *History of the Mongols, Based on Eastern and Western* 402 *Accounts of the Thirteenth and Fourteenth Centuries*. Trans. from the German by Stuart and Helga Drummond. Berkeley: University of California Press.

Steensgaard, Niels. 1973. *Carracks, Caravans and Companies: The Structural Crisis in the European-Asian Trade in the Early 17th Century*. Lund: Studentliteratur.

Waley, A. 1963. *The Secret History of the Mongols and Other Pieces*. London: Allen and Unwin.

Warmington, E. H. 1928. *The Commerce between the Roman Empire and India*. Cambridge: Cambridge University Press.

Wellard, James. 1977. *Samarkand and Beyond: A History of Desert Caravans*. London: Constable.

Yuan-ch'ao pi-shih. *The Secret History of the Mongols*. Vol I. 1982. Trans. from the Chinese by Francis W. Cleaves. Cambridge, Massachusetts: Havard-Yenching Institute. (See Cleaves, 1982.) There is also a French version: *Histoire secrète des Mongols. Restitution du texte mongols et traduction française des Chapitres I à VI*. 1949. Paris: Libraire d'Amerique et d'Orient. Posthumously published works of Paul Pelliot.

Yule, Sir Henry. trans. and ed. 1913, 1924, 1925, and 1926. *Cathay and the Way Thither, Being a Collection of Medieval Notices of China*. New edition revised throughout in light of the recent discoveries by Henri Cordier. 4 volumes. London: Hakluyt Society, Series 2. Volumes 33, 37, 38, and 41. Includes translations from Marco Polo. Balducci Pegolotti, Odoric de Pordenone, etc.

阿拉伯世界

Abu-Lughod, Janet. 1971. *Cairo: 1001 Years of the City Victorious*. Princeton: Princeton University Press.

Ahmad ibn Mājid al-Najdi. 1981. *Kitāb al-Fawā'id fi usul al-bahr wa'lqawā'id*. Trans. and ed. with a lengthy introduction by G. R. Tibbetts. London: Royal Asiatic Society of Great Britain and Ireland. (See Tibbetts, 1981.)

Akhbar as-Sin wa l-Hind, Relation de la Chine et de l'Inde rédigée en 851 (anonymous). 1948. Texte etabli, traduit et commenté par Jean Sauvaget. Paris: Belles Lettres. See also earlier translations by Reinaud and by Ferrand.

al-Maqrizi. *Al-Mawa'iz wa al-i'tibar fi dhikr al-khitat wa al-'athar*. 2 volumes. A. H. 1270. Bulaq.

al-Mas'udi (d. 956). 1861—77. *Muruj al-Dhahab wa Ma'adin al-Jauhar*. Arabic text and French translation in C. Barbier de Meynard and Pavet de Courteille, under the title *Les Prairies d'or*. 9 volumes. Paris.

al-Muqaddasi (d. 1000). *Alsan al-Taqasim fi marifat al-Aqalim*. Arabic text in de Goeje, Vol. III. English trans. by G. S. A. Ranking and R. F. Azoo. Calcutta, 1897—1910. Partial French trans. by André Miguel. Damascus: Institut Français de Damas. 1963.

al-Yuqubi, Ahmad ibn Abi Yaqub (d. 897). 1937. *Les Pays*. Trans. of *Kitab al-Buldan* by Gaston Wiet. Cairo.

Ashton, Sir Leigh. 1933—34. "China and Egypt." *Transactions of the Oriental Ceramic Society*: 62—72.

Ashtor. Eliyahu. 1956, reprinted 1978. "The Karimi Merchants." *Journal of the Royal Asiatic Society*: 45—56. Reprinted in his *Studies on the Levantine Trade in the Middle Ages*.

Ashtor, Eliyahu. 1974, reprinted 1978. "The Venetian Supremacy in Levantine Trade: Monopoly or Pre-Colonialism?" *Journal of Economic History*

(Rome) III:5—53. Reprinted in his *Studies on the Levantine Trade in the Middle Ages*.

Ashtor,Eliyahu. 1976. *A Social and Economic History of the Near East in the Middle Ages*. Berkeley:University of California Press.

Ashtor,Eliyahu. 1976,reprinted 1978. "The Venetian Cotton Trade in Syria in the Later Middle Ages. " Reprinted pp. 675—715 in his *Studies on the Levantine Trade in the Middle Ages*.

Ashtor,Eliyahu. 1978. *Studies on the Levantine Trade in the Middle Ages*. London:Variorum Reprints. Collection of French and Enlish essays reprinted from various journals,1956—1977.

Ashtor,Eliyahu. 1981. "Levantine Sugar Industry in the Late Middle Ages:A Case of Technological Decline," pp. 91—132 in *The Islamic Middle East*, *700—1900*:*Studies in Economic and Social History*. ed. by Abraham L. Udovitch. Princeton:Darwin Press.

Ashtor, Eliyahu. 1983. *Levant Trade in the Later Middle Ages*. Princeton: Princeton University Press. Primarily on Italian merchants and Mideast trade.

Aubin,J. 1953. "Les Princes d'Ormuz du XIIIe au XVe siècle," *Journal Archéologie* 241:80—146.

Aubin,J. 1959. "La ruine de Siraf et les routes du Golfe Persique aux XIe et XIIe siècles," *Cahiers de Civilisation Médiévale* X-XIII (July-September): 187—199.

Aubin,J. 1964. "Y a-t-il interruption du commerce par mer entre le Golfe Persique et l'Inde du XIe au XIVe siècles?" pp. 164—173 in *Océan Indien et Méditerranée*. Sixième Colloque d'Histoire Maritime. ed. by Lourenço Marques. Paris:S. E. V. P. E. N.

Ayalon,David. 1956. *Gunpowder and Firearms in the Mamluk Kingdom*:*A* 404 *Challenge to a Medieval Society*. London:Vallentine,Mitchell.

Bowen,Richard le Baron. 1949. *Arab Dhows of Eastern Arabia*. Rehoboth, Massachusetts:Privately printed.

Bowen,Richard le Baron. 1951. "The Dhow Sailor," reprinted from *The A-*

merican Neptune XI (July).

Brummett, Palmira. 1987. "Venetian/Ottoman Relations. " Ph. D. Thesis , University of Chicago. Chapter II is entitled "The Transformation of Venetian Diplomatic Policy Prior to the Conquest of Cairo (1503—1517). "

Cahen, Claude. 1964—65. " Douanes et commerce dans les ports méditerranéens de l'Egypte médiévale d'après le Minhadj d'al-Makh-zumi. " Offprint by Brill, Ledien. Originally appeared in *Journal of Economic and Social History of the Orient* 8, Part 3 (November 1964).

Cahen, Claude. 1970. "Le commerce musulman dans l'Océan Indien au moyen âge. " pp. 179—189 in *Sociétiés et companies de commerce en orient et dans l'Océan Indien*. Paris; S. E. V. P. E. N.

Cambridge Economic History series on the Middle East.

Chittick, H. Neville. 1974. *Kilwa ; An Islanmic Trading City on the East African Coast*. 2 volumes. Nairobi ; British Institute in Eastern Africa.

Cook, M. A. , ed. 1970. *Studies in the Economic History of the Middle East from the Rise of Islam to the Present Day*. Oxford; Oxford University Press.

Depping, G. B. 1830. *Histoire du commerce entre le Levant et l'Europe depuis les croisades jusqu'à la foundation des colonies d'Amerique*. 2 volumes. Paris; L'Imprimerie Royale.

Dols, Michael. 1981. "The General Mortality of the Black Death in the Mamluk Empire, " pp. 397—428 in *The Islamic Middle East , 700—1900 ; Studies in Economic and Social History*. ed. by Abraham L. Udovitch. Princeton; Darwin Press.

Ehrenkreutz, Andrew. 1981. "Strategic Implications of the Slave Trade between Genoa and Mamluk Egypt in the Second Half of the Thirteenth Century, " pp. 335—345 in *The Islamic Middle East ; 700—1900 ; Studies in Economic and Social History*. ed. by Abraham Udovitch. Princeton; Darwin Press.

El-Messiri, Sawsan. 1980. "Class and Community in an Egyptian Textile Town. " Ph. D. dissertation, University of Hull (on Mehalla al-Kubra, Egypt).

Encyclopedia of Islam II. 1970. Economy, Society, Institutions. Ledien: E. J. Brill.

Ferrand, Gabriel. 1913 and 1914. *Relations de voyages et texts géographiques arabes, persans et turks relatifs à l'Extrême-Orient du VIIIe au XVIIe siècles*. 2 volumes. Paris: Ernest Leroux.   405

Ferrand, Gabriel. 1921—28. *Instructions nautiques et rouiers Arabes et Portugais des XVe et XVI siècles*. Reproduits, traduits and annotés par G. Ferrand. 6 volumes. Paris: Librairie Orientaliste Paul Geuthner.

Ferrand, Gabriel, trans. and ed. 1922. *Voyage du marchand arabe Sulayman en Inde et en Chine redigé en 851, suivi de remarques par Abu-Zaid Hasan (vers 916)*. Paris: Editions Bossard. Volume VII of *Les Classiques de l'Orient*.

Fischel, W. J. 1958. "The Spice Trade in Mamluk Egypt," *Journal of the Economic and Social History of the Orient* 1:157—174.

Goitein, Solomon. 1957. "The Rise of the Near Eastern Bourgeoisie in Early Islamic Times. " *Journal of World History* III:583—604.

Goitein, Solomon. 1958. "New Light on the Beginnings of the Karimi Merchants," *Journal of the Economic and Social History of the Orient* 1:175—184.

Goitein, Solomon. 1961. "The Main Industries of the Mediterranean as Reflected in the Records of the Cairo Geniza," *Journal of the Economic and Social History of the Orient* 4:168—197.

Goitein, Solomon. 1964a. "Artisans en Méditerrannée orientale aux haut moyen âge. " *Annales* XIX: 847—868.

Goitein, Solomon. 1964b. *Jews and Arabs: Their Contacts through the Ages*. New York: Schocken Books.

Goitein, Solomon. 1966a. *Studies in Islamic History and Institutions*. Leiden: E. J. Brill.

Goitein, Solomon. 1966b. "The Mentality of the Middle Class in Medieval Islam," pp. 242—254 in *studies in Islamic History and Institutions*. Leiden

E. J. Brill.

Goitein, Solomon. 1967. *A Mediterranean Society: The Jewish Communities of the Arab World as Portrayed in the Documents of the Cairo Geniza.* Volume I, *Economic Foundations.* of particular significance. Berkeley and Los Angeles: University of California Press. See also subsequent 3 volumes published to 1983. Vol. II on *the Community*; Vol. III on *The Family*; Vol. IV on *Daily Life.* Berkeley and Los Angeles: University of California Press.

Goitein, Solomon. 1980. "From Aden to India: Specimens of the Correspondence of India Traders of the Twelfth Century," *Journal of the Economic and Social History of the Orient* XXII: 43—66.

Groom, N. St. J. 1981. *Frankincense and Myrrh: A Study of the Arab Incense Trade.* London: Longman.

406 Haarmon, Ulrich. 1984. "The Sons of Mamluks in Late Medieval Egypt," pp. 141—168 in *Land Tenure and Social Transformation in the Middle East.* ed. by Tarif Khalidi. Beirut: American University of Beirut Press.

Hamdan, Gamal. 1962. "The Pattern of Medieval Urbanism in the Arab World," *Geography* (Sheffield) XLVII, No. 215, Part 2 (April) 121—134.

Heyd, W. 1878—1879. *Geschichte des Levantehandels im Mittelalter.* 2 vols. Stuttgart: J. G. Cotta.

Heyd, W. 1885—1886. *Histoire du commerce du Levant au moyen âge.* French translation by Furcy-Raynaud. In 2 volumes of which Vol. I is most relevant. Leipzig: Otto Harrassowitz. This was reissued in Amsterdam in 1983 by A. M. Hakkert. The French translation is very inaccurate; it is better to use the original German.

Hilal, Adil Ismail Muhammad. 1983. "Sultan al-Mansur Qalawun's Policy with the Latin States of Syria 1279—90, and the Fall of Acre." Cairo: American University in Cairo, Department of History. Typed thesis.

Holt, P. M. 1982. "Three Biographies of al-Zahir Baybars," pp. 19—29 in *Medieval Historical Writing in the Christian and Islamic Worlds.* ed. by D. O. Morgan. London: School of Oriental and African Studies.

Hourani, George F. 1951. *Arab Seafaring in the Indian Ocean in Ancient and Early Medieval Times*. Princeton: Princeton University Press.

Hudud al-'Alam. "The Regions of the World;" a Persian Geography 372 A. H. — 982 A. D. (anonymous). 1937. Translated and explained by V. Minorsky. 1937. Oxford: Oxford University Press. Also E. J. W. Memorial New Series XI, with preface by V. V. Barthold. ed. by C. E. Bosworth. 2nd. ed. 1970. London: Luzac.

Humphreys, R. Stephen. 1977. *From saladin to the Mongols: The Ayyubids of Damascus, 1193—1260*. Albany: The State University of New York Press.

Ibn al-Balkhi (1104—1117). 1912. "Description of the Province of Fars in Persia at the Beginning of the Fourteenth Century," *Journal of the Royal Asiatic Society*: 1—30, 311—339, 865—889.

Ibn Battuta (died 1377). *The Travels of Ibn Battuta, A. D. 1325—1354*. English trans. by Sir H. A. R. Gibb. Full edition in 4 volumes. 1958—71. Cambridge: Cambridge University Press for the Hakluyt Society. See also *Voyages d'Ibn Batoutah. 1854—1874*. Arbic text accompanied by a French translation by C. Defrémery and Dr. B. R. Sanguinetti. 5 volumes. Paris: Imprimerie Nationale. An English translation of the sections dealing with India, the Maldive Islands, and Ceylon is available by A. Mahdi Husain. 1955. Baroda: Oriental Institute.

Ibn Battuta. Eng. trans. of selections. 1919. *Travels in Asia and Africa, 1325—1354*. Trans. by H. A. R. Gibb. London: G. Routledge & Sons. Reissued 1969. New York: A. M. Kelley.

Ibn Hawqal. Abu al-Qasim Muhammad. *Kitab Surat al-'Ard*. French trans. by J. H. Kramers and Gaston Wiet. 1864. *Configuration de laterre*. Paris: Maison Neuve & Larose.

Ibn Hawqal (d. 998). 1800. *The Oriental Geography of Ebn Haukal, an Arabian Traveller of the Tenth Century*. Trans. by William Ouseley. London: Wilson & Co.

Ibn Iyas. 1945. *Hisoire des mamlouks circassiens*. Trans. by Gaston Wiet. Cai-

407

ro: Imprimerie de l'Institut Français d'Archéologie Orientale.

Ibn Iyas(1448-ca. 1524). 1955. *Journal d'un bourgeois du Caire : Chronique d'Ibn Iyâs*. Traduit et Annoté par Gaston Wiet. Paris: A. Colin.

Ibn Jubayr, Travels of. 1952. Trans. by J. C. Broadhurst. London: Jonathan Cape.

Issawi, Charles. 1970. "The Decline of Middle Eastern Trade, 1100—1850." pp. 245—266 in *Islam and the Trade of Asia : A Colloquium*. ed. by D. S. Richards. Philadelphia: University of Pennsylvania Press.

Jacoby, David. 1977. "L'expansion occidentale dans le Levant: les Vénetiens à Acre dans la seconde moitié du treizième siècle," *The Journal of Medieval History* 3: 225—264. Reprinted in Jacoby (1979).

Jacoby, David. 1979. *Recherches sur la Méditerranée orientale du XIIe au XVe siècles. Peuples, sociétés, économies*. London: Variorum Reprints.

Kuwabara, J. 1928, 1935. "P'u shou-keng. ... A General Sketch of the Trade of the Arabs in China during the T'ang and Sung Eras," *Memoirs of the Research Department of the Toyo Bunko* II: 1—79; VII: 1—104.

Labib, Subhi. 1965. *Handelesgeschichte Ägyptens im Spätmittelalter (1171—1517)*. Wiesbaden: F. Steiner.

Labib, Subhi. 1970. "Les marchands Karimis en Orient et sur l'Océan Indien," pp. 209—214 in *Sociétés et companies de commerce en orient et dans l'Océan Indien*. Paris: S. E. V. P. E. N.

Lamb, A. 1964. "A Visit to Siraf, an Ancient Port of the Persian Gulf," *Journal of the Malayan Branch of the Royal Asiatic Society* XXXVII: 1—19

Lambton, A. 1962. "The Merchant in Medieval Islam," pp. 121—130 in *A Locust's Leg, Studies in Honour of S. H Taqizadeh*. London: Percy Lund, Humphries & Co.

Lapidus, Ira M. 1967. *Muslim Cities in the Later Middle Ages*. [Aleppo, Damascus, some Cairo.] Cambridge, Massachusetts: Harvard University Press. Second edition Cambridge University Press. 1984.

Le Lannous, Maurice. 1970. "Les grandes voies de relations entre l'Orient et l'Occident," pp. 21—28 in *Sociétés et compagnies de commerceen orient et*

408

dans l'Océan Indien. Paris:S. E. V. P. E. N.

Lewis,Bernard. 1948—50. "The Fatimids and the Route to India," *IFM*,XI.

Lopez,R. S. , Harry Miskimin,and Abraham Udovitch. 1970. "England to E-gypt,1350—1500:Long-Term Trends and Long-Distance Trade," pp. 93—128 in *Studies in the Economic History of the Middle East.* ed. by M. A. Cook. London:Oxford University Press.

Marques,Lourenço,ed. 1964. *Océan Indien et Méditerranée.* Sixième Colloque d'Histoire Maritime. Paris:S. E. V. P. E. N.

Martin,Esmond Bradley. 1978. *Cargoes of the East : the Ports, Trade and Culture of the Arabian Seas and Western Indian Ocean.* London:Elm Tree Books.

Minorsky,M. V. 1951. "Géographes et voyageurs musulmans," *Bulletin de la Société Royale de Géographie d'Egypte* XXIV:19—46.

Mollat,M. 1971. "Les relations de l'Afrique de l'Est avec Asie," *Cahiers d'Histoire Mondiale* XIII,No. 2 (Neuchatel):291—316.

Morley,J. A. E. 1949. "The Arabs and the Eastern Trade," *Journal of the Malayan Branch of the Royal Asiatic Sociely* XII:143—175.

Pauty, E. 1951. "Villes spontanées et villes crées en Islam," *Annales de l'Institut d'Etudes Orientales* IX (Algiers):52—75.

Petry,Carl F. 1981. *The Civilian Elite of Cairo in the Later Middle Ages.* Princeton:Princeton University Press.

Pirenne,Jacqueline. 1970. "Le développement de la navigation Egypte-Inde dans l'antiquité," pp. 101—119 in *Sociétés et compagnies de commerce en orient et dans l'Océan Indien.* Paris:S. E. V. P. E. N.

Prawer,J. 1951. "The *Assise de teneure* and the *Assise de vente* ; a Study of Landed Property in the Latin Kingdom," *The Economic History Review,* 2nd series IV:77—87.

Rabie,Hassanein M. 1972. *The Financial System of Egypt A. H. 564—741, A. D. 1169—1341.* London:Oxford University Press.

Reinaud,J. T. 1845. *Relation des voyages faits par les Arabes et les Persans dans l'Inde et à la Chine dans le IXe siècle de l'ère Chrétienne.* Arabic text

and French trans. of Hasan ibn Yazid Abu-Zayd al-Sirafi. Paris: Imprimeric
Royale. 2 volumes: Tome I, Introduction (pp. i-clxxx) and translation: Tome
II. Arabic text. See also Ferrand and Sauvaget.

Richard, Jean. 1976. "Colonies marchandes privilegiées et marché seigneurial:
La fonde d'Acre et ses 'droitures'," reprinted in his *Orient et Occident au
moyen âge: contact et relations (XIIe-XVes)*. London: Variorum Reprints.

Richards. D. S. ed. 1970. *Islam and the Trade of Asia: A Colloquium*. Phila-
delphia: University of Pennsylvania Press.

Richards. D. S. 1982. "Ibn Athir and the Later Parts of the *Kamil*: A Study in
Aims and Methods. " pp. 76—108 in *Medieval Historical Writing in the
Christian and Islamic Worlds*. ed. by D. O. Morgan. London: School of Ori-
ental and African Studies.

Rodinson. Maxime. Original 1966, English trans. 1974. *Islam and Capitalism*.
London: Allen Lane.

Sauvaget, Jean. 1934. "Esquisse d'une histoire de la ville de Damas," *Revue
d'Etudes Islamiques*: 421—480.

Sauvaget, Jean. 1940. "Sur d'anciennes instructions nautiques arabes pour les
mers de l'Indes," *Journal Asiatique*: 11—20.

Sauvaget, Jean. 1941. *Alep: Essai sur le développement d'une grande ville
syrienne*. Text and Atlas in 2 volumes. Paris: Paul Geuthner.

Sauvaget, Jean. , ed. and trans. 1948. *Akhbar as-Sin wa l'Hind, Relation de la
Chine et de l'Inde*. Paris: Belles Lettres.

Sauvaget, Jean, ed. 1949. *La Chronique de Damas d'al-Jazari, Années 689—
698 H*. Paris: H. Champion.

Scanlon, George. 1970. "Egypt and china: Trade and Imitation," pp. 81—95 in
Islam and the Trade of Asia: A Colloquium. ed. by D. S. Richards. Phila-
delphia: University of Pennsylvania Press.

Serjeant, R. B. 1963. *The Portuguese off the South Arabian Coast*. Oxford:
The Clarendon Press.

Shboul, Ahmad M. H. 1979. *Al-Mas'udi and His World; a Muslim Humanist
and His Interest in Non-Muslims*. London: Ithaca Press.

Stern, S. M. 1967. "Ramisht of Siraf, A Merchant Millionaire of the Twelfth Century," *Journal of the Royal Asiatic Society*: 10—14.

Teixeira da Mota, A. 1964. "Méthodes de navigation et cartographie nautique dans l'Océan Indien avant le XVI siècle," pp. 49—90 in *Océan Indien et Méditerranée*. Sixième Colloque International d'Histoire Maritime. Paris: S. E. V. P. E. N.

Tibbetts, G. R. 1981. Trans. and ed. with lengthy introduction. *Arab Navigation in the Indian Ocean before the Coming of the Portuguese. The Kitab al-fawa'id fi usul al-bahr wa'l-qawa'id of Ahmad B. Majid al-Najdi*. 410 London: Royal Asiatic Society of Great Britain and Ireland.

Toussaint, Auguste. 1966. *A History of the Indian Ocean*. London: Routledge and Kegan Paul.

Tyan, Emile. 1960. *Histoire de l'organisation judiciare en pays d'Islam*. 2nd ed. rev. Leiden: E. J. Brill.

Udovitch, Abraham. 1967. "Credit as a Means of Investment in Medieval Islamic Trade," *Journal of African and Oriental Studies* 80: 260—264.

Udovitch, Abraham. 1970a. *Partnership and Profit in Medieval Islam*. Princeton: Princeton University Press.

Udovitch, Abraham. 1970b. "Commercial Techniques in Early Medieval Islamic Trade," pp. 37—62 in *Islam and the Trade of Asia: A Colloquium*. ed. by D. S. Richards. Philadelphia: University of Pennsylvania Press.

Udovitch, Abraham. 1979, reprinted 1981. "Bankers without Banks: Commerce, Banking and Society in the Islamic World of the Middle Ages," pp. 255—273 in *The Dawn of Modern Banking*. New Haven: Yale University Press. Reprinted Princeton: Program in Near Eastern Studies.

Udovitch, Abraham, ed. 1981. *The Islamic Middle East, 700—1900: Studtes in Economic and Social History*. Princeton: Darwin Press.

Udovitch, Abraham. 1985. "Islamic Law and the Social Context of Exchange in the Medieval Middle East." *History and Anthropology* I (England): 445—464.

Watson, Andrew M. 1981. "A Medieval Green Revolution; New Crops and

Farming Techniques in the Early Islamic World," pp. 29—58 in *The Islamic Middle East*, *700—1900*: *Studies in Economic and Social History*. ed. by Abraham Udovitch. Princeton: Darwin Press.

Weissman, Keith. 1986. Lecture at University of Chicago. Unpublished.

Wiet, Gaston. 1955. "Les marchands d'épices sous les sultans mamlouks," *Cahiers d'Histoire Egyptienne*, série VII, fasc. 2 (May): 81—147.

Wiet, Gaston. 1964. *Cairo: City of Art and Commerce*. Norman: University of Oklahoma Press.

Wiet, Gaston. 1971. *Baghdad: Metropolis of the Abbasid Caliphate*. Trans. by Seymour Feiler. Norman: University of Oklahoma Press.

Ziadeh, Nicola A. 1953. *Urban Life in Syria under the Early Mamluks*. Beirut: American Press.

Ziadeh, Nicola A. 1964. *Damascus Under the Mamluks*. Norman: University of Oklahoma Press.

411

亚 洲

概览与印度

Abulfeda (1273—1331). 1957. "Abu l-Fida's Description of India (Hind and Sind)." trans. by S. Maqbul Ahmad and Muhammad Muzaffer Andarabi. *Medieval India Quarterly* II: 147—170. Selections from *Taqwin al-Buldan* of Abu al-Fida.

al-Idrisi. 1960. *India and the Neighbouring Territories in the Kitab Nuzhat al-Mushtaq fi-Khiteraq al-'Afaq of al-Sharif al-Idrisi*. Trans. and commentary by S. Maqbul Ahmad, with a forward by V. Minorsky. Leiden: E. J. Brill.

Anstey. V. 1952. *The Economic Development of India*. London and New York: Longmans. Green and Co.

Appadorai, A. 1936. *Economic Conditions in Southern India (A. D. 1000—*

1500). 2 volumes. Madras: University of Madras.

Arasaratnam, Sinnappah. 1986. *Merchants. Companies, and Commerce on the Coromandel Coast, 1650—1740*. Delhi: Oxford University Press.

Attman, Artur. 1981. *The Bullion Flow between Europe and the East, 1000—1750*. Goteborg: Kungl. Veternskaps-Och Vitterhessamhallet.

Ballard, George A. 1984. *Rulers of the Indian Ocean*. New York-Delhi: Neeraj Publishing House.

Barbosa, Duarte, 1867, reprinted 1970. *A Description of the Coasts of East Africa and Malabar*. ed. and trans. by Henry J. Stavely. Originally published Hakluyt Society. First Series No. II; reprinted London.

Bartholomew, J. G. 1913. *A Literary and Historical Atlas of Asia*. London: J. M. Dent & Sons.

Bastin, John Sturgus. 1961. "The Changing Balance of the Southeast Asian Pepper Trade," *Essays on Indonesian and Malayan History* I: 19—52. Singapore: Eastern Universities Press.

Bayly, C. A. 1985. "State and Economy in India over Seven Hundred Years," *Economic History Review*, Second Series 38. No. 4: 583—596.

Beckingham, C. F. and G. W. B. Huntingford, editors [of Francisco Alvares]. 1961. *The Prester John of the Indies*. London: Cambridge University Press, Hakluyt Society. 2 volumes.

Bhattacharya, Bimalendu. 1979. *Urban Developments in India Since Prehistoric Times*. Delhi: Shree Publishing House.

Bhattacharya, S. and R. Thapar, eds. 1986. *Situating Indian History*. Delhi: Oxford University Press.

Byers, T. J. and H. Mukhia, eds. 1985. *Feudalism and Non-European Societies*. London: Frank Cass.

The Cambridge Economic History of India. 1982. Vol. I. *c. 1200—c. 1750*. ed. by T. Raychaudhuri and Irfan Habib. Cambridge: Cambridge University Press. See the chapters by Simon Digby and Burton Stein.

Chaudhuri, K. N. 1985. *Trade and Civilisation in the Indian Ocean: An Economic History from the Rise of Islam to 1750*. Cambridge: Cambridge Uni-

412

versity Press.

Cortesão, A. , ed. 1944. *The Suma Oriental of Tomé Pires*. 2 volumes. London: The Hakluyt Society.

Dallapiccola, A. L. and S. Z. Lallemant, eds. 1985. *Vijayanagara : City and Empire-New Currents of Research*. Stuttgart: Steiner Verlag.

Das Gupta, Ashin. 1967. *Malabar in Asian Trade : 1740—1800*. Cambridge: Cambridge University Press. Includes section on earlier period.

Digby, Simon. 1982. "The Maritime Trade of India," pp. 125—159 in *The Cambridge Economic History of India*, Vol. 1. ed. by T. Ray-chaudhuri and Irfan Habib. Cambridge: Cambridge University Press.

Elliot, Henry M. and John Dowson. Original 1867—1877. reprinted 1969. *The History of India, as Told by Its Own Historians*. 8 volumes. Allahabad: Kitab Mahal.

Fritz, John M. , George Mitchell, and M. S. Nagaraja Rao. 1985. *Where Kings and Gods Meet*. Tucson: University of Arizona Press.

Goitein, S. D. 1954. "From the Mediterranean to India: Documents on the Trade to India, South Arabia, and East Africa from the Eleventh and Twelfth Centuries," *Speculum* XXIX: 181—197.

Goitein, S. D. 1963. "Letters and Documents on the India Trade in Medieval Times," *Islamic Culture* 37, No. 3: 188—205.

Gopal, Surendra. 1975. *Commerce and Crafts in Gujarat : A Study in the Impact of European Expansion on Precapitalist Economy*. New Delhi: People's Publishing House.

Grewel, J. S. and Indu Banga, eds. 1981. *Studies in Urban History*. Amritsar: Guru Nanak Deo University.

Habib, Irfan. 1976. "Notes on the Indian Textile Industry in the Seventeenth Century," *S. C. Sarkar Felicitation Volume*. New Delhi.

Habib, Irfan. 1980. "The Technology and Economy of Mughal India," *The Indian Economic and Social History Review* XVII: 1—34.

Habib, Irfan. 1982. "Northern India Under the Sultanate." pp. 45—101 in *The Cambridge Economic History of India*, Vol. 1. ed. by T. Raycbaudhuri and

Irfan Habib. Cambridge:Cambridge University Press.

Hall,D. G. E. 1981. *A History of South-East Asia*. 4th ed. London:The Macmillan Press.

Hall,Kenneth. 1978. "International Trade and Foreign Diplomacy in Early Medieval South India. " *Journal of the Economic and Social History of the Orient* XXI:75—98.

Hall,Kenneth R. 1980. *Trade and Statecraft in the Age of the Colas*. New Delhi:Abhinav Publications.

Heitzman,E. J. 1985. "Gifts of Power,Temples,Politics and the Economy in Medieval South India. " Ph. D. dissertation. University of Pennsylvania.

Husayn Nainar. 1942. *Arab Geographers' Knowledge of South India*. Madras:University of Madras.

Ibn Battuta. 1955. *The Rehla of Ibn Battuta (India , Maldive Islands and Ceylon)*. Trans. with comments by A. Mahdi Husain. Baroda:Oriental Institute.

Indrapala,K. 1971. "South Indian Mercantile Communities in Ceylon, cirea 950—1250. " *The Ceylon Journal of Historical and Social Studies* , New Series 1,No. 2:101—113.

Karashima,N. 1984. *South Indian History and Society : Studies from Inscriptions , 850 — 1800*. Delhi:Oxford University Press.

Krishna Ayyar,K. V. 1938. *The Zamorins of Calicut , From Earliest Times Down to A. D. 1806*. Calicut:Norman Printing Bureau.

Krishna Ayyar, K. V. 1966. *A Short History of Kerala*. Ernakulum:Pai &. Co.

Krishnaswami Pillai,A. 1964. *The Tamil Country under Vijayanagaru*. Annamalai Historical Series No. 20. Annamalainagar:Annamalai University.

Loewe,Michael. 1971. "Spices and Silk:Aspects of World Trade in the First Seven Centuries of the Christian Era," *Journal of the Royal Asiatic Society of Great Britain and Ireland*. No. 2:166—179.

Logan,William. Reprinted 1981. *Malabar*. 2 volumes. Trivandrum:Charithram Publications.

Mahalingam, T. V. 1940. *Administration and Social Life under Vijayanagar*. Madras: University of Madras.

Mahalingam, T. V. 1951. *Economic Life in the Vijayanagar Empire*. Madras: University of Madras.

Mahalingam, T. V. 1969. *Kancipuram in Early South Indian History*. New York & Madras: Asia Publishing House.

Miller, J. Innes. 1969. *The Spice Trade of the Roman Empire, 29 B. C. -A. D. 641*. Oxford: The Clarendon Press.

Mines, Mattison. 1984. *The Warrior Merchants: Textiles, Trade and Territory in South India*. Cambridge: Cambridge University Press. (Deals with contem-porary period but there are precedents.)

Misra, S. C. 1981. "Some Aspects of the Self-Administering Institutions in Medieval India Towns. " pp. 80—90 in *Studies in Urban History*. ed. by J. S. Grewel and Indu Banaga, Amritsar: Guru Nanak Deo University.

Mookerji, R. K. 1912, 2nd ed. 1962. *Indian Shipping: A History of the Sea-Borne Trade and Maritime Activity of the Indians from the Earliest Times*. 2nd edition. Allahabad: Kitab Mahal.

Mukhia, H. 1981. "Was There Feudalism in Indian History?" *Journal of Peasant Studies* VIII: 273—310.

Natkiel, Richard and Antony Preston. c. 1986. *The Weidenfeld Atlas of Maritime History*. London: Weidenfeld and Nicolson.

Nilakanta Sastri, K. A. A. 1932a. *Studies in Cola History and Administration*. Madras: University of Madras.

Nilakanta Sastri, K. 1932b. "A Tamil Merchant-Guild in Sumatra," pp. 314—327 in *Tijdschrift voor Indische Taal-. Land-. und Volkenkunde*.

Nilakanta Sastri, K. A. A. 1938. "The Beginnings of Intercourse between India and China," *Indian Historical Quarterly* 14: 380—387.

Nilakanta Sastri, K. A. A. 1955. *The Colas*. 2nd edition. Madras: University of Madras.

Nilakanta Sastri, K. A. A. 1976. fourth rev. ed. *A History of South India from Prehistoric Times to the Fall of Vijayanagar*. Madras and London:

Oxford University Press.

Nilakanta Sastri,K. A. A. 1978. *South India and South-East Asia*:*Studies in Their History and Culture*. Mysore:Geetha Book House.

Nilakanta Sastri, K. A. A. and N. Venkataramanayya, eds. 1946. *Further Sources of Vijayanagara History*. 3 volumes. Madras: University of Madras.

Palat,Ravi Arvind. 1983. "The Vijayanagara Empire:Reintegration of the Agrarian Order of Medieval South India, 1336—1565." Unpublished paper presented to Conference on the Early State and After,Montreal,revised version in *Early State Dynamics*. ed. by J. J. M. Claessen and P. van de Velde. Leiden:E. J. Brill,in press.

Palat,Ravi Arvind. 1986. "From World-Empire to World Economy:Changing Forms of Territorial Integration and Political Domination in Medieval South India." Presented to the Conferenee on South Asia and World Capitalism at Tufts University. Unpublished paper available from Suny-Binghamton:Fernand Braudel Center.

Pillay,K. K. 1963. *South India and Ceylon*. Madras:University of Madras. 415

Pillay,K. K. 1969. *A Social History of the Tamils*. Madras:University of Madras.

Poujade,Jean. 1946. *La route des Indes at sea navires*. Paris:Payot.

Ramaswamy,Vijaya. 1980. "Notes on the Textile Technology in Medieval India with Special Reference to South India." *Indian Economic and Social History Review* XVII,2:227—241.

Ramaswamy,Vijaya. 1985a. "The Genesis and Historical Role of the Masterweavers in South Indian-Textile Production," *Journal of the Economic and Social History of the Orient* XXVIII:294—325.

Ramaswamy,Vijaya. 1985b. *Textiles and Weaving in Medieval South India*. Delhi:Oxford University Press.

Raychaudhuri,Tapan and Irfan Habib,eds. 1982. *The Cambridge Economic History of India*. Volume I:*c. 1200—c. 1750*. Cambridge:Cambridge University Press.

Richard,Jean. 1968. "European Voyages in the Indian Ocean and the Caspian Sea," *Iran:Journal of Persian Studies* VI:45—52.

Richards,John, ed. 1983. *Precious Metals in the Later Medieval and Early Modern Worlds*. Durham,North Carolina:Duke University Press.

Richards,John F. 1986 unpublished. "Precious Metals and India's Role in the Medieval World Economy. " Paper presented to the Conference on South Asia and World Capitalism,Tufts University.

Rockhill,W. W. 1913—1915. "Notes on the Relations and Trade of China with the Eastern Archipelago and the Coasts of the Indian Ocean during the Fourteenth Century," in *Toung Pao* (Leiden). Part I in Vol. XIV (1913), pp. 473—476; Vol. XV (1914),pp. 419—447; Vol. XVI (1915), pp. 61—159,234—271,374—392,435—467,604—626.

Sastry, K. R. R. 1925. *South Indian Guilds*. Madras: Indian Publishing House.

Schwarlzberg,Joseph E. ,ed. 1978. *A Historical Atlas of South Asia*. Chicago:University of Chicago Press.

Sharma,R. S. 1965. *Indian Feudalism:c. 300—1200*. Calcutta:University of Calcutta.

Sharma,R. S. 1985. "How Feudal was Indian Feudalism?" *Journal of Peasant Studies* XII:19—43.

Singaravelu,S. 1966. *Social Life of the Tamils:The Classical Period*. Kuala Lumpur:University of Malaya.

Singh,M. P. 1985. *Town, Market, Mint and Port in the Mughal Empire 1556—1707:An Administrative-cum-Economic Study*. New Delhi:Adam Publishers.

Spencer,George W. 1983. *The Politics of Expansion:the Chola Conquest of Sri Lanka and Sri Vijaya*. Madras:New Era Press.

Stein,Burton. 1960. "The Economic Function of a Medieval South Indian Temple," *Journal of Asian Studies* 9. No. 2:163—176.

Stein,Burton. 1965. "Coromandel Trade in Medieval India," pp. 47—62 in *Merchants and Scholars:Essays in the History of Exploration and Trade*.

ed. by John Parker. Minneapolis: University of Minnesota Press.

Stein, Burton. 1969. "Integration of the Agrarian System of South India," pp. 173—215 in *Land Control and Social Structure in Indian History*. ed. by R. E. Frykenberg. Madison: University of Wisconsin Press.

Stein, Burton, ed. 1975. *Essays on South India*. Asian Studies Program, Hawaii: The University Press of Hawaii. See, in particular, his essay, "The State and the Agrarian Order in Medieval South India: A Historiographical Critique," pp. 64—91.

Stein, Burton. 1980. *Peasant State and Society in Medieval South India*. Delhi, Oxford: Oxford University Press.

Stein, Burton. 1982a. "South India," pp. 14—42 in *The Cambridge Economic History of India*, Vol. I. ed. by T. Raychaudhuri and Irfan Habib. Cambridge: Cambridge University Press.

Stein, Burton. 1982b. " Vijayanagara c. 1350—1564," pp. 102—124 in *The Cambridge Economic History of India*, Vol. I. ed. by T. Raychaudhuri and Irfan Habib. Cambridge: Cambridge University Press.

Stein, Burton. 1985. "Politics, Peasants and the Deconstruction of Feudalism in Medieval India," *Journal of Peasant Studies* XII: 54—86.

Sundaram, K. 1968. *Studies in Economic and Social Conditions of Medieval Andhra*, A. D. 1000—1600. Madras: Triveni Publishers.

Tibbetts, G. R. 1956. "Pre-Islamic Arabia and South-East Asia," *Journal of the Malayan Branch of the Royal Asiatic Society* XXIX: 182—208.

Venkatarama Ayyar, K. R. 1947. " Medieval Trade, Craft, and Merchant Guilds in South India," *Journal of Indian History* 25: 271—280.

Verma, H. C. 1978. *Medieval Routes to India: Baghdad to Delhi: A Study of Trade and Military Routes*. Calcutta: Naya Prokash.

Wijetunga, W. M. K. 1966. "South Indian Corporate Commercial Organizations in South and Southeast Asia," *First International Conference Seminar of Tamil Studies*: 494—508. Kuala Lumpur: University of Malaya Press.

Wittfogel, Karl. 1957. *Oriental Despotism: A Comparative Study of Total Power*. New Haven: Yale University Press.   417

Zaki, Muhammad. 1981. *Arab Accounts of India during the Fourteenth Century*. New Delhi: Munshiram Manohartel Publishers.

马六甲海峡

Bartholomew, J. G. 1913. *A Literary and Historical Atlas of Asia*. London: J. M. Dent & Sons.

Bastin, John and Harry J. Benda. 1968. *A Short History of Modern South East Asia*. Kuala Lumpur: Federal Publications.

Bastin, John S. , R. O. Winstedt , and Roelof Roolvink, eds, 1964. *Malayan and Indonesian Studies: Essays Presented to Sir Richard Winstedt on His Eighty-Fifth Birthday*. Oxford : The Clarendon Press.

Berg, Lodewijk Willem Christian van den. 1887. *Hadthramut and the Arab Colonies in the Indian Archipelago*. Partial English trans. by C. W. H. Sealy. Bombay: Government Central Press. Part II includes material on Arab immigrant groups in Sumatra but for the nineteenth century only.

Braddell, Sir Roland. Reprinted 1970. *A Study of Ancient Times in the Malay Peninsula*. Kuala Lumpur: Malayan Branch of the Royal Asiatic Society Reprint.

Bronson, Bennet. 1977. "Exchange at the Upstream and Downstream Ends: Notes toward a Functional Model of the Coastal States in Southeast Asia," pp. 39—52 in *Economic Exchange and Social Interaction in Southeast Asia*. ed. by Karl L. Hutterer. Ann Arbor: Michigan Papers on South and Southeast Asia. No. 13.

Brown, C. C. , trans. 1952. "Sejarah Melayu or 'Malay Annals,'" *Journal of the Malayan Branch of the Royal Asiatic Society* XXV, Parts 2 and 3: 6—276.

Carey, Iskandar. 1976. *Orang Asli: The Aboriginal Tribes of Peninsular Malaysia*. Kuala Lumpur: Oxford University Press.

Coedès, G. 1918. "Le royaume de Crivijaya," *Bulletin de l' Ecole Française d'Extrême-Orient* (Hanoi and Paris) XVIII, No. 6: 1—36.

Coedès,G. 1968. *The Indianized States of Southeast Asia*. ed. by W. F. Vella and trans. by S. B. Cowing. Honolulu: East-west Center. Translation of *Les états hindouises d'Indochine et d'Indonésie*. Paris: Edition de Boccard,1964 (first edition 1949).

Coedès,G. 1966, reissued 1983. English trans. *The Making of South East Asia*. Berkeley: University of California Press paper reissue.

Cordier, Henri. 1912—1932. *Bibliothèca Indosinica*. In *Etudes Asiatiques. Publications de l'Ecole Française d'Extrême-Orient*. 4 volumes and index. 418 Paris: Imprimerie Nationale, E. Leroux.

Cortesão,A. , ed. 1944. *The Suma Oriental or Tomé Pires*. 2 volumes. London: The Hakluyt Society.

Cowan,C. D. , ed. 1964. *The Economic Development of South East Asia: Studies in Economic History and Political Economy*. London: Allen & Unwin.

Crawfurd,John. 1820. *History of the Indian Archipelago*. 3 volumes. Edinburgh: Archibald Constable.

Crawfurd, J. 1856. reissued 1971. *A Descriptive Dictionary of the Indian Islands and Adjacent Countries*. Originally London. Reissued Kuala Lumpur and New York: Oxford University Press.

Di Meglio,R. R. 1970. "Arab Trade with Indonesia and the Malay Peninsula from the 8th to the 16th Century," pp. 105—136 in *Islam and the Trade of Asia : A Colloquium*. ed. by D. S. Richards. Philadelphia: University of Pennsylvania Press.

Douglas,F. W. 1949. reprinted 1980. "Notes on the Historical Geography of Malaya. Sidelights on the Malay Annals," pp. 459—515 in *A Study of Ancient Times in the Malay Peninsula*. ed. by R. Braddell. Kuala Lumpur: Malayan Branch of the Royal Asiatic Society Reprint.

Ferrand, G. 1922. "L'empire suntatranais de crivijaya," *Journal Asiatique* (Paris) XX (July-September):1—104:(October-December):161—246.

Hall,D. G. E. 1961. *Historians of South East Asia*. London: Oxford University Press.

Hall,D. G. E. 1964. reissued 1968. *A History of South-East Asia*. London and

New York: St. Martin's Press.

Hall, Kenneth R. 1985. *Maritime Trade and State Development in Early Southeast Asia*. Honolulu: University of Hawaii Press.

Heard, Nigel. 1968. *The Dominance of the East*. London: Blandford Press.

Hutterer, Karl L., ed. 1977. *Economic Exchange and Social Interaction in Southeast Asia. Perspectives from Prehistory and Ethnography*. Ann Arbor: University of Michigan Papers on South and Southeast Asia, No. 13.

Lach, D. F. 1965—1977. *Asia in the Making or Europe*. Starts with Vol I, Book I. Chicago: University of Chicago Press, 1965. Several not relevant. Vol. II, Book I, *The Visual Arts*. 1970; Book II, *The Literary Arts*. 1977. Most important for our purposes is Vol. II, Book III, *The Scholarly Disciplines*. 1977.

Lim, Heng Kow. 1978. *The Evolution of the Urban System in Malaya*. Kuala Lumpur: Penerbit Universiti Malaya.

419 MacKnight. C. C. 1986. "Changing Perspectives in Island Southeast Asia," pp. 215—227 in *Southeast Asia in the 9th to 14th Centuries*. ed. by David G. Marr and A. C. Milner. Singapore: Chong Moh.

Majumdar, R. C. 1937—1938. *Hindu Colonies in the Far East*. 2 volumes. Lahore: The Punjab Sanskrit Book Depot. 2nd ed. 1963. Calcutta: Firma K. L. Kuknopadhyay.

Majumdar, R. C. 1963. *Ancient Indian Colonization in South-East Asia*. Baroda: B. J. Sandesara.

Marr, David G. and A. C. Milner, eds. 1986. *Southeast Asia in the 9th to 14th Centuries*. Singapore Institute of Southeast Asian Studies and the Research School of Pacific Studies, Australian National University. Singapore: Chong Moh.

Marsden, William. 3rd ed. 1811, reprinted 1966. *A History of Sumarra*. Kuala Lumpur: Oxford University Press.

McCloud, Donald G. 1986. *System and Process in Southeast Asia : The Evolution of a Region*. Boulder. Colorado: Westview Press.

Meilink-Roelofsz, M. A. P. 1970. "Trade and Islam in the Malay-Indonesian

Archipelago Prior to the Arrival of the Europeans," pp. 137—157 in *Islam and the Trade of Asia : A Colloquium*. ed. by D. S. Richards. Philadelphia: University of Pennsylvania Press.

Nilakanta Sastri, K. A. 1940. "Sri Vijaya," *Bulletin de l'Ecole Française d'Extrême-Orient* XL:239—313.

Nilakanta Sastri, K. A. 1949. *History of Sri Vijaya*. Madras: University of Madras Press.

Nilakanta Sastri, K. A. 1978. *South India and South-East Asia : Studies in Their History and Culture*. Mysore: Geetha Book House.

Nooteboom, C. 1950—1951. "Sumatra en de zeevaart op de Indische Oceaan," pp. 119—127 in *Indonesië, vierde jaargang 1950—1951*. S'Gravenhage: van Hoeve.

Pigeaud, T. G. T., ed. 1960—63. *Java in the Fourteenth Century. A Study in Cultural History . . . 1365 A. D.* 3rd edition in 5 volumes. The Hague: M. Nijhoff.

Pires, Tomé. Sec Cortesão (1944).

Sandu, Kernial Singh and Paul Wheatley. 1983. *Melaka : The Transformation of a Malay Capital c. 1400—1980*. 2 volumes. Kuala Lumpur: Oxford University Press for the Institute of Southeast Asian Studies.

Simkin, C. G. F. 1968. *The Traditional Trade of Asia*. London: Oxford University Press.

Sopher, David E. 1965. *The Sea Nomads. A Study Based on the Literature of the Maritime Boat People of Southeast Asia*. Memoirs of the National Museum, Singapore, No. 5. Printed by Lim Bian Han. 420

Tibbetts, G. R. 1956a. "The Malay Peninsula as Known to the Arab Geographers," *Journal of Tropical Geography* IX:21—60.

Tibbetts, G. R. 1956b. "Pre-Islamic Arabia and South East Asia," *Journal of the Malayan Branch of the Royal Asiatic Society* XXIX:182—208.

Tibbetts, G. R. 1957. "Early Muslim Traders in South East Asia," *Journal of the Malayan Branch of the Royal Asiatic Society* XXX:1—45.

Tregonning, K. G. 1962. *Malaysian Historical Sources*. Singapore: Department of History, University of Singapore.

van Leur, J. C. 1955. "On Early Asian Trade," *Indonesian Trade and Society: Essays in Asian Social and Economic History*. The Hague-Bandung.

Wang, Gungwu, ed. 1964. *Malaysia: A Survey*. London: Pall Mall Press and also Praeger.

Wheatley, Paul. 1961. *The Golden Khersonese: Studies in the Historical Geography of the Malay Peninsula before A. D. 1500*. Kuala Lumpur: University of Malaya Press.

Wheatley, Paul. 1983. *Nagara and Commandery: Origins of the Southeast Asian Urban Traditions*. Chicago: University of Chicago Geography Department.

Whitmore, John K. 1977. "The Opening of Southeast Asia, Trading Patterns through the Centuries," pp. 139—153 in *Economic Exchange and Social Interaction in Southeast Asia. Perspectives from Prehistory and Ethnography*. ed. by Karl L. Hutterer. Ann Arbor: University of Michigan Papers on South and Southeast Asia, No. 13.

Winstedt, R. O. 1917. "The Advent of Muhammadanism in the Malay Peninsula and Archipelago," *Journal of the Straits Branch of the Royal Asiatic Society* 77: 171—175.

Winstedt, R. O. 1935. "A History of Malaya," *Journal of the Malayan Branch of the Royal Asiatic Society* XIII: 1—210. Second edition, Singapore, 1962.

Winstedt, R. O. 1948. *Malaya and its History*. London: Hutchinson's University Library.

Winstedt, R. O. 1982. *A History of Malaya*, revised and enlarged. Kuala Lumpur: Marican and Sons. (See Winstedt, 1935.)

Wolters, O. W. 1967. *Early Indonesian Commerce: A Study of the Origins of Srivijaya*. Ithaca: Cornell University Press.

Wolters, O. W. 1970. *The Fall of Srivijaya in Malay History*. Ithaca: Cornell University Press.

Wolters, O. W. 1975. "Landfall on the Palembang Coast in Medieval Times," *Indonesia* 20: 1—57.

421

中国

Allsen,Thomas. 1983. "The Yuan Dynasty and the Uighurs of Turfan in the 13th Century," pp. 243—280 in *China among Equals: The Middle Kingdom and Its Neighbors. 10th—14th Centuries.* ed. by Morris Rossabi. Berkeley: University of California Press.

Aubin,F. ,ed. 1970—1980. *Etudes Song. In mémoriam Etienne Balazs.* This is a serial publication of articles. Série: Histoire et Institutions. Paris: Mouton & Cie. and Ecole des Hautes Etudes.

Balazs,E. 1964a. "The Birth of Capitalism in China," pp. 34—54 in *Chinese Civilization and Bureaucracy: Variations On a Theme.* Trans. by H. M. Wright. New Haven and London: Yale University Press.

Balazs, E. 1964b. *Chinese Civilization and Bureaucracy: Variations on a Theme.* Trans. by H. M. Wright. New Haven and London: Yale University Press.

Balazs,E. 1976. "Une carte des centres commerciaux de la Chine à la fin du 11e siècle," pp. 275—280 in *Etudes Song. In mémoriam Etienne Balazs.* ed. by F. Aubin. Paris: Mouton.

Bulletin of Sung and Yuan Studies. Annual to 1981; continues as *Sung Studies Newsletter.*

Carter,T. F. 1925, 2nd ed. 1955. *The Invention of Printing in China and its Spread Westward.* Second edition revised by L. C. Goodrich. New York: Ronald Press Co.

Chan,Albert. 1982. *The Glory and Fall of the Ming Dynasty.* Norman: University of Oklahoma Press.

Chang,Fu-jui. 1962. *Les fonctionnaires des Song: index de titres.* Paris: Mouton.

Chang,Wing-tsit. 1957. "Neo-Confucianism and Chinese Scientific Thought," in *Philosophy East and West* 6. An attempt to explain the failure of China to develop modern science.

Chau,Ju-Kua. 1911. *Chau Ju-Kua: Chu-fan-chi [His Work on the Chinese and Arab Trade in the Twelfth and Thirteenth Centuries]*. Translated from the Chinese by Friedrich Hirth and W. W. Rockhill. St. Petersburg: Printing Office of the Imperial Academy of Sciences.

Chou,Chin-chêng. 1974. *An Economic History of China*. Trans. by Edward Kaplan. Bellingham: Program in East Asian Studies, Western Washington State College.

422 Dawson, Raymond S. 1972, 1976. *Imperial China*. London: Hutchinson. Also Harmondsworth: Penguin.

de Rachewiltz, Igor. 1983. "Turks in China under the Mongols: A Preliminary Investigation of Turco-Mongol Relations in the 13th and 14th Centuries," pp. 281-310 in *China among Equals: The Middle Kingdom and its Neighbors, 10th—14th Centuries*. ed. by Morris Rossabi. Berkeley: University of California Press.

Di Meglio, R. R. 1965. "Il commercio arabo con la Cina dal X secolo all'avvento dei Mongoli," *Annali Istituto Universitari Orientale di Napoli*: 89—95.

Duyvendak, J. J. L. 1949. *China's Discovery of Africa*. London: A. Probsthain.

Elvin, Mark. 1973, *The Pattern of the Chinese Past*. Stanford: Stanford University Press.

Enoki, Kazuo. 1954. "Some Remarks on the Country of Ta-Sh'ih as Known to the Chinese Under the Sung," *Asia Major* IV, 1, New Series: 1—19.

Fairbank, John K. 1957. *Chinese Thought and Institutions*. Chicago: University of Chicago Press.

Fairbank, J. et al. 1973. *East Asia: Tradition and Transformation*. Boston: Houghton Mifflin.

Filesi, Teobaldo. 1972. *China and Africa in the Middle Ages*. Trans. by David Morison. London: Frank Cass in association with the Central Asian Research Centre. Published originally in Italian in 1962.

Gernet, Jacques. 1962. *Daily Life in China on the Eve of the Mongol Invasion, 1250—1276 [Hangchow, China]*. Trans. by H. M. Wright. London: Allen & Unwin.

Grousset, René. 1942. *Histoire de la Chine*. (Paris) 1952 English trans. *The Rise and Splendour of the Chinese Empire*. London: G. Bles.

Haeger, John W., ed. 1975. *Crisis and Prosperity in Sung China*. Tucson: University of Arizona Press.

Hartwell, Robert. 1962. "A Revolution in the Chinese Iron and Coal Industries during the Northern Sung, 960—1126 A. D. ," *Journal of Asian Studies* XXI: 153—162.

Hartwell, Robert. 1966. "Markets, Technology, and the Structure of Enterprise in the Development of the Eleventh-Century Chinese Iron and Steel Industry," *Journal of Economic History* XXVI: 29—58.

Hartwell, Robert. 1967. "A Cycle of Economic Change in Imperial China: Coal and Iron in Northeast China. 750—1350," *Journal of the Social and Economic History of the Orient* X: 102—159.

Hartwell, Robert. 1982. "Demographic, Political, and Social Transformations of China, 750—1550," *Harvard Journal of Asiatic Studies* XXXXII: 365—442.

Hermann, Albert. 1966. *An Historical Atlas of China*. Chicago: Aldine Publishing Co.

Hervouet, Yves. 1969. *Bibliographie des travaux en langues occidentales sur les Song parus de 1946 à 1965*. Bordeaux: Université de Bordeaux.

Hirth, Friedrich and W. W. Rockhill, eds. and trans. 1911. *Chau Ju-Kua*. St. Petersburg: Printing Office of the Imperial Academy of Sciences. See Chau (1911).

Ho. Ping-ti. 1970. "An Estimate of the Total Population of Sung-Chin China," pp. 34—54 in *Etudes Song. In mémoriam Etienne Balazs*, Sér. 1, No. I. ed. by F. Aubin. Paris: Mouton & Cie. and Ecole des Hautes Etudes.

Hsiao, Chi-ching. 1978. *The Military Establishment of the Yuan Dynasty*. Cambridge, Massachusetts: Harvard University Press.

Hsieh, Chiao-min. 1973. *Atlas of China*. ed. by Christopher Salter. New York: McGraw-Hill.

Hucker, Charles O. 1975. *China's Imperial Past: An Introduction to Chinese*

History and Culture. Stanford: Stanford University Press.

Hucker, Charles O. 1978. *China to 1850 : A Short History*. Stanford: Stanford University Press.

Hudson, G. F. 1970. "The Medieval Trade of China," pp. 159—168 in *Islam and the Trade of Asia : A Colloquium*. ed. by D. S. Richards. Philadelphia: University of Pennsylvania Press.

Ibn Battuta. 1929. *Travels in Asia and Africa*, 1325—1354. *Selections*. Trans. by H. A. R. Gibb. Paper reprint 1983. London: Routledge and Kegan Paul.

Kahle, Paul. 1956. "Chinese Porcelain in the Lands of Islam." In *Opera Minora*. Leiden. 1956. Also *Transactions of the Oriental Ceramic Society* (1940—41): 27—46. London: The Society.

Kato, Shigeshi. 1936. "On the Hang or the Association of Merchants in China," *Memoirs of the Research Department of the Toyo Bunko* VIII: 45—83.

Kracke, Edward, Jr. 1954—55. "Sung Society: Change within Tradition," *Far Eastern Quarterly* XIV: 479—488.

Kuwabara, J. 1928 (Part I) and 1935 (Part II). "P'u Shou-keng.... A General Sketch of the Trade of the Arabs in China during the T'ang and Sung Eras," *Memoirs of the Research Department of the Toyo Bunko* II, Part I, 1—79; *Memoirs of the Research Department of the Toyo Bunko* VII: Part II, 1—104.

Langlois, John J., ed. 1981. *China Under Mongol Rule*. Princeton: Princeton University Press.

Lee, James. 1978. "Migration and Expansion in Chinese History," pp. 20—47 in *Human Migration, Patterns and Policies*. ed. by W. H. McNeill and R. Adams. Bloomington: University of Indiana Press.

Lee, Mabel Ping-hua. 1921. *The Economic History of China, with Special Reference to Agriculture*. New York: Columbia University Press.

Li, Dun Jen. 1978. *The Ageless Chinese : A History*. New York: Scribner.

Li Guohao, Zheng Mengwen, and Cao Tiangin, eds. 1982. *Explorations in the*

History of Science and Technology in China. Shanghai: Shanghai Chinese Classics Publishing House.

Liu, James T. C. and Peter J. Golas, eds. 1969. *Problems in Asian Civilizations: Change in Sung China: Innovation or Renovation?* Lexington, Massachusetts: D. C. Heath.

Lo, Jung-Pang. 1955. "The Emergence of China as a Sea Power during the Late Sung and Early Yuan Periods," *Far Eastern Quarterly* XIV: 489—503.

Lo, Jung-Pang. 1957. "China as a Sea Power, 1127—1368." Ph. D. Dissertation, University of California, Berkeley.

Lo, Jung-Pang. 1958. "The Decline of the Early Ming Navy," *Oriens Extrêmus* V: 149—168.

Lo, Jung-Pang. 1969. "Maritime Commerce and its Relation to the Sung Navy," *Journal of the Economic and Social History of the Orient* XII: 57—101.

Lo, Jung-Pang. 1970. "Chinese Shipping and East-West Trade from the Tenth to the Fourteenth Century," pp. 167—174 in *Sociétés et compagnies de commerce en orient et dans l'Océan Indien*. Paris: S. E. V. P. E. N.

Lopez, R. S. 1952. "China Silk in Europe in the Yuan Period," *Journal of the American Oriental Society* 72: 72—76.

Ma, Laurence J. C. 1971. *Commercial Development and Urban Change in Sung China* (960—1279). Ann Arbor: University of Michigan Press.

McKnight, Brian E. 1971. *Village and Bureaucracy in Southern Sung China*. Chicago: University of Chicago Press.

McNeill, William H. 1982. *The Pursuit of Power: Technology, Armed Force, and Society Since A. D. 1000*. Chicago: University of Chicago Press.

Milton, Joyce. 1970. *Tradition and Revolt: Imperial China, Island of the Rising Sun*. New York: HBJ Press.

Morton, William S. 1980. *China: Its History and Culture*. New York: Lippincott and Crowell.

Needham, Joseph. 1954—85. *Science and Civilisation in China*. 6 volumes. Cambridge: Cambridge University Press.

Needham, Joseph. 1970. *Clerks and Craftsmen in China and the West: Lectures and Addresses on the History of Science and Technology*. Cambridge: Cambridge University Press.

Needham, Joseph. 1981. *Science in Traditional China: A Comparative Perspective*. Collection of papers and lectures. Hong Kong and Cambridge, Massachusetts: Harvard University Press.

Pelliot, Paul. 1933. "Les grands voyages maritimes Chinois au debut du Xve siècle," *T'oung Pao* XXX: 235—455.

Reischauer, E. O. 1940—41. "Notes on T'ang Dynasty Sea Routes," *Harvard Journal of Asiatic Studies* V: 142—164.

Rockhill, W. W. 1913—1915. "Notes on the Relations and Trade of China with the Eastern Archipelago and the Coast of the Indian Ocean during the Fourteenth Century." in *T'oung Pao* (Leiden). Vol. XIV (1913), pp. 473—476; Vol. XV (1914), pp. 419—447; Vol. XVI (1915). pp. 61—159, 234—271, 374—392, 435—467, 604—626.

Rodzinski, Witold. 1979—1983. *A History of China*. 2 volumes. Oxford and New York: Pergamon Press.

Rodzinski, Witold. 1984. *The Walled Kingdom: A History of China from Antiquity to the Present*. New York: Free Press.

Rossabi, Morris, ed. 1983. *China among Equals: The Middle Kingdom and Its Neighbors, 10th—14th Centuries*. Berkeley: University of California Press.

Sadao, Aoyama. 1976. "Le développement des transports fluxiaux sous les Sung," pp. 281—294 in *Etudes Song*, Sér. I, Histoire et Institutions. Trans. into French from the Japanese by F. Aubin. Paris: Mouton.

Salmon, C. and D. Lombard. 1979. "Un vaisseau du XIIIème s. retrouvé avee sa cargaison dans la rade de Zaitun," *Archipelago* XVIII: 57—67.

Schurmann, H. F. 1956. *Economic Structure of the Yüan Dynasty: Translation of Chapters 93 and 94 of the Yüan shih*. Cambridge, Massachusetts: Harvard University Press.

Sellman, Roger R. 1954. *An Outline Atlas of Eastern History*. London: E. Arnold. Also includes India,Southeastern Asia.

Shiba, Yoshinobu. 1970. *Commerce and Society in Sung China*. Trans. by 426
Mark Elvin. Ann Arbor,Michigan:Center for Chinese Studies,University of
Michigan.

Shiba, Yoshinobu. 1983. "Sung Foreign Trade: Its Scope and Organization,"
pp. 89—115 in *China among Equals: The Middle Kingdom and Its Neigh-
bors, 10th—14th Centuries*. ed. by M. Rossabi. Berkeley: University of Cali-
fornia Press.

Sivin, N. 1982. "Why the Scientific Revolution Did Not Take Place in China-or
Didn't It?" pp. 89—106 in *Explorations in the History and Technology in
China, Compiled in Honor of the 80th Birthday of J. Needham*. ed. by Li
et al. Shanghai: Shanghai Chinese Classics Publishing Press.

Skinner, G. William. ed. 1977. *The City in Late Imperial China*. Stanford:
Stanford University Press.

Skoljar, Sergei A. 1971. "L'artillérie de jet a l' époque sung," pp. 119—141 in
Etudes Song. In mémoriam Etienne Balazs, Sér. 1, No. 2. ed. by F. Aubin.
Paris: Mouton.

So, Alvin. 1986. *The South China Silk District*. Albany,N. Y. : State Universi-
ty of New York Press.

Sung Studies Newsletter. 1970—1977. Ithaca,N. Y.

Tsien, Tsuen-hsuin. 1982. "Why Paper and Printing were Invented First in
China and Used Later in Europe," pp. 459—469 in *Explorations in the
History of Science and Technology in China: Compiled in Honor of the
80th Birthday of Joseph Needham*. ed. by Li et al. Shanghai: Shanghai Chi-
nese Classics Publishing House.

Wang, Gungwu. 1958. "The Nanhai Trade: A Study of the Early History of
Chinese Trade in the South China Sea," *Journal of the Malayan Branch of
the Royal Asiatic Society* XXXI, Part 2:1—135.

Wang, Gungwu. 1970. "'Public' and 'Private' Overseas Trade in Chinese His-
tory," pp. 215—225 in *Sociétés et compagnies de commerce en orient et
dans l'Océan Indien*. ed. by M. Mollat. Paris: S. E. V. P. E. N.

Weber, Max. 1951, reissued 1968. *The Religion of China : Confucianism and Taoism*. Trans. by Hans Gerth. Glencoe, Illinois : The Free Press.

Wheatley, Paul. 1959. "Geographical Notes on Some Commadities Involved in Sung Maritime Trade," *Journal of the Malayan Branch of the Royal Asiatic Society* XXXII (2) : 5—140.

Wheatley, Paul. 1971. *The Pivot of the Four Quarters : A Preliminary Enquiry into the Origins and Character of the Ancient Chinese City*. Edinburgh : Edinburgh University Press.

Wilbur, C. Martin. 1943. "Industrial Slavery in China during the Former Han Dynasty (206 B. C. —A. D. 25)," *The Journal of Economic History* III : 56—69.

Wilkinson, Endymion. 1973. *The History of Imperial China : A Research Guide*. Cambridge, Massachusetts : Harvard University Press.

Wilson, A. A. , S. L. Greenblatt, and R. W. Wilson, eds. 1983. *Methodological Issues in Chinese Studies*. New York : Praeger.

Worthy, Edmund. 1975. "Regional Control in the Southern Sung Salt Administration," pp. 101—141 in *Crisis and Prosperity in Sung China*. ed. by John Haeger. Tueson : University of Arizona Press.

Yang, Lien-chêng. 1952. *Money and Credit in China : A Short History*. Cambridge, Massachusetts : Harvard University Press.

Yang, Lien-chêng. 1969. *Excursions in Sinology*. Cambridge, Massachusetts : Harvard University Press.

427

索　引

译　后　记

　　珍妮特·李普曼·阿布-卢格霍德（Janet Lippman Abu-Lughod，1928—2013）是美国著名的社会学家，世界体系理论的重要代表人物。阿布-卢格霍德一生著述颇丰，在城市社会学、中东研究和世界体系理论等领域均产生了重要影响。《欧洲霸权之前：1250—1350 年的世界体系》（以下简称《欧洲霸权之前》）是她的代表作。鉴于国内对其著作译介较少，研究薄弱，此处有必要略加介绍其生平及《欧洲霸权之前》一书。

　　珍妮特·李普曼（Janet Lippman，阿布-卢格霍德结婚前的名字）出生于 1928 年 8 月 3 日。早在中学时，她就深受刘易斯·芒福德（Lewis Mumford）的《技术与文明》和《城市文化》等著作的影响，对城市社会学产生兴趣。后在芝加哥大学取得学士学位和硕士学位，1966 年在马萨诸塞大学阿姆赫斯特分校获得社会学博士学位。在毕生的执教生涯中，曾任教于芝加哥大学、伊利诺伊大学、开罗美国大学、宾夕法尼亚大学、西北大学以及纽约社会研究新学院（New School for Social Research），直至 1998 年在纽约社会研究新学院以荣休教授身份退休。2013 年 12 月 14 日，阿布-卢格霍德在纽约去世。

　　阿布-卢格霍德早年致力于阿拉伯世界的研究，这一方面出于她在埃及工作期间持有的纯粹的学术兴趣，另一方面缘自她于

1951 年与巴勒斯坦政治科学家和活动家易卜拉欣·阿布-卢格霍德(Ibrahim Abu-Lughod)结成了婚姻关系(两人于 1991 年离婚)。自 1959 年始,她花费多年精力研究开罗的城市史,并围绕这一学术兴趣点撰写了《开罗:1001 年的胜利之城》(*Cairo: 1001 Years of the City Victorious*, 1971),该书至今仍被学界奉为城市史研究的经典作品。因其在城市社会学研究方面作出的贡献,1976 年她被授予"约翰·西蒙·古根海姆纪念基金会学术奖",1999 年被美国社会学会授予"罗伯特和海伦·林德奖"。阿布-卢格霍德一生发表了 100 多篇学术论文,出版了 13 部学术著作。除上述著作外,其重要著作还包括《发展与人口理论:重估并应用于阿拉伯世界》(*Theories of Development and Population: A Reassessment and an Application to the Arab World*, 1980)、《拉巴特:摩洛哥的城市种族隔离》(*Rabat: Urban Apartheid in Morocco*, 1980)、《变幻的城市:城市社会学》(*Changing Cities: Urban Sociology*, 1991)、《从都市村庄到纽约东村:纽约下东区之战》(*From Urban Village to East Village: The Battle for New York's Lower East Side*, 1994)、《纽约、芝加哥和洛杉矶:美国的全球城市》(*New York, Chicago, Los Angeles: America's Global Cities*, 1999)以及《芝加哥、纽约和洛杉矶的种族、空间与骚乱》(*Race, Space, and Riots in Chicago, New York, and Los Angeles*, 2007)等。

阿布-卢格霍德的研究领域非常广泛,她的研究兴趣包括城市、人口、种族、贸易等,这些内容涉及城市社会学、人口统计学、历史学和地理学等多个学科,在时间上纵贯从中世纪至今的数个世纪,在地域上涵盖北非、中东、中亚、东南亚和北美等文化区域。如

她在本书序言中所言，"当学者们大胆地跨越学科界线时，原创性
的洞见往往成为可能。"正是在多个学科、城市之间往复穿行的经
历，带给她异乎寻常的洞察力，让她能够更全面、更准确地察觉传
统范式无法解释的"反常现象"，构思出更具独创性的观点和作品。
她广博的学识、深厚的学术素养和宏阔的研究视野充分体现于《欧
洲霸权之前》之中。

　　《欧洲霸权之前》出版于 1989 年，该书萌生于阿布-卢格霍德
在长期的学术研究过程中遇到的诸多困惑。她对中东地区和第三
世界城市的观察、研究，与当时欧洲中心论式的研究成果发生严重
抵触，这促使她尽力发掘并还原历史的真相。对此，她在序言中作
出了解释。丰富的生活经历和前期的学术积累为她的创作打下了
基础，而快速发展的世界体系理论带给她重要启发。世界体系理
论兴起于 20 世纪 70 年代的美国学术界，长于对历史的宏观分析
和长时段书写。该理论流派的代表人物伊曼纽尔·沃勒斯坦分别
于 1974 和 1980 年出版了《现代世界体系》的第一和第二卷。尽管
阿布-卢格霍德对沃勒斯坦所阐释的 16 世纪以来的现代世界体系
大加质疑，但《现代世界体系》无疑为她提供了尤为重要的概念工
具和分析框架，她正是以这个放矢之的为参照重构了"13 世纪世
界体系"，对世界体系理论的推衍也使她自然而然地成为该理论流
派的重要一员。

　　《欧洲霸权之前》的主要观点是：一、在 16 世纪现代世界体系
出现之前，就已经存在一个先进的"13 世纪世界体系"，跨地区的
长途贸易和地理扩张推动了该体系的诞生。二、"13 世纪世界体
系"覆盖了从西北欧到中国之间的广大地区，由西欧、中东和远东

这三个中心地区组成,这三大地区又可以划分为八个互相联结的亚体系或贸易圈,即西北欧亚体系、跨地中海亚体系、中亚亚体系、波斯湾亚体系、红海亚体系、阿拉伯海亚体系、孟加拉湾亚体系以及南中国海亚体系。各个亚体系的中心都是大城市,威尼斯、热那亚、君士坦丁堡、开罗和马六甲等枢纽城市是13世纪世界体系的重要结点。三大中心地区大致均衡发展,不存在一个统辖整个世界体系的霸权势力。三、东方的衰落先于西方的兴起,14世纪末期以来世界体系中的权力真空为欧洲势力的扩张和现代世界体系的形成提供了可能。

《欧洲霸权之前》甫一问世就引发学界的高度关注,沃勒斯坦、弗兰克、乔治·莫德尔斯基等人纷纷发表书评,其中既有高度褒扬,也不乏尖锐批评,围绕它的争论经久不息。该书荣获1990年美国社会学会杰出贡献奖,颁奖委员会认为"其视野堪比伊曼纽尔·沃勒斯坦和费尔南·布罗代尔的著述"。作为一部由实证支撑的理论著作,《欧洲霸权之前》丰富了世界体系理论的谱系。阿布-卢格霍德突破了沃勒斯坦强调的欧洲资本主义发轫时的1500年这个历史界限,将世界体系的存在时间回溯到13世纪,并论证东方的衰落为西方的兴起提供了机会,将13世纪世界体系与16世纪现代世界体系在时间上衔接起来,证明了世界体系的连续性。而弗兰克和巴里·吉尔斯(Barry K. Gills)正是在此基础上才提出了5000年世界体系理论,将世界体系的存续时间从500年扩展到5000年之久,促进了该流派的理论自省和发展。

就阿布-卢格霍德个人的学术经历而言,《欧洲霸权之前》的写作督促她尽可能广阔地拓展视野,并尽可能详尽地掌握与不同文明相关的史料。围绕世界体系的思考与争论，让她更加关注全球化中的城市。在退休之后，她仍旧兴致不减，著书立说，怀着对当下的深切关照，将对"未来世界体系"的思考延续下去。在《纽约、芝加哥和洛杉矶：美国的全球城市》中，她将"全球城市"界定为国家层面或国际层面的多种互动得以发生的城市结点，它们控制着全球体系。她认为，在早期的世界体系中，就已经有全球城市了，如热那亚、威尼斯和君士坦丁堡等。随着世界体系变得更具全球性，很多城市失去了原有的全球城市的作用，而有些城市成为新的全球城市，如香港、北京、东京和孟买等。

对于中国学界而言，《欧洲霸权之前》的意义不仅在于书中对中国的浓重书写，以及将中国与其他诸文明的等量齐观，更在于它提供了一个全球视野。一旦具备了这种视野，我们就能最大程度地摆脱"只在此山中，云深不知处"的困境，走出欧洲路灯的光影，更为理性地思考诸如"黑暗的中世纪"、"西方的兴起"和"东方主义"等概念、命题，反思历史解释中的成见和偏见。作为"全球史译丛"中的一部著作，《欧洲霸权之前》与全球史研究有着多方面的契合。该书超越了以国家或地区为研究单位的书写范式，注重对世界历史的整体研究，进而突破了欧洲中心论的分析框架。书中内容以大范围的跨地区贸易、领土扩张为主，同时涉及疫病扩散、技术传播和文化交流等议题，强调不同文明、区域之间的互联性和依赖性。诚然，研究范畴的拓展，会带来细节缺失、史料失真等危险，这也正是本书受到苛责的原因之一。然而，如阿布-卢格霍德所言，"通过审视通常由专家们分别加以研究的众多地理实体之间的关联所获得的洞见，会对采用如此全球性的观点这一狂妄之举带来足够的补偿"。相信读者在翻阅此书时会感受到她的洞见带来的震撼，并带着丰富的历史想象追问下去。

本书的中文翻译始于 2010 年夏，但因诸多原因延宕至今。夏继果教授分配了各译者的具体任务，并亲自校订了某些篇章的译稿。刘新成教授密切关注本书的翻译，不时督促相关环节的工作进度。商务印书馆文史编辑室的张艳丽老师认真负责，一丝不苟，在最大程度上保证了本书的翻译质量。在翻译过程中，译者还得到诸多师友的帮助，恕不枚举，一并谢过。2012 年译稿初成之时，译者曾试图请求作者本人为中译本撰序，为此还曾叨扰杰瑞·本特利教授，但多方联系未果。如今，作者终究未能等到本书中文译本的出版，而本特利教授也不幸于 2012 年 7 月遽然离世，这着实令人黯然神伤！

本书涉猎范围广博，而译者学力不逮。书中不少人名、地名尚无标准的中文译名，我们因袭了现有中文译名。以 Tomé Pires 为例，有多默·皮列士和托梅·皮雷等几种译法，因其著作《东方志》已被江苏教育出版社引进，并产生了一定影响力，其中使用了多默·皮列士的译法，我们便加以采用。有些术语，如 funduk（源自阿拉伯语，意为商站或仓库），loca（源自拉丁语，意为船上的空间），caliya-nagarattar（源自泰米尔语，意为格子布商人）等，我们遍寻资料却难觅中文译本，只好视情况或音译，或意译。在涉及中国的部分，我们尽可能地查阅了相关中文资料加以比照，尤其在涉及官职名称的时候，保留了中文中的惯常称谓，如元朝授予蒲寿庚的官职，我们译为闽广大都督兵马招讨使。书中所引许多经典史料，如《马可·波罗行记》和《白图泰游记》等，均已由名家译为中文。我们在理解和翻译相应史料时对这些译本多有参考,受益良多。另外,有些词汇的翻译颇费思量。如对 World Economy 和 World-Economy 这两个术语的理解,它们可以分别直译为"世界经济"和"世界–经济",但这显然会造成误解。从作者在前言和导论中的叙述可以推测,前者指的是某个时期涵盖全部已知世界的经济体系,而后者是一种地方性的、但具有世界影响力的经济体系。几经推敲,我们将前者译为"世界经济体系",后者译为"世界经济体"。上述各类情况见诸多处,不能一一列举。

本书的翻译分工如下:第二部分的第五至第七章由何美兰翻译,其余部分均由杜宪兵翻译或整理。武逸天对全部译稿进行了仔细校对,提出了不少修改建议。在此基础上,三人进行了多次校改,最后由杜宪兵定稿。译者虽战战兢兢,竭尽所能,但恐怕译文仍有诸多错讹。当然,任何困难都不足以成为降低译文质量的借口,恳请专家和读者不吝批评指正,以便俟机完善。劳烦联系 duzi56@163.com,为盼! 多谢。

译者

2014 年 3 月 10 日

图书在版编目(CIP)数据

欧洲霸权之前:1250—1350 年的世界体系/(美)珍妮特·L.阿布-卢格霍德著;杜宪兵,何美兰,武逸天译.—北京:商务印书馆,2024
（汉译世界学术名著丛书）
ISBN 978－7－100－22668－4

Ⅰ.①欧… Ⅱ.①珍… ②杜… ③何… ④武…
Ⅲ.①世界史—研究—1250-1350 Ⅳ.①K13

中国国家版本馆 CIP 数据核字(2023)第 248625 号

汉译世界学术名著丛书
欧洲霸权之前
1250—1350 年的世界体系
〔美〕珍妮特·L.阿布-卢格霍德 著
杜宪兵 何美兰 武逸天 译

商 务 印 书 馆 出 版
（北京王府井大街36号 邮政编码100710）
商 务 印 书 馆 发 行
北京新华印刷有限公司印刷
审 图 号：GS（2023）2667 号
ISBN 978－7－100－22668－4

2024 年 2 月第 1 版　　　　开本 850×1168　1/32
2024 年 2 月北京第 1 次印刷　　印张 16⅞
定价：76.00 元